# PAUL ★ STANLEY
## UMA VIDA SEM MÁSCARAS

2ª reimpressão/2021

© Copyright 2015 by Paul Stanley

Título original: Face the Music – A life exposed

*Editor*
Gustavo Guertler

*Coordenação editorial*
Fernanda Fedrizzi

*Revisão*
Mônica Ballejo Canto

*Projeto gráfico e adaptação da capa*
Celso Orlandin Jr.

*Tradução*
Bruno Mattos

Dados Internacionais de Catalogação na Fonte (CIP)
Biblioteca Pública Municipal Dr. Demetrio Niederauer
Caxias do Sul, RS

---

| | |
|---|---|
| S788v | Stanley, Paul |
| | Uma vida sem máscaras / Paul Stanley; tradutor: Bruno Mattos. Caxias do Sul, RS: Belas-Letras, 2021. |
| | 528 p. |
| | Título original: Face the music: a life exposed |
| | ISBN: 978-85-8174-205-2 e 978-65-5537-092-8 |
| | 1. Kiss (Conjunto musical). 2. Músicos de rock - Estados Unidos – Biografia. 3. Autobiografia. I. Mattos, Bruno. II. Título. |
| 21/26 | CDU: 784.4(73) |

---

Catalogação elaborada por Vanessa Pinent, CRB-10/1297

*Grafia atualizada segundo o Acordo Ortográfico da Língua Portuguesa de 1990, que entrou em vigor no Brasil em 2009.*

IMPRESSO NO BRASIL

[2015]
Todos os direitos desta edição reservados à
EDITORA BELAS-LETRAS LTDA.
Rua Coronel Camisão, 167
Cep: 95020-420 – Caxias do Sul – RS
Fone: (54) 3025.3888 – www.belasletras.com.br

*Para minha família*

*Sumário*

*Prólogo     9*

*Parte I: Sem lugar para se esconder, baby, sem lugar para correr     19*

*Parte II: Nas ruas para sobreviver     87*

*Parte III: Estive para cima e para baixo, estive por todo o lado     215*

*Parte IV: Sob a mira do revólver     327*

*Parte V: O caminho para a tristeza profunda     403*

*Parte VI: Para sempre     473*

*Sobre o Autor     519*

*Sobre o Colaborador     521*

*Agradecimentos     523*

# Prólogo

*Adelaide, Austrália, 3 de março de 2013.*

Sento e me olho no espelho, fitando por alguns instantes os olhos que me encaram. O espelho é envolto por lâmpadas fortes e teatrais, e sobre a mesa em frente ao espelho iluminado há uma pequena caixa de maquiagem. Subiremos no palco em cerca de três horas, e isso significa que é chegado o momento do ritual que definiu minha vida profissional por quarenta anos.

Começo passando no rosto um creme adstringente para fechar os poros. Então pego um recipiente de *clown white*, uma maquiagem espessa à base de óleo. Afundo os dedos no tubo de gosma branca e começo a aplicá-la em todo o rosto, deixando apenas alguns espaços intocados ao redor do olho direito, onde ficará o contorno aproximado da estrela.

Houve um tempo em que esta maquiagem era uma máscara que escondia o rosto de um jovem cuja vida até então havia sido triste e solitária. Nasci sem a orelha direita (e também sou surdo deste lado) e dentre as minhas primeiras memórias as mais dolorosas são aquelas de outras crianças me chamando de "Stanley, o monstro de uma orelha só". Muitas vezes eram crianças que eu nem conhecia. Mas elas me conheciam: o menino com toco de uma orelha. Quando estava em meio a outras pessoas, eu me sentia nu. Eu tinha a consciência dolorosa de estar sendo analisado o tempo todo. E ao voltar para casa, não recebia nenhum tipo de apoio porque minha família era problemática demais.

Depois de aplicar a camada branca, pego um pente de salão de beleza de ponta metálica e com ela desenho o contorno da estrela ao redor do olho direito. Ela deixa uma linha sobre a maquiagem branca. Então pego um cotonete e limpo a parte interna da estrela. Também limpo as extremidades dos lábios. O personagem que está tomando forma em meu rosto surgiu originalmente como um mecanismo de defesa, para ocultar quem eu era de fato. Por muitos anos, quando comecei a colocar essa maquiagem, a sensação era de me transformar em outra pessoa.

A criança insegura e incompleta, cheia de dúvidas e conflitos internos, era soterrada pela tinta, permitindo que outro cara surgisse: o cara que criei para mostrar a todos que deveriam ser mais legais comigo, que deveriam ser meus amigos, que eu era alguém especial. Criei um cara que *conseguiria* pegar uma garota. Pessoas que eu conhecia de antes ficaram espantadas com meu sucesso junto ao KISS. E entendo o motivo. Elas nunca tiveram acesso ao que acontecia dentro de mim. Elas nunca souberam por que eu era do jeito que era, quais eram meus sonhos. Nunca souberam nada disso. Para elas, eu era só um cara bizarro ou perturbado. Ou um monstro.

Em seguida, vou para outra sala – geralmente há um banheiro adjunto aos camarins. Prendo o fôlego e salpico todo o rosto com talco branco. Isso serve para fixar o branco em meu rosto e impedi-lo de escorrer com o suor durante o show. A essa altura, já posso tocar na maquiagem sabendo que não ficará presa em meu dedo. Aprendi essa parte do processo na base de tentativa e erro – no início eu era cegado pela maquiagem que escorria sobre os olhos.

Na infância, eu sonhava em me tornar um homem da lei mascarado. Eu queria ser o Cavaleiro Solitário. Queria ser o Zorro. Queria ser o cara que subia as colinas a cavalo vestindo uma máscara – aquilo que eu via em filmes e programas de TV. Aquela criança solitária queria fazer isso, e aquela criança solitária acabou fazendo isso. Construí minha própria realidade. O personagem que criei – Starchild – subiria no palco e se tornaria *aquele cara*, o super-herói, o contrário da pessoa que eu realmente era.

Eu me divertia sendo *aquele cara*.

Mas cedo ou tarde eu precisava voltar pela mesma escada. Precisava deixar o palco. Ao descer aqueles degraus, eu era confrontado com a totalidade de minha vida. Por muitos anos, não consegui pensar em nada além de *E agora?* ao deixar o palco. Naquela época, minha casa era uma espécie de purgatório. Durante os breves períodos em que o KISS não estava na estrada, eu me sentava no sofá do meu apartamento em Nova York e pensava: *Ninguém iria acreditar que estou em casa e não tenho nenhum lugar para onde ir*. A banda era o sistema de apoio da minha vida, mas também me impedia de estabelecer os tipos de relação que constituem uma vida de verdade. Eu sentia apenas uma espécie de fome: alguma necessidade importante não estava sendo atendida, não estava sendo preenchida por nada. Em certo sentido, eu estava sempre sozinho, longe e inacessível. Mas, em outro, eu não aguentava ficar sozinho.

Com o tempo, a linha que separava o personagem do homem se tornou confusa. Comecei a levar partes daquele cara junto comigo para fora do palco. As garotas queriam aquele cara. As pessoas presumiam que eu *fosse* aquele cara. Ainda assim, eu sabia que realmente não era ele. Eu podia suspender a realidade ao subir no palco, mas não conseguia continuar com isso por muito tempo; passar um dia inteiro no corpo de Starchild era difícil. Porque eu não acreditava naquilo. Eu sabia a verdade. Sabia quem eu realmente era.

Eu também ficava muito na defensiva. Quando estava com pessoas próximas, eu conseguia fazer piadas com elas, mas não suportava o contrário. Eu sabia que devia ser bem mais legal ter a capacidade de rir de si mesmo, rir dos próprios defeitos e peculiaridades, mas ainda não conseguia fazer isso. Eu não conseguia relaxar – era uma reação instintiva ao fato de que fui constantemente analisado e ridicularizado durante a infância. Eu ainda era inseguro demais, autoconsciente demais. Embora eu não entendesse plenamente (e ninguém ao meu redor entendia, já que nunca revelei nada sobre minha orelha), ainda era guiado por meu passado amargo. Eu impregnava minhas piadas com sugestões maliciosas sobre as outras pessoas.

*Se você me aprontar uma, devolvo em dobro.*

É fácil viver a vida de punho em riste. Mas não ganhamos nada com as mãos fechadas se não formos capazes de tocar multidões ao abri-las. Infelizmente, demorei muito, muito tempo para aprender isso. E durante esse tempo, senti conflito interno, insatisfação, inadequação e profunda solidão.

Após fixar a maquiagem com o talco, volto ao camarim, sento-me outra vez em frente ao espelho e escovo para longe qualquer vestígio de talco que tenha ficado no contorno da estrela ao redor do olho. Em seguida, delineio sua forma com um lápis preto. Então pego brilhantina preta, mais parecida com cera do que o *clown white*, e pinto a estrela com um pincel. Volto para a outra sala e espalho pelo resto da face pó de bebê à base de talco, que é menos opaco e mais teatral, e fixo a maquiagem preta. Retorno ao camarim e delineio o olho esquerdo e a sobrancelha com um delineador à prova de água. Eu me olho no espelho enquanto espero secar.

Nos períodos anteriores de minha vida, nem sempre gostei de quem via ao me olhar no espelho. Mas eu estava tentando: tentando me tornar a pessoa que desejava ser ao invés de permanecer complacente. O problema era que, por mais que tentasse, nada parecia me levar aonde eu queria ir. Enquanto o KISS enfrentava seus altos e baixos, eu percebi muitas vezes que me enganei ao definir as coisas que me trariam satisfação ou quem sabe me deixariam mais confortável comigo mesmo. Eu achava que a solução era ficar famoso. Achava que a solução era enriquecer. Achava que a solução era ser desejado. Por volta de 1976, ficamos famosos graças ao sucesso do álbum *KISS Alive!*. Mas descobri que eu não me sentia melhor ao esfregar minha fama na cara das pessoas. No final dos anos 1970, já havíamos ganhado milhões de dólares. Mas descobri que o dinheiro (e as roupas, os carros e as guitarras de colecionador que comprei com ele) também não me deixava mais feliz. E quando me tornei desejado após o lançamento de nosso primeiro álbum, oportunidades para fazer sexo passaram a existir a todo momento e o tempo todo. Mas descobri que era possível estar com alguém e ainda assim me sentir sozinho. Certa vez, ouvi alguém dizer que nunca estamos mais sozinhos do que ao dormir com a pessoa errada. É verdade. E embora levar modelos da *Penthouse* e coelhinhas da *Playboy* para a cama não seja o maior dos sofrimentos, a alegria que advinha dessas experiências se mostrou efêmera. Sim, era divertido, mas também era momentâneo. Embora fosse prazeroso, descobri que nada daquilo preenchia o espaço deixado pelo que eu sentia faltar dentro de mim, seja lá o que fosse.

Quando o KISS finalmente tirou a maquiagem, em 1983, incorporei ainda mais o personagem de Starchild – ou, melhor dizendo, o personagem tomou conta de mim. Meu próprio rosto se tornou o rosto de Starchild. Até certo ponto, eu havia me livrado da criança envergonhada, defensiva e impopular que havia dentro de mim, mas não a havia reconstruído ou trocado por outra. Era como uma concha, um recipiente vazio. Eu ainda estava tentando descobrir quem eu poderia me tornar e Starchild – agora sem a estrela visível – continuou sendo em grande parte uma máscara para interagir com o mundo. Mas eu ainda achava, ou ao menos *acreditava*, que manter as pessoas um pouco afastadas era mais fácil do que lidar com elas de forma mais pessoal e íntima. Afinal, para sentir-se confortável com outras pessoas, é preciso antes estar confortável consigo mesmo. E eu ainda não estava. Como consequência, o cálculo de minha vida não fechava. Onde estava a família? Onde estavam os amigos? Que lugar eu podia chamar de casa?

Não havia como escapar do fato de que eu ainda não me sentia confortável em minha pele. Quando alguém não consegue se esquivar deste fato, há duas opções: entorpecer-se ou dar um jeito em si mesmo. Simples assim. Faz parte da minha essência corrigir as coisas em vez de maquiá-las (sem trocadilhos) ao me entorpecer. Mesmo nos momentos mais dolorosos de minha vida, quando minha banda parecia estar desmoronando e as pessoas ao meu redor estavam fracassando em seus objetivos devido ao uso de drogas, ou quando fiquei estatelado no chão em desespero após o divórcio de minha primeira mulher, um sentimento de autopreservação e a ânsia de me tornar alguém melhor sempre prevaleceram sobre os outros impulsos.

Para algumas pessoas, uma experiência de quase-morte causa uma epifania que as leva a mudar o curso de suas vidas. De fato, ao folhear alguns livros de memórias escritos por estrelas do rock, é possível ter a impressão de que todos os músicos passam um dia por uma situação em que o gato subiu no telhado, e isso acabou se tornando um marco em suas vidas.

Mas nunca tentei me matar. E nunca fui de beber muito ou me entupir de drogas, então não posso dizer que já acordei em um hospital após ser reanimado e que depois disso fui forçado a tomar jeito. Ainda assim, tive alguns vislumbres da morte. E não tenho dúvidas de que nesses momentos a gravidade da situação despertou uma busca interior. Mas, para ser honesto, nenhuma dessas experiências de quase-morte teve um efeito tão grande sobre mim quanto algo que pode parecer bem menos rock'n'roll. Em vez de chegar quando eu estava com uma arma dentro da boca ou com um desfibrilador no peito, minha epifania veio no *set* de um musical da Broadway.

Em 1999, atuei no papel principal da montagem de *O Fantasma da Ópera* realizada por Andrew Lloyd Webber em Toronto. O personagem que dá título à obra é um compositor que usa uma máscara para ocultar seu rosto terrivelmente desfigurado. E eu – a criança que nasceu sem uma orelha, o monstro Stanley, que passou a vida tocando música com o rosto coberto por uma camada de maquiagem – interpretei este personagem.

Uma cena em particular mexeu com uma de minhas feridas psicológicas. Vestindo capa e usando uma máscara, a presença do Fantasma sugere perigo, mas é ao mesmo tempo elegante. Pouco antes de fugir com sua amada, Christine, e levá-la ao seu covil, ele se inclina na direção dela e tira a máscara, revelando um rosto horrendo. Algo naquele momento de grande intimidade, em que o Fantasma está desmascarado e ela passa os dedos pelo rosto dele, tocou fundo em mim.

Antes de uma das apresentações em que interpretei o Fantasma, chegou no teatro uma carta endereçada a mim. Havia sido escrita por uma mulher que vira o espetáculo recentemente. "Você parece se identificar com o personagem de tal maneira que nunca vi acontecer com outros atores," escreveu. Ela disse que trabalhava para uma organização chamada *AboutFace*, dedicada a ajudar crianças com anomalias faciais. "Será que você teria interesse em participar?", ela perguntou.

*Uau. Como foi que ela se ligou nisso?*

Eu nunca tinha falado sobre a minha orelha. Assim que tive liberdade para deixar meu cabelo comprido durante a adolescência, simplesmente escondi a orelha e nunca mais falei sobre minha surdez. Aquilo era um segredo. Eu não soube bem o que responder. Mas me abri para ela e a sensação foi boa. Logo depois comecei a trabalhar em sua organização, conversando com crianças e seus pais sobre a minha deficiência de nascença e minhas próprias experiências, escutando também os seus relatos. O efeito que isso teve sobre mim foi incrível.

Senti como se houvesse sido libertado para falar de algo que sempre fora muito pessoal e doloroso. A verdade havia me libertado – a verdade e *O Fantasma da Ópera*. De certo modo, colocar a máscara do Fantasma havia permitido que eu me descobrisse. Em 2000, tornei-me porta-voz do *AboutFace*. Descobri que ajudar os outros ajudava em minha cura. Aquilo gerava uma calma em minha vida que até então eu não conhecia. Eu estivera buscando fatores externos que me ajudassem a sair do abismo, quando o tempo todo o problema estava dentro de mim.

> Não podemos estender a mão aos outros quando nossas próprias mãos estão fechadas, em riste.
> Não podemos encontrar beleza ao nosso redor se não a encontrarmos dentro de nós.
> Não podemos apreciar os outros se estivermos imersos em nossa própria tristeza.

Percebi que as pessoas fracas não eram as que *mostravam* suas emoções, mas sim aquelas que as *escondiam*. Eu precisava redefinir o meu conceito de forte. Ser um "homem de verdade" implicava ser forte, sim: forte o suficiente para chorar, forte o suficiente para ser gentil e sentir compaixão, forte o suficiente para colocar os outros em primeiro lugar, forte o suficiente para sentir medo e ainda assim seguir adiante, forte o suficiente para perdoar e forte o suficiente para pedir perdão. Quanto mais eu me acertasse comigo mesmo, mais seria capaz de ajudar aos outros. E quanto mais eu desse aos outros, mais descobriria que tinha para dar.

Não muito depois dessa transformação, encontrei Erin Sutton, uma advogada inteligente e confiante. Desde o início, fomos totalmente honestos e receptivos um com o outro; não havia nada de drama. Ela era compreensiva, educada e, sobretudo, firme e segura de si mesma. Eu nunca havia conhecido alguém como ela. Não partimos direto para uma relação, mas depois de alguns anos percebemos que não conseguíamos nos imaginar sem estarmos juntos. "Nunca esperei por uma relação como essa," eu disse a ela, "porque sequer sabia que algo assim existia".

> Essa é a vida que eu estava procurando.
> Essa é a recompensa.
> Essa é a sensação de se sentir... inteiro.

O que me permitiu chegar a esse ponto foi uma busca épica, uma perseguição interminável pelo que eu achava que deveria ter – não apenas em um sentido material, mas também em relação a quem eu deveria ser. Foi uma busca que começou com o objetivo de me tornar uma estrela do rock, mas acabou como algo totalmente diferente.

E esse é o verdadeiro tema deste livro. Também é o motivo pelo qual quero que meus quatro filhos o leiam algum dia, embora o caminho que escolhi tenha sido árduo e cheio de desvios por lugares e períodos tempestuosos. Quero que eles entendam como a minha vida foi, inclusive em suas imperfeições. Quero que entendam que realmente depende de cada um de nós, que qualquer um pode construir uma vida incrível para si mesmo. Pode não ser fácil, pode levar mais tempo do que esperamos. Mas é possível. Para qualquer pessoa.

Organizo meus pensamentos e olho para o espelho outra vez. Ali, olhando de volta para mim, está o rosto branco com a estrela preta. A única coisa que falta é esvaziar um ou dois tubos de *spray* em meu cabelo e amontoá-lo no topo da cabeça. E passar batom vermelho, é claro. Hoje em dia, é difícil parar de sorrir quando estou com este rosto. Flagro-me com um sorriso de orelha a orelha, contente por festejar ao lado de Starchild, que a essa altura já deixou de ser um alterego, atrás do qual eu me escondia, para se tornar um bom e velho amigo.

Do lado de fora, há quarenta e cinco mil pessoas esperando. Vislumbro a subida ao palco. *Vocês queriam o melhor e vocês terão o melhor, a banda mais quente do mundo...* Faço a contagem para *Detroit Rock City* e lá vamos nós – eu, Gene Simmons e Tommy Thayer descendo ao palco em uma plataforma suspensa a mais de dez metros de altura, enquanto a grande cortina preta abre e Eric Singer ataca a bateria abaixo de nós. Fogos de artifício! Chamas! Quando a multidão perde o ar pela primeira vez, você é atingido de forma física. *Ca-bum!* É a melhor descarga de adrenalina que posso imaginar. Quando estou lá no palco, amo olhar para baixo e ver as pessoas pulando, gritando, dançando, se beijando e celebrando, todas em estado de êxtase. Deleito-me com isso. É como um encontro tribal. O KISS se tornou uma tradição, um ritual passado adiante de geração em geração. É uma dádiva incrível poder me comunicar com pessoas nesse nível e atrair tantas delas a um show, todas elas, todos nós, juntos, décadas após termos começado. O sorriso não sairá de meu rosto durante todo o concerto.

E o melhor de tudo é que o sorriso continuará em meu rosto quando eu sair do palco e voltar para a plenitude de minha vida.

Há pessoas que não querem ir para casa – que *nunca* querem ir para casa. E houve uma época em que eu também não queria. Mas, hoje em dia, amo ir para casa. Porque, em algum ponto desta longa estrada, finalmente descobri como construir uma casa, um lar de verdade, o tipo de lar onde se está não apenas fisicamente, mas também com o coração.

# Parte I

**No place for hiding, baby,
no place to run**
*Sem lugar para se esconder, baby,
sem lugar para correr*

## 1.

Casa é um conceito interessante. Para a maior parte das pessoas, é um local de refúgio. A minha primeira casa foi qualquer coisa, menos isso.

Nasci em 20 de janeiro de 1952 e fui registrado como Stanley Bert Eisen. O apartamento em Nova York para onde meus pais me levaram em seguida ficava na West 211th Street com a Broadway, no extremo norte de Manhattan. Nasci com uma deformidade na orelha chamada microtia, quando a cartilagem externa da orelha não consegue se formar de maneira adequada. A gravidade varia para cada paciente, mas a síndrome faz com que tenha apenas um amontoado rugoso de cartilagem. Eu tinha apenas um toco no lado direito de minha cabeça. Além disso, meu canal auricular é fechado a ponto de me deixar surdo. Isso me tornou incapaz de determinar a direção de onde vêm os sons e, principalmente, faz com que seja incrivelmente difícil para mim entender o que as pessoas dizem quando há qualquer ruído de fundo durante a conversa. Instintivamente, esses problemas me levaram a evitar interações sociais.

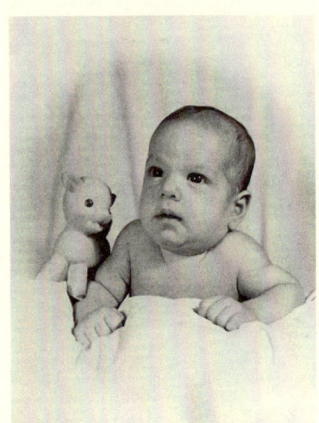

No princípio...
havia Starchild.

Minha irmã, meu pai e eu no Inwood Hill Park, próximo ao nosso apartamento, Uptown Manhattan, 1952.

Com minha mãe e meu pai no Lago Mohegan, Nova York.

Minha lembrança mais antiga é estar em uma sala escura com as cortinas baixas – como se a conversa devesse ser mantida em segredo por mim e meus pais. "Se alguém perguntar o que aconteceu com sua orelha," eles disseram, "apenas diga que você nasceu assim".

*Se nós ignorarmos*, meus pais pareciam insinuar, *o problema não existe*. Essa filosofia reinaria em nossa casa e em minha vida por grande parte de minha infância. Eu ganhava respostas simples para situações complexas. E embora meus pais quisessem ignorar a questão, ninguém mais queria.

As crianças pareciam separar a pessoa da deformidade – tornei-me um objeto ao invés de um jovem rapaz. Mas elas não eram as únicas que olhavam para mim. Adultos também olhavam, e era ainda pior. Certo dia, em um mercado na 207$^{th}$ Street bem próximo de nossa casa, percebi que um dos adultos na fila estava olhando para mim como se eu fosse uma coisa ao invés de uma pessoa. *Meu Deus, por favor, pare com isso*, pensei. Quando alguém olha para você, isso não fica restrito a você e a pessoa. Ser tratado assim chama a atenção. E ser o centro das atenções era aterrorizante. Eu achava os olhares e a atenção implacável ainda mais excruciantes do que os insultos.

Nem preciso dizer que eu não tinha muitos amigos.

Em meu primeiro dia no jardim de infância, eu quis que minha mãe fosse embora assim que ela me levou à porta da sala de aula. Ela ficou orgulhosa. Mas eu não queria que ela fosse embora pelos motivos que ela presumia. Não era porque eu era independente ou estava seguro de mim. Eu só não queria que ela visse as pessoas olhando para mim. Não queria que ela me visse sendo tratado diferente dos outros. Eu estava em um ambiente novo, com crianças novas, e não queria passar por isso na frente dela. O fato de ela ter ficado orgulhosa de mim mostrou que ela não entendia nada a meu respeito: meus medos eram complexos demais para que ela entendesse.

Um dia, cheguei em casa chorando. "Cuspiram na minha cara," choraminguei. Fui para casa esperando apoio e proteção da minha mãe. Achei que ela fosse perguntar quem tinha feito aquilo e então encontraria os pais da criança para dizer que aquele comportamento era inaceitável. Mas, ao invés disso, ela disse:

– Não venha chorar para mim, Stanley. Lute suas próprias batalhas.

*Lutar minhas próprias batalhas? Eu tenho cinco anos!*

*Não quero machucar ninguém. Só quero que as pessoas me deixem em paz.*

Mas voltei para lá e cerca de uma hora mais tarde encontrei a criança que cuspira em mim. Dei um soco no seu olho. Mas ele parecia mal lembrar do incidente, e não entendeu qual era o problema.

Uma coisa ficou clara depois disso: a minha casa não era um lugar aonde ir em busca de ajuda. Se alguém me xingasse, risse de mim ou fizesse qualquer outra coisa, eu precisaria me virar sozinho.

*Na fileira de cima, terceiro da esquerda para a direita: fazendo minha pose de jogador de beisebol na primeira série, Public School 98, 1958.*

Vivíamos praticamente ao lado da PS 98, minha escola pública. A estrutura da escola tinha três pátios diferentes, cada um separado dos outros por cercas gradeadas. Havia um garoto cujo nome eu não sabia, mas que sabia o meu nome, e ele gritava para mim de trás da cerca entre os pátios. Sempre que me via em uma situação em que eu não pudesse ir atrás dele, gritava:

– Stanley, monstro de uma orelha só! Stanley, monstro de uma orelha só!

Eu não tinha ideia de como aquela criança me conhecia, e só conseguia pensar *Por que você está fazendo isso? Você está me machucando. Você está me machucando de verdade.*

Era um garoto comum, mais ou menos da minha idade. Tinha cabelo castanho e achei que era pequeno o suficiente para que eu desse uma surra nele se conseguisse pegá-lo algum dia. Mas ele estava fora do meu alcance, sempre do outro lado de uma cerca ou no outro lado do pátio, onde podia correr até um dos edifícios próximos antes que eu o alcançasse.

*Se eu pego aquele menino.*

E um dia finalmente peguei. Ouvi ele gritar "Stanley, monstro de uma orelha só", e como de costume a primeira coisa que fiz foi me encolher. Escutei a voz em minha mente implorando *Pare de fazer isso! As outras pessoas estão te ouvindo! Agora tem mais gente olhando para mim!*

E, como sempre, não havia onde me esconder dos olhares.

Mas, dessa vez, consegui correr atrás dele e agarrá-lo. De repente, ele ficou apavorado.

– Não bate em mim! – pediu, parecendo um coelho assustado.

– Pare de fazer isso! – eu disse enquanto o apertava. – Pare de fazer isso comigo!

Não bati nele. De repente, ao vê-lo daquele jeito, não tive mais vontade. Achei que não bater nele seria o suficiente para cair em suas graças. Então o soltei. Ele não deveria ter corrido nem trinta metros quando se virou para mim e gritou:

– Stanley, monstro de uma orelha só!

*Por quê?*

*Por que você está fazendo isso comigo?*

*Por quê?*

Embora não fosse capaz de articular isso, eu me sentia incrivelmente vulnerável e despido, incapaz de me proteger dos olhares, insultos e escrutínios que pareciam estar por toda parte. Então, desenvolvi um temperamento explosivo quando garoto.

Ao invés de reconhecer meu temperamento como um sinal de que eu precisava de ajuda e apoio, meus pais lidaram com isso através de ameaças. "Se você não se controlar," diziam em um tom ameaçador, "levaremos você a um psiquiatra". Olha, eu não fazia nem ideia do que era um psiquiatra, mas parecia um mau agouro. Soava como uma punição diabólica: imaginei-me sendo levado a um quarto de hospital e sendo torturado.

Também não era como se eu me sentisse seguro em casa. Meus pais saíam à noite com frequência e me deixavam sozinho em casa com minha irmã, Julia, que tinha apenas dois anos a mais do que eu. Eles só diziam "Não abram a porta para ninguém" e então deixavam uma criança de seis anos e outra de oito sozinhas. Tínhamos tanto medo que dormíamos com facas e martelos debaixo do travesseiro. No dia seguinte, acordávamos cedo e colocávamos discretamente as armas de volta no lugar para que nossos pais não gritassem conosco.

Eu dividia um quarto pequeno de nosso apartamento com Julia; meus pais dormiam em um sofá-cama na sala de estar. Julia começou a manifestar problemas mentais ainda muito jovem. Minha mãe dizia que ela sempre havia sido *diferente*, mesmo quando bebê. Ela era agitada e propensa a comportamentos violentos. Minha irmã me deixava assustado. E conforme meus problemas se intensificaram, comecei a ter bastante receio de acabar *como ela*.

Meus pais podem não ter me apoiado muito, mas é preciso dizer que tampouco apoiavam muito um ao outro. Minha mãe, Eva, era impositiva, e meu pai, William, se ressentia com isso. Minha mãe se via como uma pessoa forte e via meu pai como um submisso. Ela se considerava o lado inteligente do casal. Na verdade, meu pai era brilhante e instruído. Havia concluído o colégio aos dezesseis anos. Se as circunstâncias fossem outras, teria ido para a faculdade. Mas sua família insistiu que ele devia começar a trabalhar para ajudar a pagar as contas e foi o que ele fez. Quando vim ao mundo, meu pai trabalhava das nove às cinco como vendedor de móveis para escritório. Ele acabou aceitando o trabalho porque precisava dele, mas nunca gostou do que fazia.

Minha mãe ficava em casa para cuidar de mim quando eu era pequeno, mas antes havia trabalhado como enfermeira e professora auxiliar em uma escola para crianças com necessidades especiais. Mais tarde, acabou voltando a trabalhar em um estabelecimento onde as pessoas iam trocar selos que vinham nas mercadorias por brindes, algo comum nos programas de fidelidade de diversos supermercados nos anos 1950.

A família de minha mãe havia escapado de Berlim para Amsterdã durante a ascensão do nazismo. Eles haviam deixado tudo para trás e minha avó se divorciou, algo raro à época. Depois que ela casou novamente, mudaram-se para Nova York. Os membros da família de minha mãe tinham uma atitude condescendente com as outras pessoas e faziam troça de mim por causa de meu cabelo e de minhas roupas. Pouco a pouco, percebi que não havia uma base para a arrogância e a soberba dos meus parentes maternos. Eles não eram bem-sucedidos, apenas gostavam de desdenhar. Se alguém discordava de minha mãe, muitas vezes o que ouvia era um "Ah, pelo amor de Deus" dito com um sarcasmo que deixava claro que a opinião dos outros não tinha nenhum valor.

Os pais de meu pai eram poloneses e ele era o mais jovem de quatro irmãos. Meu pai me contou que seu irmão mais velho, Jack, era alcóolatra e viciado em jogo; seu outro irmão, Joe, era um maníaco que sofreu toda a vida com oscilações incontroláveis de humor; e sua irmã, Monica, aparentemente havia cedido às pressões da mãe e jamais deixou o ninho ou se casou. Mesmo quando criança, eu não conseguia deixar de pensar que o desejo de minha vó de que ela não saísse de casa era egoísta e manipulador. Meu pai falava de uma infância muito triste e difícil. Ele desprezava seu pai, que morreu antes de eu nascer.

Meus pais não eram pessoas felizes. Não sei o que mantinha o casamento deles, além do que mais tarde se tornou conhecido como "codependência". Eles não ofereciam nada de positivo um ao outro. Não havia ternura ou afeição em nossa casa. As sextas-feiras eram muitas vezes o pior dia da semana. Meu pai ficava agitado e o desfecho era inevitável: os dois brigariam e depois ele não falaria com minha mãe durante todo o fim de semana. Fazer isso durante uma hora já seria infantilidade. Mas ver seus pais fazendo isso por dias seguidos é loucura.

Além dos problemas que tinham um com o outro, seja lá qual fossem, meus pais também sofreram um desgaste por causa de minha irmã, que arranjava muitos problemas e acabou passando muitos anos em sanatórios. Como eu sempre era visto como o filho bom, comecei a receber cada vez menos atenção em casa. No meu caso, ser bom não significava receber elogios, mas ser ignorado. Como resultado, eu tinha liberdade para fazer praticamente qualquer coisa. Esse sentimento não me trazia muita segurança. A segurança surge quando temos limites, e sem eles eu me sentia perdido, exposto e vulnerável. Eu não queria nem apreciava a liberdade. Na verdade, era meio que o oposto disso: eu ficava quase paralisado de medo, pois não havia ninguém para me dizer que eu estava seguro.

Eu passava muito tempo sozinho. Enfrentava cada dia sentindo um mau presságio e enfrentava o desconhecido sem qualquer tipo de proteção. Cada novo dia era incerto: eu estava vulnerável e precisava lidar com um mundo para o qual não estava equipado, tentando decifrar as mensagens não ditas que circulavam em minha casa.

Eu me refugiava na música.

A música foi um dos grandes presentes que meus pais me deram e sempre serei grato a eles por isso. Eles podem ter causado minha sensação de estar totalmente à deriva, mas sem saber eles acabaram me mostrando um caminho na vida. Nunca esquecerei de quando ouvi o Concerto para Piano nº 5 em Mi Sustenido Maior – o *Concerto do Imperador* – pela primeira vez. Eu tinha cinco anos e fui totalmente arrebatado.

Meus pais faziam com que cultura e arte parecessem partes naturais da vida. Era palpável o quanto apreciavam a música clássica. Tínhamos um grande fonógrafo de madeira da marca Harman Kardon, e eles escutavam Subelius, Schumann e Mozart. Mas era Beethoven que me deixava estupefato.

Nos fins de semana, eu escutava com minha mãe o programa *Live from Met* na WQXR, uma tradição que mantivemos mesmo quando fiquei mais velho. Quando comecei a escutar rádio, também descobri o rock'n'roll. Pouco importava se era Eddie Cochran, Little Richard ou Dion & the Belmonts – tudo era mágico. Eles cantavam sobre uma vida gloriosa de adolescentes com a qual logo comecei a sonhar. Todas aquelas canções sobre um conceito idílico de juventude me atingiam emocionalmente. Deixavam-me morrendo de vontade de ser adolescente e me transportavam para um lugar maravilhoso, onde a angústia da vida dizia respeito às relações e ao *amor*. Cara, essas pessoas tinham vidas muito perfeitas!

Certa tarde, saí para caminhar com minha avó. Cruzamos a ponte da 207th Street, que levava ao Bronx em direção a Fordham Road. Na ponta da ponte havia uma loja de discos. Entramos nela e minha vó deixou eu escolher o meu primeiro disco: um compacto de 78 rotações de acetato com a canção *All I Have to Do Is Dream*, dos Everly Brothers.

*When I want you to hold me tight... [Quando desejo que você me abrace forte...]*

Se as coisas fossem assim.

Enquanto a maior parte dos jovens do bairro estava na rua brincando de índios e cowboys, eu ficava sentado dentro de casa escutando obsessivamente a coisas como *A Teenager in Love* e *Why do Fools Fall in Love*. Houve uma época em que muitas músicas famosas foram adaptadas para versões de *doo-wop*, e me irritava quando minha mãe cantava as versões originais pela casa. "Não é assim, mãe. É assim...". E então eu cantava, digamos, o trecho do "dip da dip dip dip" da versão que os Marcels fizeram para *Blue Moon*, o clássico dos anos 1930. Às vezes, ela desdenhava as coisas modernas, mas na maior parte do tempo parecia achá-las engraçadas.

E então *vi* alguns dos cantores e bandas de que gostava.

O famoso DJ de rock'n'roll Alan Freed começou a aparecer na TV mais ou menos na mesma época em que o programa *American Bandstand*, de Dick Clark, estreou em rede nacional. O perigo e a selvageria de alguém como Jerry Lee Lewis, que chutava a tampa do piano e sacodia o cabelo em volta de si, me impressionava. O que *não* me impressionava era a sensualidade da música – o que não é de surpreender, tendo em conta o que eu via em casa. A fantasia romântica que eu nutria era limpa e estéril, e mesmo quando fiquei mais velho esta continuou sendo minha visão da vida. Passariam muitos e muitos anos antes que eu percebesse o verdadeiro tema de canções como *Will You Still Love Me Tomorrow*, das Shirelles.

De qualquer forma, não havia como negar que aquelas pessoas eram o máximo. Eram o máximo porque cantavam. Eram o máximo porque o público assistia a elas gritando na sua frente. Na frente daquela plateia, os músicos tinham tudo o que eu ambicionava quando jovem. *Adoração. Uau!*

Algumas famílias de imigrantes judeus como a nossa viviam na parte alta de Manhattan, onde eu vivia, mas o bairro era predominantemente irlandês. Nossas vizinhas de porta eram duas velhas e amáveis irmãs católicas, Mary e Helen Hunt, que nunca se casaram. Elas se tornaram algo como tias ou avós para mim. Conforme minha vontade de fazer apresentações como as de meus heróis crescia, eu aparecia frequentemente no apartamento delas e cantava e dançava para elas. Quando conseguia aprender *qualquer* canção, eu batia na porta delas e cantava com uma pequena coreografia de dois passos, pulando de um pé para o outro.

Quando cantava, um pouco das minhas dores e dúvidas eram temporariamente amenizadas.

Tudo parecia bem.

## 2.

Quando eu tinha oito anos, pouco antes de começar a terceira série, minha família se mudou da alta Manhattan para um bairro operário de judeus em uma parte longínqua do Queens. Eu nunca tinha visto nada parecido – a quadra era repleta de árvores, que começavam logo após o asfalto, e do outro lado da rua havia uma estufa que ocupava uma quadra inteira. Eu ficava atento para ver se aparecia algum *ranger* como os da TV. Ou a Lassie.

A maioria dos adultos daquela área iam até Manhattan para trabalhar, mas o bairro funcionava como uma pequena cidade no meio do nada. A algumas quadras cheias de árvores de distância havia uma biblioteca, um correio, um açougue, uma padaria, uma sapataria, uma loja de doces A&P, uma loja de brinquedos, uma ferragem, uma pizzaria e uma sorveteria. Mas notei que faltava algo: uma loja de discos.

As casas de dois andares predominavam. Algumas eram divididas ao meio para formarem casas geminadas; outras, como a nossa, eram divididas em quatro apartamentos, dois no andar de cima e dois no debaixo, com um jardim na frente. Eu ainda dividia o quarto com minha irmã, Julia, mas agora meus pais tinham um quarto para eles. Havia muitas crianças naquela zona.

Minha nova escola era a PS 164. Em vez de mesas e cadeiras individuais, as salas de aula tinham escrivaninhas para duas pessoas. Rezei para que os professores me colocassem do lado direito, de modo que a criança que dividisse a mesma comigo visse a minha orelha esquerda – a boa. Não queria que ninguém olhasse para o que eu considerava meu lado ruim. Sem mencionar que eu não escutaria as pessoas se elas falassem o tempo todo em meu ouvido surdo.

Em algum momento do primeiro dia, uma professora chamada Sra. Sondike me chamou até sua mesa. Fui até a frente da sala. Ela estava olhando para a minha orelha

*Ai, pelo amor de Deus, não faz isso.*

– Deixe eu ver sua orelha – ela disse.

*Não, não, não!*

Ela começou a me examinar como se eu fosse um espécime científico. Aquele era o meu pior pesadelo. Fiquei petrificado. Senti-me em pedaços.

*O que eu devia fazer?*

Eu estava desesperado para abrir a boca e dizer "Não faz isso". Mas permaneci em silêncio. Respirei fundo e esperei que aquilo terminasse.

*Se eu ignorar, não existe.*

*Não demonstre sua dor!*

Não muito tempo depois desse episódio, saí para dar uma volta com meu pai. "Pai, eu sou bonito?". Ele pareceu ser pego de surpresa: parou de caminhar e olhou para o chão. "Bem," ele disse, "você não é feio".

*Obrigado.*

Dez pontos para o meu pai. Era bem esse o encorajamento que um jovem garoto isolado e autoconsciente demais precisava. Infelizmente, aquilo se tornaria o padrão com os meus pais.

Comecei a construir um muro ao meu redor. Meu jeito de lidar com as outras crianças passou a ser afastá-las por precaução. Comecei a agir como um palhaço ou um espertalhão, colocando-me em uma posição que fazia com que ninguém quisesse estar perto de mim. Eu não queria estar sempre sozinho, mas ao mesmo tempo fazia coisas para manter as pessoas longe de mim. O conflito dentro de mim era excruciante. Eu me sentia desamparado.

Muitas das outras crianças da vizinhança iam juntas às aulas na sinagoga, o que fortalecia as amizades da PS 164 e criava outras, externas ao colégio. Minha família acendia velas e seguia os feriados judaicos de maneira vaga, mas não éramos grandes devotos. Nunca fiz o Bar-Mitzvá. Mas o motivo por que eu não ia às aulas na sinagoga não tinha nada a ver com isso. Eu simplesmente disse aos meus pais que não queria ir. O que não disse foi *por quê*: claro, eu me sentia judeu, mas não queria me submeter a uma situação em que estaria cercado por mais gente ainda. A vida já era desanimadora o suficiente sem que eu me metesse em lugares onde ficaria paralisado pelo medo de ser humilhado.

*Ok, a aula acaba às três horas? Que tal mais do mesmo às três e meia com um grupo de crianças diferente? Parece maravilhoso.*

A PS 164 tinha um grupo de canto que me interessou. Uma chance para cantar! Todos os anos eles organizavam um musical e faziam um teste com qualquer pessoa que quisesse tentar um papel. No primeiro ano, decidi fazê-lo. Quando chegou minha vez, subi no palco na frente de outras pessoas, abri a boca e achei que cantaria. Mas só o que saiu foi um guincho baixinho. Acabei no coral, um bom marinheiro na peça *HMS Pinafore* ou sei lá o quê. Todos os anos depois desse – quarta, quinta e sexta séries –, tentei um papel naquelas montagens. Mas todos os anos eu perdia a voz e soltava aquele mesmo ganido fraquinho. Acabei no coral todas as vezes, apesar de saber que se vencesse o teste poderia cantar melhor do que muito dos alunos que conseguiam os papéis principais.

A PS 164 também abrigava um grupo de escoteiros. Depois de ver alguns colegas vestindo os uniformes azuis, pensei em me juntar a eles. Quando um novo amigo meu, Harold Schiff, apareceu de uniforme, aceitei o convite para ir com ele a um encontro. Harold andava com os mais populares da escola, mas também fazia amizades com solitários como eu. Ele era próximo de outros garotos do grupo, como Eric London, que tocava na orquestra do colégio com Harold, e Jay Singer, que tocava piano. Eu havia conhecido Eric e Jay no clube de canto, mas a amizade deles com Harold estava mais ligada ao fato de irem juntos às aulas na sinagoga. Eu me isolava na maior parte do tempo. Mesmo quando me envolvia em alguma atividade, atuava de maneira periférica.

*Percebi que era mais propício eu ser o dono de um time do que um jogador.*

Todos os escoteiros tentavam conseguir distintivos de mérito, fosse por fazerem nós ou ajudar velhas senhoras a atravessarem a rua, mas eu não ligava nem um pouco. A única coisa que me interessava era acampar. E de fato viajamos algumas vezes nos fins de semana para acampar. Mas tive problemas quando perdi as outras pessoas de vista em uma trilha. Aquela foi a primeira vez em que percebi que ser surdo de uma orelha bloqueava meu senso de direção. Lembro de parar em uma clareira e ouvir alguém gritar "A gente tá aqui!". Eu não tinha ideia de onde vinha aquela voz. Sem a capacidade de triangular o som, era impossível. Senti-me vulnerável, pois não sabia onde estava – mais uma coisa em que eu era diferente dos outros.

Por instinto, eu ainda me prendia aos meus pais. Mas sempre que voltava para casa em busca de segurança após um episódio como aquele, eles me decepcionavam. "Ignora que passa", continuava sendo o mantra da casa. A mesma história de sempre. Eu amaria receber mais conforto e menos golpes, mas isso jamais aconteceria. Meus pais se recusavam firmemente a reconhecer o meu problema, apesar de ser tão evidente. Comecei a ser sonâmbulo. Às vezes, eu acordava e via que estava no meio da sala de estar. Outras, tinha consciência de que meus pais estavam me virando e me levando de volta à cama. Eles sabiam. Mas nunca reconheceram o problema ou tentaram entender o que estava errado.

Eu também tinha dois pesadelos recorrentes. Em um deles, tudo estava escuro e eu estava em uma balsa no meio de um grande lago ou oceano, bem longe da costa. Sozinho e encalhado. Eu começava a gritar por ajuda.

Noite após noite.

*Estou sozinho em uma balsa, longe da costa, cercado pelas trevas...*
Eu acordava na cama, gritando.

No outro pesadelo, estava sentado no banco do motorista em um carro que percorria uma estrada escura e vazia em alta velocidade. O carro não tinha volante. Eu precisava manobrá-lo me inclinando de um lado para o outro, mas era impossível controlá-lo.

*Eu com doze anos e minha irmã com catorze em frente ao nosso apartamento, na 75th Road, no Queens... vestido para estrelar em Os Sopranos.*

Noite após noite, eu acordava gritando de repente por causa desses pesadelos, confuso e morrendo de medo.

As coisas também estavam desandando com minha irmã. Na época em que eu estava concluindo o ensino básico, o comportamento de Julia havia se tornado cada vez mais autodestrutivo. Meus pais começaram a interná-la de tempos em tempos em sanatórios. Depois de entrar e sair de diversas instituições públicas, meus pais gastaram uma quantia que para eles representava uma fortuna para colocá-la em um hospital psiquiátrico caro. Quando estava em casa, ela fugia um monte, e meus pais chegavam a passar dias a sua procura. Às vezes, eu acordava pela manhã e via que os dois haviam passado outra noite em claro. Então me perguntava: *Será que isso não vai acabar matando eles?*

Julia saía por East Village, dormia no apartamento de qualquer pessoa e usava drogas. Certa vez em que estava em casa, ela roubou de uma gaveta os dólares de prata que minha mãe colecionava e vendeu as moedas raras para comprar drogas. Hoje sei que aquilo poderia ser chamado de automedicação, mas à época não pensei muito a respeito. Quando ela estava fora, estava fora. E quando estava lá, eu tinha medo.

Certa tarde, meus pais buscaram Julia em uma instituição onde ela havia sido submetida a uma terapia de eletrochoque e trouxeram-na para casa. Eles nos deixaram sozinhos. Simplesmente jogaram ela ali e me deixaram com uma doida violenta que havia sido removida de um sanatório algumas horas antes (e por acaso era minha irmã). Julia se irritou com alguma coisa enquanto eles estavam fora e começou a me perseguir com um martelo. Fiquei apavorado. Corri para um quarto e tranquei a porta. Sentei ali e fiquei ouvindo a porta enquanto engolia em seco e rezava para meus pais voltarem para casa.

*Meu Deus, por favor, voltem para casa.*

Então escutei o estrondo de algo sendo esmagado. Julia havia começado a bater violentamente o martelo contra a porta. Ela continuou.

Paft! Paft! Paft!

A porta de madeira se estilhaçou e o martelo começou a atravessar a porta enquanto ela golpeava com toda a força.

Então ela parou de repente. Deixou martelo enfiado na madeira e tudo ficou em silêncio. Encolhi-me e contei os minutos, e depois as horas.

*Será que eles vão voltar antes que ela comece outra vez?*

Eles chegaram.

Minha irmã estava claramente agitada. "O que aconteceu aqui?", perguntaram. Contei para eles que Julia tinha vindo atrás de mim com um martelo. Mas então eles *me* reprimiram, como se fosse *minha* culpa. Gritaram comigo. E então me bateram. Eu estava com tanto medo, e agora minha cabeça estava muito confusa.

*Vocês me deixaram com ela! Foram vocês que decidiram, não eu!*
*Ela tentou me MATAR!*

A escola também continuou sendo um desafio. No primeiro grau, experimentei o caminho dos "promissores e talentosos" para ver como me saía. No início do último ano, haviam me posto novamente com as crianças promissoras. Eu não teria conseguido isso pelas minhas notas: nunca fui um bom aluno. Mas o acesso a este mundo se dava puramente por um tipo de teste de inteligência. Embora meu QI aparentemente fosse suficiente para me classificar, continuei entre os piores da turma. Eu os deixava intrigados – acho que pensavam que eu não queria aprender. Foram incapazes de perceber que minha orelha me dava uma grande desvantagem. Eu simplesmente não ouvia uma boa parte do que era dito em aula. E se perdia uma frase, ficava desnorteado. Uma vez desnorteado, eu me rendia. Desistia porque tinha perdido o fio da meada.

Nos encontros de pais e mestres, os professores sempre diziam as mesmas coisas aos meus pais: "Ele é brilhante, mas não se dedica", ou "Ele é brilhante, mas não explora o seu potencial". Nenhum professor jamais disse a eles "Ele é brilhante, mas não consegue escutar o que estou dizendo". Naquela época, os transtornos de aprendizado não eram reconhecidos.

Mas meus pais *sabiam* que eu era surdo de um ouvido. E mesmo assim voltavam para casa após cada encontro com os professores e me xingavam: "Deus lhe deu esse cérebro maravilhoso e você não está aproveitando".

Eu chorava. Sentia-me culpado. "Amanhã começarei uma nova etapa," jurava a mim mesmo.

O que era bom e bonito – até eu voltar ao colégio no dia seguinte e continuar sem escutar, não conseguindo acompanhar o que o professor dizia. E então começava tudo de novo, e eu me sentia um derrotista outra vez.

Eu sabia que, se não tomasse alguma atitude, as coisas acabariam mal. Isso significava fracassar? Significava tirar minha própria vida? Eu não sabia direito. Viver triste, viver uma mentira, descontar nas outras pessoas... eu sabia que tudo isso era ruim. E sabia que a situação era insustentável. Não sabia como aquilo acabaria, mas sabia que acabaria mal.

Era uma situação horrenda, e gerava ansiedade dia e noite. Além dos pesadelos e do sonambulismo, tornei-me hipocondríaco. Hipocondríaco ao extremo: eu acreditava que estava morrendo. Passava as noites acordado, com medo de dormir e nunca mais levantar. No fim acabava apagando, incapaz de manter os olhos abertos por mais tempo. Era a mesma coisa todas as noites.

*Você está morrendo. Você está lascado.*

E então, senhoras e senhores, ganhei o meu primeiro radinho. Ele me deu acesso a um mundo completamente diferente, um lugar aonde podia ir sempre que colocava a caixinha ao lado do ouvido que funcionava. Mais uma vez, a música se tornou meu santuário, dando-me ao menos um sentimento fugaz de segurança e solidão.

Em fevereiro de 1964, algumas semanas depois do meu décimo segundo aniversário, vi os Beatles no *The Ed Sullivan Show*. Assisti a eles cantando, e aquilo me atingiu em cheio: *Essa é a minha saída.* Aquele era um recurso para escapar da minha tristeza, ficar famoso, melhorar, ser admirado, ser invejado.

Sem nenhum indício racional, convenci a mim mesmo: *Consigo fazer isso. Posso despertar essas emoções nas pessoas.* Eu nunca havia tocado guitarra em minha vida, e é claro que nunca havia composto uma música. Mas mesmo assim... aquela era a saída para mim.

Eu simplesmente sabia.

Imediatamente, comecei a deixar o meu cabelo crescer com a pretensão de ter um corte *moptop*, como o dos Beatles. Em parte, fiz aquilo por estilo, mas é óbvio por que aquele estilo me atraía: ele cobriria o toco que eu tinha no lugar da orelha direita. De alguma forma, meus pais não perceberam isso. Eles me atormentaram enquanto meu cabelo crescia e ameaçavam cortá-lo.

Certa tarde, não muito depois de ter visto os Beatles no *Ed Sullivan*, conheci um garoto da vizinhança chamado Matt Rael, que disse ter uma guitarra elétrica e tocar músicas. Ele estava um ano abaixo de mim no colégio, mas fiquei muito impressionado. Agora eu só precisava de uma guitarra e então também poderia tocar. Eu tinha uma ideia de como conseguir uma. Pelos onze meses seguintes (enquanto a Invasão Britânica trazia não apenas os Beatles, mas também o Dave Clark Five, os Kinks, os Rolling Stones, os Searchers, Manfred Mann, Gerry and the Pacemakers, os Animals... a lista não acaba nunca), aporrinhei meus pais para ganhar uma guitarra no meu décimo terceiro aniversário.

– É a coisa mais importante do mundo para mim – eu disse a eles.

## 3.

Na manhã de 20 de janeiro de 1965, acordei empolgado. Finalmente o meu aniversário chegara. Finalmente uma guitarra! "Olhe embaixo da cama," disse minha mãe. Agachei-me empolgado e espiei ali embaixo. Vi um grande estojo de papelão decorado com jacarés. Parecia um *violão*.

Meu ânimo desabou.

Puxei-o para fora da cama e abri o estojo. De fato, era um violão japonês usado com cordas de nylon. O tampo havia quebrado e fora consertado nas coxas. Fiquei desolado. Fechei o estojo e empurrei-o de volta para baixo da cama. Eu não queria tocar.

Meus pais vinham de famílias que enfatizavam a importância de frustrar as crianças ao invés de estimulá-las. Era assim que acreditavam que seus filhos deviam ser criados. Não era a primeira vez que faziam questão de não me dar algo que eu queria, embora a dificuldade para eles darem o presente certo teria sido a mesma. Provavelmente, não queriam que eu ficasse me achando muito.

Depois que rejeitei o violão eles fizeram com que eu me sentisse culpado e jamais reconheceram seu papel naquela grande decepção.

Meu amigo do grupo de escoteiros, Harold Schiff, ganhou uma guitarra de aniversário algumas semanas depois – uma Fender Mustang azul-bebê com um escudo em madrepérola. Ele começou uma banda na hora... e me convidou para ser o cantor!

Os amigos de Harold, Eric London e Jay Singer (que eu conhecia de passagem do clube de canto e dos escoteiros) logo se juntaram a nós. Eric tocava baixo na orquestra da escola e utilizou o mesmo instrumento como um contrabaixo acústico. Jay, que já sabia tocar piano, havia ganhado recentemente um teclado elétrico – um órgão Farfisa. Harold chamou outro menino que conhecia da sinagoga, chamado Arvin Mirow, para ser o baterista. Eu também o reconheci do clube de canto. Então, sugeri que falássemos com Matt Rael, vizinho de porta de Eric. Matt se juntou a nós para tocar a guitarra base. Matt e eu éramos os únicos da banda cujos pais não eram médicos.

Harold e Matt moravam em casas em vez de apartamentos. Casas que tinham porões. Jon, o irmão mais velho de Matt, também tinha uma banda e seus pais eram bem tolerantes com o barulho. A mãe de Harold tampouco se importava com ruídos e tínhamos todo o porão dos Schiff só para nós. Assim, foi ali que tocamos pela primeira vez. O porão de Harold tinha um bom acabamento – as paredes eram recobertas por tábuas de pinho nodoso, o piso era de linóleo e havia até mesmo uma janela. Também havia uma porta para os fundos, situada abaixo do nível da rua.

Harold e Mutt plugavam suas guitarras em um único amplificador e meus vocais passavam pelo amplificador utilizado pelo teclado de Jay Singer. Muitas vezes eu batia em um tambor enquanto cantava, algo que víamos os cantores fazerem muito na TV. Eric tinha que atacar o baixo com toda a força que podia. Tocamos *Satisfaction*, dos Stones, e outras canções de bandas da Invasão Britânica, como os Kinks e os Yardbirds. Para aproveitar o Farfisa de Jay, aprendemos *Liar, Liar*, dos Castaways.

Amei aquilo de saída. Embora naquela época todos nós tivéssemos o sonho vago de nos tornarmos estrelas do rock devido ao frenesi ao redor dos Beatles e dos Stones, as vidas dos outros já haviam sido planejadas por seus pais. Aquelas crianças se tornariam dentistas e oftalmologistas como seus pais, e para eles a banda não passava de uma brincadeira.

Mas eu sempre dizia a eles: *Serei* uma estrela do rock.

Matt Rael e eu começamos a passar um bom tempo na casa dele. Além de praticarmos juntos, assistíamos de vez em quando aos ensaios da banda de seu irmão, Jon. Matt e eu tocávamos tanto na sua casa que a mãe dele acabou propondo um acordo: se restaurássemos uma estante velha que havia comprado numa cidade do interior, poderíamos declarar o porão nosso local oficial de ensaios. Então raspamos a velha tinta branca da estante e continuamos a tocar.

Os pais de Matt eram uma espécie de *proto-hippies*. A mãe dele tinha até cantado nos primeiros discos dos Weavers e era amiga de Pete Seeger. Ela havia sido babá dos filhos de Woody Guthrie. Quando conheci seus pais, a mãe dele organizava pequenos shows informais com nomes importantes do folk em Manhattan, como Sonny Terry, Brownie McGhee e Lead Belly, além do próprio Seeger.

Eu escutava rádio obsessivamente e conhecia todos os hits pop do momento, mas na casa de Matt eu tinha acesso à incrível coleção de música folk dos pais dele. Eles tinham milhares de discos de country blues e de música antiga, além de uma porção de coisas de folk contemporâneo, como Bob Dylan, Eric Andersen, Tom Rush, Phil Ochs, Buffy St. Marie e Judy Collins. Acabei tirando meu violão debaixo da cama e Matt me ensinou alguns acordes. Então tive algumas aulas com uma mulher que havia posto um anúncio no jornal local. A primeira canção que aprendi a tocar foi *Down in the Valley*. Um pouco mais tarde, prendi uma gaita de boca no pescoço e tentei imitar as músicas folk que conhecia da casa de Matt.

A banda também continuou a ensaiar e no verão de 1965 arranjamos nosso primeiro show. Havia eleições para prefeito naquele ano e a campanha de John Lindsay montou um escritório em nosso bairro. Ele estava instalado em uma vitrine de loja e não era mais do que uma sala sem divisórias com luzes claras. Harold trabalhou como voluntário na campanha distribuindo panfletos. Acho que via aquilo como maduro e *cool*. Um dia, o cara responsável pelo escritório estava falando de uma festa ou reunião e mencionou que precisava de apresentações. Embora ele não estivesse se dirigindo a Harold, meu amigo ergueu a voz:

– Hm, eu tenho uma banda.

Fomos convidados para tocar no evento. Acho que pegava bem para os Democratas ter crianças do bairro se apresentando. Não recebemos pagamento e não havia muita gente, mas mesmo assim foi um show. Meu primeiro show!

Em alguns ensaios da banda, eu pedia a Harold que me ensinasse alguns acordes com pestana em sua Fender Mustang. Era fácil pegar o básico, mas se eu tivesse sacado quanto tempo levaria até me tornar um guitarrista mais ou menos habilidoso é provável que eu teria desistido na hora. Mas, na época, fui levando adiante. Era legal se divertir no porão, mas eu queria arranjar uma guitarra para mim e começar a levar aquilo mais a sério. Passei a tomar o metrô até Manhattan sempre que podia para percorrer as lojas de música na 48th Street em busca de guitarras baratas.

Aquelas viagens à cidade se tornaram peregrinações. Entre a Sixth e a Seventh Avenues havia uma série de pequenas lojas de instrumentos, em ambos os lados da 48$^{th}$ Street. Uma quadra acima, na 49$^{th}$ Street com a Seventh Avenue, havia uma lanchonete chamada *Blimpie's*. Eu comprava um sanduíche ou um cachorro-quente texano (coberto com um queijo amarelo e melequento, pimenta malagueta e cebolas) no Orange Julius, e então perambulava pelas lojas de instrumentos. Naquela época, não nos deixavam encostar em nada. Se você quisesse tocar um instrumento, logo perguntavam "Vai comprar hoje?". E se alguém não parecia estar prestes a comprar (meu caso), eles diziam: "Me mostra se você tem mesmo a grana".

Portanto, aquelas viagens à 48$^{th}$ Street não eram para tocar, mas para me perder entre as armadilhas do rock: baterias, guitarras, baixos. De vez em quando eu batia os olhos em músicos que reconhecia da TV ou das revistas de música que eu começara a colecionar. Era como estar no paraíso.

Conforme os anos passavam, comecei a matar cada vez mais aulas para pegar o ônibus até o metrô e me dirigir à 48$^{th}$ Street. Eu chegava bem cedo pela manhã, antes que as lojas estivessem abertas. Ou seja: o menino judeu sentava em um banco da Catedral de St. Patrick's, na 49$^{th}$ Street com a Fifth Avenue, e ficava lá esperando. Também descobri uma loja de discos a uma quadra da catedral chamada Record Hunter, onde deixavam as pessoas escutarem os discos. Eles tinham uma série de vitrolas com fones de ouvido e era possível pedir que abrissem qualquer uma para escutar. Essa se tornou a minha definição de um dia perfeito: esperar na catedral até que a loja de discos abrisse, escutar música, comer um cachorro-quente apimentando e ver guitarras.

Em minhas explorações mais perto de casa, descobri que se eu pegasse o ônibus Q44 no sentido Sul do meu apartamento até a última parada em Jamaica, no Queens, eu chegava a uma loja de discos enorme de dois andares chamada *Triboro Records*. Eles tinham milhares de discos. Como aquele era um bairro predominantemente negro, encontrei coisas às quais não tinha tido acesso antes: James Brown, Joe Tex e Ottis Redding, bem como comediantes negros da estirpe de Redd Foxx, Pigmeat Markham e Moms Mabley. Nem sempre eu tinha dinheiro para comprar algo, mas só poder segurar aqueles discos e olhar para suas capas era o bastante para que valesse a pena.

Depois de guardar dinheiro por um ano e somá-lo ao dinheiro que ganhei no meu décimo quarto aniversário, fui à 48<sup>th</sup> Street um dia e caminhei até a loja chamada Manny's. Olhando para uma guitarra perguntei:

– Posso ver aquela ali, por favor?

– Você vai comprar hoje? – veio a resposta.

– Sim.

– Me mostra o dinheiro.

Larguei todo o dinheiro que tinha sobre o balcão. O homem atrás dele me alcançou a guitarra que eu compraria: uma cópia da Stratocaster com três quartos do tamanho e dois captadores pick-up fabricada pela Vox. Não era uma grande guitarra, mas era o que eu podia pagar: como não tinha o tamanho normal, era mais barata do que qualquer outra. Além disso, eu não sabia nada sobre guitarras e mal sabia tocar.

Mas agora eu *realmente* tinha uma saída.

## 4.

Comecei a tentar compor assim que arranjei a guitarra. Por algum motivo, aquilo parecia o óbvio a se fazer: tocar o instrumento e escrever canções eram coisas que andavam juntas. Sempre que escutava uma canção eu tentava copiá-la. Uma das minhas primeiras tentativas foi uma homenagem a *The Kids Are Alright*, do The Who.

Também estudei a estrutura de canções de duplas de compositores da Brill Building, como Barry Mann e Cynthia Weil, Gerry Goffin e Carole King e Jeff Barry e Ellie Greenwich. Canções com um verso, um refrão e uma ponte, fáceis de gostar. Canções tão grudentas que você já sabia de cor quando chegava no segundo refrão. Seu forte era a melodia e as histórias que contavam.

A banda do porão de Harold Schiff havia perdido fôlego, mas depois que arrumei a guitarra Matt Rael e eu passamos a tocar juntos o tempo todo. Às vezes, um menino chamado Neal Teeman nos acompanhava na bateria. Demos ao grupo o nome de Uncle Joe e continuamos a expandir nosso repertório. Mas Matt estava com problemas pessoais e chegou um momento em que seus pais o inscreveram em uma escola particular de Manhattan.

A essa altura o meu cabelo já estava bem comprido, mas muito cacheado. Naquela época eu odiava os cachos, pois a moda era ter cabelo liso. Então comprei um alisador chamado *Perma-Strate*, que podia ser encontrado nos bairros negros próximos dali. *Perma-Strate* cheirava a amônia e químicos pesados e queimava o couro cabeludo como se não houvesse amanhã. Era preciso aplicá-lo no cabelo, escovar para trás, esperar um tempo e então penteá-lo para frente. Nas vezes em que o deixei por tempo demais, meu couro cabeludo começou a sangrar. Às vezes eu também passava o cabelo a ferro. Fazia qualquer coisa que o deixasse liso. A mãe de outro menino que se tornou meu amigo, David Un, chamava-me de Príncipe Valente devido a minha aparência. Enquanto isso, meu pai passou a me chamar de "Stanley Bundão".

Conheci David Un no último ano do ensino básico na Parsons e sua família era tão artística e acolhedora quanto ele. Seu pai era pintor e sua mãe era professora. Assim como eu, David tinha o cabelo bem comprido. Às vezes, ele me acompanhava quando eu matava aula para ir a Manhattan visitar as lojas da 48th Street. Ele também estava bem envolvido com música. David e eu começamos a nos inserir o máximo que conseguimos com a contracultura emergente.

Um dia, caminhando pela Main Street em meu bairro, percebi uma nova loja chamada Middle Earth. Era uma loja *junkie*, que vendia cachimbos, *bongs* e toda a sorte de parafernálias ligadas a drogas. As pessoas atrás do balcão também tinham cabelo comprido.

*Será que eu não me encaixaria bem ali?*

Não havia dúvidas de que eu não me encaixava com as pessoas normais e agora havia uma alternativa dentro do meu bairro. Comecei a passar um tempo lá e conversar com os donos e alguns dos clientes que entravam e saíam. Não era pelas drogas (embora eu tenha come-

*Participando de um "be-in" no Central Park... Muito alegre com uma ajudinha...*

çado a fumar maconha de vez em quando). Era uma busca por aceitação. Para um rejeitado, ou para alguém em um exílio autoimposto, a Middle Earth era um lugar confortável. Mais tarde, passei a levar o meu violão para a loja e a tocar enquanto ficava por lá matando tempo.

Uma das garotas do meu colégio, Ellen Mentin, me tratava com uma dose extraordinária de paciência e compreensão. Eu confiava nela o suficiente para expor os meus demônios internos, mas falar de meus problemas não reduziu minha ansiedade. Ellen queria que fossemos um casal normal de ensino médio, fossemos juntos ao cinema e coisas assim, mas eu era incapaz de sair com ela em público. Parecia arriscado demais, sufocante demais, claustrofóbico demais.

*E se debocharem de mim enquanto estivermos juntos?*

Tampouco entendia por que ela queria sair com alguém como eu. Afinal, com ou sem cabelos longos, meu visual era bizarro. Até cheguei a perguntar a ela: "Por que você gosta de mim? Por que quer estar perto de mim?". Para mim, aquilo não fazia nenhum sentido.

Ellen e eu continuamos amigos, mas estar ao lado de alguém que se importava de verdade comigo era quase insuportável. Até pegar o ônibus com ela para ver um filme envolvia riscos que eu não podia correr.

Meu pai decidiu me dar sua versão da história da sementinha. Estávamos caminhando certo dia quando ele disse do nada "Se você engravidar alguém, vai ter que se virar sozinho".

Isso queria dizer que eu seria jogado na rua aos catorze anos? *Maravilha.*

Eu mal sabia como engravidar alguém, mas já sabia que seria um passaporte para ser mandado embora de casa.

*Como se eu já não tivesse um.*

Eu passava o grosso do meu tempo *sozinho*, em casa, no meu quarto, mergulhando no mundo da música e me desligando de todo o resto. Escutava meu radinho, tocava guitarra e lia revistas de música. Sentindo-se culpada pelas confusões de minha irmã consumirem todo o seu tempo, minha mãe acabou comprando para mim um aparelho *stereo*.

Também virei ouvinte fiel do programa de rádio *The English Power Hour*, de Scott Muni, um dos primeiros programas de rádio FM a darem destaque para as novidades do Reino Unido. Na primavera de 1967, Jimi Hendrix, que havia se mudado para o Reino Unido, dominava a cena e as paradas de sucesso inglesas, e sua música começou a voltar para os Estados Unidos em programas como o de Muni. Quando seu primeiro álbum finalmente saiu, foi como se uma bomba atômica houvesse me atingido.

Eu amava colocar o álbum *Jimi Hendrix Experience* no meu novo *stereo*, deitar e pressionar as grandes caixas de som dos dois lados da cabeça. Embora fosse surdo do lado direito, ao pressionar as caixas contra a cabeça, eu conseguia escutar através da vibração dos ossos. Também pintei meu quarto de roxo e pendurei um circuito de luzinhas de Natal no teto. Eu tocava minha guitarra e me olhava no espelho com as luzes piscando, tentando aperfeiçoar pulos e giros como os de Pete Townsend, do The Who.

Mas talvez o que mais tenha me chamado atenção em Hendrix tenha sido seu cabelo. Ele era penteado para cima formando um grande amontoado, e logo Eric Clapton e Jimmy Page aderiram ao visual. De repente, aquilo se tornou estiloso. Lembro da primeira vez que deixei meu cabelo livre. Nada mais de *Perma-Strate*. Quando saí do quarto e me preparei para sair de casa com meu cabelo explodindo em todas as direções como os de meus heróis, minha mãe disse:

– Você não vai sair *assim*, vai?

– Vou. Até mais tarde.

Chegara o momento de liberar o esquisitão dentro de mim.

Quando o fim do ensino fundamental se aproximava, tentei uma vaga na Escola Música & Arte, uma alternativa oferecida pelo ensino público que ficava na West 135$^{th}$ com a Convent Avenue, em Manhattan. Eu havia sido um dos melhores artistas plásticos da minha turma e desenhava muito bem. Mas tão importante quanto isso era a esperança de que um ensino especializado me ofereceria um ambiente mais confortável do que os abatedouros de carne que eu frequentara até então. Eu havia passado de alvo de olhares por algo que não podia controlar (minha orelha) a alvo de olhares por algo que havia feito (meus cabelos e roupas espalhafatosos). Naquela época, a maioria das escolas ainda tinha uniforme, mas a filosofia da Escola Música & Arte dizia que pouco importava o que você vestia na escola, contanto que fosse até a escola.

Eu via as coisas da seguinte maneira: ao invés de ser o esquisitão da escola, eu iria para uma escola de esquisitões.

## 5.

Embora o desenho tenha sido meu ingresso para a Escola Música & Arte, eu não cogitava a sério seguir uma carreira artística. O que foi bom, porque tomei um banho de realidade ao chegar à escola no outono de 1967 e ver não apenas pessoas tão boas quanto eu, mas diversas que eram claramente melhores.

Eu estava interessado nas artes principalmente porque não havia uma escola para estrelas do rock. A arte era um plano B. Nada mais. Eu sabia que era música ou nada. Mesmo assim, quando ia ao colégio dia após dia, minhas aspirações musicais ficavam para trás, cuidadosamente guardadas em meu quarto roxo. Embora nunca tenha falado com meus colegas de colégio sobre minhas pretensões, nem tenha tentando mudar para o currículo de música, eu sabia que os estudantes da Escola Música & Arte tinham um histórico impressionante de impacto musical, e não apenas na Broadway e em orquestras. Uma banda chamada Left Banke, autora de um grande hit chamado *Walk Away Renee*, era composta por caras que haviam recém-terminado a escola. Assim como a brilhante cantora e compositora Laura Nyro. Janis

Ian, que havia feito sucesso com *Society's Child*, ainda estava cursando quando cheguei.

Certo dia o irmão mais velho de Matt Rael, Jon, foi conversar comigo. Ele já tivera diversas bandas e todos o admirávamos. Sua primeira banda era influenciada pelos Ventures (tocava surf music), mas agora ele estava à frente de outra, chamada Post War Baby Boom, que soava como algumas das coisas que estavam chegando de São Francisco (uma abordagem hippie de sonoridade folk, blues e de jug bands; eles tinham uma garota que cantava em algumas das músicas). Se parecia um tanto com a primeira banda de Grace Slick, a Great Society. E o Post War Baby Boom fazia shows de verdade.

Do nada, Jon me convidou para me juntar à banda. Eles precisavam de uma guitarra base. Minha mente começou a funcionar a mil: por que eles não tinham chamado o Matt, que tocava melhor do que eu? Talvez porque eu estivesse no ensino médio e o Matt não? O Matt vai ficar de cara?

*Caralho, uma banda de verdade! Isso é demais!*

*Tocando no Tompkins Square, no East Village, com a "The Baby Boom".*
*Estou à esquerda, com quinze anos, e Jon Rael está à direita.*

Não hesitei nem por um segundo. Respondi que sim. Quando me dei conta, estávamos ensaiando no mesmo porão em que Matt e eu costumávamos ensaiar. Trabalhamos em um cover acelerado da canção *Summertime*, de Gershwin. Também trabalhei em uma versão de *Born in Chicago*, da Paul Butterfield Blues Band, e até assumi os vocais.

Todos os membros da banda eram ao menos dois anos mais velhos que eu e naquela época isso parecia muito. Não passou por minha cabeça que eles terminariam o colégio no fim daquele ano. Mas, com a cabeça no curto prazo, entrei com sangue no olho. Fizemos alguns shows com "nossa" nova formação e então sugeri que tentássemos arrumar um contrato de gravação. Eu disse que deveríamos tirar umas fotos e sabia quem chamar para isso. Naquele verão de 1967, eu passara duas semanas trágicas em um acampamento de férias próximo a Catskills Mountains. Ou ao menos deveria ter passado. No fim tudo era uma fraude: um cara convenceu uma porção de pais a *pagá-lo* para receber seus filhos na fazenda dele, acampar e, como descobrimos, ajudá-lo a desmontar um antigo celeiro. Ele chamava aquilo de "acampamento de trabalho", sugerindo que seu programa oferecia às crianças da cidade uma oportunidade para trabalhar no campo. Mas no fim acabou sendo divertido e fiquei amigo de um dos supervisores, que havia sido tão ludibriado quanto nós. Seu nome era Maury Englander e agora estava trabalhando para um famoso fotógrafo de Manhattan.

Maury tinha acesso ao estúdio do fotógrafo sempre que não estava sendo utilizado. Essa era uma das vantagens do trabalho, já que Maury estava se tornando ele próprio um fotógrafo e, como ainda descobriríamos, trabalharia para revistas como a *Newsweek* dentro de menos de um ano. Telefonei para ele e marcamos de ir ao estúdio num fim de semana para fazer uma sessão de fotos. Maury também era politicamente engajado e pagamos pela sessão de fotos com alguns shows em festas para várias organizações contra a guerra no início de 1968, quando os protestos contra a Guerra do Vietnã ganhavam fôlego.

Shows em festas ainda eram difíceis de conseguir, porque quase sempre queriam bandas que fizessem covers das canções das paradas de sucesso. Nós tocávamos muitas composições próprias e os covers que fazíamos não tocavam muito no rádio. Arranjei uma sessão de teste para nós em um lugar chamado Night Owl. Eu lera que o Lovin' Spoonful tinha tocado lá, e os Spoonful eram uma *jug band* de raiz e sonoridades antigas, que não estava muito longe do som que a Post War Baby Boom tentava fazer. Mas, durante a audição, o cara que decidia foi embora antes que terminássemos de tocar. Não conseguimos aquele show.

Apesar do ritmo lento, eu queria o sucesso e trabalhei nisso incessantemente. No fim, consegui passar um material nosso para alguém com contatos na gravadora *CBS Records* e um empresário do selo telefonou para mim. "Se o som de vocês é tão bom quanto sua aparência, vão se dar bem". Ele se referia a uma das fotos que Maury Englander batera do grupo no estúdio.

Antes mesmo de nos ver pessoalmente, o cara preparou as coisas para que gravássemos uma fita demo na CBS. Compus uma canção para gravarmos chamada *Never Loving, Never Living*, mas fiquei tão envergonhado que só consegui tocá-la para a banda no dia anterior à data marcada para a gravação. Além disso, nossa vocalista decidiu nadar na fonte do Washington Square Park em Greenwich Village na noite anterior, pegou um resfriado e ficou sem voz. Ao chegar no estúdio no dia seguinte ela não conseguiu cantar, e era a primeira vez que eu entrava em um estúdio de gravação de verdade. Para completar, o empresário da CBS disse que deveríamos mudar o nome da banda para Living Abortions. Nunca fizemos aquela demo.

Enquanto isso, na Escola Música & Arte, a chance de ver garotas vestindo camiseta e sutiã (outra vantagem de não termos um uniforme) eram o suficiente para que eu fosse para a aula todos os dias, embora não comentasse isso com ninguém. Mas logo descobri que destoava de todas as outras pessoas. Eu parecia mais descolado do que era de fato por causa de minhas roupas e meu cabelo. Mas meu cabelo era daquele jeito por um motivo bem específico e eu ficava intimidado quando os outros alunos achavam que eu era genuinamente descolado. Como descobri aos poucos, cobrir minha orelha não mudava nada. Como tudo em minha vida, no fim a questão não era o que as outras pessoas viam e sim o que eu sabia e sentia.

Certo dia, uma das garotas populares do colégio me chamou. Victoria tinha o cabelo loiro e cacheado e olhos azuis que desarmavam qualquer um. Todos sabiam que ela tinha amigos muito *cool*, tanto dentro quanto fora do colégio. Eu estava vestindo uma jaqueta de couro com franjas, que na época era um visual descolado que pouca gente havia adotado, até na Escola Música & Arte.

– Ei, franjinha! – ela disse.

Fui conversar com ela e acabei reunindo coragem o suficiente para chamá-la pra sair. Pareceu uma experiência extracorpórea: alguém estava falando, e este alguém era eu, mas eu me sentia totalmente desconectado daquilo porque se tratava de um passo em direção a um território desconhecido. Ela aceitou e fui embora em um estado de pânico e alegria extrema.

Fomos a um concerto no Fillmore East. Mas quando chegamos lá, ela encontrou milhares de pessoas que conhecia na plateia. Acabamos sentando com amigos dela. Senti-me intimidado na hora, porque eram muito mais descolados do que eu, um jovem perturbado do Queens. Eles começaram a passar um baseado. Dei uma tragada em cada vez que um caía na minha mão e fiquei bem doidão. Logo comecei a falar sem parar, até que Victoria disse:

– De que diabos você tá falando?

Aquilo fez com que eu me calasse pelo resto do show.

Depois do concerto, voltamos ao apartamento dos pais dela. Eu ainda estava bem chapado e um tanto paranoico, pois Victoria parecia ter notado uma fenda em minha armadura e perguntou por que eu era tão frio. Acabei conversando com o pai dela e continuei falando com ele muito depois de ela ter ido para o seu quarto dormir. No fim, saí do apartamento me sentindo um tremendo otário.

Depois disso, ela começou a dar risadinhas todas às vezes em que nos encontrávamos no colégio. Acho que ela não queria ser maldosa, mas é fato que não estava rindo *comigo*.

Saí brevemente com outra garota que morava em Staten Island. Era metade italiana e metade norueguesa e vivia no bairro italiano. O pensamento dela rodava a mil por hora. Como eu era um pouco grandalhão e ela não tinha muito apetite, muitas vezes eu comia o almoço que a mãe dela preparava com muito carinho sem saber quem acabaria desfrutando dele. Quando conheci sua mãe, ela pareceu gostar de mim; na vez seguinte em que fui a sua casa, não me deixaram entrar.

– Não posso entrar? – perguntei.

– Não. Minha mãe pensou que você fosse italiano, mas descobriu que você é judeu.

*Minha colocação: 552 de 587 alunos. Se você não consegue ser o melhor da classe, o melhor é se distinguir como um dos piores. É um milagre eles terem deixado que eu me formasse.*

Aquela foi a minha introdução ao maravilhoso mundo do antissemitismo.

Depois de um tempo, a urucubaca dupla resultante da minha falta de confiança e da incapacidade de entender o que era dito em aula fez com que eu acabasse voltando à minha antiga rotina de colégio: ficar perdido, me frustrar, me isolar e, finalmente, matar aula sempre que possível. Eu sabia quantos dias podia faltar, quantas aulas podia perder e quantas vezes podia chegar atrasado, e aproveitava tudo isso ao máximo. Para mim, aquelas eram as informações mais importantes de se aprender no colégio.

Tornei-me um fantasma – quase nunca ia ao colégio e quando estava lá era quase invisível. Sentava-me no fundo e quase não falava com ninguém. Mais uma vez, eu estava em um exílio autoimposto devido a minha postura defensiva e minha ansiedade social. Mais uma vez, estava começando a me fechar. A vida era desolada e perniciosa. Meus problemas para dormir voltaram. Mais uma vez, eu acordava no meio da noite gritando por causa dos pesadelos familiares, certo de que estava morrendo.

*Estou sozinho em uma balsa, longe da costa, cercado pelas trevas...*

## 6.

Certa noite, quando minha mãe estava em sua primeira viagem à Alemanha, meu pai chegou tarde em casa cheirando a álcool. "Todos fazemos coisas que não deveríamos de vez em quando," ele disse.

*Ai meu Deus.*

– Mas não tem problema, tá?

*Sou seu filho. Você está querendo que eu o absolva? Eu? Você quer que eu livre você da culpa por algo que você acabou de fazer?*

Àquela altura, eu sabia que não podia contar com meus pais para qualquer ajuda, apoio ou aprovação. Mas não esperava que eles despejassem seus problemas em mim.

De repente, lembrei de um incidente que havia acontecido alguns anos antes. Meu pai atendeu o telefone numa tarde e ficou claramente perturbado pelo que ouviu. Ele falou baixo com minha mãe e os dois chamaram a polícia. Quando os policiais chegaram, pediram que o meu pai contasse o que tinha ouvido no telefone e ele relatou que o homem do outro lado da linha havia dito que machucaria meu pai se

*Eu com dezesseis anos ao lado de meus pais no apartamento da 75ᵗʰ Road.*

ele não parasse de ver alguma mulher. "Ele disse que cortaria as bolas dele fora," relatou minha mãe com um ganido. Todos tratamos aquilo como um engano, mas depois daquilo fiquei em dúvida.

Minha casa parecia um lugar ainda mais perigoso depois disso. Ainda demorariam décadas para que eu finalmente descobrisse o que estava acontecendo, mas ali eu soube que nossa casa havia se tornado um redemoinho que poderia ser mortal.

*Estou me afogando.*

Já era ruim o suficiente me ver correndo na estrada em um carro sem volante ou sozinho em uma balsa longe da costa e cercado pelas trevas. Mas agora era como se a balsa estivesse afundando.

O problema de minha irmã, fosse qual fosse, havia sido agravado por meus pais; o meu problema, fosse qual fosse, estava sendo agravado por meus pais. Minha casa parecia tão repleta de perigo quanto o colégio e as outras situações sociais. Eu não conseguia evitar um sentimento geral de medo. Com apenas quinze anos de idade, eu estava ficando louco. E não tinha ninguém com quem conversar.

Ninguém. Totalmente sozinho. Petrificado.

*O que deveria fazer?*

Eu pressentia que as coisas acabariam mal se continuassem daquele jeito.

*Será que vou tirar minha própria vida? Será que vou ficar louco como minha irmã?*

A maneira de Julia reagir aos seus graves problemas foi escolher um caminho de autodestruição e drogadição. Aquela era obviamente uma estrada para a ruína. Cabia a mim escolher como lidar com as coisas. Claramente eu estava sozinho, mas havia opções. Não fazer nada também era uma opção, que eu sabia que teria consequências terríveis.

*Recuso-me a ser uma vítima.*

Eu queria dar um jeito em mim. Queria arregaçar as mangas e resolver a porra dos meus problemas. Queria fazer as coisas funcionarem e transformar o meu mundo em algo de que gostasse.

*Mas como?*

Eu estava andando de bicicleta quando acendeu a luzinha. Quando virei uma esquina próxima de minha casa, a ideia caiu em minha mente como um relâmpago que vem do céu.

*Eu precisava buscar ajuda.*

De repente, percebi que fracassaria se não fizesse aquilo. Sem buscar ajuda, eu tomaria más decisões. Ou nem tomaria decisões: apenas continuaria descendo para o fundo do poço.

*Fazer alguma coisa.*

Então, certa noite, ouvi uma amiga da minha irmã falando sobre uma clínica psiquiátrica no Mount Sinai Hospital, em Manhattan. Era algo concreto. Um lugar aonde ir. Havia um nome e um endereço. Procurei o hospital na lista telefônica. Um dia, esperei que não houvesse ninguém em casa e telefonei para a clínica psiquiátrica. Marquei uma consulta.

No dia da consulta, peguei dois metrôs e um ônibus para ir até lá. Entrei sozinho e disse "Preciso de ajuda". Pediram que eu assinasse uns papéis. Por sorte, eu não precisava de autorização dos meus pais. E custava apenas três dólares.

Alguém me levou até um médico que vestia um jaleco branco sobre as roupas. Eu não sabia nada sobre terapia. Só esperava que alguém me dissesse como viver. Fiquei surpreso quando, em nossa primeira conversa, só recebi perguntas em vez de respostas. Tudo estava invertido. Eu queria que o médico me dissesse o que fazer, e em vez disso ele apenas me devolvia as perguntas que fiz. Eu demoraria um pouco para entender que aquela era a base da terapia: ninguém me conduziria pela mão através de minha própria vida.

Aquele médico, um estranho, meio que franziu a sobrancelha e olhou para outro lado enquanto eu falava.

*Ele está me olhando como se eu fosse louco?*

Depois daquela primeira sessão, fiquei em dúvida se era capaz. Mesmo assim, decidi tentar de novo. Faria o que fosse necessário.

*Arregaçar as mangas.*

Contudo, quando voltei ao hospital, pedi para ver um médico diferente. Graças a Deus eles aceitaram. O segundo médico se chamava Jesse Hilsen. Eu não me sentia tão autoconsciente quando estava com o Dr. Hilsen. Ele não me olhava como se eu fosse doido e logo me fez perceber que, embora eu achasse que o resto do mundo era "normal" e que eu era o forasteiro, as coisas não eram assim. Muitas outras pessoas também tinham questões que as atormentavam. Eu não estava sozinho. Não era a única pessoa em um milhão que achava que o mundo estava desmoronando, que se sentia como se fosse explodir. Graças a Deus. Aquilo foi um avanço.

Eu ainda aspirava a algum apoio e reconforto em casa e disse ao meu pai que tinha começado a ver um psiquiatra. Ele desdenhou. "Você só quer ser diferente," disse.

Depois, ficou irritado. "Você acha que só você tem problemas?," gritou.

Não, eu sabia que não. Minha irmã tinha problemas. E eu suspeitava que meu pai também tinha – embora só Deus soubesse do que ele estava falando na noite em que me pediu perdão. Mas eu não sucumbiria aos meus problemas, nem me entregaria diante deles. Eu tentaria lidar com eles. E lutaria.

Comecei a ver o Dr. Hilsen todas as quartas-feiras depois do colégio. Eu parava em uma lanchonete perto do hospital e comprava um sanduíche de peru com *russian dressing*, uma mistura apimentada com base de maionese. Então me sentava em um banco do Central Park para comer antes de ver o Dr. Hilsen. Ao sair do consultório, eu já me sentia ansioso pela semana seguinte. Conversar com o Dr. Hilsen era como ter uma corda a que me agarrar.

Finalmente eu estava fazendo alguma coisa – tomando as rédeas do meu destino e me tornando uma pessoa melhor. Eu estava encarando o desafio.

7.

No início de 1968, não muito depois de meu décimo sétimo aniversário, o programa *English Power Hour*, de Scott Muni, transmitiu um novo sucesso das paradas britânicas: *Fire Brigade*, do The Move. Era sobre uma garota com tanto fogo que era preciso ligar para os bombeiros – *run and get the fire brigade*.

Àquela altura, eu era um anglófilo irredutível e The Move era uma das minhas bandas preferidas. Ao compor naquela época, o que eu fazia era buscar inspiração em canções que me lembrava de ter ouvido no rádio. Quando escutei *Fire Brigade*, me apaixonei pelo conceito. Então sentei e comecei a remendar uma canção própria com a mesma ideia. Eu não tinha escutado a canção o suficiente para poder copiá-la musicalmente, mas havia captado algumas coisas das quais realmente havia gostado, e o meu refrão era mais ou menos assim:

> *Get the firehouse*
> *'cause she sets my soul afire*
> [Chame os bombeiros / porque ela incendiou minha alma]

Batizei a canção de *Firehouse*. Aquele foi um verdadeiro progresso. A cada nova canção que eu escrevia, sentia com mais força que tinha um desígnio. Talvez eu não tivesse vida social, mas tinha a música e um sonho.

*Então muitas pessoas são tristes. Elas precisam de algo para se entreter. Por que não poderia ser eu?*

Um dia, um professor do colégio me chamou num canto.

– Por que você não aparece nas aulas? Por que não se dedica? – perguntou.

– Porque vou ser uma estrela do rock – eu disse.

Quando o cara olhou para mim dava para ver os pensamentos por trás de seu rosto. *Seu tolinho.* Então ele forçou um meio-sorriso e disse:

– Muitas pessoas querem ser estrelas do rock.

– Sim – concordei. – Mas eu *vou* ser uma.

Afora minha banda, a Post War Baby Boom, não havia mais nada em minha vida – apenas minha guitarra, meu aparelho de som e, cada vez mais, as apresentações. Eu invejava os jovens com círculos sociais e encontros no fim de semana, mas não tinha nada disso. Eu não tinha descoberto como participar das coisas. Então, muitas vezes ia a shows sozinho. Era algo gratificante.

Em 1968, vi um show de Jimi Hendrix em um pequeno auditório no Hunter College, no Upper East Side, em Manhattan. Vi o The Who, os Yardbirds e o Traffic. Vi Ottis Redding e Solomon Burke. Vi Hendrix uma segunda vez. Praticamente todos os fins de semana havia shows no Fillmore East ou no Village Theater, onde era possível ver três bandas por três ou quatro dólares. Eu me banhava em música todos os fins de semana.

As bandas britânicas tinham certa elegância libertina: os cortes de cabelo eram excelentes, as roupas eram de veludo e cetim e sua coesão não dizia respeito apenas ao estilo musical, mas também aos trajes e personalidades. Eles tinham identidades individuais, mas também uma identidade da banda – os membros eram estilosos de maneira a complementar um ao outro. Também tinham a sensualidade que as bandas norte-americanas da época não tinham.

Assisti também a muitas dessas bandas norte-americanas, como Jefferson Airplane, The Grateful Dead, Moby Grape e Quicksilver Messenger Service. A maioria desses grupos parecia um bando de vagabundos recém-saídos da cama. Onde estavam sozinhos. Ver um cara gordo com trancinhas não me atraía muito. Quando via uma banda com um cara barbudo, eu pensava: *O que Sigmund Freud está fazendo em uma banda de rock?* Acho que a razão inicial para os shows de luzes no palco era desviar a atenção para os óleos e cores pulsantes na tela, ao invés de mantê-la sobre um bando de relaxados que mais pareciam mendigos. A maioria das bandas norte-americanas parecia o encontro de uma comuna. Para mim, aquilo não dava certo. Junte essa aparência com a sonoridade e não é de impressionar que as pessoas tomassem tanto ácido em seus shows.

No entanto, eu sabia que ácido não era para mim. Vi algumas pessoas enlouquecerem em concertos e vi um cara da minha vizinhança não voltar da viagem depois de tomar um. Saquei que eu era um forte candidato a não voltar. Melhor manter o controle. Eu tinha questões demais me consumindo, turbilhões demais em minha vida e havia visto o que as drogas fizeram com minha irmã. Eu tinha uma crença firme de que perder o controle daquele jeito me levaria para um caminho muito, muito ruim.

As bandas britânicas se tornaram parte do modelo que eu queria perseguir. E aquele modelo foi se tornando cada vez mais completo no ano seguinte, quando vi Humble Pie, Slade e Grand Funk Railroad, todas bandas que criavam uma atmosfera semelhante a de uma igreja, estabelecendo uma conexão religiosa com o público. Um *frontman*, como Steve Marriot, do Humble Pie, era alguém que liderava uma congregação, evangelizando em nome do rock.

*Eu creio!*

É claro que, embora sentisse a música correndo em meu sangue, eu precisava de dinheiro para comprar as entradas de shows, cordas de guitarra e revistas de música importadas da Inglaterra como a *Melody Maker*, o *New Music Express* e a *Sounds*, que eu comprava em bancas especializadas após tomar um ônibus e o metrô até Greenwich Village. Mas era difícil arrumar trabalho. Então, quando o primo de minha mãe, proprietário de um posto de gasolina da rede Sinclair que ficava logo após o Palisades Parkway, me ofereceu um trabalho, aceitei na hora. A primeira coisa que fiz foi comprar dele um Rambler caindo aos pedaços para ir até o emprego depois da aula. Eu tinha que sair do Harlem, onde ficava a Escola Música & Arte, passar pela George Washington Bridge e seguir até Orangeburg, onde ficava o posto de gasolina, trabalhar um turno e então voltar todo caminho até o Queens diversas vezes por semana.

O trabalho era duro, em parte por causa da distância, mas também porque eu não sabia absolutamente nada sobre carros. Eu era o tipo de pessoa menos hábil e familiarizada com mecânica que se possa imaginar. Em um dos meus primeiros dias de trabalho, um carro encostou e o motorista disse: "Confere o óleo". Então abri o capô e puxei a vareta de medição – eu sabia fazer aquilo. E sabia fazer a leitura.

– Está faltando um quarto – eu disse.

– Beleza – ele disse. – Pode completar.

– Claro – eu disse, e comecei a trabalhar.

Depois de alguns minutos, o motorista perguntou:

– Ô, rapaz, por que tá demorando tanto?

Bem, eu estava equilibrando um funil sobre a abertura da vareta e tentando pingar o óleo lá dentro. Eu não sabia que havia outro lugar por onde colocar o óleo. Apesar de minhas dificuldades iniciais, aquilo deu certo por um tempo – havia até uma funcionária atraente cujo zíper do uniforme abria tão rápido quanto o meu.

E, então, certo fim de semana, um dos jornais locais (que custava cinco centavos) publicou um anúncio do Sinclair que oferecia um cupom de um dólar de gasolina. Os leitores podiam apresentar o cupom e trocá-lo por um simples dólar de gasolina. Os proprietários dos postos enviariam os cupons para a Sinclair e receberiam um dólar em troca. O primo de minha mãe me fez comprar todos os exemplares do jornal que pudesse achar, levasse-os até o posto em uma van emprestada e recortasse os cupons. Ele disse que me reembolsaria por todos os jornais de cinco centavos comprados, além de me dar uma parcela do que o fornecedor lhe pagasse pelos cupons. Levei muitas viagens de jornais e ele ganhou milhares de dólares, mas nunca me reembolsou pelos jornais, nem pelo dinheiro que ganhou. Depois de ser trapaceado por meu próprio parente, pedi demissão.

Depois disso, arranjei trabalho numa *delicatessen* fina chamada Charles and Company. O lugar era especializado em frios, queijos e enlatados gourmet e tinha diversas lojas ao redor de Nova York. Eu precisava vestir uma touca para esconder o cabelo. Era tão apertada que me dava dor de cabeça, mas como eu trabalhava atrás do balcão, preparando sanduíches e repondo a salada e pratos quentes, aquilo era necessário.

Um gerente regional da rede apareceu um dia e, após resolver o que o levara até ali, disse:

– Sabe, você pode acabar se tornando gerente de uma loja dessas um dia.

Ele deve ter pensado que isso era um discurso motivacional, mas em mim teve o efeito contrário. Eu sabia que aquele não era o meu lugar. Por Deus, não era. Qualquer coisa, menos aquilo.

No inverno de 1968, no início de meu primeiro ano do ensino médio, aprendi que a Post War Baby Boom também não era o meu lugar. Ao menos eles não achavam que fosse. Jon Rael e os outros membros da banda foram para a faculdade, a maioria deles para Bard e SUNY New Paltz – um lugar no interior, mas longe de ser um lugar distante. Achei que poderíamos continuar tocando durante as férias, e eu poderia visitá-los nos fins de semana para tocar. Eles tinham outros planos. Nunca me disseram que eu estava fora da banda: percebi quando eles vieram a Nova York em um fim de semana com outro cara... um guitarrista.

Eles ainda tocavam juntos na faculdade e agora esse cara novo fazia parte do grupo. Aquilo doeu, sobretudo porque não me disseram. Pesei com cuidado a situação e pensei em como agir.

*Vou me tornar um guitarrista melhor.*

Mas tão importante quanto isso: *Vou continuar compondo.*

Não, havia algo além disso: *Aproveitar ao máximo o que se tem. Não há por que esperar por uma banda.*

E daí se eu não tinha uma banda? Tinha canções e estava compondo outras. Naquela época, eu tinha um gravador de fita que usava para registrar minhas canções. Comigo, a música e a melodia sempre vinham antes e depois eu ligava os pontos (inclusive a letra) a partir disso.

*Talvez eu consiga fazer com que outras pessoas gravem minhas músicas?*

Algumas das revistas que eu comprava, como a *Hit Parader* e a *Song Hits*, traziam músicas e letras impressas. E no pé das páginas em que as letras saíam, sempre havia informações sobre a editora de música que a publicara e o compositor.

*Bem, se sou um compositor e preciso encontrar um escoadouro para minhas canções (e não tenho uma banda), preciso assinar um contrato de publicação.*

Eu era tão solitário que, de alguma maneira, a ideia de fazer uma carreira musical sozinho fazia perfeito sentido. Então, passei boa parte do meu primeiro ano do ensino médio telefonando para editoras de música e negociando minha participação em audições para apresentar meu material. Aquela de que me lembro melhor foi no *Brill Building*, pois já se tratava de um local lendário para mim. Fui lá com meu violão, entrei em um escritório, sentei de frente para alguém que aceitara me ver e toquei as canções para aquele estranho.

O engraçado era que, embora eu houvesse sido extremamente cauteloso para apresentar músicas para a banda, eu achava fácil tocá-las na frente de gente que não conhecia. Mas apesar de algumas pessoas terem sido bem gentis e encorajadoras, ninguém me ofereceu um contrato.

Eu ainda tinha muito a aprender sobre o meu ofício.

## 8.

Continuei visitando a Middle Earth, a loja de maconheiros, e visitava com frequência o apartamento ali perto onde morava o casal de donos. Ficávamos jogando conversa fora e volta e meia eu tocava violão. Eles tinham um amigo que morava no mesmo prédio e também tocava guitarra, e, às vezes, eu ia no apê dele para tocar. Jamais ligava para avisar, apenas aparecia na casa deles.

Eu fumava maconha de vez em quando e era divertido ficar sentado no chão pensando em coisas ridículas, tornando-me um gênio de uma hora para a outra e filosofando sobre a vida em outros planetas ou sobre as cascas das árvores. Não era muito produtivo e percebi que se queria escrever canções eu não poderia passar o tempo fumando maconha e comendo sanduíches. Eu ainda tinha um objetivo.

Porém, socializar com pessoas mais velhas se tornou uma forma de escape, que afastava a neurose que eu tinha ao socializar com gente da minha idade. E eu podia fazer isso de acordo com minha vontade. Não era como se eu precisasse ver esses adultos no colégio todos os dias. Mais ou menos na mesma época, fiz amizade com uma mulher da mesma quadra chamada Sandy. Ela era esposa de um cara chamado Steven, tinha três filhos e vinte e poucos anos. Comecei a visitá-los como fazia com o casal da Middle Earth. Eu passava muito tempo com eles. Era ótimo não ter que passar aquele tempo todo em casa.

Um dia, quando estava com Sandy, ela disse:

– Tenho algo pra te dizer.

*Tá bem...*

– O Steven foi embora.

– Que horror! – eu disse, e dei um abraço forte nela.

A gente acabou se agarrando no sofá. E então... ela me levou para o quarto.

*Epa, o que tá acontecendo aqui?*

*Que maravilha!*

Minha técnica para o sexo era inexistente, mas tenho certeza de que Sandy apreciou meu entusiasmo: eu era uma britadeira humana. Ou *a love gun*, uma arma do amor. Naquela idade, só tirar as calças já me deixava excitado. Ter alguém junto comigo era um bônus.

Até eu dormir com Sandy, sexo parecia algo impossível de encontrar. Aquilo mudou tudo. Para a minha sorte, Steven não mudou de ideia após deixá-la, então comecei a passar na casa dela com uma frequência cada vez maior. A casa dela ficava a alguns passos da minha e agora era a entrada para um parque de diversões sexuais, com brinquedos emocionantes e diferentes de qualquer coisa que eu conhecia.

Aqueles encontros podiam acontecer muito tarde, porque esperávamos as crianças dormirem. Uma noite na casa de Sandy, telefonei para a minha mãe e disse "Vou me atrasar". Outra vez.

– Me diga a verdade, Stan, o que está acontecendo? – perguntou.

– Mãe, ela está com muitos problemas.

Minha mãe sabia que o casal havia se separado e parecia suspeitar de nossa conexão, mas não queria saber a verdade.

Após eu perceber que exercia alguma atração sobre as mulheres mais velhas por ser jovem, minha situação mudou radicalmente. A única coisa que meu pai me disse sobre sexo era que eu precisaria me virar se engravidasse alguém. Sexo, conforme me ensinaram, era algo sujo e pervertido. Mas, rapaz, como eu queria aquilo. E depois que consegui, rapaz, como eu gostei. E agora, sendo tão fácil consegui-lo, eu não precisava lidar com as questões de intimidade que precisaria manejar para persuadir uma garota da minha idade a transar. Eu não teria conseguido. De maneira alguma. Eu ainda via intimidade como algo invasivo e não queria ninguém dentro da fortaleza psicológica que havia construído ao meu redor. Não queria ser próximo de ninguém. Mas agora eu percebia que, com mulheres mais velhas, dava para curtir o ato e depois cair fora imediatamente.

*Fazer e ir embora.*

E isso funcionava para elas tão bem quanto para mim. As comportas estavam abertas.

Logo depois, outra mulher da vizinhança me viu com minha guitarra e perguntou se eu conhecia alguém que poderia dar aulas para o seu filho. Ela era divorciada.

– Ué, bem, posso dar aulas para ele – eu disse.

Passei o trigésimo nono aniversário dela ao seu lado na cama. Eu tinha dezessete.

Meus instintos e hormônios me empurraram para diversas situações como aquela. Era como uma droga. E uma droga ótima. Agora eu tinha acesso a algo mágico sem ter que baixar a guarda e lidar com relações significativas de qualquer tipo, nem com intimidade real. Eu nunca precisava me preocupar se alguém esperava mais de mim em termos emocionais.

Eu não obedecia nenhuma regra e nunca pensei nos aspectos éticos do que estava fazendo. Se a mulher de alguém queria dormir comigo, ei, beleza, porque ela queria. O fato de que muitas vezes havia mais alguém envolvido não significava nada para mim. Isso era, ou seria, problema *deles*. Se uma mulher se mostrava disponível, para mim já era o suficiente.

O homem do casal de proprietários da Middle Earth parecia estar cativado por uma garota que visitava a loja com frequência. Então, em uma festa em seu apartamento, ele começou a dar em cima dela. Acho que o casal já estava entrando em uma relação aberta mesmo, mas naquela noite a mulher pareceu chateada por seu marido ter ficado com outra pessoa. Então me embrenhei em outro quarto com a esposa e um pastor alemão que parecia tão interessado em mim quanto ela.

*Ei, eles são adultos.*

Eu não queria uma namorada. Não queria um relacionamento. Isso era assustador. Mas eu ainda podia conseguir o que desejava de maneira totalmente fria e desprendida. Situações que poderiam ter parecido intimidadoras para outros (afinal, havia a possibilidade de que o marido de alguém quisesse cortar minhas bolas, como haviam ameaçado fazer com meu pai, ou até me matar) me pareciam ideais.

Eu não confiava em ninguém: continuava existindo em meu próprio mundinho. Mas agora o sexo era uma das forças que me guiava. Não importava onde nem com quem. Lembro de ter me convidado para uma festa na casa de um vizinho certa noite. Simplesmente entrei. Eles estavam usando os quartos como chapelaria, jogando todos os casacos dos convidados sobre a cama. Acabei levando uma mulher para aquele quarto e trepando em cima dos casacos. Algumas pessoas vieram procurar os seus casacos enquanto estávamos em plena ação e elas ficaram absolutamente perplexas. Mas eu nem ligava. Para mim, restrições como fazer apenas o apropriado não existiam. Agora eu fazia sexo nos mesmos lugares em que antes ficava sozinho com minha música. *Sexo!* O monstro dentro de mim havia despertado.

Outra vez, uma amiga da minha irmã dormiu na nossa casa e tentei me enfiar na cama com ela, que me empurrou para fora. No dia seguinte, minha irmã contou para a minha mãe. Achei tudo hilário. Na verdade, a irritação de meus pais com o meu comportamento foi um bônus. Aquilo só tornava tudo mais convidativo.

Também passei a ver a música com outros olhos. Quando vi um concerto do Led Zeppelin no Corna Park, no Queens, em agosto de 1969, para menos de duas mil pessoas, a sexualidade do que eles faziam era palpável. O show foi no New York State Pavilion. Trata-se de uma estrutura a céu aberto, construída para a Feira Mundial de 1964, com um mosaico de azulejos formando o mapa do estado no chão, acrílico multicolorido no telhado e formas semelhantes a discos voadores alocadas sobre as colunas. O som de Jimmy Page me atingiu com o mesmo impacto que o de Beethoven quando eu era criança. Ele não era apenas um grande guitarrista, mas também um visionário que compunha e encaixava sons à perfeição. O Led Zeppelin pegou um formato musical que já era conhecido (o rock derivado do blues) e o transformou em algo novo e totalmente próprio.

Robert Plant cantava como um *banshee*. Eu não conhecia ninguém que soubesse cantar daquele jeito. Já havia visto Terry Reid e Steve Marriott, que mais ou menos haviam construído a base para o que Plant estava fazendo, mas Plant era melhor, mais imperativo, mais magnético e mais consumado. Ele criou um estilo que não existia antes. Devido a todas as suas qualidades como vocalista, ele era mais do que um mero cantor. Robert Plant era a personificação de um deus do rock. Ninguém tinha aquela *aparência*. Ele estava construindo um arquétipo. Lembro de ver o The Who outra vez e perceber que Roger Daltrey tinha deixado a cabeleira crescer e feito cachinhos. *A-há, ele quer ficar parecido com o Plant*, pensei. Todo mundo queria ficar parecido com Plant – e soar parecido com Plant.

Tudo naquele show de verão foi atordoante. Foi o mais próximo que já tive de uma experiência religiosa.

Eu tinha ido ao show com David Un, que ainda via de vez em quando, e disse a ele:

– Não vamos nem falar sobre isso. Não vamos falar sobe o show, pois qualquer coisa que a gente diga vai diminuí-lo.

*Nunca, jamais verei algo t*ão perfeito outra vez.

Eu sabia que a música ainda representava minha salvação e a grande solução para as minhas profundas inseguranças. Eu queria a aceitação que sentira ao tocar em público. Embora a Post War Baby Boom não tivesse rendido nenhum centavo, havíamos tocados em lugares como o Beehive; também gostei de tocar nas apresentações para as editoras de música. Então comecei a tocar de novo com Matt Rael, o pequeno irmão do Jon da Post War Baby Boom. Eu tinha tocado muito com Matt alguns anos antes e agora ligávamos nossos amplificadores Blackface da Fender e começávamos a experimentar. Às vezes, Neal Teeman se juntava a nós na bateria. Com frequência, regulávamos o volume e os ajustes dos dois amplificadores no máximo e criávamos uma parede de sons estridentes.

Conseguimos arrumar algumas apresentações num lugar hippie do Brooklyn chamado Bank. Era uma espécie de sede e lar de um tipo de comuna que ocupava diversos andares do prédio abandonado, onde antes funcionara um banco. Um dos andares estava coberto de feno e as crianças podiam montar um burro lá dentro. Tocávamos em outro andar, criando uma parede de som barulhenta com nossas guitarras berrando feito malcriadas. Na maioria de nossos shows, Matt nem sequer se virava para a plateia.

Foi divertido voltar a tocar, mas aquele obviamente não era um grupo no qual eu apostaria o meu destino. Com a aproximação do fim do colégio, pensamentos sobre o futuro começaram a me consumir.

Eu estava levando com a barriga aquele último ano e precisava pensar nos meus passos seguintes. A pressão que comecei a sentir não era por causa do dinheiro em si. O que me incomodava mais era que outras pessoas estavam trabalhando para ter segurança no futuro. Elas faziam planos para ir à faculdade e aprender uma profissão. Eu não.

Bem, conforme eu acreditava, uma carreira de músico não oferece garantias. Os jovens do meu bairro estavam seguindo as profissões de seus pais e se tornando médicos ou advogados. Enquanto isso, meu cabelo passava dos ombros e eu sonhava em ser um deus do rock. Eu sabia que as estatísticas não estavam a meu favor. Passei inúmeras noites de pânico sentado na cama, pensando *Que diabos eu tô fazendo?* Não importa o quão seguro de si alguém seja, sempre haverá momentos negros de dúvida. Mesmo que sua autoconfiança não desapareça, ela será questionada de tempos em tempos.

Eu ficava deitado na cama pensando. Eu tinha um plano. Mais ou menos. Na verdade, era mais uma meta do que um plano. Eu tinha algo e sabia que estava trabalhando para que aquilo acontecesse, algo que era uma aposta. Mas não havia passos a serem cumpridos e riscados de uma lista. Não era como trabalhar para me tornar um oftalmologista.

*E se? E se eu não conseguir?*

Os medos vinham à noite.

No fim, acabei delineando um cenário de último recurso. Eu trabalharia para a companhia telefônica. O salário era tão bom quanto o de um cargo público com benefícios trabalhistas. E se eu conseguisse um trabalho como instalador de linhas telefônicas (naquela época, havia anúncios para isso no jornal), poderia trabalhar sozinho, longe das pessoas e de qualquer chefe. Eu era capaz de fazer aquilo. Dirigir pela cidade em uma van e instalar telefones. Sozinho.

## 9.

Matt e eu começamos a discutir nos ensaios. Eu achava que estávamos só nos divertindo, sem criar algo que nos levasse adiante. Também sentia que ele deveria olhar para o público e não para o amplificador durante os shows. Chegamos ao fim da linha quando Neal e eu pedimos a ele em um ensaio que baixasse o volume do seu amplificador.

– Abaixa! – gritamos.

– Não! – Matt gritou de volta.

Ele continuou tocando tão alto quanto podia.

Então Neal e eu caímos fora. Nós saímos e o grupo acabou. Matt e eu continuamos amigos (até começamos a trabalhar juntos como taxistas), mas acho que deixar de tocar conosco o deixou aliviado.

É claro que eu queria continuar tocando e como havia sido rejeitado quando fui sozinho às editoras de música, senti mais uma vez que montar uma banda era o caminho a seguir. Neal, que à época trabalhava parte do dia em um estúdio de gravação, ouviu um amigo mencionar um cara chamado Steve Coronel, que tocava guitarra base.

Então chamamos Steve, nos reunimos, ensaiamos alguns covers, tocamos algumas das minhas canções e começamos a agendar shows.

A banda com Matt nunca teve baixista, mas Steve queria trazer um. "Conheço um outro cara aí", ele disse.

O nome do cara era Gene Klein e ele e Steve haviam tocado juntos quando adolescentes em uma banda chamada The Long Island Sounds. Steve disse que agora Gene morava fora da cidade. Aparentemente, ele era um pouco mais velho do que eu e já tinha se formado na faculdade. Para mim, pouco importava se ele morava em Sullivan County ou em Staten Island: se havia a possibilidade de criarmos uma banda de verdade, eu era cem por cento a favor.

Certa noite, fui ao apartamento de Steve em Washington Heights, em Manhattan, não muito longe de onde eu morava quando criança. O quarto de Steve era todo pintado de preto. No quarto estava um cara grande e robusto.

– Stan – disse Steve –, esse é Gene Klein.

Gene tinha cabelo comprido e barba embaixo da papada. Estava muito acima do peso. Eu tinha uma constituição bem sólida naquela época, mas o cara era enorme. Vestia sandálias e um sobretudo e parecia saído do *Hee Haw*, um programa (então novo) de TV dedicado à música country.

Gene deixou claro desde o início que não nos via como iguais, musicalmente falando. Ele tocou algumas canções para nós que me pareceram meio bobas. Então me desafiou a mostrar uma das minhas e toquei uma chamada *Sunday Driver*, que mais tarde mudei para *Let Me Know*. Ele pareceu estarrecido com o fato de alguém além de John Lennon, Paul McCartney e Gene Klein ser capaz de compor uma música. Foi um momento de descoberta para ele: lá estava outro cara que não era famoso e sabia compor. Deu pra ver que foi pego de surpresa. Ele murmurou "Hmmmm".

Fiquei irritado por ele achar que atuava em um nível que permitia que me julgasse, como se tudo o que importava fosse sua aprovação. Como eu não havia achado as canções dele grande coisa, ele estar me julgando pareceu arrogante, condescendente e ridículo. Ele deixou claro que estava julgando de cima para baixo e não gostei nada daquilo. É claro que Gene não sabia da minha orelha, que estava coberta por meu cabelo, mas eu havia sido programado para odiar análises e julgamentos. Até onde eu sabia, essas não eram coisas legais, e não fiquei ansioso para trabalhar com ele.

Em outra noite, fiz um show gratuito com Steve e um baixista chamado Marty Cohen em uma cafeteria na Broadway com a 111th Street, chamada Forlini's Thir Phase. O lugar tinha revestimento de *Styrofoam* e tocamos com muitos amplificadores. Apresentamos músicas próprias e alguns covers, incluindo *Mississippi Queen*, do Mountain, e a plateia entrou no clima. Gene também foi àquela apresentação, pois Steve havia pego emprestado equipamentos com ele, e ficou visivelmente impressionado.

Algum tempo depois, respondi a um anúncio na revista semanal alternativa *The Village Voice* de uma banda que buscava um guitarrista. Quando disquei o número, descobri que o cara que havia posto o anúncio, Brooke Ostrander, era tecladista de uma banda que procurava alguém para a guitarra solo, e não para a guitarra base (como eu tocava). A história acabou por aí.

Mas, não muito tempo depois, Gene me telefonou e perguntou se eu gostaria de ir a Nova Jersey trabalhar em uma fita demo que o grupo dele estava tentando terminar. Ele queria que eu passasse um ou dois dias lá. Aceitei. Bizarramente, descobri que o grupo estava tocando na casa do tecladista Brooke Ostrander e aquela era a mesma banda para a qual Brooke havia posto um anúncio. Brooke dava aulas de música em um colégio. Gene também se gabava de algum emprego de colarinho branco que tinha na época, onde recebia cinco dólares por hora – então uma fortuna. Eles tinham um gravador de fita caseiro, que não era o tipo de equipamento chique que encontraríamos em um estúdio, mas mesmo assim trabalhamos o dia todo. No fim da noite, Brooke e eu fumamos um pouco de maconha em um *bong* em forma de peixe. Eu estava completamente leve. Com o dia de trabalho já encerrado, ficamos escutando Pink Floyd e Jethro Tull até eu perceber que não sabia onde dormiria naquela noite.

– Pode dormir no meu quarto – disse Brooke.

Ô ôu.

Aquela foi uma das caminhadas mais longas da minha vida. Eu não sabia bem o que fazer. Mas, quando ele abriu a porta, vi que havia duas camas no quarto. *Ufa! Graças a Deus.*

Ao trabalhar com Gene, percebi que tínhamos algumas coisas em comum. Ele vinha de uma família de sobreviventes do Holocausto. Era sério e inteligente. Embora ele e Brooke trabalhassem em Nova Jersey, Gene vivia a apenas quinze minutos de minha casa no Queens. Também descobri que participara de uma banda no interior quando estava na faculdade, que tinha feito muitos shows. Ele tinha muito a oferecer. Cantava e tocava baixo bem. Sabia compor. E, talvez o mais importante de tudo, Gene tinha foco.

Àquela altura, uma coisa que eu havia percebido era que talento, assim como qualquer outra coisa, é apenas um ponto de partida. O que importa é o que se faz com ele. Eu sabia que não era o guitarrista mais talentoso, nem o melhor cantor ou compositor, mas era capaz de fazer todas essas coisas e tinha uma *visão* completa do que precisava para ter sucesso: uma receita que incluía trabalho, trabalho e trabalho.

Gene compunha um monte de canções estranhas. Será que era porque vinha de outro país? Eu não sabia ao certo. Ele tinha uma chamada *Stanley the Parrot* [Stanley, o Papagaio] e outra chamada *My*

*Uncle is a Raft* [Meu Tio é uma Balsa]. Ele tinha até uma chamada *My Mother is the Most Beautiful Woman in the World* [Minha Mãe é a Mulher Mais Bonita do Mundo].

*Hm, ok, isso é meio estranho.*

Mesmo assim, quanto mais tocávamos, melhor ficava. Gene e eu gostávamos do mesmo tipo de música e cantávamos boas harmonias juntos. Decidi que queria trabalhar com ele. Agora eu conseguia ver um panorama mais geral e apesar de nossas idiossincrasias (como era filho único, trabalho em equipe não era o forte de Gene), éramos inteligentes o bastante para saber como acomodar nossas ambições. No fim das contas, seria muito mais fácil matar um dragão com alguém para ajudar.

Conforme continuamos a ensaiar juntos, Steve Coronel também acabou se juntando a nós, e aos poucos começamos a parecer cada vez mais uma banda de verdade.

## 10.

Em junho de 1970, concluí a Escola Música & Arte com notas melhores do que apenas uma dúzia de pessoas, em uma turma de tamanho bastante considerável. Na verdade, fiquei surpreso de ter me formado, já que eu assistia a tão poucas aulas.

Me formar foi uma benção um pouco ambígua. Eu estava feliz de deixar a escola para trás, mas estava cagado de medo de ser convocado para o exército. A Guerra do Vietnã estava em seu ápice e a última coisa que queria era ser chamado. Eu precisava ir ao Vietnã tanto quanto precisava tomar ácido.

Durante anos de um medo crescente, consegui acumular alguma documentação médica de vários problemas, como dor nas costas e outras coisas pelas quais precisei ir ao médico. Um dia, fui até a Whiehall Street em Manhattan para entregar minha ficha de alistamento. Eles revisaram meus registros e me dispensaram em seguida. Todos os meus medos, os anos que passei angustiado com a ideia de ser mandado ao Vietnã, haviam sido em vão. Contei aos meus pais a excelente notícia, comentando que tinha levado todas as minhas fichas médicas para provar que não estava apto a servir. Eles olharam um para o outro intrigados e disseram:

– Você não sabe que não pode ser convocado?

– Por quê? – perguntei.

– Você é surdo de uma orelha.

*Ah sim.*

Em choque, pensei em todas as vezes em que havia mencionado a questão do alistamento durante o ensino médio. Todos os homens que se aproximavam da idade estavam preocupados com o que aconteceria. Explicitei meus medos para os meus pais em diversas ocasiões. Era um medo que eu tinha e eles poderiam ter apaziguado se tivessem me contado que eu não poderia ser chamado.

– Por que vocês nunca me disseram? – perguntei.

Eles viraram um para o outro, olharam de volta para mim e deram de ombros. Mais dez pontos para os meus pais.

Era verdade que eu não podia dizer a direção do som, mas nunca havia ligado os pontos. E ninguém havia ligado os pontos para mim.

Naquela época, o estado de Nova York havia decidido tornar a faculdade acessível para qualquer um de seus residentes, e pensei que, apesar da minha bravata de seguir uma carreira musical, talvez fosse melhor eu me inscrever no sistema de faculdades municipais. Eu já havia me sabotado tantas vezes... Talvez essa fosse uma oportunidade para criar uma garantia que talvez eu ainda fosse precisar.

Como eu ainda não havia feito nenhuma prova preliminar e tinha notas terríveis, fui aceito no Bronx Community College. Ganhei uma bolsa de estudos e utilizei-a prontamente para comprar um *Plymouth Fury* azul usado para substituir meu *Rambler* quebrado.

Quando apareci para a primeira semana de aulas, achei que a maioria das pessoas não se parecia com o que eu consideraria "típicos universitários". Provavelmente, eles pensaram o mesmo de mim.

Apesar da mudança de cenário, a faculdade logo se mostrou uma continuação de tudo o que eu odiava na escola. Eu ainda tinha o mesmo problema básico: não conseguia escutar bem o suficiente o que estava sendo dito. E não era como se as aulas ocupassem uma hora do meu dia; esperava-se que eu estivesse lá durante quase o dia inteiro. Ainda havia tarefas para casa. Quando pensei no tempo que precisaria dedicar à faculdade, comecei a vê-la como um empecilho. Eu desejava investir todo aquele tempo (e até mais) para atingir a minha meta, mas a faculdade não me ajudaria nisso. Na verdade, ela estava me desviando fortemente daquilo. Ela impossibilitava o plano. E para quê? Eu nunca me sairia bem na sala de aula. Era só perda de tempo – e tempo, ponderei, era a coisa mais preciosa que eu tinha.

*Isso é só mais do mesmo. Esse não é o meu lugar.*
*Isso não é pra mim.*

Pensei na nova banda e no fato de que não estava mais sozinho. Pensei na ideia que havia discutido com Gene, de conseguirmos um local permanente de ensaio. Claro, Gene havia sido criado como filho único, acreditando quando sua mãe dizia que ele era um presente de Deus para o mundo. Sem dúvidas, ele tinha suas peculiaridades. Mas tínhamos uma química real e juntos éramos muito mais fortes do que qualquer um dos dois sozinhos. Tínhamos um plano de batalha.

*Isso não é para mim.*

Ficar sem Plano B é uma coisa perigosa de se fazer. Mas ir à faculdade estava tirando o meu foco. Para uma banda, foco é sinônimo de sucesso. Eu precisava viver aquilo vinte e quatro horas, não apenas à noite e nos fins de semana. Perder tempo no Bronx Community College era sabotar o que eu estava tentando conquistar. Agora eu tinha o meu *Plymouth*, ou seja, tinha transporte para ir aos ensaios a qualquer hora.

*Isso não é para mim.*

Nunca mais voltei depois da primeira semana de aulas.

# Parte II

**Out on the street for a living**
*Nas ruas para sobreviver*

## 11.

Gene Klein vivia com a mãe e o marido dela em Bayside, no Queens. Ela me chamava de "o vagabundo". Eles viviam em uma casa de três andares: um inquilino vivia no térreo e eles ocupavam os outros dois. Certo dia, eu estava no quintal conversando com Gene, que estava com a cabeça para fora da janela. A mãe dele se projetou para fora e, com seu marcado sotaque húngaro, disse:

– Stanley, a vizinhança gosta de silêncio.

Em outras palavras, eu era da parte ruim da cidade e não entendia que as coisas eram diferentes naquele bairro agradável.

Aos olhos de sua mãe, Gene era incapaz de errar. Se por acaso eu ligava quando ele estava no banheiro, ela dizia "o rei está no trono", pois acreditava que ele fazia um bom trabalho até no toalete. Eu, por outro lado, não conseguia arrancar um parabéns de meus pais nem se minha vida dependesse disso. Eles desviavam de seu caminho para *não* ter que me parabenizar. Acho que pensavam que assim me tornariam mais forte. Gene não era capaz de errar; eu era incapaz de acertar.

É claro que, considerando as especificidades de minha situação, não era de se surpreender que a mãe de Gene me achasse um vagabundo.

Minha irmã e seu namorado dirigiam uma van pela cidade, aparentemente vendendo drogas, e tomavam ácido todos os dias, cheiravam cola e faziam o que desse na telha. Ela acabou engravidando, mas na época em que deu à luz decidiu se separar do cara. Eu estava no hospital com meus pais quando minha sobrinha Ericka nasceu.

Minha irmã não estava em condições de criar um filho: ainda estava lutando contra distúrbios mentais e se automedicava muito. Num fim de semana, o meu pai e eu alugamos uma casa, dirigimos até Boston (onde ela vivia em uma espécie de comunidade autônoma), carregamos o veículo com todas as coisas do bebê e levamos tudo para o apartamento dos meus pais. Afinal, o bebê já estava vivendo com meus pais.

A partir dali, rompemos quase totalmente nossa relação com Julia. Ainda havia medo e não sabíamos ao certo se ela tentaria pegar Ericka de volta ou começaria uma batalha judicial com os meus pais pela guarda do bebê. Julia foi nos visitar uma vez e era visível que não estava bem. Ela estava com Ericka no colo e de repente ouvi a porta da frente abrir com um estrondo e vi Julia correndo pela rua com a criança. Tivemos que correr atrás dela e tomar Ericka de volta. Foi assustador.

Seguindo a filosofia de meus pais de não reconhecer problemas, minha sobrinha cresceu chamando minha mãe (a avó dela) de "Mamãe". E como meu pai não se sentiu confortável para escolher como ser chamado, tornou-se "Querido" por tabela, que era como minha mãe chamava ele.

Enquanto Gene tinha um diploma universitário e ganhava dinheiro como professor assistente ou em algum emprego (ele teve diversos trabalhos durante os primeiros anos de nossa amizade), eu havia passado do posto de gasolina para a *delicatessen* e abandonado a faculdade. Agora estava me preparando para o exame de taxista. Enquanto outros jovens da vizinhança estudavam para se especializar em algo e começar carreiras de longo prazo, eu havia deixado a música como única alternativa de sucesso. Não tinha escolha a não ser passar vinte e quatro horas, sete dias por semana, trabalhando alguma maneira de conseguir isso. Para mim, o trabalho era tudo. Podemos mencionar o quanto algo é importante para nós pelo quanto estamos dispostos a trabalhar por aquilo.

Para a minha sorte, apesar da opinião que a mãe dele tinha de mim, Gene parecia concordar que nos saíamos melhores juntos do que sozinhos. Mas acho que, naquela época, a nossa parceria era mais significativa para mim. Com uma dose módica de aprovação e alguém com quem passar o tempo, finalmente parei de visitar o Dr. Hilsen, meu psiquiatra. Gene, por outro lado, parecia ter mais coisas rolando na sua vida, fossem namoradas, trabalhos ou outras coisas. Na superfície, ele também parecia mais contente e mais otimista do que eu. Da minha perspectiva, Gene era importante para o plano, e o plano era tudo em minha vida. Depois de ser rejeitado pelas editoras de música, eu percebera que precisava de uma banda como veículo para divulgar meu material. Sozinho, faltavam no mínimo três pessoas para formar a equipe necessária. Eu sentia que havia encontrado em Gene outro membro-chave do time.

Àquela altura, eu tinha visto e conhecido muitas pessoas que queriam ser músicos e diziam que se tornariam estrelas, mas a maioria não tinha disciplina e não estava disposta a se comprometer com o trabalho. Talento é muito bom, mas as pessoas que vencem são as que trabalham mais duro. Gene tinha uma ética de trabalho como a minha.

Depois de pegar um trabalho como taxista para uma empresa chamada Metro, situada perto de Queens Plaza, eu tinha dinheiro sempre que precisava e uma boa flexibilidade. Eu dirigia um grande Dodge sedã com uma divisória frágil entre o meu assento e o banco de trás. A atividade estava passando por uma transformação à época e havia cada vez menos táxis clássicos. Os caras de antigamente e seus charutos estavam sendo substituídos por pessoas como eu: atores, músicos e pessoas que precisavam de uma fonte de renda e certa dose de liberdade. Logo saquei o que a empresa julgava ser o mínimo razoável para um turno de trabalho, então trabalhava esse mínimo quando estava sem vontade. Basicamente, o quanto eu ganhava era determinado por o quanto eu trabalhava. Também descobri onde ficavam os fios que acendiam a luz no teto do táxi que dizia "livre". Aprendi a desativá-lo sem ter que olhar debaixo do painel. Isso significava que eu podia cobrar um preço fora da tarifa sem correr o risco de ser pego por um fiscal que porventura visse passageiros no táxi com o sinal de "livre" aceso – o que denunciava que você não tinha ligado a tarifa.

Gene e eu alugamos um espaço para ensaiar na Hester Street, em Chinatown, logo acima de Canal Street, em baixa Manhattan. O prédio era feito do que chamávamos de "madeira delicada": se alguém riscasse um fósforo, tudo iria pelos ares. Mas era excelente, porque podíamos deixar nosso equipamento lá em vez de carregá-lo o tempo todo. A formação completa da banda (Gene, Steve Coronel, Brook Ostrander, eu e o baterista Tony Zarella) ensaiava lá três vezes por semana. Mas Gene e eu íamos lá bem mais do que isso.

Embora de início eu não tivesse ficado muito impressionado com as canções de Gene, conforme fomos nos entrosando, passamos a compor juntos com ótimos resultados. Era empolgante ter um colaborador, alguém criativo e inteligente com quem trocar ideias. Um parceiro de composição! Eu já não me sentia só.

Gene também era um exímio baixista. Era capaz de tocar linhas intrincadas e interessantes e cantar ao mesmo tempo, algo que a maioria das pessoas não consegue fazer. Sua habilidade para inventar trechos de melodia para complementar os acordes era um grande bônus. Ainda assim, embora eu valorizasse nossa parceria, não valorizava a maneira como ele lidava com as coisas. Muitas vezes ele aparecia tarde para os ensaios e jamais pedia desculpas. Não era incomum esperar mais de uma hora após o horário marcado em um metrô para irmos juntos ao espaço de ensaio. Ele não pensava muito nos outros.

Podia ser enlouquecedor, mas às vezes eu dava o troco. Comíamos com frequência em um restaurante chinês barato na Canal Street, onde era possível comer uma porção de qualquer prato do cardápio acompanhado por arroz ou massa por um dólar e 25 centavos. Certa tarde, Gene e eu pedimos a comida e latas de Coca-Cola. O lugar estava vazio Quando Gene foi ao banheiro, peguei o tubo de mostarda picante e dei uma boa espremida dentro da lata dele. Quando voltou, ele levou o canudinho aos lábios e tomou um grande gole. Fiquei só esperando. De repente, os olhos dele saltaram das órbitas e começaram a lacrimejar e ele gritou "Ai meu Deus!". Ele era três anos mais velho e eu pregava peças nele como um irmão mais novo pestinha.

Nossos recursos eram limitados a (no máximo) uns poucos dólares naquela época. Certo dia, queríamos algo para comer enquanto estávamos ensaiando, mas não tínhamos dinheiro. Então pegamos nossas guitarras e fomos à frente do *loft* na Hester Street para tocar músicas dos Beatles. O balde encheu rapidinho e tínhamos grana para a comida. Ganhamos tanto dinheiro naquele dia que achamos que seria uma boa tentar de novo. Mas, no dia seguinte, a polícia apareceu pouco depois de começarmos. Aquele foi o fim de nossa carreira de músicos de rua e de nosso sonho de frango *moo shu* infinito.

Percebi muito cedo que Gene tinha sido ensinado a valorizar e apreciar o dinheiro. Às vezes, isso funcionava bem: por exemplo, eu volta e meia lhe dava os meus sapatos velhos. Outras vezes eu o provocava: jogava moedas no chão de Chinatown porque sabia que ele as juntaria correndo. Eu costumava ficar ao lado do meio-fio e lançá-las no ar e ele corria até a sarjeta para buscá-las.

Apesar das disparidades de nossas vidas, Gene e eu encontramos um ponto comum. Compartilhávamos alguns aspectos cruciais (ambos vínhamos de famílias de imigrantes judeus, ambos vivíamos no Queens), mas acho que o principal era nosso estilo de trabalho. Nós dois dávamos cem por cento. Os outros caras da banda não pareciam se entregar da mesma maneira. Tony, o baterista, só estava na banda por um motivo: era um sósia perfeito de Geezer Butler, do Black Sabbath. Não tocava lá grandes coisas, mas tinha uma bateria da Ludwig e parecia saber o que estava fazendo. Uma vez ele levou ao ensaio um desenho que achou que seria perfeito para uma capa de disco, caso fizéssemos um álbum. Era uma imagem da terra e de uma flor chorando no espaço sideral. Ele olhou para mim e disse:

– Entendeu a moral?

– Não – respondi.

– Ah, você entendeu.

– Não tenho ideia do que seja isso. Uma flor chorando na terra? Tá bem...

Como Brooke Ostrander tocava flauta além de teclado, a banda trabalhou um *cover* de *Locomotive Breath*, então uma canção novíssima do Jethro Tull. Mas, às vezes, Brooke tinha problemas ao cantar – a saliva entrava nos dutos errados e ele começava a tossir. Ele podia estar cantando em um segundo e logo em seguida sair da música. Eu me virava e via ele engasgado.

Eu nem sempre me dava bem com Steve Coronel, o responsável pela guitarra solo. Depois de uma discussão, ele começou a gritar comigo.

– Por acaso você acha que é especial? – perguntou.

– Sim, na verdade sim – eu disse. – Tenho uma aura.

A expressão de Steve era como se eu tivesse atirado na mãe dele.

– Você acha que tem uma *aura!?*

Steve estava irado. Então Gene falou.

– Ele tá certo, Steve. Ele tem mesmo.

## 12.

No início de 1971, apresentamo-nos sob o nome de Rainbow. Uma faculdade comunitária de Staten Island sediou o show e foi lá que peguei piolho-da-púbis pela primeira vez.

É possível pegar esses piolhos na cama. É possível pegá-los diretamente de uma pessoa. Mas não peguei na cama ou de alguém – o que ao menos poderia fazer as coisas valerem um pouco a pena. Em vez disso, peguei-os numa privada da faculdade. Logo depois do início do show, comecei a sentir coceira, mas levou um pouco até que eu juntasse A e B. Finalmente, percebi que estava com piolhos quando encontrei algo parecido com migalhas de pão na minha cueca. Uma inspeção mais meticulosa revelou que as migalhas eram coisas rastejantes. Devia ter uma centena delas. Era repugnante pensar que viviam às minhas custas e se alimentavam do meu corpo. Já estava no meio da noite quando entendi o que eram e acordei os meus pais para dizer que ia ao pronto-socorro. Não esperaria nem mais um instante para receber tratamento e naquela época não havia farmácias vinte e quatro horas.

Minha mãe entrou em pânico, com medo de que se espalhassem pela casa.

– Francamente, Stan – ela disse. – Com que cadelas você anda dormindo?

Depois que superei minha reação às criaturas, tudo me pareceu muito engraçado. O fato de meus pais estarem enojados e revoltados com meu estilo de vida era uma fonte de prazer. Eu podia não receber apoio e aprovação deles, coisas que buscava tão desesperadamente, mas, ei, pelo menos eu estava deixando-os de ânimo exaltado!

Em abril de 1971, a banda fez outro show em Catskills, cerca de duas horas ao norte de Nova York. Dessa vez tínhamos outro nome: Wicked Lester. Tocamos alguns *covers* e músicas que eu e Gene havíamos composto.

Certo dia, já de volta para casa no Queens, dei um pulo na Middle Earth para dar um oi. O proprietário me alcançou um pedaço de papel que estava na máquina registradora.

– Um cara do Electric Lady passou aqui e pedimos pra ele deixar o número – disse.

"Electric Lady" eram os Electric Lady Studios, as instalações construídas por Jimi Hendrix na Eighth Street, em Manhattan. Era para um músico o que Israel é para os judeus: um solo sagrado.

Examinei o bilhete, que tinha o nome "Ron" escrito nele e um número de telefone. Eu não acreditava que eles tinham conseguido aquele número para mim.

Telefonei e perguntei:

– Posso falar com o Ron, por favor?

– Qual Ron? Shimon Ron ou Ron Johnsen?

Bom, de alguma maneira Ron Johnsen soava mais promissor.

– Ron Johnsen.

– Só um minuto.

Ron Johnsen era produtor do estúdio. Fui transferido para sua secretária e deixei uma mensagem sobre minha banda, o fato de ele ter deixado o número no Middle Earth e tudo o mais.

Liguei de novo no dia seguinte. A mesma coisa: Ron não estava disponível. Liguei de volta diversas vezes, dia após dia, até que finalmente disse à secretaria dele:

– Diz pra ele que é por causa de gente como ele que bandas como a minha acabam.

Isso fez com que atendesse o telefone. E ele topou aparecer em um ensaio para escutar a banda.

Só mais tarde fiquei sabendo que a pessoa que deixou o número na Middle Earth era na verdade o outro Ron, Shimon Ron, chefe de manutenção do Electric Lady.

Quando Ron apareceu, gostou do que ouviu.

– Vocês podem fazer tanto sucesso quanto a Three Dog Night – ele disse.

Podia ter uma *pequeninha* migalha de verdade naquela comparação. Tocávamos uma mistura de estilos. Então é claro que uma canção podia soar como a Three Dog Night. Mas a canção seguinte soava completamente diferente. Para ser honesto, a Wicked Lester não tinha um verdadeiro estilo nem um foco real.

Mesmo assim, Ron Johnsen disse que nos gravaria e divulgaria as fitas para nos conseguir um contrato com uma gravadora. Ele nos ofereceu algo chamado "contrato de produção".

De repente, as coisas estavam acontecendo depressa.

Levei o contrato para o pai de Matt Rael. Ele era um homem de negócios e eu confiava em sua família.

– Esse é um contrato totalmente unilateral – disse-me o pai de Matt. – E não está puxando para o seu lado.

Assinamos mesmo assim. Aquela era uma chance de conseguir um contrato para gravarmos no Electric Lady e lançarmos um álbum. Não podíamos desperdiçar aquela chance.

Depois de fecharmos o acordo de produção com Ron Johnsen e começarmos a gravar nossas músicas, ele passou a marcar sessões com as gravadoras. Uma foi com um selo recém-lançado chamado Metromedia. Depois Ron veio até nós e disse:

– Eles passaram.

Começamos a sorrir e a comemorar.

– Iupi! Nós passamos!

– Não, não. *Eles* passaram.

No fim, a Epic Records nos disse que assinaria com a Wicked Lester sob uma condição: tínhamos que nos livrar de Steve Coronel. Aquela foi a primeira situação em que tivemos que decidir se a amiza-

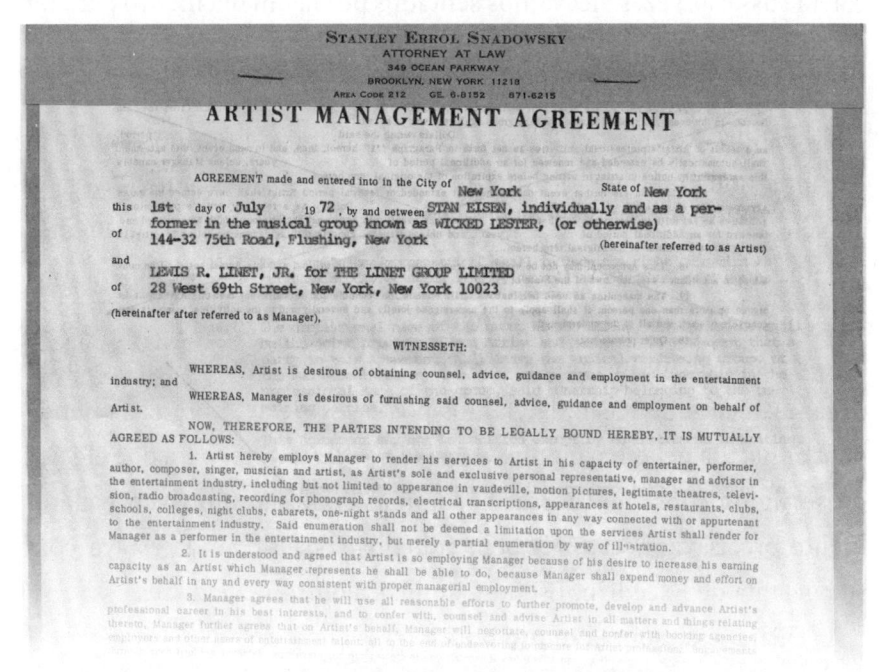

*Contrato original da Wicked Leaster com Lew Linet, de 1972.*

de ou os negócios viriam em primeiro lugar. Decidimos mandar Steve embora. Coube a Gene dar a notícia.

A gravadora substituiu Steve por um músico de estúdio chamado Ron Leekacj. E então a Epic assinou um contrato de gravação conosco. Íamos lançar um disco! Por uma gravadora grande! Até recebemos um adiantamento módico. Comprei para os meus pais uma máquina de lavar e secar roupa com a minha parte. Afinal, eu ainda morava na casa deles.

Ron conseguiu que gravássemos barato aproveitando os horários livres no Electric Lady. Se as sessões de uma banda terminavam ao meio dia e a seguinte fosse apenas no meio da tarde, entrávamos e trabalhávamos no disco. Muitas vezes, esperávamos até tarde da noite, torcendo para que alguma banda fosse embora ao redor de uma ou duas da manhã e nos deixasse um tempo para gravar. Era sempre uma roleta russa: às vezes, ficávamos sentados por lá um dia inteiro para ter a chance de trabalhar umas poucas horas.

A primeira vez em que vi cocaína foi durante aquelas sessões. Uma banda extremamente conhecida estava gravando no estúdio A em uma noite em que tocávamos no estúdio B. Consegui convencer alguém a me deixar ficar por lá enquanto eles tocavam. Em algum momento, alguém disse "Preciso de um pouco de ar". O cara puxou uma garrafa de Excedrin, tirou um pó de dentro e cheirou.

Mais tarde, o mesmo cara entrou em nosso estúdio para escutar uma faixa em que recém havíamos posto os vocais. Como sua banda era conhecida pelas harmonias vocais angelicais, torci para que ele nos desse algum conselho (nossas harmonias eram questionáveis e claramente precisavam ser mais bem trabalhadas). Ele ainda estava com sua garrafa de Excedrin. Escutou a música outra vez e disse:

– Cara, esse som tá muito bom.

Ele caiu alguns graus em meu conceito naquela noite, pois eu *sabia* que não estava bom. Talvez fosse porque estava chapado. Não sei.

Então, um de seus companheiros de banda apareceu e perguntou se algum de nós poderia conseguir uma garota pra ele. Não dava pra acreditar naquilo. Eles eram superfamosos. Um estava pedindo a pessoas aleatórias no estúdio que arrumassem um encontro pra ele, o outro carregava um frasco de cocaína e nem conseguia dizer que uma canção era ruim... era essa a vida de uma estrela do rock?

Depois que já havíamos começado a gravar (ainda que esporadicamente), não precisávamos mais ensaiar com tanta frequência em nosso próprio espaço. Mas uma tarde fomos todos ao nosso *loft* em Chinatown.

– Cadê o pedestal do microfone? – perguntei. – Cadê os amplificadores? Cadê a bateria? Caralho, sumiu tudo!

Sabíamos que, às vezes, umas pessoas entravam no prédio. Rolou até um paciente enorme e de olhos selvagens vestido com uma roupa verde de hospital e de pés descalços aparecer em um ensaio numa noite após ter escapado de uma clínica ali perto. Mas não esperávamos que alguém arrombasse com um pé de cabra a contenção de metal da janela que dava para a escada de incêndio. Um revestimento de lâmina de aço e um cadeado protegiam aquela janela. Ao menos era o que achávamos.

A atmosfera na sala ficou pesada. Não sei o que passou pela cabeça dos outros caras, mas só o que consegui pensar foi "Tá bom, como é que a gente vai superar isso?".

Era um contratempo? Sem dúvidas. Mas nunca deixei de pensar no panorama geral.

*De qualquer forma, não precisamos muito daquelas coisas. Estamos gravando um disco no Electric Lady Studios! Somos caras de sorte!*

Poderíamos pegar guitarras emprestadas se fosse preciso. Poderíamos usar caixas como baterias. De qualquer forma, não precisávamos ensaiar naquele momento. Passávamos o tempo todo no estúdio, usando os equipamentos de lá.

Mas eu definitivamente precisava de mais dinheiro para repor o equipamento. Gene e eu também queríamos comprar nosso próprio sistema de som para que pudéssemos tocar ao vivo como bem entendêssemos. Então, comecei a trabalhar mais turnos como taxista. Uma das minhas corridas favoritas sempre fora levar pessoas ao Madison Square Garden, a casa de shows lendária de Manhattan. Na época em que as coisas com a Wicked Lester estavam indo ladeira abaixo, Elvis fez quatro shows lá, em junho de 1972. Peguei um grupo de pessoas naquele dia.

– Vão pra onde? – perguntei.

– Madison Square Garden – eles disseram. Eu sorri.

E nunca vou me esquecer de quando os larguei na calçada na frente do Garden. Porque enquanto o pessoal saía do carro para ver o Rei em todo o seu brilho e esplendor, um pensamento nítido passou por minha mente em meio ao tumulto: *Um dia estarei aqui e as pessoas tomarão um táxi para me ver.*

## 13.

No final do verão de 1972, concluímos o disco do Wicked Lester. Tínhamos gravado algumas de nossas músicas próprias, mas também muitas canções que Ron trouxera de editoras musicais. Algumas tinham pedal de *wah-wah*, outras tinham trompete. Basicamente, fizemos o que nos mandaram fazer e o resultado foi péssimo.

Gene e eu odiamos o álbum. Sentamos juntos só nós dois e decidimos que não queríamos lançá-lo. Na verdade, nem queríamos mais tocar naquela banda. Não estava dando certo, conforme esperávamos. Então decidimos descartar o disco e romper com os outros caras. Logo vimos que falar era mais fácil que fazer. Tony, o baterista, disse que desejava manter sua parte do contrato. Então Gene e eu saímos da banda.

Àquela altura, não tínhamos banda, gravadora e praticamente nenhum equipamento. Mas o combustível para trabalharmos juntos pulsava naquele momento, pois tínhamos a mesma resposta aos reveses.

*Sem banda, sem gravadora, sem equipamento?*

*Sem problemas.*

Antes de tudo, precisávamos de um novo local para ensaiar. Não planejávamos repor nosso equipamento e deixar que o roubassem outra vez. Encontramos um lugar na 10 East 23$^{rd}$ chamado Jams. No início, alugávamos um espaço no andar de cima e pagávamos por hora. Não tínhamos nenhum equipamento para armazenar mesmo e não havia maiores obstáculos para entrar e sair de lá com nossos violões. Mas logo um lugar alguns andares abaixo ficou disponível para aluguel mensal. Nós pegamos.

Nosso novo espaço também tinha chapas de aço nas janelas. Era uma grande sala vazia e forramos as paredes e o teto com caixas de ovo antigas porque achávamos que isso ajudaria no isolamento acústico. Gene levou um colchão para poder dormir por lá quando fosse necessário e tínhamos algumas cadeiras raquíticas. O ambiente geral era um pouco claustrofóbico, embora em parte isso ocorresse porque passávamos tempo demais por lá.

Gene e eu falamos sobre o rumo que desejávamos tomar e logo ficou claro que desejávamos criar um novo monstro, algo com coesão sonora e visual. Em muitos sentidos, o que queríamos era a antítese do Wicked Lester, uma banda musicalmente muito dispersa. Queríamos delimitar as coisas. E o visual da Wicked Lester parecia o de um grupo de caras aleatórios que se encontraram por acaso na mesma parada de ônibus.

Sabíamos que precisávamos de diretrizes para nossa missão a fim de criarmos o tipo certo de coesão. Mostrei a ele o álbum conceitual *S.F. Sorows*, do Pretty Things, e discos do Move e do Slade. Minha primeira ideia era ter dois bateristas, dois baixistas e dois guitarristas para formar um tipo de orquestra do rock, na linha do que Roy Wood, do The Move, estava tentando fazer após ter deixado a Electric Light Orchestra e formado o Wizzard, com o objetivo de criar uma grande parede sonora. Eu também queria que as coisas fossem compactas. Embora gostasse muito do Led Zeppelin, sabia que não seríamos uma banda de improvisação. Não tínhamos a habilidade para desdobrar a mesma música por quinze minutos. Você precisa de um vocabulário musical extenso para fazer isso, o que simplesmente não tínhamos. Seria chato e sem sentido se tentássemos fazer isso naquele momento.

Gene e eu passávamos um bom tempo sentados de frente um para o outro em velhas cadeiras de madeira com os violões no colo. Entre nossos primeiros trabalhos estavam *100,000 Years*, *Deuce* e *Strutter*. Os acordes de *Strutter* vinham da velha canção *Stanley the Parrot*, de Gene. Embora a música original fosse um pouco lenta, sempre amei sua sequência de acordes. Começamos a tentar recriá-la com uma pegada mais Rolling Stones, e as palavras simplesmente surgiram em minha mente.

*She wears her satins like a lady*
*She gets her way just like a child*
*You take her home and she says, "Maybe baby"*
*She takes you down and drives you wild*

[Ela veste cetim como uma dama
Ela dá o seu jeito feito uma criança
Você a leva para casa e ela diz "Talvez, baby"
Ela te pega de jeito e te deixa frenético]

O estilo era muito importante na cena do glitter rock e as garotas eram incríveis. É claro que, socialmente, eu não me saía muito bem: passava todo o tempo ensaiando ou dirigindo um táxi e não indo a festas. Deus sabe que nunca tive uma namorada que usasse meia-calça ou cetim. Mas eu via mulheres da moda andando pelo Village e via os caras de outras bandas com suas namoradas. Para mim aquilo era como cantar sobre um ideal. Eu estava celebrando algo de que não fazia parte. Mas que se dane, Brian Wilson também nunca subiu em uma prancha.

Minhas canções tendiam a se basear muito nas sequências de acorde, principalmente porque minha habilidade para *riffs* era bem limitada. Assim, muitas vezes Gene complementava algumas das minhas músicas com *riffs*. Ele sabia tocar melhor notas e linhas de apoio. Em *Black Diamond*, por exemplo, ele acrescentou um *riff* de fundo que se contrapunha aos acordes. A letra de *Black Diamond* era outro exemplo das vinhetas romantizadas que eu criava sobre a vida na cidade. Quer dizer, eu sabia tanto sobre prostitutas quanto sabia sobre os Lilliputianos.

Gene e eu trocávamos nosso material e preenchíamos as lacunas um do outro – lírica e musicalmente – quando trabalhávamos. Lembro de ter a ideia para a letra de *100,000 Years* na 23$^{rd}$ Street: *Sorry to have taken so long / Must have been a bitch while I was gone* [Desculpe ter demorado tanto / Deve ter sido foda enquanto estive fora]. Em *Deuce*, o trecho de guitarra que abre a música e retorna depois do solo é meu. Mesmo quando o nome de um dos dois não aparecia em uma canção do outro, nossas impressões digitais estavam por todos os lados.

Gene e eu também nos ajudávamos com os títulos das músicas. Eu começara a compor uma chamada *Christine Sixteen*, mas foi Gene quem deu sequência à ideia do título e criou uma canção muito boa. *Black Diamond* surgiu de um título dele que desenvolvi. Não havia animosidade ou ressentimento, apenas a ideia de que estávamos trabalhando por um objetivo comum. Cada um de nós tinha algumas canções antigas que precisavam ser refinadas para serem compatíveis com nosso repertório. *She* era uma sobra de Gene; *Fire House* e *Let Me Know* eram sobras minhas.

Juntos, talhávamos as canções de forma consciente para encaixá-las em nosso conceito para a banda, em vez de simplesmente fazer músicas juntando o que nos desse na telha. Eu estava empolgado. Estávamos fazendo coisas que nenhum dos dois havia sido capaz de fazer sozinho. E agora havíamos construído a base do sucesso: um manifesto do rock expresso em um repertório de músicas fortes e coesas.

Junto com nosso desenvolvimento musical, nos moldamos de acordo com o que acreditávamos que deveríamos *ser*. Pela primeira vez, eu sabia que estava trabalhando com alguém com uma visão tão grandiosa quanto a minha. Eu havia andado com jovens que tocavam instrumentos antes, mas Gene parecia entender o *pacote* todo: o fato de que a música e a habilidade musical são só uma parte do que torna um músico empolgante. Como eu, ele entendia a importância do *marketing* pessoal – não em um sentido Madison Avenue, mas em termos de ser interessante para as pessoas, de ser alguém contagiante e capaz de se promover. O sucesso não viria por acaso, mas apenas se fosse planejado.

Quando estávamos quase prontos, decidimos perder peso. Gene começou a se vestir melhor e nós dois mudamos de nome. Gene já havia mudado de nome uma vez, de Chaim Weitz para Gene Klein, então mudar outra vez, de Klein para Simmons, não era problema. Eu sempre odiara meu nome e quando criança até disse aos meus pais que acabaria mudando. Eles diziam que eu poderia mudá-lo quando ficasse mais velho. Mal sabiam eles que faria isso quase imediatamente após a lei permitir.

As chances de alguém chamado Stanley Eisen virar uma estrela do rock pareciam bem pequenas. Não soava nada como Roger Daltrey ou Elvis Presley. Estrelas são seres míticos. Por que não havia um Archibald Leach? Porque Cary Grant soava melhor. Ringo Starr soava melhor que Richard Starkey. Não era uma questão de esconder minha origem étnica: eu teria preferido ser Paul McCartney a Schlomo Ginsberg. Mas também não queria um nome estúpido como Rock Fury. Eu queria um nome como o das pessoas que serviam de referência para mim, algo fácil de identificar. A questão era: que tipo de nome? O apelido de Ozzy Osbourne era derivado de seu sobrenome. Eizzy Eisen? Não. Então me ocorreu: Paul. Era um nome confortável. Havia Paul McCartney, é claro, e Paul Rogers, do Free – outra banda que eu gostava. Eu não queria deixar totalmente pra trás quem havia sido, então pensei nos sobrenomes e fiquei contente por ir de Daltrey a Presley a... Stanley!

Paul Stanley.

No início, não mudei meu nome judicialmente porque achei que voltaria ao meu nome original em algum momento, depois que nossa carreira tivesse deslanchado. Naquela época, as bandas duravam bem pouco e ninguém havia durado dez anos ainda, embora uns poucos (como o The Who e os Stones) estivessem chegando perto disso.

Eu tinha a esperança de que durássemos cinco anos.

## 14.

Agora que já tínhamos as canções e um esboço de como seriam nossa pegada e nosso visual, precisávamos de uma banda. Não éramos Simon e Garfunkel, não éramos os Everly Brothers, não éramos Jan e Dean. Nossas músicas eram para uma banda de rock.

Encontrar alguém para a guitarra solo se tornou nossa maior prioridade. Eu nunca havia almejado ser o guitarrista solo. Para ser honesto, nem tinha certeza se era capaz. Quando escutava as pessoas cantando, sabia que podia fazer algo razoavelmente parecido. Mas era raro escutar um guitarrista solando e pensar "ei, acho que posso fazer isso". A não ser que ele tocasse devagar. De vez em quando, eu escutava um solo do Paul Kossoff, do Free, e pensava que talvez fosse capaz de reproduzi-lo, mas meus dedos simplesmente não eram rápidos. Meu instinto também me dizia que naquela área o meu trabalho poderia *não* dar retorno: independentemente de quanto tempo eu dedicasse àquilo, os resultados seriam apenas medíocres.

Por sorte Gene conhecia o cara perfeito para o serviço. Infelizmente, o cara perfeito para o serviço vivia no interior, e Gene não sabia muito bem onde. Tampouco sabia direito quem ele era. Ele tinha trombado com um cara quando morava fora e essa pessoa (seja lá quem fosse) se tornou nosso alvo principal. Então, no outono de 1972, fomos de carona até Catskills em busca do lendário guitarra solo que, aparentemente, tocava em bares e casas de festa no circuito de lugares baratos da região. Ficamos ao lado da Major Deegan Expressway com os polegares levantados. Eu estava com botas de salto alto verde-limão e ele com um antigo casaco de pele feminino.

Como não podia deixar de ser, caímos na estrada sem lugar para ficar. Uma noite encontramos pessoas de uma comunidade nos arredores de uma das cidades e eles nos convidaram para ficar por lá. Ficamos em um celeiro e dormimos em uma gaiola de galinhas. A pessoa que havíamos conhecido recolhiam os ovos – era esse seu papel na comunidade. Ofereceram-nos comida quente, mas o lugar estava tão acabado que relutei em comer. Mais tarde, no meio da noite, acordei faminto. Fui até a cozinha para ver se havia sobrado algo no forno. Quando abri, um rato escapuliu.

Noutra ocasião, duas garotas em uma van da Volkswagen encostaram o carro e nos levaram para passar a noite em sua casa no alto de uma montanha. Deve ter levado uns dez minutos só para percorrer a sinuosa entrada da garagem. Ou a casa não estava pronta, ou havia sido abandonada, e elas nos ofereceram lugares no porão junto com os cães. Estávamos deitados no chão, quase pegando no sono, quando uma das garotas apareceu nua em pelo. Gene abriu os olhos e vi que eles a seguiram. Eu já sabia que Gene tentava trepar com toda e qualquer pessoa. Era parte da definição que ele dava de si mesmo: possuído e obcecado por bucetas.

— Se você tentar algo e ela se sentir ofendida — sussurrei em um apelo — elas vão nos jogar na rua aqui no meio do nada. A gente vai acabar morrendo de hipotermia na merda dessa montanha.

Ele recuou. Na manhã seguinte, ele finalmente tentou algo com ela — e obteve sucesso. Ele me disse que ela usava um aparelho de ouvido e sempre que se aproximava da cabeça dela dava para ouvir o retorno.

Noutro fim de semana, acabamos chegando em uma cidade em que todos dormiam cedo. Ficamos de pé em uma rua erma até que um carro finalmente se aproximou de nós. Erguemos o polegar e o carro encostou. Dentro havia quatro caras negros e um tanto parrudos.

— Tão indo pra onde? — perguntou o motorista.

— Nós? Nós não vamos a lugar nenhum.

O motorista ficou furioso.

— Vocês estavam com o polegar erguido. Tão indo pra onde?

Dissemos para ele que estávamos tentando chegar no Grossinger's, um grande resort de Borscht Belt. Gene conhecia alguém que poderia nos arranjar um lugar por lá.

— Entrem.

Soou mais como uma ordem do que como boas-vindas.

Quando me dei conta, estávamos percorrendo uma estrada de chão. Comecei a ficar com medo. Então vi outro carro parar no acostamento logo adiante na estrada.

*Maravilha, estavam esperando por nós.* Dois judeus assados no espeto.

Encostamos e outro grupo de caras durões saiu do outro carro. Um filme de minha vida passou diante dos meus olhos. Mas eles só queriam tomar alguma coisa e curtir um pouco. Quando voltamos para o carro, dissemos:

— Vocês não precisam se incomodar de nos levar até lá.

Em uma mistura de raiva e aborrecimento ameaçador, o motorista disse:

– Já disse que vou levar vocês.

E nos levou mesmo até o Grossinger's.

Nunca encontramos aquele guitarrista, mas as viagens foram uma prova de nosso comprometimento. Quem mais além de Gene teria feito aquelas viagens? Pedindo carona vestidos daquele jeito, sem lugar para ficar, dormindo no chão, praticamente sem nenhum dinheiro no bolso. A maioria das pessoas teria apenas colocado um anúncio no jornal.

Que é o que fizemos em seguida. Ou melhor, olhamos os anúncios. Mas, ao invés de procurar por um guitarrista solo, decidimos procurar um baterista. Acabamos encontrando um anúncio interessante na *Rolling Stone* e ligamos para o número. Tínhamos apenas uma pergunta: Você faria qualquer coisa para a banda dar certo?

– Sim – disse o cara do outro lado da linha.

– Você usaria um vestido?

– Sim.

Combinamos de encontrar o cara em frente ao Electric Lady, na Eighth Street. Ele estava vestido de maneira bem descolada. Mais descolada do que nós. Parecia um tanto mais velho que eu e tinha uns cinco nomes (George Peter John Criscuola blá blá blá), mas atendia por Peter Criss. Caminhamos até uma pizzaria e sentamos com nossas fatias em mãos. Não fazia nem cinco minutos que estávamos falando quando Peter anunciou:

– Meu pau tem 21 centímetros.

Eu não sabia o que responder. *Me alcança o ketchup?*

Aquele cara era muito diferente da gente. Peter mal sabia ler e escrever e não era um pensador. Mesmo assim, decidimos ver um show que ele faria em breve em um bar do Brooklyn. O lugar era o King's

Lounge, e os outros dois caras da banda estavam vestidos como se fossem preparar pizzas ou desovar um corpo. Peter parecia muito diferente deles. Exalava confiança. Confiava no seu taco.

O público era pequeno, mas algo naquela *performance* me chamou a atenção: ele tocava como se estivesse em uma arena apinhada de gente. Ele curtia aquilo. Depois daquela noite, convidamos ele para ir ao nosso espaço de ensaio para fazermos um teste juntos.

Quando ele tocou conosco pela primeira vez na 23rd Street, o resultado não foi muito bom. Peter não conhecia bem a música britânica. Conhecia os Beatles e gostava de Charlie Watts, dos Stones, mas isso devia ser porque gostava de acreditar que tocava como Charlie Watts (fazendo o básico sem se exibir). Ele desprezava todos os outros bateristas (não conseguia tocar como eles).

Peter também não entendia o básico da estrutura de uma música. Verso, refrão, ponte... não sabia o que era nada disso. Se eu dizia "Vamos começar pelo segundo verso" ele simplesmente ficava sentado. Ele precisava memorizar uma música do começo ao fim e se parávamos no meio ou ele se perdia, estávamos fodidos. Talvez por isso, seu estilo era agressivo. Pode-se dizer que não era nada ortodoxo, mas isso não seria muito preciso. Era um estilo simplesmente errático. Os acompanhamentos mudavam de um verso para o outro. Ainda assim, ele compensava tudo o que ficava devendo em termos de constância tocando com vigor e explosão. Era um baterista fragmentário.

Chamamos Peter para outro ensaio.

O ensaio seguinte foi muito melhor. Mais uma vez, ele demonstrou personalidade e entusiasmo pela vida ao tocar. Algumas das canções ganharam um clima diferente daquilo que Gene e eu tínhamos em mente (Peter não conseguia tocar como os bateristas nos quais pensamos ao compor), mas o que ele tinha a oferecer também funcionava dentro da ideia de banda que queríamos seguir. Olhando em retrospecto, não há dúvidas de que um baterista como John Bonham não teria se encaixado no que fazíamos, embora se tivéssemos essa opção provavelmente teríamos seguido por esse caminho. Naquela época, Peter era o cara certo para a banda. Seu estilo era impetuoso, cheio de raiva e acidez.

Por instinto, Peter tocava à frente do tempo. Às vezes, precisávamos apressar o ritmo para alcançá-lo. Na hipótese ideal, um baterista é como o encosto de uma cadeira: você pode se inclinar para trás e sabe que ele vai lhe segurar. É a base de tudo. Mas Peter se apressava, o que era um caso bem diferente. Mesmo assim, as coisas se encaixaram. Até como um trio soávamos promissores. Tão promissores que decidimos tocar para a Epic Records mais uma vez e ver se não queriam levar adiante o nosso contrato já assinado.

Àquela altura, Gene e eu tínhamos juntado dinheiro para comprar equipamentos novos. Eu havia comprado duas guitarras: uma Gibson Firebird *sunburst* cor de tabaco e uma guitarra customizada que encomendei de um cara chamado Charlie LeBeau. Conheci Charlie quando ele trabalhava em uma pequena loja no segundo andar de um prédio na 48th Street. Foi a primeira loja especializada em guitarras *vintage* que vi em minha vida. A Dan Armstrong's tinha uma série de Les Pauls *sunburst* da década de 1950, instrumentos lindos que estavam sempre fora do meu alcance financeiro. Mas Charlie, que se especializou em conserto de instrumentos, decidiu trabalhar por conta própria e começou a construir guitarras. Comprei dele uma guitarra marrom com dois *cutaways*. A Gibson Firebird se tornou o meu primeiro padrão. Eu gostava dela porque me lembrava de uma que Eric Clapton usava no Cream. Um dia, mandei-a para o trabalho do meu pai, que pediu para os caras da loja de móveis pintarem-na de preto. Ela não recebeu o acabamento que se esperaria de um piano ou de uma guitarra, mas ficou preta.

Também compramos um sistema de som da Peavey, com duas caixas grandes e pedestais, e uma mesa de mixagem com enormes botões meio Frankenstein. Precisávamos dela para os vocais. Em nosso local de ensaio (e em qualquer clube pequeno, onde pretendíamos tocar em breve), não precisávamos de microfones para os amplificadores de guitarra. Eles já eram altos o suficiente.

Don Ellis, à época o primeiro homem da Epic, apareceu com outros executivos na 10 East com a 23$^{rd}$ para ver a banda no fim de novembro de 1972. Referíamos a nós mesmo como a nova versão da Wicked Lester. Sabíamos muito bem que aquela era uma entidade totalmente nova, mas ainda não tínhamos um nome. Tocamos nosso novo repertório, que era composto basicamente de canções que apareceram no disco de estreia do KISS. Durante *Firehouse*, peguei um balde cheio de confetes e joguei em Ellis, que se encolheu todo porque pensou que o balde estava cheio de água.

No fim a Epic não quis mais nada com a banda. Renunciaram a qualquer obrigação legal que ainda pudesse restar do contrato com a Wicked Lester.

Eu nunca tinha visto aquela banda como um *power*-trio mesmo – nunca quis apoiar a banda apenas na minha guitarra. Jimi Hendrix era capaz de fazer isso, Pete Townsend era capaz, Jimmy Page era capaz. Eu não era capaz. Além disso, eu queria balançar o braço e fazer poses, deixando os trechos acrobáticos para outra pessoa tocar.

Então voltamos para nossas pranchetas. Ou melhor, para os jornais. Realmente precisávamos de um guitarrista solo.

## 15.

## PROCURA-SE GUITARRISTA COM COLHÕES E DEDOS VELOZES

Esse foi o anúncio que colocamos no *Village Voice*. Quando abrimos a porta de nosso local de ensaio no dia marcado em dezembro de 1972, havia muitos interessados: mais de trinta. Mas se tornar um rock star implicava *ter a aparência* de um rock star, então tínhamos algumas regras específicas: nenhum careca, nada de barbas e nada de excesso de peso.

Um cara apareceu vestindo uma jaqueta com gola *Nehru* e usando adornos ao redor do pescoço. Ele não falava nem uma palavra em inglês. Sua esposa o acompanhou como intérprete. "Ele é italiano", explicou. Outro cara, chamado Bob Kulick, tocava muito bem, mas não tinha o visual que queríamos. Depois de um longo e bastante infrutífero show de horrores, um cara entrou na sala com um tênis vermelho e outro laranja. Tinha mais ou menos a minha idade, um ar meio pateta e andava com os pés para dentro. Enquanto ainda estávamos conversando com Bob, outro cara plugou a guitarra e começou a tocar.

– Ô cara, fica quieto e espere a sua vez – dissemos a ele.

No fim acabamos tocando com ele e quase desde o primeiro instante rolou algo que nos elevou a um novo patamar. A combinação dos quatro era muito maior do que com qualquer dos outros guitarristas. Não éramos os melhores músicos do mundo, mas nossa reação química era potente.

Em um instante éramos uma coisa, e logo depois, com esse cara chamado Ace Frehley, havíamos nos tornado algo totalmente diferente. Algo irrecusável. Fiquei absolutamente perplexo.

É isso.

*Isso é letal.*

*Isso é coisa da boa.*

Ace tinha confiança, não havia dúvidas. Seu estilo de tocar me lembrava de caras que eu realmente curtia, como Jimmy Page e Jeff Beck. E também era um esquisitão completo: movia-se de maneira dura e quase não falava. Dava de ombros o tempo todo.

Logo, todos sabíamos que aquele era o caminho. Perto do Natal, após nosso segundo ensaio com Ace, ligamos para Lew Linet, o cara que tinha sido empresário da Wicked Lester, para sondar seu interesse. Era um sujeito legal, mas não entendia nada de rock. Ele empresariava uma banda chamada JF Murphy & Salt, que tocava no Fillmore East de vez em quando, e um velho cantor de folk chamado Oscar Brand. Lew era mais um *beatnik* do que um roqueiro, mas concordou em ir ao nosso local de ensaio para ver a banda, que havíamos apelidado de KISS. Graças a Deus, todos os membros haviam votado a favor do nome quando sugeri. Eu havia me preparado para brigar por ele, pois tinha certeza de que o próximo passo para progredirmos era arranjar um nome clássico e atemporal. Ao meu ver, era um nome com múltiplos sentidos: além de beijos apaixonados, há também o beijo da morte. Era fácil reconhecê-lo. E soava tão familiar que achei que as pessoas poderiam dizer "Kiss? Sim, já ouvi falar".

Lew ficou incomodado no instante em que começamos a tocar.

– Se vocês não abaixarem o volume eu vou embora – gritou, irritado.

Quando contamos que desejávamos usar maquiagem, ele se queixou:

– Por que não se vestem como os Raspberries?

Os Raspberries vestiam ternos combinando. Ficou claro que Lew não entendia o que pretendíamos fazer.

Ah, pois é. Podíamos agendar os shows nós mesmos. Além disso, ainda tínhamos muito trabalho a fazer. Queríamos ser uma *power band* com raízes fincadas no rock britânico, mas queríamos levar isso dez passos adiante. Ainda não sabíamos como isso iria se manifestar. Eu tinha bloquinhos cheios de ideias anotadas. Estava tentando elaborar uma banda que gostaria de ver em um show. Além de pilhas e pilhas de amplificadores, isso incluía personagens memoráveis (como os quatro Beatles) e um visual próprio e marcante, derivado de filmes como Zorro e Lone Ranger e de quadrinhos de super-heróis. Por hora, no entanto, estávamos restritos às tendências dos New York Dolls e de outras bandas locais e nosso visual era *glam* e feminino: botas de plataforma e blush, batom e sombra.

Depois de termos consolidado nosso quarteto, passamos a ensaiar sete dias por semana. Enquanto outras bandas construíam sua reputação ao tocar no Mercer Arts Center ou passando o tempo no Max's Kansas City, nos enfurnávamos no *loft* da 23$^{rd}$ Street para ensaiar. Todas aquelas bandas tinham caras bem mais descolados e socialmente aptos do que nós, além de se parecerem bem mais com uma banda de rock, mas ninguém trabalhava mais duro do que nós. Às vezes, até quando estava dirigindo o táxi, eu estacionava no ponto da 23$^{rd}$ Street com a Fifth Avenue e subia para ensaiar um pouco.

Trabalhar com Ace se revelou algo bem natural. Não tínhamos que instruí-lo como havíamos feito com Peter. Ace encaixava direitinho. Depois de ensaiar com ele por cerca de um mês, estávamos prontos para fazer nossa estreia ao vivo. Marcamos shows para três noites consecutivas em um lugar na Queens Boulevard que recém mudara o nome de Popcorn para Coventry. Logo, muitas das bandas da moda de Nova York também acabariam tocando no Coventry, incluindo The Dolls, The Brats, The Dictators, Television e Sniper, que foi a primeira banda de Joey Ramone.

O primeiro dos três shows que fizemos foi em 30 de janeiro de 1973. Na manhã do show, apanhei o metrô até Long Island City, a parte industrial do Queens situada ao longo do East River. Lá eu aluguei uma van na Public Service Rentals, o lugar mais barato onde arranjar uma. Então dirigi até a 23$^{rd}$ Street, onde mais tarde carregamos nosso equipamento do local de ensaio.

Ace apareceu atrasado e se recusou a carregar qualquer coisa. Nem uma coisa sequer. Quando chegamos ao clube e estacionamos outra vez, fez a mesma coisa: sentou-se na parte de trás da van e não carregou nada. Então, enquanto descarregávamos, ele tirou o pau pra fora totalmente do nada e disse:

– Meu pau é assim quando tá mole.

*Quê?*

Eu não entendia a obsessão de Ace e Peter com tamanhos de pênis. Mas, conforme o tempo foi passando, comecei a desconfiar que aquela era sua maneira de se afirmar e que isso era importante para eles.

Menos de dez pessoas apareceram em nossa primeira apresentação. O lugar provavelmente comportava uns quinhentos. Mesmo assim, tentamos fazer o chão tremer, pois sabíamos que nos lembraríamos daquele show. E a sensação foi ótima.

*Vou querer me lembrar disso.*

Tocamos no Coventry nas duas noites seguintes e em ambas a plateia era pequena. Após cada show, dirigimos de volta à 23$^{rd}$ Street para guardar o equipamento. Ace sentava a bunda gorda e enchia a cara. Ainda estávamos nos acostumando com sua personalidade. Os shows confirmavam que ele era tudo o que buscávamos em termos musicais. Mas também confirmaram o fato de que ele era uma das pessoas mais preguiçosas – não, *a* pessoa mais preguiçosa – que eu já conhecera.

Aqueles primeiros shows deixaram as coisas claras para mim. Eu sempre quisera um som grande, um rolo compressor de duas guitarras. Como o Humble Pie. E havíamos alcançado alguns aspectos disso. Mas, ao mesmo tempo, nos faltava um senso de peso e magnitude. Eu quase sentia que os outros caras estavam colocando a banda em risco, pois agiam de forma despretensiosa. Ace havia balbuciado no microfone durante um dos shows. Peter havia dito "Quero agradecer aos meus amigos de Canarsie por terem vindo". Isso *não* soava grandioso. Não coincidia com a imagem que eu queria passar. Percepção era realidade. Dei-me conta de que havia três caras no palco do Queens que não faziam ideia de como se relacionar com o público. Quer ser uma bandinha? Mande um abraço para Tony e Guido que estão na plateia. Quer ser gigante? Cause a impressão certa, não interessa quantas pessoas estejam lá. Interaja com a plateia como se estivesse no Madison Square Garden.

Daquele ponto em diante, assumi uma posição firme: eu conduziria nossa *performance* de palco e seria o porta-voz. Era caótico demais quando todos tagarelavam no palco.

Embora eu nunca tivesse feito aquilo, sabia que era capaz. *Sabia.* Eu já tinha um esquema em mente. A razão para eu amar o Humble Pie era Steve Mariott, o vocalista, que sempre parecia estar conduzindo uma igreja fervorosa. Ele jamais falava: ao se comunicar com o público, ele cantava e depunha como se estivesse em um tribunal, incendiando tudo ao redor. *Digam aleluia!* Era exatamente o que eu faria. *Digam aleluia!* Eu queria que o KISS fosse uma igreja. *Isso mesmo!* A igreja do rock. *Quero ouvir um amém!*

Uma ideia curiosa, vinda de um judeu.

Uma ideia curiosa também para um cara que ainda era penosamente envergonhado em diversos sentidos. Mas eu tinha total confiança de que podia criar alguém no palco que *iria* fascinar e compenetrar a plateia. Provavelmente, era por isso que no começo eu tinha um sotaque estranho, vagamente britânico e vagamente semelhante ao de um padre do sudoeste americano. Era uma maneira de me mostrar como alguém um pouco mais exótico do que um jovem do Queens. O personagem de palco camuflava a criança desajustada com uma deformidade na orelha e uma família problemática.

Eu seria exibido e cheio de mim. Passaria a imagem de alguém desejável e atraente. Seria o cara de quem todos querem ser amigo. Sabe todas aquelas pessoas que não haviam sido legais comigo e me rejeitaram? Elas se arrependeriam.

Mas, na verdade, eu seria o Mágico de Oz: o homem pequeno e esquisito que operava esse personagem imenso detrás da cortina.

## 16.

Os New York Dolls eram a referência para a maioria das bandas que estavam surgindo na cidade. Claro que eu tinha ouvido falar neles, mas até então não tinha visto a banda ao vivo. Em uma tarde de março de 1973, Gene e eu fomos vê-los no salão de um hotel sórdido chamado Diplomat – o tipo de lugar onde prostitutas e viciados passavam a noite.

Eles eram os reis da cena roqueira de Nova York e chegaram atrasados, como era a moda. Na verdade, estavam atrasados bem além do limite tolerável. O visual deles era espetacular. E quando subiram no palco, a química e a camaradagem que rolava entre os membros da banda era incrível. Mas a maneira como eles tocavam não era.

Ainda assim, sua aparência era fantástica. Tinham cinturas da grossura dos meus pulsos. A comparar com eles, Gene e eu parecíamos jogadores de futebol americano. Olhamos um para o outro. Percebemos que o KISS se parecia muito mais com algo como um pelotão de bombeiros *drag*. Aquilo não ia dar certo. Não tínhamos como bater os Dolls em um jogo com as regras deles. Esqueça essa história de ser um Dolls melhor: precisávamos ser um KISS melhor. Depois daquele show, decidimos abandonar todas as roupas coloridas e nos recriarmos através de um visual sinistro e totalmente preto.

Eu costumava olhar as vitrines de algumas butiques onde vendiam a última moda no mundo do rock, sobretudo o que estava em alta em Londres. Um dia, vi uma calça Jumpin' Jack Flash perfeita para o nosso novo visual, mas custava trinta e cinco dólares. Era um monte de dinheiro. Concluí que podia comprar o tecido e fazer algo parecido. Eu nunca tinha usado uma máquina de costura antes, mas peguei meus jeans boca-de-sino favoritos e fiz uma reforma. Minha mãe disse que eu não conseguiria instalar o zíper.

*Posso fazer qualquer coisa.*

É só uma questão de trabalhar para isso.

A calça de cetim preto metálico ficou ótima e não custou quase nada e o zíper funcionou bem. Gene gostou tanto que me pediu para costurar uma para ele, o que acabei fazendo. A mãe de Ace fez uma camiseta para ele com estampa de águia.

Então fomos a uma *pet shop* e compramos coleiras de cachorros para nós. Eu precisei de uma coleira de dogue alemão (a de *poodle* não coube). Acabamos em lojas que vendiam apetrechos de sadomasoquismo. Nunca me esquecerei de subir as escadas de uma loja no Meatpacking District e caminhar de olhos arregalados. Eu não tinha *nem ideia* do que eram aquelas coisas: capuzes de couro com zíperes nos olhos e um tubo entrando na boca. O que diabos você *faz* com aquilo? Acabamos encontrando nossas primeiras pulseiras e colares com rebites em outra loja de sadomasoquismo, a Eagle's Nest, no West Village.

Por algum motivo, pintar a cara de branco combinou direitinho com nossas novas roupas. Reunidos em nosso *loft* na 23$^{rd}$ Street, sentamos em frente ao espelho que havia atrás da porta. Não tínhamos ideia de como aplicar a maquiagem. Era como se estivéssemos possuídos, nos lambuzando com maquiagem, tirando-a e tentando coisas diferentes.

Primeiro tentei uma maquiagem vermelha. Depois, experimentei fazer um anel ao redor do olho, como o cachorro Petey em *Os Batutinhas*. Mas as estrelas sempre me fascinaram e agora eu pretendia ser o *frontman* da banda, o ponto focal em cima do palco – não seria mais aquela criança estranha e excluída. Eu seria *Starchild*, a criança da estrela.

Pintei uma estrela ao redor do meu olho direito. Tentar desenhar um símbolo bidimensional em um objeto tridimensional (meu rosto) foi um trabalho duro. Tinha uma aparência quando visto de frente e outra quando visto de lado. Eu já estava cansado quando finalmente consegui desenhar uma boa estrela. Não queria passar de novo por tudo para fazer outra no lado direito. Feito.

Ver os outros caras criarem conceitos compatíveis com suas personalidades abriu meus olhos. O desenho de Ace era etéreo e espacial. No curto tempo desde que eu o conhecera, era exatamente assim que eu o descreveria: o *Spaceman*, homem do espaço. Ele sempre brincava que havia vindo de um planeta chamado Jendal. Largava o tempo todo frases fora da casinha, como "um por um eu mato eles tudo", falava em línguas inventadas e dizia besteiras. Às vezes, tinha um tremelique e perguntava "o que foi isso, um terremoto?". E dizíamos "foi você... você acaba de sofrer um tremor".

A maquiagem de Peter era bem básica: o simbolismo era direto, não abstrato. Ele sentia que, ao longo de sua vida, havia escapado de algumas situações de risco extremo por pura sorte, e por isso tinha sete vidas. Como um gato. O *Catman*, o homem-gato, era ideal para ele. Peter não era o que chamaríamos de um intelectual.

A de Gene talvez fosse a mais forte de todas. Era simétrica e demoníaca. Era lasciva. Tinha o drama do Kabuki. Era uma imagem impactante e quando ele botou a língua pra fora tudo fez sentido. *The Demon*, o Demônio. Como logo perceberíamos, o visual dele e o meu (comigo sorrindo e ele fazendo carranca) criava uma ótima justaposição no palco: luz e sombra.

A única medida para saber se as imagens estavam "certas" foi o quão confortável cada um se sentia com a sua. Todas as imagens expandiam ou reforçavam características nossas e por isso não eram meras fantasias. Eram demonstrações externas de coisas que tínhamos dentro de nós. Fazia sentido. De alguma maneira, todos possibilitamos que os outros encontrassem essas *personas*.

Nunca nos sentamos e enunciamos o "porquê" por trás da maquiagem. Não tínhamos uma compreensão exata do porquê. Apenas queríamos ir mais longe do que os outros haviam ido e nos tornar um tipo de banda que nós mesmos jamais havíamos visto. A maquiagem permitia que incorporássemos todas as qualidades das bandas inglesas que eu idolatrava. Ela apresentava um visual coeso e uma ideia de união, oferecendo ao mesmo tempo a oportunidade de termos personalidades distintas.

Dali em diante, começamos a criar um mundo no qual vivíamos e dávamos as regras. Mas, no início, é claro que não éramos o centro de nada. Não fazíamos parte da panelinha de bandas de Nova York. Não éramos *junkies*; não passávamos o tempo no Chelsea Hotel tentando viver o passado de outras pessoas. Alguns de nós eram capazes de manter conversas ao menos semi-inteligentes, e isso não era *cool*. Os New York Dolls e outras bandas *cool* iam às festas rodeados por garotas lindas. Nós não tínhamos tempo para festas ou garotas. Ainda estávamos ocupados demais tentando nos tornar a banda que queríamos ser.

Teríamos que investir naquela aposta. E estávamos dispostos a colocar todas nossas fichas.

Agendamos mais dois shows em um bar chamado Daisy que ficava em Amityville, no estado de Long Island. Não era mais do que um balcão e não cabiam mais de cem pessoas lá dentro. Eles vendiam drinques aguados por trinta e cinco centavos de dólar.

Mais uma vez, aluguei um veículo no Public Service Rentals (dessa vez, um caminhão de leite aposentado). Carregamos nosso equipamento (e por "nós" quero dizer Gene, Peter e eu, pois Ace se recusou a ajudar, como de costume) e dirigimos cerca de 35 quilômetros além do fim da cidade. Os funcionários do lugar ficaram ressabiados desde o primeiro segundo. Acho que nossa aparência era estranha ou afeminada demais para o subúrbio. O leão-de-chácara daquela noite disse que ia acabar comigo. Acabamos nos escondendo no escritório do gerente, onde fizemos nossa maquiagem. De tempos em tempos, alguém esmurrava a porta e gritava "eu vou acabar com vocês, porra!".

O lado bom de ter que esperar no escritório do gerente é que podíamos atender o telefone da casa. Diversas pessoas ligaram e perguntaram "Quem vai tocar aí hoje de noite"?

– Uma banda ótima chamada KISS. Você precisa ver eles!

Quando finalmente saímos e subimos no palco, havia cerca de trinta e cinco pessoas no bar. Ace olhou a maquiagem na superfície refletora da bateria de Peter e começou a entrar em pânico.

Ainda assim, não sofremos a rejeição que esperávamos da plateia após a reação do leão-de-chácara às nossas roupas (e isso que eram as do dia a dia!). Algumas pessoas deram risadinhas, mas, acima de tudo, o público estava curioso. E quase no instante em que subimos no palco eles perceberam duas coisas. Primeiro, que éramos sérios. Segundo, que éramos ótimos. Podíamos não ter muita técnica, mas tocávamos com um foco e uma pegada inegáveis.

Minha maquiagem era uma máscara que garantia a distância entre mim e a plateia. Era o escudo de que eu precisava. Qualquer medo de ser ridicularizado, fosse por minha aparência normal ou pela maquiagem, desapareciam. A maquiagem era minha armadura. Ela me protegia.

Também era libertadora.

Algumas pessoas já nascem com tudo pronto. Eu certamente não era uma delas. Mas, agora, tudo estava pronto.

E eu estava em uma missão. A *persona* que eu tinha em mente veio ao mundo. Jimmy Swaggart e Billy Graham vieram ao mundo. O pastor do rock veio ao mundo. Eu pregava a palavra do poderoso rock e todas as coisas com que havia sonhado ao ver as bandas que amava.

*Esse é o meu chamado.*

Eu sabia que ainda tinha muito trabalho pela frente – ser o líder de uma banda é uma arte –, mas já conseguia entreter o público. Conseguia me comunicar com a plateia e instigar uma resposta. Pregava o rock and roll.

– Olá! E aí, vocês tão doidões? Todo mundo tá se divertindo?

Vieram mais pessoas na noite seguinte e mandamos ver outra vez.

Após a segunda noite, recebemos o cachê. Depois de descontarmos o aluguel do caminhão e outros gastos, sobraram trinta dólares para cada um. Era a primeira vez que eu acabava com saldo positivo após um show. Eu tinha mesmo ganhado dinheiro tocando rock. Que sentimento bom. E todos pareciam compartilhar da mesma sensação.

Com esses shows na bagagem, passamos a confiar em nossas canções. Claro, ainda precisávamos trabalhar nosso visual e nossa presença de palco, mas, em termos musicais, havíamos nos consolidado em muito pouco tempo e nosso repertório já soava da maneira como queríamos. Chegamos à conclusão de que o próximo passo era gravar uma demo para oferecer às gravadoras.

Ron Johnsen, do Electric Lady, havia mantido contato comigo e Gene. Tínhamos até feito vocais de fundo para alguns projetos que ele gravara por lá. Como não tínhamos recebido pelas sessões, fizemos uma proposta. "Em vez de nos pagar", sugerimos, "acerta com o Eddie Kramer para nós gravarmos uma demo no Electric Lady".

Eddie Kramer era um lendário produtor e engenheiro de som que havia trabalhado com The Kinks, The Small Faces, Jimi Hendrix e Led Zeppelin. Nós o havíamos visto no estúdio e o cara era uma figura marcante. Às vezes, perambulava pelo Electric Lady vestindo uma capa e segurando um cajado. Causava medo e admiração.

Ron ajeitou isso para nós. Bem, mais ou menos. Eddie supervisionou nossas sessões, mas foi Dave Wittman, seu assistente, quem cuidou de fato da gravação. Fizemos demos de *Black Diamond, Strutter, Deuce* e *Watchin' You*. A outra canção que gravamos, *Cold Gin*, era uma música que Ace havia posto na mesa e recebera alguns ajustes meus e de Gene.

Gene e eu sabíamos que caberia a nós criar as canções do KISS, porque Peter e Ace nunca mostraram muitas ambições quanto a isso. Eu não me ressentia por suas limitações, mas, quando Ace apareceu com o esboço para uma canção, fiquei muito contente. Afinal, queríamos ser como os Beatles: quatro personagens identificáveis. As pessoas gostavam dos Beatles, mas também tinham um Beatle favorito. George Harrison tinha uma canção ou duas em cada álbum e até Ringo cantava de vez em quando. Isso tornava a banda – qualquer banda – mais interessante. Com isso em mente, fizemos Peter cantar minha composição *Black Diamond*. Também queríamos que Ace cantasse *Cold Gin*, mas ele se recusou.

Percebemos que, quanto mais as pessoas compreendessem os membros da banda de maneira individual, mais forte seria o grupo. Adicionar mais ingredientes só tornaria a sopa melhor. Eu queria que o KISS fosse um clube onde cada membro tivesse sua representação. Queria que fôssemos uma banda multidimensional, com quatro personalidades formidáveis. O fato de um dos outros caras da banda contribuir com essa ilusão (ao trazer a ideia para uma canção) foi um bônus.

Agora, com uma demo nas mãos, sabíamos que ninguém poderia nos parar. Se alguém aparecesse em nosso caminho, nós o transformaríamos em migalhas.

## 17.

Acho que, de certa forma, todas as bandas são problemáticas. Com frequência, parte do motivo pelo qual as pessoas se envolvem com o rock é porque são problemáticas. Quando se tem sorte, é possível encontrar alguma camaradagem e algum tipo de química. O fato de cada membro se sentir diferente acaba por uni-los. E sem dúvidas é legal fazer parte de um grupo de desajustados. A vida é mais fácil quando se tem um sistema de apoio.

Desde o início do KISS, eu me sentia parte de alguma coisa. Éramos os esquisitões – peculiares, idiossincráticos, neuróticos –, mas agora tínhamos uns aos outros. Não posso falar pelos outros, pois não sei suas motivações naquele início, mas para mim o KISS dava uma sensação de pertencimento, uma mentalidade do tipo "nós contra a rapa", e eu participava daquela ideia de "Nós". Aquilo me fortalecia.

O KISS era a minha gangue. Eu não era mais solitário como sempre havia sido.

Porém, apesar de nosso objetivo comum, acho que todos nós víamos os outros três como os estranhos. Nós *todos* éramos estranhos. E talvez não de uma maneira que nos aproximasse. Tínhamos um objetivo coletivo com o KISS, mas afora isso não tínhamos muito em comum. Portanto, não interagíamos fora da banda. Ace e Peter tinham muitos amigos, e Peter já era casado. Gene tinha uma namorada. Eu ainda ficava bem isolado quando não estava com a banda.

Mesmo dentro da banda, eu nunca baixava a guarda. Permanecia distante quando estava com meus colegas. Mantinha um muro que tornava difícil me conhecer e impossível me conhecer bem. Quando os outros caras debochavam dos outros, eu entrava na conversa. Mas quando faziam piadas comigo, eu não levava numa boa. Nunca deixei saberem por que eu era sensível. Eu certamente não estava disposto a me expor ao risco de parecer ridículo ao contar para eles como as minhas experiências de infância haviam sido dolorosas por causa da orelha e da surdez. Eu não traria à tona temas dolorosos perto de pessoas que poderiam usar aquilo contra mim. "Você consegue rir dos outros, mas não aguenta quando é com você" me diziam. E era verdade. Era uma reação instintiva. Eles não entendiam como eu passara a infância sendo escrutinizado e exposto ao ridículo. E como poderiam entender? Eu nunca contei a eles.

Ainda assim, era preciso muito esforço para encobrir algo desse tipo o tempo todo e isso certamente afetava o meu comportamento. Mas eu não me sentia confortável o suficiente comigo mesmo para lidar com isso de qualquer outra maneira.

Logo descobrimos que Peter era uma pessoa muito perturbada. Ele parecia ter prazer em causar problemas à banda. Certa noite, após um ensaio, fomos ao restaurante chinês onde Gene e eu costumávamos comer quando a Wicked Lester ensaiava em Chinatown. Peter começou a debochar do garçom de maneira racista e depreciativa. Achamos aquele comportamento constrangedor e dissemos que se ele não parasse iríamos embora do restaurante. Peter disse:

– Se vocês forem embora eu saio da banda.

E continuou com aquilo. Levantamos e fomos embora. E de fato ele deixou a banda por alguns dias. Esse tipo de drama desnecessário se tornou parte de nossa rotina.

Naquela época, Ace não fazia nada para sabotar a banda. Embora fosse preguiçoso, também era esperto e engraçado. Contava piadas o tempo todo e curtia beber, mas não de maneira que afetasse o nosso trabalho. Ao menos não no início. Só mais tarde ele começaria a esquecer as frases mais importantes das piadas e a nos perguntar como terminavam. No início, quando ensaiávamos ou tocávamos ao vivo, era concentrado e esforçado.

Quando Peter já estava de volta, agendamos mais dois shows para abril no Daisy. Apareceram umas quantas pessoas a mais do que no mês anterior.

Eu ainda estava aprendendo a manejar a plateia. Eu me sentia como um domador de leões. A única maneira de evitar a própria destruição era se colocar no comando da situação.

– É muito bom estar de volta – eu disse, fingindo que tínhamos saído em turnê. – Não pudemos vir antes porque andamos muito ocupados tocando por aí.

*Sim, em um local de ensaio forrado de caixas de ovo.*

Continuávamos preparando o palco da mesma maneira que fizéramos bem no início, no Conventry, e até em nosso espaço de ensaio: dois microfones para o vocal e um de cada lado da bateria. Eu até podia me ver como *frontman*, mas meu microfone nunca estava no centro do palco. Éramos uma combinação de elementos, e por isso, assim como os Beatles, nunca quisemos ninguém no centro do palco. Qualquer um podia ser o cantor, dependendo da música. O estranho era que, como eu ficava na "esquerda do palco" (o lado direito da perspectiva de quem olha o palco), o meu lado surdo ficava voltado para a banda. Mas nunca me ocorreu a ideia de ficar do outro lado.

Antes e depois dos shows, Ace continuava dizendo "Não quero carregar essa merda". Era preciso ter muita paciência. Mas percebi que ele era daquele jeito e juntos podíamos fazer algo especial. Eu devia analisar as coisas em termos do que era importante; era preciso prioridades. Fazer um cara mexer o traseiro e carregar amplificadores ("carrega essa merda ou vai embora") era mais importante do que levar a banda adiante? Não. Quando carregava o equipamento, eu não estava fazendo isso para ajudá-lo ou ser gentil *com ele*. Estava fazendo a coisa certa *para mim*. Não estava sendo caridoso com aquele vagabundo. Eu sabia que, no fim, me beneficiaria daquilo. Aquilo me lembrou minha reação inicial a Gene. Eu aguentava muita merda dele porque ganhava mais ao aceitar seu comportamento do que perderia se mandasse ele longe.

Em maio, tocamos nosso primeiro show na cidade de Nova York, no oitavo andar do edifício de uma antiga fábrica em Bleecker Street. O apê servia como local de ensaio para uma banda chamada The Brats, cujo fundador, Rick Rivets, havia sido do New York Dolls. Assistimos ao show de estreia deles alguns meses antes, quando abriram para os Dolls.

Concordamos em tocar de graça no apê deles e emprestar nosso equipamento para as outras bandas (os Brats e Wayne County, uma travesti, e mais tarde transexual, que liderava uma banda chamada Queen Elizabeth).

Quando carregamos o apê com nosso equipamento naquela tarde, os membros do Brats não foram muito amigáveis. Eles queriam se parecer com os Yardbirds e estavam se saindo muito bem. Todos tinham cabelo desgrenhado e vestiam as melhores roupas do estilo rock'n'roll (jaquetas de veludo sob medida, calças cetim boca-de-sino e botas de plataforma), novidades da Inglaterra que eu reconhecia das vitrines da Jumpin' Jack Flash e da Granny Takes a Trip. E tinham nomes de rock star: além de Rick Rivets, havia Keith Ambrose, Sparky Donovan e David Leeds.

Plugamos nossos cabos para fazer a passagem de som e tocamos *Deuce*. A atmosfera mudou. De repente, os Brats se tornaram nossos parceiros. Mais uma vez, descobrimos que nossa música transpunha a indiferença e até a hostilidade.

Abrimos o show daquela noite e ficamos por lá para ouvir Wayne County que, vestida de *drag*, parecia uma paródia de Phyllis Diller. Dois irmãos gêmeos do tamanho de Oompa-Loompas faziam o acompanhamento. O hino de Wayne era *It Takes a Man Like Me to Be a Woman Like Me*, e o ponto alto do show foi quando ele/ela comeu comida de cachorro de uma privada. Não era algo muito bonito de se ver.

Um monte de gente descolada havia aparecido naquela festa, mas acho que não souberam o que pensar de nós. Lá conversei com Sylvain Sylvain do Dolls. Eles haviam recém-assinado um contrato para dois discos com a Mercury e estavam no processo de gravação.

– Ei, por que *nós* não fazemos um show juntos? – bajulei.

– Vocês acabariam com a gente – ele disse.

Quando fomos recolher nosso equipamento após o show dos Brats, minha guitarra (aquela marrom que Charlie LeBeau havia feito para mim) havia sido roubada. Tive que começar a usar um relançamento da Les Paul enquanto LeBeau construía uma guitarra nova para mim: uma Flying V assimétrica baseada naquela que Albert King costumava tocar. Acabei sendo associado àquela Flying V até que, muitos anos depois, comecei a desenhar minha própria linha de guitarras *signature*.

Fizemos outro show no mesmo *loft* da Bleecker Street um mês mais tarde, seguido por mais uma bateria de apresentações no Daisy.

Àquela altura, as pessoas estavam literalmente quebrando janelas para tentar entrar no Daisy. Era um caos total. Mas começamos a enfrentar uma situação de Ardil 22 ao tentar capitalizar o que parecia ser um alvoroço crescente em volta de nós. Sempre que ligávamos para um agente de shows pedindo ajuda para conseguir mais apresentações, obtínhamos a mesma resposta: só rolaria se tivéssemos uma gravadora. Mas sempre que mandávamos demos para as gravadoras para tentar arrumar um contrato, queriam saber quem era o nosso agente.

Então percebemos que teríamos que continuar marcando nossos próprios shows e torcer para tudo dar certo. Mas, fora do Daisy, também parecíamos tropeçar no mesmo obstáculo. "Quem é o agente de vocês?", perguntavam os donos das casas de show quando telefonávamos para eles.

– Não temos um agente.

– Bem, precisamos falar com o agente.

– Se não tocarmos na sua casa de shows, não conseguiremos um agente.

– Sinto muito.

Alguma parte ia ter que ceder. Então tivemos uma ideia. E que tal o Hotel Diplomat, onde os Dolls tinham tocado? Não era uma casa de shows, então não precisaríamos persuadir um gerente ou secretário a nos contratar. Só precisávamos alugar o lugar. Poderia ser a nossa maneira de transpor as barreiras que surgiam em nosso caminho. Tudo estaria em nossas mãos.

Fui até o hotel para perguntar sobre o aluguel do bar. Quinhentos dólares. Era muita grana, mas decidimos apostar as fichas. Sabíamos que não conseguiríamos lotar o lugar sozinhos, então pedimos que os Brats aparecessem como atração principal. Concordamos em pagar a eles algumas centenas de dólares. Até assinamos um contrato, como promotores de eventos. Agora estávamos enrolados naquilo até o pescoço.

Percebemos que, para atrairmos bastante gente e termos chances de reaver nosso investimento inicial, precisaríamos de divulgação. Seria necessário fazer cartazes para afixar pela cidade, e também por algum anúncio num jornal local como o *Village Voice*. Isso também acabaria com a nossa grana, mas Gene e eu ainda estávamos trabalhando e havíamos arranjado um trabalho de taxista para Ace na mesma empresa que eu.

Também queríamos um logo para a banda, para que os pôsteres e anúncios ficassem bonitos. Ace havia rabiscado um logo para o panfleto de nossos shows no *loft* da Bleecker Street. Ele era um bom desenhista. Peguei o rascunho e utilizei-o como base para uma série de logos do KISS que desenhei antes de finalmente chegar àquele que aparece em todo o material do KISS dos últimos quarenta anos. Tenho a lembrança nítida de estar sentado no sofá da casa dos meus pais enquanto eles estavam fora, desenhando a versão final com giz de cera grosso e o auxílio de um escalímetro e uma caneta de desenho técnico. Na verdade, os SS do logo têm um S mais grosso do que o outro, com proporções distintas, e eles não são exatamente paralelos... porque fiz de olho. O conceito original de Ace estava mais próximo dos SS nazista. Suspeitei que aquela fosse a sua inspiração e o fato de alguns anos mais tarde ele ter comprado peças de *memorabília* nazista em nossa primeira turnê pela Europa confirmou minha suspeita.

Como judeu, fiquei chateado com aquele SS, e a família de Gene era de sobreviventes do Holocausto. Meu pai nunca gostou de nosso logo, pois achava que minha versão ainda era similar aos raios nazistas, mas só percebi isso anos mais tarde, quando o nosso logotipo foi banido na Alemanha porque emblemas nazistas eram ilegais por lá. Quando fiz o rascunho do logo, é claro que não pretendia causar polêmica às custas de vítimas da história. Não queria isso pesando em minha consciência.

Depois que já havíamos cuidado dos anúncios, colamos pôsteres por toda a cidade. Nós mesmos fizemos isso durante a noite. Pegávamos dois pôsteres, enrolávamos ao redor de alguma coisa (como o suporte de uma placa de trânsito) e grampeávamos os dois lados juntos.

Também fiz camisetas com um estêncil do logo que cortei em uma cartolina. Eu apoiava o molde sobre camisetas pretas, pintava com cola vulcanizante e salpicava de *glitter*. Então retirava o estêncil e o resultado era um logo preto cintilante e metalizado do KISS. A irmã de Peter também fez algumas, que demos para amigos da banda usarem no show.

Também fizemos *kits* de imprensa meio improvisados e enviamos para pessoas que apareciam em revistas e créditos das contracapas de discos: empresários, produtores e agentes. Se você fuçasse em revistas como a *Billboard*, conseguia encontrar tudo quanto era tipo de informação. Cada *kit* tinha um *folder* com a história da banda e o logo, uma foto de 10x15cm e ingressos para o show no Diplomat. Na época, ninguém fazia esse tipo de coisa. As entradas para o show tinham o horário em que nossa apresentação começaria e não o horário dos Brats, embora eles fossem a atração principal. Esperávamos que alguém do ramo aparecesse por lá, visse o lugar lotado e presumisse que havíamos atraído a plateia.

Também tínhamos algumas ideias adicionais para a nossa performance de palco. Em junho eu havia visto a turnê *Billion Dollar Babies*, de Alice Cooper, e o ar teatral causou uma impressão forte em mim. Ele realmente abriu os meus olhos para as possibilidades do rock. Embora fosse mais performático do que aquilo que eu desejava fazer (parecia bem coreografado e tudo passava a sensação de ter sido escrito em um roteiro), eu gostava da atmosfera e do ambiente que ele criava. Eu queria que o KISS fizesse coisas tão visualmente arrebatadoras quanto aquilo, mas que a *banda* em si fosse o show, ao invés de oferecer a trilha sonora para uma atuação em separado. Queria que o KISS atraísse o mesmo tipo de atenção sem usar dançarinos ou escovas de dente gigantes. A questão era *como*.

Ainda levaria um tempo até que encarnássemos algo naquela linha, mas o que fizemos imediatamente foi comprar um carregamento de caixas de som vazias. Elas não custavam quase nada e pareciam amplificadores *Marshall*. Percebemos que podíamos empilhar as caixas vazias no fundo do palco para garantir que nosso equipamento passasse a ideia certa. Só precisávamos alertar o operador de luzes para que não as iluminasse, porque daí as pessoas veriam que estavam vazias.

No dia do show (13 de junho de 1973), aluguei uma van bem cedo, carregamos o equipamento e montamos o palco discretamente antes que alguém chegasse. Era um artifício para fazer as pessoas pensarem que tínhamos uma equipe. Queríamos que, ao chegar, as pessoas vissem que tínhamos tudo pronto para subir ao palco, como se alguém tivesse cuidado de tudo antes irmos para lá. Ninguém descobriria que nós mesmos havíamos carregado tudo. Na verdade, tínhamos apenas um cara – um amigo de Ace chamado Eddie Solon – para cuidar de todo nosso sistema de som.

Depois de termos ajeitado tudo no hotel, voltamos para o nosso apartamento na 23rd Street e nos preparamos para o show. Fizemos a maquiagem e colocamos nossos trajes. Peter fez seu joguinho de sempre, ameaçando deixar a banda justo no momento em que acreditávamos estar dando um passo adiante. Para fazê-lo se sentir melhor, Gene e eu propusemos um trato especial. Quando descêssemos para ir ao hotel, uma limusine estaria nos esperando. Isso fez com que não apenas Peter, mas todos nos sentíssemos especiais. Acho que uma limusine nunca havia parado na frente daquele lugar.

O salão estava quase cheio. Notamos na hora que devíamos ter coberto todos os gastos – havia algo como quatrocentas pessoas lá dentro e com as entradas a três dólares já conseguiríamos sair do vermelho. Irrompemos em meio à plateia com nossas roupas de gala e subimos no palco. Ao menos um executivo de gravadora apareceu para aquele show, conforme esperávamos. Ele se chamava Rich Totoian e trabalhava para a Windfall Records, que tinha em seu catálogo a banda Mountain, responsável por um mega *hit*, *Mississipi Queen*, alguns anos antes.

– Escutem – ele disse. – Vocês são ótimos. Mas, pra ser honesto, não sei o que fazer com vocês.

Não me parecia um grande mistério. Se achava que éramos bons ao vivo, era só lançar um disco. Eu não achava necessário pensar em um rótulo ou uma campanha de *marketing*. É só lançar o disco. Claro que aquela não foi a última vez que fizeram ressalvas à nossa maquiagem. Mas, daquela vez, tínhamos confiança (e até convicção) no que estávamos fazendo. Como não havíamos perdido dinheiro com o show, também sabíamos que era possível fazer aquilo mais vezes para que mais pessoas viessem nos ver. Talvez alguém nos sacasse.

– Nós somos assim. Nós somos o KISS.

## 18.

Decidimos marcar outra festa de rock no Hotel Diplomat no dia 10 de agosto de 1973, uma sexta-feira. Dessa vez, resolvemos ter um pouco de fé e nos colocar como atração principal. Sentíamos que havíamos aprendido o necessário e estávamos prontos para uma passagem triunfal ao patamar seguinte.

Ainda assim, o KISS era um produto desconhecido. Um dia, encontrei uma garota que conhecia da época de colégio e mostrei a ela o pôster para o show seguinte.

– Vai ter umas trezentas ou quatrocentas pessoas por lá – eu disse.
– O quê? Tá brincando.

Ela estava falando sério. Ela realmente não acreditou em mim.

O KISS ainda não existia no grande esquema das coisas. Sabíamos que tínhamos um pequeno público, mas encher o Daisy ou mesmo o Diplomat... não significava muita coisa. Mas então, será que os Dolls tinham muito mais fãs do que isso? Eles tinham um contrato de gravação, mas ainda eram basicamente uma banda local. Alguém conhecia os Dolls em Portland, no Oregon? Não. E para constar, será que as pessoas que haviam crescido comigo no Queens conheciam os Dolls? Duvido.

Só para garantir, chamamos algumas bandas *cool* para abrir: Street Punk e Luger, que, como os Brats, haviam feito shows com os Dolls. Mais uma vez, colocamos anúncios nos jornais, espalhamos pôsteres pela cidade e mandamos nossos *kits* midiáticos para todas as pessoas da indústria musical que conseguimos identificar e rastrear.

E, mais uma vez, tivemos o mesmo resultado misericordioso: casa cheia.

Mas mais uma vez falhamos em nossa tentativa de arranjar um empresário, um agente ou uma gravadora. Havia, no entanto, uma pessoa esperando para falar conosco após o show. Seu nome era Bill Aucoin. Ele mencionou que havia trabalhado em um troço chamado *Flipside*, que não me soava estranho. Achei que devia ser uma revista adolescente, como a *Tigerbeat* ou a *16*. Bill obviamente não tinha currículo de empresário, mas disse que queria ser nosso empresário. Ele parecia ter nos sacado. Não só isso: parecia nos curtir bastante. Tinha nos escutado, tinha nos visto e parecia acreditar em nós.

Concordamos em marcar uma reunião.

Alguns dias mais tarde, Gene e eu fomos ao seu escritório no número 75 East da 55th Street, logo depois da Madison Avenue. Ele compartilhava o espaço com uma agência de publicidade chamada Howard Marks Advertising. Parecia um lugar amistoso.

– Escutem – ele disse já de saída –: a não ser que vocês queiram ser a maior banda do mundo, não tenho nenhum interesse em ser seu empresário.

Era uma exigência e tanto vinda de um cara que nunca havia gerenciado uma banda. Mas, conforme Bill falava, tive certeza de que ele era a parte que faltava no quebra-cabeça. Tive a mesma sensação que experimentara quando Ace plugou a guitarra. Bill estava afinado com nosso espírito.

No fim das contas, *Flipside* era um programa de TV que levava câmeras para o estúdio enquanto as bandas gravavam. Bill também havia sido diretor de fotografia para um especial de TV de Barbra Streisand. Por algum motivo, parecia lógico que uma banda não convencional acabasse com um empresário que não era um gestor. Mas Bill tinha contatos que podiam nos levar a um novo patamar. Não encontraríamos aquilo em um show de rock, mesmo que nos deparássemos com um agente.

Dado o histórico de Bill com a TV, não era tão surpreendente que ele também tivesse diversas ideias teatrais. Uma das coisas que ele sugeriu foi que nunca fossemos vistos sem maquiagem. Eu jamais teria pensado naquilo. Nós só existiríamos como KISS. Ele pensava além do que qualquer um de nós estava pensando na época. Ele via um panorama muito mais geral e definitivamente estava em consonância com o que estávamos fazendo e podíamos vir a fazer. Além de tudo, sua crença no KISS era tocante. Talvez o lance fosse que ele não estava exausto daquilo por nunca ter sido empresário.

Bill fez outro anúncio:

– Se vocês decidirem assinar comigo e eu não arrumar um contrato de gravação para vocês em duas semanas, eu rasgo o contrato. Vocês estarão livres.

*Duas semanas. Uau.*

Àquela altura, o único cheiro de gravadora que havíamos sentido era do cara da Windfall. Respondemos que iríamos pensar.

Fora do escritório, Gene e eu concordamos que gostávamos de Bill e de suas ideias. Mas perguntei a Gene:

– Você tem algum problema com o nosso empresário ser gay?

– Por quê?

Bill tinha cuidados meticulosos de manicure. Tive a impressão de que era gay. Mas como Bill não era abertamente afeminado, isso parecia nem ter passado pela cabeça de Gene.

– Porque esse cara é gay.

– Como é que você sabe? – Gene perguntou.

– Bem, ele estava impecável. Visual estudado demais para um hétero. Tudo estava certo: a gravata, a jaqueta, o penteado. Até os sapatos. Eu e você jamais teríamos problemas com isso.

Gene deu de ombros. Beleza. Não era um problema pra nenhum de nós dois.

Então telefonamos para Peter. "Tivemos uma reunião com o cara que deveria ser nosso empresário", dissemos. Explicamos que Bill entendia a proposta do KISS e realmente havia sacado tudo. Falamos sobre as coisas que Bill disse que poderia fazer por nós. Peter estava cético, como convinha. Quando eu disse a ele que Bill não queria trabalhar conosco a não ser que quiséssemos ser a maior banda do mundo, Peter disse:

– É besteira. As pessoas dizem coisas assim o tempo todo.

– Não, esse cara falou a sério – eu disse. – Olha isso. Se ele não conseguir um contrato de gravação para nós dentro de duas semanas, ficaremos livres.

Isso foi o suficiente.

Depois de conversar com Ace, que também topou, telefonamos para Bill e dissemos que o queríamos como empresário.

– Só uma última coisa – ele disse. – Vocês não têm contrato nenhum com mais ninguém, né?

Contamos que tínhamos assinado com Ron Johnsen, mas que aquilo não era problema.

De qualquer forma, Bill precisava ver o documento. Enviamos uma cópia para ele.

Ficamos desolados quando ele nos disse:

– Sinto muito, rapazes, mas não posso fazer nada. Vocês não podem nem ir ao banheiro sem a autorização de Ron Johnsen. Vocês estão totalmente comprometidos. Não posso ser empresário de vocês. Não há nada a ser gerenciado.

Alguns dias depois daquela conversa com Bill, Ron me ligou do nada.

– Há uma pequena complicação com o contrato que vocês assinaram comigo e ele perdeu a validade. Só precisamos nos encontrar e assinar de novo.

Aparentemente, o prazo do acordo de produção que Gene e eu havíamos assinado com Ron quando ainda estávamos com a Wicked Lester havia vencido sem que ninguém percebesse.

Aquilo era destino. Telefonei para os outros membros e então ligamos para Bill e contamos que estávamos livres.

Bill Aucoin se tornou nosso empresário e logo passamos a considerá-lo o quinto membro do KISS.

# 19.

Claro que é possível argumentar que mendigos não têm muito direito de escolha, mas, quando Bill nos disse que Neil Bogart queria assinar um contrato de gravação com o KISS, achei que aquela era a nossa chance. Neil havia transformado a Buddha Records na maior gravadora de singles do país ao produzir em série o que algumas pessoas da comunidade roqueira classificariam como "lixo pré-fabricado". Ele basicamente inventou a música *bubblegum*, grudenta como chiclete, ao lançar conjuntos como Ohio Express, 1910 Fruitgum Company e The Lemon Pipers.

*Nhami, nhami, nhami, mastiga, mastiga, mastiga.*

Neil havia deixado a Buddha recentemente para abrir seu próprio negócio, que a princípio se chamaria Emerald City Records, mas acabou se tornando conhecido como Casablanca. Ele concordou em assinar conosco após escutar nossa demo, e alguns produtores que ele conhecia disseram que também haviam achado aquelas demos boas. Neil disse a Bill:

– Estou largando a Buddha e quero que os seus caras sejam minha primeira banda.

Mas, àquela altura, Neil ainda não havia nos visto ao vivo. Quando finalmente viu a maquiagem, pediu que tirássemos. Aquilo emperrou o negócio. Mas logo Neil percebeu que aquele era nosso cartão de visitas, a expressão visual de nossa mentalidade. Ele aquiesceu e nos tornou a primeiríssima banda de sua nova gravadora.

Neil e Bill organizaram um show apenas para a imprensa no início de setembro de 1973 e, para efeitos dramáticos, assinamos o contrato naquele evento usando a maquiagem.

À primeira vista, eu certamente preferiria assinar com uma gravadora como a Atlantic. Neil havia construído sua carreira fomentando singles, e embora dissesse que pretendia lançar a Casablanca com uma banda de rock convincente (o que, quase por definição, significava lançar álbuns em vez de compactos), eu tinha lá minhas dúvidas. Afinal, nos EUA os singles vendiam bem quando entravam no Top 40 das rádios AM; o rock era tocado em estações alternativas da FM. Mas nada na trajetória do KISS jamais saiu conforme planejado. Em retrospecto, isso é parte do que a torna bela. Ao longo da carreira da banda, ignoramos as regras, deliberadamente ou devido às circunstâncias. Nesse caso, não parecíamos ter qualquer escolha. Não era como se outras gravadoras estivessem batendo em nossa porta.

Depois que entrou com tudo, Neil ficou empolgado. Começou a dar pitacos com ideias para tornar nossos shows ainda mais grandiosos. Foi ele quem sugeriu o elevador para levitar a bateria. Sua ideia original era basicamente uma empilhadeira: enfiar duas forquilhas por trás da base de apoio da bateria e erguê-la no ar. Ficou claro que Neil tinha sacado tudo.

Foi Bill, no entanto, quem se provou o visionário decisivo, capaz de pegar o que ainda era um diamante bruto e lapidá-lo. Depois que já tínhamos garantido o contrato com a Casablanca, Bill logo desvelou algumas de suas ideias para a banda. A primeira coisa que fez foi nos apresentar ao namorado dele, Sean Delaney, que unificou nosso visual ao pintar nossos cabelos com tintura preto-azulada. Todos já tínhamos cabelo preto, mas ele queria todos combinando. Fomos a um apartamento na 11$^{th}$ Street com a Sixth Avenue e escurecemos nossas cabeças em uma banheira para chegar ao tom que Sean queria: o cabelo preto retinto de Elvis e Roy Orbison.

Bill também alugou um novo espaço de ensaio para nós: um porão apertado e infestado de ratos no Village. E instalou uma câmera de vídeo. Aquilo era mais uma coisa que nunca teria me ocorrido. Podíamos nos ver. Ótima ideia. Mesmo bandas como o KISS, que se orgulham por ser visualmente arrebatadoras, raramente têm a chance de ver como é a sua aparência real. Junto com Sean, que era ele próprio um cantor e compositor que se apresentava, Bill queria analisar a maneira como nos mexíamos. Sem dúvida, aquele era um cara que pensava em termos de TV.

Quando eu tocava, achava que estava me movendo por todos os lados, balançando os braços e incorporando os movimentos de um guitarrista lendário. Mas quando assistimos à fita, vi como tudo aquilo era pequeno. Mal dava para discernir meus gestos. Eu precisava diversificar meus movimentos se queria capturar o público de fato. Sean servia como técnico e torcedor, me ajudando a desenvolver movimentos de fato dinâmicos e eficientes.

Como todos em nossa equipe reunida por acidente, Sean se devotou a dar corpo para o conceito do KISS e nos ajudar a ser tão bons quanto fosse possível. Durante um ensaio ele percebeu que havíamos balançado em uníssono por um instante. Ele encontrou aquele momento na fita e mostrou para nós.

– Estão vendo que vocês se mexeram juntos? – ele disse. – Isso deveria se tornar parte do show. É algo que vocês deveriam fazer. Um movimento que seja associado a vocês.

No início, suspeito que todos achamos que aquilo era meio banal. Teríamos uma coreografia? Mas decidimos dar uma chance à ideia de Sean, e nós três (Gene, Ace e eu) ficamos próximos um do outro na frente do palco, mexendo as guitarras e balançando. Ao ver os vídeos, percebemos que dava certo. Sean tinha razão. Não deu outra: quando fizemos aquilo na frente do público, as pessoas enlouqueceram. O movimento de Sean era matador. Não sabíamos que precisávamos de Sean até termos Sean. Ele realmente elevou a teatralidade de nosso número – e, mais tarde, compôs canções em parceria com quase todos nós.

Num outro dia, Bill nos chamou em seu escritório e nos apresentou a um cara chamado Amazing Amazo ou algo jeca do tipo. Ele disse que era mágico. O cara inspirou uma bola de fogo e chamuscou o teto do escritório de Bill.

– Bem – disse Bill. – Qual de vocês quer fazer isso no palco?
*Eu não!*
Gene concordou em tentar, e o resto é história.

Tudo isso reforçou minha impressão inicial acerca de Bill: suas ideias estavam quilômetros à frente das outras pessoas, incluindo os membros da banda – ou, para ser exato, de qualquer banda. Bill sabia tão bem quanto a gente que não precisávamos seguir as regras dos outros. Ele encarava as coisas sem preconceitos e nos oferecia energicamente tudo o que havia prometido na primeira reunião.

Perto do fim de setembro, quase nove meses depois de nosso primeiro show no Coventry e apenas algumas semanas após o limite de duas semanas que Bill impusera a si mesmo, fomos ao Bell Sound para gravar nosso álbum de estreia. Nosso álbum de estreia!

Pedimos que Eddie Kramer fosse o produtor, pois estávamos mais que satisfeitos com a demo que ele havia supervisionado. Mas Neil tinha problemas com ele: Eddie havia trabalhado em um álbum da banda Stories na Buddha Records, que não havia deslanchado nenhum *hit* e talvez tivesse custado mais do que Neil esperava. Então, Neil nos apresentou a Richie Wise e Kenny Kerner, que tinham ido para o estúdio com o Stories depois de Eddie e gravado seu grande *hit, Brother Louie*.

Abrir a porta na 54th Street, subir as escadas e entrar no Bell Sound no primeiro dia foi apaixonante e apavorante. Preparamos todo nosso equipamento e os técnicos posicionaram os microfones. Eu tinha medo de que alguém se mexesse e causasse resultados cataclísmicos. Dei uma volta no estúdio dizendo pros outros "Não toquem em nada, está tudo exatamente onde tem que estar".

Éramos totalmente inexperientes. Mas aquilo não poderia ter sido mais diferente da primeira vez em que a Wicked Lester entrou num horário livre de estúdio. Dessa vez, tínhamos produtores que nos orientavam e diziam o que fazer. Gravamos rápido, todos na mesma sala, quase sem nenhum *overdub*. Tocamos as canções, e elas tinham mudado muito pouco das demos que havíamos feito em março. Não entendíamos nada. Apenas esperávamos para saber o que fazer em seguida.

No começo, eu era muito autoconsciente dentro do estúdio. Conhecia muito bem as músicas, mas quando a fita começava a rodar eu passava a observar meus dedos tocando a guitarra e dava umas vaciladas. O que vinha de forma tão natural havia se tornado artificial. Eu via o microfone como um obstáculo intimidador e não como uma orelha e uma maneira de falar com o público, conforme ocorria no palco. Tive que parar de pensar no que estava ao meu redor. Precisava pôr na cabeça que toda a aparelhagem do estúdio era um veículo para chegar ao público, e não um obstáculo.

*Gravando o primeiro álbum do KISS, em 1973, no Bell Sound Studios, na 54th Street.*

Levou algum tempo, mas consegui.

Eu ainda tinha muito a aprender: como cantar no microfone, quando cantar longe dele. Mas parte do que torna um álbum de estreia tão vivo e vibrante é o fato de que os músicos geralmente são novatos. Sem dúvida, era o nosso caso. Eu tinha apenas vinte e um anos.

Quando chegou a hora de escutar nossa música no equipamento do estúdio, o fato de eu ser surdo de um ouvido não teve nenhum efeito. Aquela era a maneira como sempre escutara música, e minha incapacidade de ouvir em *stereo* não influía no que eu fazia ou pensava, porque sempre tinha ouvido as coisas daquele jeito. O que notei foi que, quando escutávamos a mixagem, eu me sentava a alguns metros à direita do centro. Eu me embrenhava para o canto a fim de compensar minhas limitações, ainda que fosse de forma inconsciente. Isso não fazia com que eu escutasse em *stereo*, mas criava um equilíbrio. Sempre que estava entre os dois alto-falantes, eu me deslocava para onde o som fosse melhor para mim. Se parava para pensar, percebia que estava sempre no lado direito.

Na hora do almoço, sanduíches se materializavam por mágica. Era incrível. Tudo isso e ainda rola comida de graça? Na época, não tínhamos ideia de que todos esses benefícios eram discriminados no custo de gravação, que ia para a conta do que devíamos à gravadora. Eu só conseguia pensar *Estamos em um estúdio, gravando canções, vivendo o sonho e sendo alimentados. Será que fica muito melhor do que isso?*

Discutimos as músicas com Peter enquanto gravávamos. Eu tinha um microfone e precisava dizer coisas como "Tá bem, aqui entra o dá-dá-dá" ou "agora é o ra-tá-tá-tá". Só assim as coisas funcionavam.

Eu achava que a bateria não tinha a mesma potência dos discos de várias bandas britânicas que escutava à época. Mas isso era principalmente devido à maneira como o engenheiro de som captou. Os engenheiros de antigamente não deixavam o som estourar. Achavam que isso era errado: distorção ou sobreposição de sons eram indesejáveis. O engenheiro de Kenny e Richie era adepto dessa escola, e isso prejudicou as gravações. Eu queria que tivéssemos alguém que estivesse por dentro do que era feito no mundo contemporâneo do gênero em que trabalhávamos. Mas não tínhamos, então o disco ficou um pouco "murcho". As guitarras saíram um pouco estridentes, lembrando um piano, ao invés de terem um timbre recheado; as linhas do baixo de Gene (ele não era um baixista que se limitava a atacar a nota principal do acorde) se perderam; os vocais pareciam se esconder no ambiente; a sonoridade geral parecia ter pouco fôlego. Estourar os sons da mesa de gravação era algo que dera ao som de muitos de nossos contemporâneos uma urgência pulsante, e nosso disco não tinha isso.

Foi mais um caso em que as coisas não saíram conforme o planejado. Sem dúvida, o álbum soava um pouco antiquado, mas a julgar pela recepção que teve desde então, acho que o fato de o disco não ser tão explosivo quanto eu achava que soávamos ao vivo foi uma benção inesperada. De qualquer forma, só gravar um disco já compensava qualquer crítica que eu tivesse a respeito do som das gravações.

Todas as noites, deixávamos o estúdio com um sentimento forte de realização. Dizíamos "boa noite, até amanhã" e então íamos para a casa de nossos pais (exceto Peter, que era casado e vivia com sua esposa). Logo havíamos terminado as nove músicas. Nosso álbum de estreia estava pronto.

O departamento de arte da Casablanca perguntou se eles podiam redesenhar o logo para a capa do álbum, para que cada S tivesse a mesma largura e ambos fossem perfeitamente paralelos. "Ele tem servido até agora", eu disse. "Não mexam nele".

O próximo passo era arranjar uma foto da banda para a capa do disco. As pessoas ainda não estavam nos entendendo bem, nem mesmo as pessoas que trabalhavam conosco. Joel Brodsky, o fotógrafo da capa de nosso primeiro álbum, havia feito a capa de *Strange Days*, do The Doors. Quando aparecemos no estúdio ele foi muito amigável e pareceu verdadeiramente empolgado:

– Olha o que eu arrumei pra vocês! – disse.

Ele buscou uma caixa de papelão cheia de chapéus de palha e narizes de borracha vermelhos.

*Que diabos é isso?*

– Pra foto de vocês e tal – disse Joel.

– Não, acho que você não entendeu – dissemos. – Somos *sérios*. Não somos palhaços. Isso é o que fazemos.

Ele ficou abismado.

– Quer dizer que a intenção de vocês não é ser engraçados?

– Não, é assim que nós somos.

Ele podia ficar com os narizes vermelhos e os chapéus de palha.

Muitas pessoas não entendiam que aquilo não era uma piada ou uma brincadeira. Não era algo leviano. Era uma religião. Era uma cruzada.

Joel nos disse que havia um maquiador para nos preparar para a foto. Mas fizemos a nossa própria maquiagem. Exceto Peter. Ele deixou por conta do maquiador, que decidiu fazer nele uma espécie de máscara tribal de leão. Nunca tínhamos visto aquela maquiagem antes e ficamos felizes por nunca mais vê-la de novo.

De modo que talvez a capa do nosso disco não tenha saído exatamente como eu esperava. E talvez o disco não soasse como eu esperava. Mas, Deus, tínhamos um álbum. Isso superava qualquer coisa. Eu estava muito empolgado. Para compensar todos os meus desapontamentos com o som e a capa, tínhamos um álbum pronto: o pré-requisito para todas as outras coisas que queríamos. Agora fazíamos parte do jogo.

Depois que tudo estava pronto, Bill avisou que cairíamos na estrada e começaríamos a tocar. Eu não tinha muita ideia de como era o país onde vivíamos, muito menos o mundo. A ideia de que iríamos viajar para outras cidades... eu não tinha a mínima ideia de como eram aqueles lugares. Eu simplesmente achava que todas as cidades seriam como Nova York.

Havíamos aprimorado nosso show e estávamos prontos para mostrá-lo. O dispositivo de empilhadeira ergueria a bateria de Peter cerca de dois metros no ar. Gene respiraria fogo e nós três nos moveríamos em uníssono. Só faltava uma peça do quebra-cabeça para que nosso show ficasse como pretendíamos: pirotecnia.

Pirotecnia ainda não havia se tornado uma ciência. Simplesmente "entrevistamos" alguns malucos que gostavam de explodir coisas. Precisávamos de alguém que pudesse fazer grandes estouros. Bill acabou encontrando nosso cara. Sabe Deus onde. Não sei se havia algum tipo de registro para os pirotécnicos das antigas. Bastava uma fascinação por fogo e explosivos.

Provavelmente, salvamos algumas vidas e edifícios ao contratar aqueles caras e manter um bando de incendiários e piromaníacos longe da rua.

## 20.

Em 31 de dezembro de 1973, vislumbramos o futuro.
Bill tinha conseguido nos encaixar na festa de ano novo da Academy of Music, que incluía shows do Blue Öyster Cult e de Iggy and the Stooges. Éramos a quarta banda listada no ingresso, abaixo de um grupo local de Nova York chamado Teenage Lust. Agora eu *sabia* que era só questão de tempo até passarmos na frente de todos eles. E naquela noite, certamente causamos impacto.

Quando subimos no palco em frente a quatro mil pessoas, fiquei atordoado. Daria no mesmo se fossem *quatrocentas* mil. Pouco depois do início, o botão da minha calça feita em casa soltou, e precisei me esforçar para que não caíssem enquanto eu pressionava minha guitarra contra ela durante todo o show, em uma tentativa de que não escorregasse. Então Gene botou fogo no próprio cabelo ao tentar respirar o fogo conforme Amazing Amazo o havia ensinado.

Sim, éramos perigosos – para nós mesmos.

Ainda assim, antes mesmo do fim da noite, percebi que não precisava me sentir mal. Quando chegou a hora dos Stooges, a banda subiu no palco e começou a tocar... sem Iggy Pop. Membros da organização precisaram carregar Iggy por uma escada, arrastá-lo para a lateral do palco, escorá-lo atrás das cortinas atrás do palco e praticamente arremessá-lo para dentro do show. Iggy mal conseguia ficar de pé, muito menos caminhar ou pular. De repente, percebi por que ele fazia todas aquelas contorções malucas. Apesar da histeria e da lenda, achei os Stooges horríveis.

Mesmo assim, agora sabíamos que não estávamos preparados para ser a atração principal. Ainda não.

Por sorte, tínhamos mais um show pequeno marcado antes de partirmos para o Canadá em nossa turnê de divulgação do disco. Infelizmente, Neil escolheu aquele momento para me confrontar a respeito de algo a respeito de Starchild que o deixava com uma pulga atrás da orelha.

– Tava pensando se você não poderia pegar leve com a maquiagem.

– Ué. Por quê?

– Sua maquiagem é... bem, é um pouco... afeminada. Talvez você poderia tirar a estrela e pensar em alguma outra coisa?

Pelo espírito esportivo, topei experimentar usar uma máscara e tentar algo mais parecido com o Zorro ou o Lone Ranger. Depois do show Neil disse:

– Será que também dava pra você se mover de maneira rudimentar pelo palco? Tipo um homem das cavernas...

*Ah, se foder.*

– Por que eu faria isso? Não tem nada a ver comigo.

Não entendi suas objeções. Eu tinha orgulho de ser Starchild, e não via como as coisas que eu fazia poderiam ter qualquer relação com a minha sexualidade ou a maneira como viam minha sexualidade. Se fôssemos analisar, eu achava que aquelas pitadas de androgenia demonstravam confiança e segurança com a minha sexualidade.

Além disso, as pessoas curtiam aquilo, então que diferença fazia o que pensavam de mim? O mundo era assim naquela época: muito mais gente tinha medo de que as coisas pudessem ser interpretadas como gay. Isso ficaria ainda mais claro nos anos seguintes. Neil tinha razão quanto à maneira como meu personagem poderia ser interpretado. Mas eu não ligava. Não seguíamos as regras. E eu não ia ceder a conselhos sábios ou medos irracionais. Definitivamente, a minha ideia de *frontman* não incluía imitar um homem de Neanderthal.

Voltei a usar a estrela após aquele único show em janeiro de 1974.

Ainda estava vivendo com meus pais, que estavam criando a minha sobrinha Ericka. Eu não tinha muita grana, e não ia gastar o pouco que tinha alugando uma casa. Eu sabia que a partir dali não pararia muito em casa, mas adorava a ligação cada vez mais profunda que tinha com Ericka, e agora que ela andava e falava e eu adorava fazer o papel de irmão mais velho.

Quando dei por mim, meus pais estavam nos levando ao aeroporto para pegar um voo a Edmonton, no Canadá. Nosso álbum ainda não havia sido lançado, mas um músico que eu não conhecia, Mike Quatro (cuja irmã, Suzi, era muito popular na Inglaterra), tinha cancelado alguns shows no Canadá e Bill conseguiu nos encaixar no lugar dele. Sentado no banco de trás do carro de meus pais a caminho do aeroporto, senti como se estivesse sendo levado a um acampamento de férias. Mal sabiam meus pais que, na verdade, estavam me conduzindo a um período de residência em um bordel ambulante. Pouco depois de aterrissarmos no Canadá, notei que as garotas queriam dormir comigo (embora a parte de dormir não fosse uma prioridade e definitivamente fosse secundária perante atividades mais vigorosas na cama) baseadas em apenas um critério: eu tinha uma banda.

Eu era *desejado*, e mal podia acreditar nisso.

Além do sexo fácil, aleatório e incessante, havia shows a serem feitos. Os locais desses três concertos eram cafeterias de faculdades, e não tínhamos todo o nosso arsenal de truques à disposição. O elevador da bateria de Peter ficou em Nova York, embora Gene ainda inspirasse o fogo e o palco (que naquelas ocasiões era não mais do que algumas mesas justapostas) estivesse envolto pela névoa que vinha do gelo seco.

Mike Quatro obviamente tinha um bom número de seguidores para ter conseguido aqueles shows. E embora ele certamente não fosse tão conhecido assim (levando em conta o local dos concertos), as pessoas ficavam confusas quando subíamos no palco. Elas não tinham ideia de quem éramos. Não dava para culpá-las, já que nosso disco ainda não havia sido lançado.

Demos algumas entrevistas nesta primeira viagem. Não tínhamos ideia de como dar uma entrevista. Não tínhamos uma estratégia para soarmos coesos. A única coisa que havíamos discutido com Bill havia sido o lance de jamais sermos fotografados sem a maquiagem. Embora o conceito fosse ótimo, essa estratégia acabou se revelando dolorosa na prática, quando encaramos pela primeira vez o fato de que não teríamos sequer a pequena fama de ver fotos com nosso rosto nos jornais locais.

Como só existiríamos em cima do palco e em fotos com o traje completo, os jornalistas vinham aos shows e conversavam com todos nós ao mesmo tempo após concluirmos a maquiagem. Ficou claro que nenhum dos quatro tinha ideia de como discutir as minúcias de assuntos tais quais a maneira como a banda se formou ou o que estávamos tentando fazer. Sequer tínhamos articulado essas questões individualmente, muito menos como grupo. Tentamos soar interessantes ou polêmicos, mas parecíamos apenas um bando de idiotas. Tínhamos sido jogados em uma piscina que não dava pé e não sabíamos nadar.

Mas algo me surpreendeu: Gene, um cara com um excelente vocabulário, usava muito a palavra "eu". Sempre que eu tentava responder uma pergunta sobre a banda, respondia naturalmente usando "nós". Mas quando Gene respondia perguntas semelhantes, sempre começava dizendo "eu". Aquilo me tirava do sério. As perguntas eram sobre a *banda*. Não eram sobre ele, eram sobre nós – o KISS.

Nossa ideia sempre havia sido nos apresentar como faziam os Beatles: quatro caras que viviam na mesma casa, esquiavam juntos em *Help!* e mais sei lá o quê. Como filho único, Gene aparentemente não achava que devia dar satisfação ou se explicar a ninguém. Aquilo me irritava, mas eu não disse nada.

Ao voltarmos para Nova York depois de uma semana no Canadá, Neil nos informou que *Nothing to Lose*, que ele havia lançado como *single*, ia tocar às 14h de um determinado dia na WNEW, uma grande emissora FM local de rock. Meus pais e eu nos amontoamos ao redor do rádio Harmon Kardon deles e esperamos. Então Alison Steele disse:

– Apareceu uma nova banda chamada KISS, e aqui está a sua primeira música.

Então *Nothing to Lose* tocou em nossa sala de estar. Aquele momento, em que escutei minha banda na mesma rádio que tocava Led Zeppelin e The Who, foi extraordinário.

Eu tinha a sensação de que o álbum não era real até que outras pessoas começaram a escutá-lo. Mesmo quando vi a capa pronta no escritório de Bill, aquilo não parecia verdade. *Agora* era real. Na semana seguinte, quando o álbum estivesse disponível nas lojas de discos (e talvez até fosse exibido nas vitrines de algumas delas) e nós tocaríamos em uma festa de lançamento em Los Angeles, tudo pareceria ainda mais real. Voamos até Los Angeles em meados de fevereiro para a festa que Neil havia organizado no Century Plaza Hotel. Era uma festa para nos apresentar à indústria, o que incluía os colegas de Neil da Warner Bros. Records e quaisquer celebridades que a Casablanca conseguisse fisgar para o vento.

Amei Los Angeles de cara. Era um "país" diferente, um mundo dissociado daquele que eu conhecia. Dirigindo pela Sunset Boulevard, vi *outdoors* que anunciavam *bandas* em vez de cigarros ou cerveja. *Uau*. Eu esperava que um dia o KISS estivesse lá. A cidade acolhia a música de uma maneira que Nova York não fazia. Parecia girar em torno da música e do cinema. Também parecia mais calorosa: fui arrebatado pela combinação de clima veranil e pessoas que cuidavam de suas próprias vidas.

A Casablanca nos acomodou no Chateau Marmont e alugou dois Chevys para dirigirmos pela cidade. Íamos ao Denny's ou ao McDonald's amontoados nos carros. Dividi o quarto com Ace em um bangalô de dois andares que ficava em uma área privada. Cada bangalô tinha diversos quartos e banheiros. No primeiro dia, Ace saiu para dar uma volta e decidi tomar um banho. Enquanto eu estava lá, o banheiro começou a cheirar muito mal. Puxei a cortina para ver de onde aquilo vinha... e lá estava Ace, cagando no banheiro e mandando tudo pro esgoto. Ele olhou para mim.

– O que você está fazendo aqui? – gritei.

Afinal, havia mais banheiros naquele lugar. Ele só deu de ombros. Ace era estranho.

Nos primeiros dias em Los Angeles eu perguntava às pessoas:

– O que vocês costumam fazer por aqui? Qual é a noite boa?

Um dos lugares mais mencionados era o Rainbow, um bar e restaurante na Sunset Boulevard em West Hollywood. Eu nunca tinha ouvido falar nele, mas assim que entrei eu soube que havia encontrado a minha sinagoga. Um novo santuário.

As pessoas por lá não esperavam nada mais do que uma promessa para a noite. Para um recém-chegado como eu, parecia um sistema de amizades coloridas, ou de desconhecidos coloridos. Na primeira noite, conheci uma loira lindíssima que foi para o meu quarto no Chateau Marmont apenas por eu ter uma banda e um contrato de gravação. Ser um músico e ter a aparência de um (eu estava de botas de plataforma e com um traje chique de rock star, como de costume) era o suficiente para você se dar bem na Sunset Boulevard. O que, para mim, era ótimo. Tudo era tão descomplicado. De certa maneira, eu e ela estávamos celebrando a mesma coisa: a exaltação do rock.

Eu tinha recém-comprado *Houses of the Holy*, do Led Zeppelin, em fita cassete, e coloquei um toca-fitas perto da minha cama no hotel. Para mim, aquele álbum sempre será sinônimo de minha primeira incursão para apreciar a sociedade do Rainbow.

Quando a mulher partiu na manhã seguinte, descobri que a cena de Los Angeles não continha falsas expectativas – de nenhuma das partes. Não havia julgamentos ou condescendências. Apreciávamos um ao outro de maneira meio saudável, por mais estranho que possa soar.

Aquela noite (e as noites subsequentes, que passei todas no Rainbow) foi o meu rito de passagem para um viés do rock que eu não sabia existir. Eu ouvia falar sobre o estilo de vida dos roqueiros, mas não tinha informações suficientes nem sequer para fantasiar como ele era. Havia sido difícil para mim formar conceitos de fama e do rock devido à minha experiência limitada. Eu esperava que a recompensa viesse na forma de uma namorada gostosa; em vez disso, o que rolou foi uma gostosa diferente a cada dia, e às vezes diversas no mesmo intervalo de um dia. Era incrível. Los Angeles parecia a Terra de Oz.

Em 18 de fevereiro de 1974, a Casablanca nos lançou oficialmente em uma festa que lembrava um meio-termo entre um bar mitzvah e um encontro de subcelebridades. Neil subiu no palco para nos apresentar e começamos a tocar. Antes de terminarmos a primeira música todos já haviam saído do salão. Reclamaram que era alto e espalhafatoso demais. Ei, não somos os Eagles. Nada de volumes confortáveis ou músicas sobre estar desesperado no deserto. Éramos da Costa Leste e nos orgulhávamos disso, achávamos todo aquele lance de caubóis da Costa Oeste meio cômico. Tive um sentimento estranho de orgulho por ter assustado aquelas pessoas. Quem se importa se eles não gostaram de nós? Eles também não faziam nosso tipo.

Alice Cooper também estava presente naquele evento. Depois ele brincou:

– Vocês precisam de uns truques de *marketing*.

Algumas noites mais tarde fomos outra vez ao Aquarius Theater, que também ficava na Sunset, para aparecermos na TV pela primeira vez. Dick Clark havia expandido sua atuação para além do American Bandstand e agora tinha um programa chamado *In Concert*, que apresentava três bandas diferentes tocando ao vivo em cada episódio. O formato era adequado para nós – seria apenas a banda fazendo o que sabia fazer. E pareceu outro marco importante: um programa em rede de televisão apresentado por ninguém menos que Dick Clark. Dick apareceu em nosso camarim depois que chegamos para nos prepararmos para a apresentação. Com o tempo, aprendi que muitas pessoas com trabalhos similares não chegavam nem perto de ser tão cordiais quanto ele. Bill Graham, por exemplo, (um promotor de eventos de reputação que administrava o Fillmore e o Winterland), não foi nada simpático quando o conhecemos alguns meses depois. Mas Dick era especial, e quando apertei a mão dele não consegui evitar um pensamento: É a porra do Dick Clark! Ele servira de inspiração para mim durante todos os anos de juventude, e parecia alguém tão fantástico quanto o Super-Homem. Só que não: Dick Clark existia mesmo.

Montamos nosso equipamento em um palco giratório, e uma banda chamada Redbone tocou antes de nós. Então o palco girou e as luzes opacas foram substituídas por uma iluminação brilhosa. Lá estávamos nós, de frente para as câmeras. Mas, àquela altura já éramos uma máquina, e tocávamos com vigor em qualquer lugar que estivéssemos. Ficamos satisfeitos com a *performance*. Não a assistimos até seis semanas mais tarde, quando voltamos correndo para o hotel após um show em Asbury Park, no estado de New Jersey, para vermos a transmissão em uma porcaria de TV.

Após as filmagens do *In Concert*, pegamos um voo de volta a Nova York para recarregarmos as baterias por algumas semanas antes de partirmos para nossa primeira turnê na metade de março. Lembro de ficar deitado na cama no apartamento de meus pais, pensando no tempo que passara em Los Angeles: mulheres, restaurantes, programas de TV, hotéis chiques e todas as vantagens e amenidades que acompanhavam o sucesso.

E rezava.

*Deus, por favor, agora não tire isso de mim.*

Aquela pequena dose de reconhecimento, o fato de um rapaz gordinho e impopular ser desejado pelas mulheres apenas porque agora era visto de forma diferente, era muito viciante. E agora eu estava sendo *pago* para fazer o que amava. Eu vivia bem antes de saber que aquilo existia, mas agora que havia provado, não podia suportar a ideia de que tirassem aquilo de mim. Eu vivia bem antes de ter provado o bolo. Agora, tudo havia mudado. Eu rezava com medo de que pudessem me tirar da mesa antes de poder aproveitar aquilo ao máximo. As migalhas eram deliciosas. Eu queria mais. E tinha pânico de que acabasse logo.

*Deus, não tire isso de mim ainda.*

*Por favor, Deus. Não agora, ainda não.*

## 21.

Agora que já tínhamos um disco, conseguimos arranjar uma agência nacional de shows, a ATI, para nos manter na estrada. A ATI conseguiu que fizéssemos a abertura em diversos shows, além de garantir shows próprios em clubes pelo país. Em nossa primeira apresentação, em 22 de março de 1974, na Pensilvânia, abrimos mais uma vez para a Redbone, a mesma banda que havia dividido o palco giratório de Dick Clark conosco um mês antes. Então fizemos alguns shows com a banda britânica Argent, e assim fomos seguindo em frente. No decorrer de um ano, abrimos para ZZ Top, Blue Öyster Cult, Manfred Mann e muitas outras bandas – até mesmo o New York Dolls.

Quando se ia a um show em um teatro ou uma arena no início dos anos 1970, o comum era ver três bandas. Primeiro era um conjunto desconhecido (nesse caso, o KISS), depois uma banda um pouco maior, que normalmente aparecia como "convidado especial", e então a atração principal. Nossa meta era subir essa escadinha.

O sistema de três níveis nos dava uma chance de aprimorar nossa técnica. Embora soubéssemos que precisávamos fazer isso, também levávamos conosco um arsenal completo de fumaça, fogo e explosivos a qualquer lugar em que tocássemos, pouco importava se éramos a atração principal em um pequeno local de festas ou se tocaríamos para um salão metade vazio antes de outras duas bandas. Um show do KISS era sempre um show do KISS: inspirar fogo, balançar nossas guitarras em uníssono e dar o sangue. Se às vezes acabávamos com Peter preso no teto quando sua bateria era erguida, ou se ofendíamos a banda principal porque nossa pirotecnia enchia o local de fumaça, bem, paciência.

Nunca afrouxávamos, e por sorte Bill Aucoin parecia ter limite de crédito infinito em seu American Express, porque custeava os gastos de transporte e preparação de nossos shows em uma época em que nosso pagamento a cada noite não chegava nem perto de cobrir os custos. Íamos de cidade em cidade dentro de uma furgoneta e dormíamos em hotéis infestados de pulga. Sean Delaney atuava como gerente de turnê e também dirigia. Era como um chefe de escoteiros, certificando-se sempre de que ninguém havia se perdido nas saídas de campo e conciliando os temperamentos. Bill também ia junto em algumas etapas da turnê e, quando não estava por perto, falávamos com ele todos os dias pelo telefone. Ele tinha um jeitinho de fazer com que cada um de nós sentisse que era o seu membro favorito da banda.

É claro que também tínhamos uma equipe de turnê para montar e desmontar nosso equipamento e nossos efeitos especiais, fazer a manutenção de nossos instrumentos e, como acontecia muitas vezes, brigar com as equipes de turnê das atrações principais quando eles exigiam que simplificássemos nossa apresentação por sermos apenas a banda de abertura. A equipe de turnê dirigia um grande caminhão com todo equipamento – à exceção das quatro maletas completas de maquiagem com espelhos da marca Samsonite, que levávamos conosco na furgoneta.

Quando tocamos algumas vezes com a banda Argent, a equipe deles reduzia o tempo de nossa apresentação desligando o som antes de terminarmos. Também brigavam com unhas e dentes contra nossos efeitos especiais – é duro tocar após uma banda que deixa o local repleto de fumaça para lembrar a todos ao longo de toda a noite que a Terceira Guerra Mundial recém havia sido travada e fora vencida por quatro caras usando sapatos de plataforma de vinte centímetros, couro preto e maquiagem. Então, no último dia de nossa turnê conjunta, nós milagrosamente tivemos um show sem percalços. Mais tarde, descobrimos o motivo: nossa equipe havia trancado o responsável pela produção deles em um dos *cases* enormes que usávamos para armazenar nosso equipamento. Nossos *roadies* acreditavam na causa.

Noutra ocasião, quando abrimos para o Aerosmith (que na época também era uma banda emergente, mas alguns passos à nossa frente), nossa equipe descobriu que a deles havia montado seu equipamento de tal maneira que nos restava apenas uns poucos metros de palco. Precisaríamos andar de lado no palco. Nossa equipe disse à do Aerosmith: "vocês têm cinco minutos para colocar essa linha de amplificadores para o fundo, ou vamos jogar tudo na vala entre o palco e a plateia". E um dos nossos caras sacou uma faca, só para enfatizar o quão sério eles estavam falando. Eles abriram espaço pra nós rapidinho.

Dos poucos shows iniciais, houve um no Bayou, em Washignton D.C, em 25 de março que se destacou bastante. Àquela altura, tudo era mágico: estávamos tocando em eventos eleitoreiros nas comunidades rurais e recebendo para fazer o que mais amávamos. Eu ainda não tinha contas para pagar, mas a ideia de que poderia pagá-las tocando rock era um sentimento maravilhoso. Aquele era o meu emprego. Era assim que eu ganhava a vida.

Na noite do show em Bayou, vi o meu primeiro *gang bang*. Entrei no quarto de hotel onde a equipe estava ficando e vi uma jovem na cama e uma fila de homens (nossos *roadies* e várias outras pessoas) esperando sua vez de montar nela. Eu nunca tinha visto nada parecido. Era como se estivessem esperando o ônibus. Aquilo não era para mim.

Mas conheci uma mulher naquela noite. Era incrivelmente bonita, e estaria além do meu alcance apenas algumas semanas mais cedo. De alguma maneira, isso me deixava paranoico. E se ela tivesse um namorado ou marido que quisesse tirar o meu couro? De repente, havia mais questões além de sermos duas pessoas querendo deitar e celebrar o espírito do rock. Outras pessoas poderiam estar conectadas às decisões dela, pessoas que poderiam não estar contentes com os prazeres dela. Para piorar as coisas, acabei ligando os pontos e, pelo que ela havia me dito, saquei que o pai dela era um criminoso. Em algum momento, quando estávamos deitados na cama, eu disse:

– Você tá aqui porque quer ou porque está bêbada?

– Porque tô bêbada – gargalhou.

Às vezes eu me sentia como um touro em uma loja de porcelana; em outras, escutava uma voz me dizendo que o sexo andava de mãos dadas com o medo e as consequências. *Se você engravidar alguém, vai ter que se virar sozinho*. Em outras palavras, eu acabaria morto se trepasse com a mulher errada.

Apesar do medo, da ansiedade e dos conflitos internos, o sexo era minha droga preferida. E eu sempre ia atrás de mais.

Eu tomava alguma coisa de vez em quando, mas não precisava beber muito para criar coragem de falar com as mulheres. Não tinha problemas em dar em cima ou puxar conversa. De qualquer maneira, logo aprendi que não era preciso muitas piadas inteligentes para despertar o interesse de uma mulher. Eu estava em uma banda e isso era suficiente para me tornar desejável.

A ideia de beber mais ou de usar drogas não me atraía. Eu nunca quis perder o controle. Estava lidando com chances e liberdades recém-descobertas, e queria permanecer lúcido e lembrar de tudo. Mas as drogas estavam ao nosso redor desde o início da banda. As pessoas apareciam nos shows, hotéis, rádios e lojas de discos em que tocávamos para divulgação querendo se tornar nossos amigos. Os caras atiravam drogas em nós e as mulheres atiravam seus corpos. Eu só via utilidade em uma das duas.

A equipe de turnê, pelo outro lado, recolhia as várias pílulas coloridas que os fãs atiravam no palco e jogavam tudo goela abaixo como se fossem *Skittles*. Aquilo me deixava louco. "Vocês nem sabem o que acabaram de ingerir!"

Certa manhã, fui até o quarto do nosso pirotécnico e ninguém respondeu. Abri a porta e o vi encolhido em um canto com um travesseiro na cabeça, parecendo verde e incapaz de se mover. Não achei aquilo engraçado.

O fato de que quase todas as pessoas no mundo do rock andavam chapadas definitivamente contribuiu para que eu socializasse menos. As drogas faziam parte de nossa cultura e não usar drogas me excluía. O fato de eu não cheirar nem tomar pílulas deixava as pessoas desconfortáveis; o fato de que estavam desconfortáveis me deixava desconfortável. Por outro lado, minhas interações com as *groupies* e outras mulheres eram puramente sexuais e as drogas quase nunca apareciam. Eu não podia imaginar um barato maior do que uma mulher a fim de me acompanhar até o meu quarto.

Ace era alcoólatra, mas no começo ficava sóbrio até o fim do show – momento a partir do qual era normal que bebesse até não conseguir mais ficar de pé. Naquela época, ainda era engraçado. Para mim, o modo de medir se a bebida era ou não um problema era ver se Ace estava fazendo seu trabalho, e ele estava. O que queria fazer fora do palco era seu problema.

Certa noite, encontrei-o engatinhando de quatro no saguão de um hotel enquanto falava sozinho.

– Cara, o que você tá fazendo? – perguntei.

– Tenho as minhas pequenas pessoas aqui – ele disse, gesticulando ao seu redor.

Quando tentei passar por ele, ele disse:

– Ah! Você acaba de pisar em um!

Em certo sentido aquilo era patético, mas devo dizer que também era engraçado. Ríamos muito de Ace, e não de maneira a diminuí-lo. Ele era divertido. Era muito esquisito. Contava piadas o tempo todo. A coisa só ficou feia mais tarde. Quando começou a misturar Valium e cocaína, aquilo deixou de ser engraçado. Mas no começo ele era só um doidão agradável.

Em algum momento Ace ganhou o apelido de "chef". À exceção de Gene, que nunca tirava as roupas nem tomava banho na frente de ninguém, costumávamos usar pouca roupa no camarim antes ou depois dos shows. Certa noite, quando estávamos sentados em frente ao espelho preparando a maquiagem, Peter apareceu por trás de Ace e colocou o pau no ombro dele. Agindo como se nada tivesse acontecido, Ace virou para o lado e deu um beijo. Então ele se tornou o "chef", porque precisava provar tudo.

Também chamávamos Ace de "Restos", porque com frequência ele atravessava a mesa e roubava coisas de nossos pratos. "Você vai comer isso?", perguntava, e então pegava o que fosse.

Quando estávamos na estrada, tomávamos café da manhã e jantávamos todos juntos. Os cafés da manhã em hotéis baratos eram sempre parecidos: ovos mexidos, torradas e aqueles potinhos de geleia com uma camada removível. O jantar variava. Se alguém comesse camarões, Ace pegava os rabos que ficavam no prato. Às vezes, vasculhava as bandejas retiradas dos outros quartos enquanto caminhávamos pelo corredor.

Não era incomum que passássemos dez horas ou mais em um único dia juntos na furgoneta. Ace nos fazia rir. Uma vez, Peter, que era mais velho que todos nós e tinha um rosto comprido e cara de palerma, disse para nós:

– Eu sou o rostinho de bebê da banda.

Ace rebateu:

– Sim, talvez um bebê morsa.

Noutra vez Ace disse no carro:

– Eu gostaria de beber alguma coisa.

Isso era típico de Ace.

– Você pode beber minha colônia – eu disse.

– Sério?

– Claro – eu disse –, colônia também é álcool.

Então ele rosqueou a tampa de *spray* e tomou um gole do meu Aramis. Cuspiu tudo na hora. Todos rimos, inclusive Ace.

Eu pensava em nós como os quatro mosqueteiros, e imaginei que ficaríamos juntos para sempre. Éramos os Vikings, os Hunos, os Mongóis, promovendo devastação em cada cidade que invadíamos.

Éramos o KISS.

Havia uma sensação genuína de camaradagem quando comíamos juntos, viajávamos juntos, nos vestíamos juntos para o show e tocávamos juntos. No palco também éramos uma força unificada. É claro que aquilo não era a vida real, e quando íamos para casa ocasionalmente para breves paradas não nos víamos nunca. Mas na estrada éramos o KISS. E era divertido ser o KISS.

Eu sabia que passaríamos por aquela fase e seguiríamos adiante. Havia uma espécie de anseio – eu tinha consciência de que estávamos vivendo aquela existência roqueira singular rumo ao estrelato. Porque o estrelato nunca foi uma dúvida em minha mente.

*Nós vamos conseguir.*

Bill arranjava aparições em jornais locais, estações de rádio e lojas de discos para divulgação em todas as oportunidades possíveis. Depois de alguns meses, começamos a ficar muito metidos, reclamando por termos que participar desses eventos. Numa tarde em que deveríamos nos vestir e ir a uma loja de discos, decidimos não ir. Foda-se. Bill apareceu na hora, entrou furioso em nossos quartos de hotel, reuniu os quatro e gritou:

– Vocês estão brincando comigo?

Dissemos que não estávamos a fim de fazer aquilo. Sentíamos que era uma perda de tempo, e talvez até já tivéssemos passado daquela fase.

– Vocês estão agindo como se estivessem classificados pras Olimpíadas – ele ralhou. – Vocês ainda não estão nem *disputando* uma vaga.

Olhamos uns para os outros e dissemos "Opa".

Fizemos a maquiagem. Fomos à loja de discos. Escutávamos o que Bill dizia, e ele estava quase sempre certo.

Neil, por sua vez, abordava as coisas com uma filosofia totalmente diferente (aprendida quando era budista), e não parecia ver nada de errado em por em risco a carreira potencialmente longeva de nossa banda em troca de uma música que virasse *hit* hoje mesmo, pouco importando o quão trivial ou abaixo da média ela fosse. Ele nos levou para um estúdio de gravação no início da primavera de 1974 para fazermos um *cover* de uma canção de Bobby Rydell chamada *Kissin' Time*. Ele nos disse que era uma "música promocional" para um concurso de beijos – uma ideia que ia contra tudo o que eu vislumbrava para a banda. Achei aquilo brega. As bandas que eu tinha como referências não fariam algo do gênero. Mas Neil nos garantiu que a gravação seria usada como música de fundo em uma propaganda de rádio do concurso, e nada mais além disso. É claro que mal havíamos gravado uma versão não muito boa daquela canção e Neil já a havia lançado como single. Às vezes ele tinha um jeito bem único de lidar com as coisas.

Depois que o single foi lançado e o concurso de beijo foi divulgado em algumas estações de rádio ao redor do país, Neil marcou para que aparecêssemos em um dos concursos que rolaria em uma loja de discos. Fui até lá caminhado com toda a maquiagem e nariz empinado e me aproximei de um casal que estava com os lábios grudados. Abaixei-me (eu estava com as botas de plataforma) e o cara, com os lábios ainda encostados nos da garota, olhou para mim de canto de olho e disse:

– Quem é você?

Eles eram só dois jovens em um concurso de beijo. Eles não tinham ideia do que fazer em relação a nós.

– Deixa pra lá – eu disse, e fui até a porta o mais rápido que dava com aqueles sapatos altos.

## 22.

Mantínhamos uma média de pouco mais de um show a cada dois dias. No fim de abril, Bill conseguiu para nós outra aparição na TV em rede nacional, dessa vez no *The Mike Douglas Show*.

Eu sabia que dessa vez seria diferente. Não era um programa só de música, mas um programa de variedades. Se fôssemos macacos andando de monociclo ou rodopiando pratos no topo de gravetos, teria dado no mesmo. O programa de Ed Sullivan também era assim: "Hoje temos o Topo Gigio e seus quatro ursinhos dançantes e esses quatro meninos... os Beatles". A diferença era que, no programa de Mike Douglas, o público era igual a Mike Douglas: mais maduro, para sermos sutis. A plateia parecia pais e mães saídos de uma pintura de Norman Rockwell e para eles era como se fôssemos alienígenas. Era visível que estávamos fora de nosso ambiente, e tive o pressentimento de que não seríamos tratados apenas como uma novidade, mas que também seríamos motivo de risada.

Tínhamos que conquistar o público quando abríamos para outras bandas, e apreciávamos o desafio. Mas isso não parecia divertido. Eu não achava que pudéssemos conquistar aquela pateia, e não tinha nenhuma vontade de ir lá para ser ridicularizado.

Bill nos perguntou:

– Quem quer sentar na cadeira e conversar durante o painel de discussões do programa?

– Eu não. Vou ficar no camarim – eu disse.

Gene foi. Ele não sabia o que dizer: descreveu-se como o "mal encarnado" e travou a língua. Totie Fields, uma comediante que também era convidada daquela noite, disse que, apesar da fantasia de demônio, ele na verdade era um garoto judeu bem simpático. Ele pareceu bem pateta naquela situação. Mas o fato de ser o porta-voz padrão da banda geraria inúmeros outros episódios em que ele usaria "eu" em vez de "nós", subitamente – mas não tanto – indicando que era o *frontman*, o vocalista e o mentor, tudo em uma única pessoa. Ele nunca tentou deixar claro seu papel ou refutar as suposições da mídia. Por que faria isso? Aquelas falsas suposições eram baseadas nas próprias declarações de Gene. Mais uma vez, me vi batendo cabeça por sua recusa de ser honesto e a insistência em usar todas as oportunidades para discutir as coisas a partir de sua própria perspectiva, em vez de expor a perspectiva coletiva da banda. Ele estava trapaceando.

Mais cedo naquele mês, havíamos aberto um show de Rory Gallagher no Agora, em Cleveland. Quando subimos no palco, uma garota da plateia começou a cutucar o namorado e rir.

*Você não vai rir por muito tempo.*

Mandamos ver naquele lugar. Tudo se encheu de fumaça. Os lugares não eram bem ventilados. Naquela época os pirotécnicos tinham que fazer seus próprios canhões de fogo. Todos os dias eles construíam invólucros e os enchiam de explosivos. Numa noite, os canhões podiam ser apenas como grãos de pipoca estourando, e no dia seguinte podiam explodir o palco inteiro. Não tínhamos que nos cadastrar para receber licenças, nem pedir que um bombeiro inspecionasse o que fazíamos: ninguém sabia o que estávamos fazendo, e ninguém havia feito aquilo antes. Simplesmente explodíamos o que estivesse a mão e criávamos explosões sem qualquer supervisão ou conhecimento de causa. Era intenso.

Em noites como aquela eu poderia virar uma ampulheta e esperar que a areia caísse. Funcionava como um relógio. Sempre conquistávamos até mesmo os mais céticos. Nunca falhávamos na missão de ter o público aos nossos pés. É claro que nenhum show, não importa o quão grandioso seja, pode mascarar uma banda ruim. E o KISS começou com nós quatro *dando tudo*. Você pode ter um carro bonito com uma pintura reluzente e diversos detalhes cromados, mas se não tiver um bom motor, não irá a lugar nenhum. Nós éramos o motor, e ganhávamos a plateia por causa do poder de nossos quatro personagens e da música que fazíamos.

Noutra noite, abrimos para uma banda britânica de sucesso considerável chamada Savoy Brown em uma pista de patinação apinhada de gente no estado do Michigan. Alguns dos caras da banda nunca tinham nos visto e vieram para a lateral do palco quando começamos a tocar e riram bem na nossa cara. Eu estava rindo por dentro, contudo, porque sabia como era difícil tocar depois do KISS. E de fato eles até podiam ter rido durante nossa apresentação, mas choraram quando metade do público foi embora durante a deles. Eles mudaram o tom depois daquilo.

Gostei de alguns dos músicos que fomos conhecendo como pessoas e também tocamos com muitas bandas cuja música eu gostava e respeitava, mas nossa atitude era a mesma com todos: *Vamos aniquilar vocês.* Quando eu chegava à escada do palco, já não era compadre de ninguém. Embora não fizéssemos isso por ódio ou animosidade, falávamos muito sério quando dizíamos que queríamos *matar* as outras bandas ao subir ao palco. Não o público, mas a outra banda. Tínhamos muito orgulho do que estávamos fazendo, estávamos focados e motivados e queríamos dizimá-los.

*Nós somos o KISS!*

Éramos os missionários da marca de rock KISS e não pararíamos até termos convertido todo mundo.

Às vezes, nosso fervor missionário assumia proporções bíblicas. Em uma noite em Fayetteville, na Carolina do Norte, nossas bombas incendiaram a cortina que pertencia à atração principal, a banda Black Oak, do Arkansas. Fomos chutados daquela turnê.

Nos estados do Sul, as pessoas amavam nossa *performance* de palco. Tínhamos permissão para sermos doidões e éramos bem-recebidos como artistas. Mas, fora do palco, queriam nos matar. No instante em que deixávamos o local de show e nos tornávamos apenas caras com cabelo comprido e botas de plataforma vestindo cachecóis, joias e blusas femininas, sentíamos como se estivéssemos sendo caçados. Fora das casas de rock, havia tolerância zero para caras que, aos olhos deles, pareciam "bichonas" – algo que as pessoas gritavam para nós o tempo todo. Eu temia que acabássemos sendo abatidos como porcos, como naquela cena do filme *Amargo Pesadelo*, que eu vira no ano anterior.

Notei que havia crescido na bolha de Nova York, sem entender o tipo de raiva que um visual diferente podia incitar em outros lugares. Ainda assim, mais sentia do que via a discriminação. Não se pode dizer o mesmo de alguns membros de nossa equipe, como nosso gerente de turnê J.R. Smalling – o cara que criou nossa apresentação de palco: "Vocês queriam o melhor, vocês terão o melhor". J.R. era negro, e por muitos dias, quando tivemos um motorista branco no Sul, ele se referia a J.R. como "Leroy", um nome genérico usado para designar negros em piadas racistas naquela região dos Estados Unidos. Eu também ouvia chamarem ele pejorativamente de "neguinho" o tempo todo.

Pelo menos não atraíamos ninguém querendo estragar as apresentações. Acredito que as pessoas que iam a nossos shows nos achavam meio intimidadores. E nossa obstinação era evidente, assim como nosso comprometimento com o que fazíamos. Quando topávamos com pessoas do lado de fora gritando palavrões para nós, eu tinha vontade de dizer "Espera só um segundo: eu sou o mesmo cara que vocês estavam aplaudindo. Eu largo a minha guitarra e vocês têm vontade de me linchar?".

Nos lugares em que não nos sentíamos seguros, não nos afastávamos do hotel. Comíamos ali, entrávamos no carro e caíamos na estrada. Não curtíamos muito parar num Billy Bob's Diner ou num Bubba's Barbeque. Íamos do ponto A ao ponto B.

Passamos por Graceland em algum ponto do caminho e fiquei muito decepcionado. Parecia nada mais do que a casa de um médico anônimo no subúrbio. Eu esperava uma mansão gigantesca. Preferi sair com duas mulheres que tinham uma loja de roupas em Memphis a fazer o *tour* na casa de Elvis.

Mesmo no Sul ou em outros lugares conservadores, como Salt Lake City, encontrávamos nossos fãs – ou eles nos encontravam. E sempre encontrávamos mulheres. Garotas esperavam no *lobby* ou na entrada de nossos quartos de hotel até que estivéssemos disponíveis. Poderíamos ter uma daquelas máquinas que você encontra em locais de espera: tire um número e espere ser chamada. Na maior parte das vezes, eu não sabia nem o nome das garotas.

Eu ainda ficava surpreso com o fato de que as garotas que conhecia na estrada iam até o meu quarto sem fazer mais do que dizer seus nomes quando percebi que provavelmente havia caras na cidade que tinham que sair com elas por meses antes de conseguir alguma coisa. Logo aquilo se tornou normal. E foi um alívio. Agora eu trepava e me sentia desejado sem qualquer medo de uma ligação emocional, que era o que menos queria. Da maneira como eu via, eu conseguia aquilo que mais desejava sem lidar com os perigos. Por causa de minhas inseguranças, de minha orelha, de minha audição e das defesas que havia construído ao longo de minha vida, ligações emocionais ainda me deixavam apavorado. Elas significavam ter que se abrir e oferecer algo de mim, o que eu não queria fazer.

Ainda não tínhamos dinheiro para quartos individuais. Eu dividia o quarto com Peter, e nós dois esperávamos não estar sozinhos em nossas camas quando o outro cara chegasse. Nunca tínhamos nenhuma privacidade. Mas sem dúvida era melhor quando as duas camas estavam cheias do que quando um de nós tinha que por um travesseiro na cabeça. Nessas situações, eu torcia para ter alguns minutinhos rápidos com a convidada de Peter quando ele saísse do quarto. Assim, dormir ficava mais fácil. No fim Sean Delaney começou a encarar como parte de seu trabalho mandar as garotas para fora de nossos quartos sob a alegação de que precisávamos dormir. Sean não curtia essas garotas, que volta e meia chamava de "éguas reprodutivas".

Aqueles seis primeiros meses de turnê em 1974 são um pouco como um borrão: longos trechos de estradas pontuados por casas de shows com nomes como Thunderchicken, Mother's e Flash's. Tocávamos em auditórios de faculdades, ginásios de esportes e até em um estádio de *jai alai* na Flórida; chegamos até o Alasca, onde tocamos ao ar livre em um cinema *drive-in* onde o calor que emanava dos aquecedores na frente do palco tirava a afinação das cordas de metal de nossas guitarras. Mas mesmo naquele primeiro ano de memórias confusas, alguns lugares entraram para nossa lista de favoritos – como o Electric Ballroom, em Atlanta. Por algum motivo, fomos a atração principal de um monte de shows por lá. Tocamos quatro noites seguidas em junho; depois, atraímos público para mais umas tantas noites em julho, e eles nos agendaram para quatro noites adicionais em setembro. As festas e a hospitalidade (em todos os sentidos) eram intermináveis, e ficávamos empolgados sempre que aquele lugar estava no itinerário. Isso não acontecia com eventuais namoradas ou esposas que estivessem nos esperando em Nova York.

O KISS também se identificou com Detroit logo de saída. As pessoas de lá nos sacaram. E também era uma área muito fértil para o tipo de rock que amávamos – de Mitch Ryder a Bob Seger, passando por Alice Cooper. Ann Arbor tinha o MC5 e os Stooges, Flint tinha o Grand Funk Railroad. Michigan nos acolheu e, antes do final de 1974, Detroit se tornou o primeiro lugar onde podíamos ser a atração principal em um teatro. Sempre me lembrarei de lá como a primeira cidade que abriu os braços, e as pernas, para nós.

Durante toda aquela turnê, não tínhamos conjuntos sobressalentes de roupa de palco, de modo que sempre era possível achar o camarim seguindo o fedor. Eu sabia que estava chegando mais perto conforme o cheiro se tornava mais forte. Em alguns dias, tocávamos duas vezes, um show cedo e outro tarde, mas mesmo nos dias em que só havia uma apresentação, as roupas não secavam. Vestir roupas úmidas e fétidas fazia minha pele formigar. Sempre que possível, eu usava um secador de cabelo em meu macacão – ao menos assim eu tinha uma roupa úmida e quentinha. Depois do mal-funcionamento de minha roupa na Academy of Music, quando um botão saltou de minhas calças feitas em casa, comprei *leggins* da Danskin. No começo, tive muitas ressalvas, mas ela se provou realmente prática, e os outros rapazes também acabaram fazendo a troca. Couro e cetim se tornavam translúcidos e bolorentos quando ficavam ensopados de suor por tempo suficiente.

As botas úmidas eram outro problema: fungos e algas cresciam nelas. O interior de cada bota parecia ter seu próprio ecossistema – só faltavam sapos pulando lá dentro. Com frequência, precisávamos raspar a camada verde que se formava no exterior das botas. Mesmo assim, ninguém reclamava.

No meu caso, era porque nada se comparava à descarga de energia que sentia quando as cortinas se abriam e o público enlouquecia. Era como se as cortinas fossem uma parede de concreto com cinco metros de espessura, e quando a barreira era removida... *caos completo*. Eu poderia estar de um lado da cortina com febre de 40 graus e a garganta ardendo, esforçando-me para tentar cantar as primeiras notas de *Strutter* ou *Firehouse*, mas, quando as cortinas se abriam, cantava feito um passarinho, porque a adrenalina tomava conta. Não importava o quão cansado ou doente estava: quando subia no palco, sentia-me sobre-humano.

As pessoas estavam dispostas a se render aos nossos pés. Parte do que fazia com que eu me sentisse poderoso no palco era pegar essa permissão e ver até que ponto podia forçá-la. Levou um tempo para aprender isso. Percebi que, se pedisse que as pessoas fizessem coisas que já queriam fazer, eu parecia onipotente. Eu estava no controle. As pessoas respondiam àquilo. As pessoas queriam receber comandos como "Se levantem!" ou "Ergam as mãos!".

Erguer as mãos tinha qualquer coisa a ver com uma música? Apenas no mesmo sentido em que os fiéis de uma igreja ou congregação erguem as mãos ao céu para tentar tocar em algo sagrado. Também era divertido – como andar em uma montanha-russa sem segurar a barra.

O segredo era o que éramos capazes de criar juntos. O segredo era a interação. A maioria das pessoas estava disposta a ir, elas só precisavam de alguém para guiar. Elas precisavam *de mim*. Eu tinha que conectá-las. Não estava tocando apenas para a última fileira de um teatro – estava tocando para pessoas. Precisava tornar as pessoas na última fileira tão importantes quanto àquelas da primeira. Não estava tocando para a massa, mas para cada uma daquelas pessoas.

*Estou falando com você. Isso,* você *mesmo!*

Este era o meu trabalho: levar todos nós à terra prometida do rock, individual e coletivamente. "Alguns de vocês estão sentados. Se querem ficar sentados, voltem para casa e vejam TV. Mas se acreditam no rock, levantem-se e lutem por aquilo em que acreditam!"

A cada noite, criávamos algo mágico com o público. E para mim era tão mágico quanto era para eles.

## 23.

Aprendi uma lição bem cedo. Bill Aucoin disse em algum momento do verão de 1974 que precisávamos gravar outro álbum.

– Mas não estou nem um pouco inspirado – eu disse.

– Vou mostrar as contas e você vai se sentir inspirado – ele respondeu.

Pode soar frio, mas soou honesto. Qualquer um podia ficar sentado esperando por inspiração. Ter talento é ser capaz de conjurá-la – de *ficar* inspirado. Nosso álbum de estreia, KISS, tinha estacionado as vendas em mais ou menos sessenta mil cópias, e precisávamos de um novo produto.

Montamos acampamento no hotel Ramada Inn, em Los Angeles, durante o mês de agosto para gravarmos *Hotter Than Hell*. Dessa vez, tínhamos quartos individuais. Sentíamos que éramos estrelas. Caminhando por lá após o café da manhã em um dia qualquer, encontrei a casa de tatuagens Lyle Tuttle's, na Sunset Boulevard. Entrei. Decidi fazer uma tatuagem – prometi a mim mesmo que seria uma, apenas uma, em minha vida toda. Eu sabia que não queria uma caveira de cartola, um navio de guerra ou a palavra "mãe", então fiz uma rosa no ombro.

Ao voltar para o hotel com minha nova tatuagem, liguei para casa. Estava empolgado, e acho que também queria tirar meus pais um pouco do sério.

– Adivinha só, mãe! Acabei de fazer uma tatuagem!

– Ai, Stan – disse minha mãe, referindo-se ao tabu judaico em relação a tatuagens. – Agora você não poderá ser enterrado em um cemitério judaico.

– Corta meu braço fora, mãe. Não vai me fazer falta.

Mais uma vez, eu estava achando Los Angeles inspiradora. A cidade girava em torno da música e da indústria do entretenimento. Eu quase nunca encontrava pessoas que tivessem crescido por lá. Era um lugar ao qual as pessoas iam em busca de algo. Muitos nova-iorquinos viviam por lá, tendo migrado para a Califórnia e criado um negócio. Os locais eram tão tranquilos que os nova-iorquinos podiam abocanhar tudo. Los Angeles era um destino para as pessoas com um plano de carreira ou uma meta de longo prazo. Era um local sem raízes aonde as pessoas iam para realizar seus sonhos e perseguir seus anseios.

Neil alugou o Village Recorder, em frente à praia de Santa Monica, e chamou Richie e Kenny. O estúdio ficava em um prédio antigo muito legal, com um mural enorme em um dos lados que retratava uma cidade pós-apocalíptica: prédios destroçados e viadutos desmoronando.

Esperávamos resolver alguns problemas que víamos no primeiro álbum. O principal era deixá-lo mais pesado. Dessa vez, acabamos gravando as coisas de um jeito "selvagem" (isto é, com distorção), mas isso também não deu muito certo. Mais uma vez, não conseguimos fazer o que pretendíamos, e o resultado foi uma distorção incômoda dos instrumentos.

Dentre as músicas que gravamos, algumas eram sobras do disco anterior (como *Watchin' You* e *Let Me Go, Rock'n'Roll*) e algumas foram escritas no estúdio sem nem terem virado demos antes, pois não tínhamos material suficiente para encher um álbum quando começamos a gravar. Nas viagens, não levávamos violões e os amplificadores pequenos não eram comuns, o que dificultava que praticássemos, então tínhamos composto pouco na estrada durante aquele primeiro ano. De vez em quando eu escrevia algumas letras, mas a minha chave criativa era gravar a melodia em algum aparelho.

Escrevi a canção que deu nome ao álbum, *Hotter Than Hell*, em Los Angeles. Era uma homenagem a *All Right Now*, do Free, e começou com a mesma premissa básica – conhecer uma mulher. Gene trouxe *Goin' Blind*, uma canção que havia composto com Steve Coronel. Soava bem, e saquei o que eles estavam fazendo. Sugeri um verso, *I'm ninety-three, you're sixteen* [Tenho noventa e três anos, você tem dezesseis], que era bem desajustada e deixava tudo mais subversivo.

– É meio bizarro – disse Gene. – É uma abordagem bem bizarra. Acha que devíamos por isso?

– Sim, com certeza – respondi.

Graças àquele único verso, ela se tornou uma música sobre um velho apaixonado por uma menininha.

*Got to Choose* foi baseada em uma canção que escutei no Electric Lady. O lugar tinha dois estúdios e era comum que ambos estivessem em uso vinte e quatro horas. Era um reduto de criatividade em tempo integral. Certa noite, estavam usando o equipamento de dois canais para fazer cópias do álbum de uma banda chamada Boomerang. Era um conjunto de *blue-eyed soul* composto por Mark Stein, do Vanilla Fudge, e mais alguns caras. O Boomerang havia gravado um *cover* da canção *Ninety-Nine and a Half (Won't Do)*, de Wilson Pickett, e aquilo foi a semente de *Got to Choose*.

Tentamos convencer Ace a cantar *Strange Ways* ou *Parasite*. Mais uma vez, ele se recusou a cantar no álbum. Gene acabou cantando *Parasite* e Peter gravou *Strange Ways*. *Comin' Home* era uma música de viagem que Ace e eu construímos ao redor de um riff bom pra caramba e de algumas ideias fragmentadas que ele tinha. Também compus *Mainline* em Los Angeles, e achei que tinha um ótimo *groove*. Enquanto estávamos trabalhando no Village Recorder, Peter disse:

– Ou eu canto essa música ou eu saio da banda.

Fiquei abismado. A mesma merda. Mas um novo dia.

Desde o início, Bill havia insistido na ideia de reunir a grana que ganhávamos com as canções e dividir o lucro para que todos se sentissem iguais. Ele achou que assim ninguém brigaria para ter mais músicas em um álbum pensando apenas no retorno financeiro, e poderíamos definir o repertório baseados apenas no que funcionava melhor em nossa opinião e na opinião dos produtores que trabalhavam conosco. Tínhamos feito isso. Mas com *Hotter Than Hell*, vimos os primeiros sinais de que isso nem sempre ajudaria a evitar possíveis atritos.

Talvez os membros da banda apenas fossem diferentes demais para que formássemos um todo coeso. Embora não visse Gene como alguém que pensasse igual a mim, eu o via como um parceiro. Mas sabia que Gene ainda via a banda como uma ferramenta para ajudá-lo enquanto indivíduo. Gene fazia aquilo por Gene. Por algum motivo, ele não compartilhava da minha mentalidade coletiva. Eu encontrava segurança na banda – ela propiciava algo que faltava em minha vida. Eu queria pertencer a algo. Precisava daquela sensação de família, de camaradagem, de grupo de apoio. Então, sempre pensei naquilo em termos de equipe e colocava a banda à frente de tudo.

Ace tinha um comportamento cada vez mais autodestrutivo que podava o seu talento. Houve uma noite em que dirigiu um carro alugado diversas vezes por uma estrada sinuosa para ver o quão rápido conseguia fazer a última curva. O resultado final do experimento teria parecido óbvio para qualquer pessoa, mas não para um Ace inebriado. E é claro que ele acabou perdendo controle do carro e entrando em um poste. Ainda não havíamos chegado ao ponto de tentarmos desesperadamente arrancar um solo de guitarra antes que desmaiasse no estúdio (embora logo isso estivesse por vir), mas não havia dúvidas de que ele não percebia todo o potencial que tinha nem dava o seu melhor.

Peter parecia ficar ressentido com qualquer coisa que ganhava. Era uma situação em que a vitória era impossível. O fato de que estava conquistando algo acabaria ressaltando sua incapacidade de contribuir. Ele começou a descarregar seu caos interior e sua insegurança através de tentativas de fazer com que todos se sentissem tão mal quanto ele. Peter também ficava magoado porque eu não "pagava o que devia", como sempre dizia. Do modo como eu via, Peter não era bem-sucedido antes de andar conosco porque não tinha ideia do que era necessário para alcançar e manter o sucesso. Agora ele estava no páreo, mas não conseguia deixar de criar rixas e dificultar as coisas.

Eu não me ressentia pelas limitações de ninguém, mas definitivamente me ressentia com a atitude de Peter, sua hostilidade e suas intrigas.

Eu mal podia esperar para deixar o estúdio a cada noite ao redor das nove. Ia direto para o Rainbow. Minha conversão ocorrera em fevereiro, na nossa primeira visita a Los Angeles. Agora que estava na cidade por um mês, eu ia à "missa" todas as noites. Certamente não éramos famosos, mas lá tínhamos o *status* de estrelas do rock. Tínhamos lançado um álbum. E estávamos gravando outro.

Dei-me muito bem com uma mulher chamada Karen, que trabalhava lá como recepcionista. Era um pouco mais velha do que eu, e passamos a gostar um do outro imediatamente. Ela se tornou minha amiga. Havia viajado em turnês com vários membros do Deep Purple e do Led Zeppelin – os degraus mais altos na hierarquia do rock. Uma das paredes do apartamento dela parecia saída das lojas de música da 48$^{th}$ Street, com fileiras e mais fileiras de fotos de bandas autografadas. Continuamos bons amigos, e nunca me pareceu estranho que nossa relação só tenha se tornado física mais tarde, depois que o KISS deslanchou e nós ficamos famosos.

Havia certa pureza no sistema do Rainbow. As mulheres eram partes do ritmo do rock – eram essenciais para sua existência. Nada de possessividade, nada de julgamentos.

E todas as manhãs eu voltava ao Village Recorder. Um dia, entrei no estúdio e olhei em volta.

– Cadê minha guitarra? – perguntei. – Peraí, cadê meu amplificador?

– Ah – disse um dos funcionários do estúdio. – Eles já passaram aqui e pegaram todo o equipamento.

– Quê? Do que você tá falando?

– É, eles já vieram buscar. Chegaram e disseram que precisavam recolher tudo.

Os ladrões abriram mão de qualquer esquema tecnológico e simplesmente entraram no estúdio, disseram que eram de uma transportadora e foram embora com todo o nosso equipamento. Entrar pela porta da frente era a maneira mais fácil. Fomos reembolsados e compramos novos equipamentos, mas algumas de minhas guitarras (como a Flying V) eram customizadas e jamais poderiam ser substituídas.

Num outro dia, eu estava indo ao estúdio em um carro alugado quando uma viatura da polícia colou em mim e fez sinal com a luz e as sirenes. Encostei. Estava vestindo meu uniforme de folga padrão: jeans de cós baixo (realmente baixos, com um zíper de mais ou menos oito centímetros), botas de plataforma, blusa feminina franzida e joias, com os cabelos enrolados em grandes cachos que caíam sobre os ombros. Na Nova York daquela época, isso não era nada demais.

O policial caminhou até a lateral do meu carro.

– Carteira e documento do veículo, por favor.

– É um carro alugado... não tenho ideia de onde está o documento – eu disse, enquanto procurava a carteira.

Minha carteira não estava no bolso.

– Eu esqueci... eu... eu tô sem minha carteira – gaguejei. – Devo ter deixado no hotel.

Em Nova York, andar sem a carteira de motorista nunca tinha sido um problema.

– Bom, então você vai para a cadeia.

Quase mijei nas calças. Fiquei branco como a neve.

– CADEIA? Olha pra mim! Você não pode me mandar pra cadeia com essas roupas!

O policial olhou para mim. Deve ter percebido meu pânico.

– Certifique-se de andar com a carteira de motorista na próxima vez – ele disse, e fez sinal para que eu saísse com o carro dali.

Nota mental: ande sempre com sua carteira.

## 24.

O KISS havia subido lentamente os degraus do mundo das turnês, e no fim de 1974 já éramos os "convidados especiais" de alguns shows – a segunda atração da noite, em vez da anônima terceira. Era aquela coisa: "Hoje à noite no *Cedar Rapids* teremos REO Speedwagon e os convidados especiais do KISS, além de uma terceira apresentação surpresa!".

Uma das coisas que vinha com o sucesso era um quarto individual de hotel. Uma das coisas que vinha com o sucesso eram viagens de avião, em vez daquelas em furgonetas ou carros alugados. Às vezes, quando estava na casa de meus pais para um dia de folga, uma limusine me buscava para ir até o aeroporto. Agora, íamos de um show ao outro em voos comerciais, e alguém nos buscava em casa e nos levava aos hotéis enquanto a equipe de apoio seguia em um caminhão e nos encontrava no local da apresentação. Também passamos a nos hospedar no Holiday Inn em vez de parar em hotéis de beira de estrada. A cada noite, enquanto conversava com alguém em uma cama massageadora (algo normal nos hotéis daquela época), eu me sentia como se tivesse ganhado na loteria.

Algum tempo depois, além dos quartos privados, começamos a alugar também um quarto sobressalente, que chamávamos de "Galinheiro". Era lá que fazíamos festas e as garotas esperavam por sua vez, em vez de ficarem matando tempo no saguão de entrada. Depois dos shows, nos recolhíamos aos nossos quartos privados para nos recompormos, e daí o telefone tocava. O gerente da turnê nos dizia: "O galinheiro é no quarto 917". Entrávamos em um quarto cheio de garotas, todas dispostas a irem aos nossos quartos. Algumas eram da nossa plateia, outras tinham alguma ligação com uma rádio local ou conheciam alguém que conhecia alguém da nossa equipe, gravadora ou qualquer outra coisa.

Tínhamos arranjado roupas reserva. Contratamos um cara chamado Larry Legaspi. Ele fazia roupas para a banda Labelle, que na época tinha um grande sucesso chamado *Lady Marmalade* e um visual que lembrava uma versão espacial das bandas *disco*. Também entregamos a Frank Anania, um confeccionista de botas de Nova York uns esboços das novas botas que queríamos. Como era um artesão à moda antiga, ele não entendeu aqueles desenhos, mas mesmo assim nos fez botas que, diferente daquelas compradas em lojas que usávamos até então, eram bem estáveis e robustas – os saltos eram melhores para todos e ajudavam na correria que fazíamos em cima do palco.

Conheci minha primeira namorada em Atlanta em setembro, quando voltamos ao Electric Ballroom. Ou melhor, ela se tornou minha namorada no fim daquela passagem por Atlanta. Amanda era uma loira alta e cheia de curvas de Michigan que estava viajando com um dos nossos técnicos. Ela flertava com todo mundo e, finalmente, numa noite em que o técnico não estava se sentindo bem, deu a ele um pouco de Valium e escapuliu comigo.

Como teríamos alguns dias de folga, levei-a comigo para Nova York. Eu ainda estava morando com os meus pais. Dormíamos no sofá-cama da sala de estar, que era onde eu dormia quando estava em casa. Eu não tinha mais um quarto porque aquele que dividia com a minha irmã agora era ocupado por minha sobrinha, Ericka. O sofá-cama encostava na parede do quarto dos meus pais. Certa manhã, quando Amanda e eu estávamos lá, minha mãe apareceu e, só para puxar assunto, perguntei:

– Dormiu bem?

– Não muito. – ela disse. O sofá ficou batendo contra a parede.

Eu sabia que estava na hora de arranjar um lugar para mim. Para ser honesto, já estava ciente disso fazia algum tempo, mas ainda não me sentia totalmente confortável com a ideia de morar sozinho. Agora, de maneira muito conveniente, tinha encontrado alguém para viver comigo.

Pegamos um exemplar do *Long Island Press* e percorremos as páginas com listas de apartamentos para alugar. Encontramos um mobiliado na Woodhaven Boulevard, no Queens, perto da Long Island Expressway, barato e pronto para morar. Ficamos com ele. Não era um Waldorf-Astoria, mas meu orçamento ainda era bem apertado.

No nosso primeiro dia lá ficamos sentados escutando *ABW*, o novo álbum da Average White Band. Então saí em turnê outra vez, e dessa vez fiquei semanas fora. Antes de partir, abri o jogo e disse para ela não perguntar o que tinha rolado na turnê, a não ser que quisesse saber a verdade. Ela conhecia bem aquela vida. Mas não ligava: passara de um técnico de iluminação a um membro da banda.

Turnês traziam certa dose de isolamento. Não tínhamos contatos com outras bandas do nosso nível. Com a exceção do Rush, não socializávamos muito com outros conjuntos. Mesmo que quiséssemos, levávamos duas horas para fazer a maquiagem e lidar com o figurino antes de cada show. Como viajávamos o tempo todo, nossas únicas interações com os poucos músicos que conhecíamos se davam por intermediários: notícias que escutávamos de *groupies* que os tinham visto quando estiveram na cidade na semana anterior. "Ah, o Queen vem na semana que vem?" Lembro de ter dito para uma visitante em Kentucky. "E você vai ficar com o Roger? Manda um alô."

As equipes de estrada e os gerentes de turnê tinham tantas demandas que não costumavam aguentar por muito tempo. Tínhamos que trocar de gerente de turnê o tempo todo. Passávamos um bom tempo com esses caras, mas as trocas eram tão frequentes que nunca nos tornávamos amigos de verdade. Esposas e namoradas logo se tornaram realidades abstratas, porque não existiam celulares e os telefones de hotel eram caros. Ninguém tinha secretária eletrônica, então as chances de conseguirmos falar com alguém eram escassas. Vivíamos em uma bolha.

Ainda assim, cair na estrada também significava uma redução de nossos conflitos internos, em parte porque na estrada éramos forçados a funcionar como uma unidade. Além disso, independentemente dos problemas que cada um de nós tinha, a grande oferta de mulheres costumava repor o espaço dos atritos com outro tipo de atritos muito mais prazerosos. De qualquer forma, estar no palco tocando rock era o meu sonho. É claro que só estávamos ganhando sessenta dólares por semana (era o salário que Bill nos pagava), mas era dinheiro para tocar rock. *Aquele era o meu trabalho.* Cada semana na estrada era uma semana em que não estava dirigindo um táxi nem trabalhando para a companhia telefônica.

Apesar de todo o progresso aparente de nossa carreira, as vendas de *Hotter Than Hell* minguaram rápido, e o disco vendeu só um pouquinho mais do que nosso primeiro álbum. A situação era mais dura do que havíamos imaginado.

Certa tarde, quando estava em Nova York para uns dias de folga, fui a Manhattan visitar Bill em seu escritório. Eu tinha decidido pedir um aumento. Achei que deveríamos ganhar dez pratas a mais por semana, pois fazia quase um ano que ganhávamos sessenta. Entrei e sentei em uma cadeira de frente para Bill, que estava com os pés apoiados na mesa. Havia um buraco na sola do seu sapato, e ele havia improvisado com uma fita adesiva para tapar como dava. Também tinha um buraco no blusão.

*Pensando bem, deixa pra lá.*

Mal sabia eu que Bill devia 250 mil dólares no cartão de crédito por ter financiado nossas turnês e a Casablanca estava à beira da falência.

– O que traz você aqui, Paul? – ele perguntou.

– Ah, nada não. Só queria jogar conversa fora.

Quando vi Bill, ficou claro que estávamos todos no mesmo barco. Ele também estava fazendo sacrifícios por algo em que acreditava. Fiquei com meus sessenta dólares semanais.

Por sorte, quando a banda começou a subir alguns degraus, a Gibson começou a me dar guitarras de graça. Eu só precisava telefonar para a empresa e pedir. Então, quando estava em Nova York, eu as tirava da embalagem e pegava o metrô até a 48th Street. Eu levava as Marauders novinhas em folha que eles me mandavam e desovava nas lojas de instrumentos para ganhar uma graninha extra ou pagar o aluguel.

Quando o KISS tocou no Santa Monica Civic Center como convidado especial da Jo Jo Gunne em primeiro de fevereiro de 1975, Neil Bogart, que havia mudado a Casablanca para Los Angeles, foi assistir ao show. Ele foi aos camarins e nos disse:

– O disco de vocês não tá mais vendendo. *Hotter Than Hell* já era. Vocês tem que encerrar a turnê e voltar a Nova York para gravar outro álbum.

Tínhamos uma música pronta que eu sabia ser especial. Algumas semanas antes, Neil havia dito algo com uma perspicácia muito mais clara do que a nossa: "Vocês precisam de uma música que seja capaz de unir seus fãs... que defenda a sua causa. Algo como *Dance to the Music*, do Sly and the Family Stone. Vocês tem que fazer com que as pessoas ergam as mãos e se juntem a vocês.

Eu tinha levado uma guitarra comigo para o Continental Hyatt Hotel naquela noite e logo pus as mãos à obra. Em bem pouco tempo, encontrei os acordes e algumas linhas para o refrão: *I want to rock and roll all night and party every day* [Quero curtir o rock toda a noite e fazer festa todos os dias].

Eu sabia que aquele era o grito de guerra perfeito.

Saí para o corredor e bati na porta de Gene.

– O que você acha disso? – perguntei, e toquei o que já tinha composto.

– Tenho uma música chamada *Drive Me Wild*, mas só tenho os versos. Falta o refrão – ele disse.

A letra era *You show us everything you got, you drive us wild, we'll drive you crazy* [Nos mostrem tudo de que são capazes, você nos deixarão descontrolados, nós deixaremos vocês enlouquecidos].

Emendamos esse verso com meu grito de guerra.

Depois que trabalhamos e terminamos a música, eu era capaz de imaginar as pessoas erguendo as mãos e cantando junto.

*Esse podia ser o hino da nação rock and roll.*

## 25.

Voltamos quase que imediatamente a Nova York para gravar *Dressed to Kill* no início de fevereiro de 1975. Neil foi junto, pois havia decido produzir ele mesmo o álbum em vez de usar Richie e Kenny pela terceira vez.

Gene e eu escrevíamos algumas das canções pela manhã, e Peter e Ace chegavam à tarde para gravar. Tínhamos poucas sobras – só *She* e *Love Her All I Can*, então não havia muita escolha. Também não tínhamos composto nada durante a turnê. Quando precisávamos escolher entre dedilhar a guitarra ou escolher uma mulher no Galinheiro, não havia muito o que pensar.

Quando compunha algo como *Room Service*, era como escrever um diário musical – agora eu estava totalmente imerso naquela vida. Contar vantagem por pegar muitas mulheres já não era uma fantasia como à época do primeiro álbum. A vida na estrada era tudo o que eu havia imaginado, e ainda mais: altos e baixos com as mulheres o tempo todo. Tudo e todos, com vontade e alegria, sem nem dizer o nome.

A alegria nos vocais de *Room Service* é legítima – eu estava celebrando a vida que vivia. Eu me divertia com ela.

*C'Mon and Love Me* veio muito rápido um dia em meu apartamento. Foi muito orgânico, um fluxo de consciência.

> *She's a dancer, a romancer*
> *I'm a Capricorn and she's a Cancer*
> *She saw my picture in a music magazine*
> *When she met me, said she'd get me*
> *Touched her hips and told me that she'd let me ...*

> [Ela é uma dançarina, uma romancista
> Sou de Capricórnio, ela é de Câncer
> Ela viu minha foto em uma revista de música
> Quando me conheceu, ela disse que me teria
> Toquei os quadris dela, que disse que deixaria...]

Ser capaz de escrever algo assim sem trabalhar em cima por muito tempo é algo difícil de recriar. É escrever sem regras, sem nenhum pensamento ou justificativa, sem dar satisfação a ninguém. Acho que, com o tempo, é possível tornar-se um compositor de maior proficiência técnica, mas isso não significa compor músicas melhores. Sim, aquele era o nosso terceiro álbum, mas todos haviam saído em um intervalo de pouco mais de um ano, então ainda tínhamos a liberdade de não conhecer as regras, e não analisávamos as letras em um microscópio. As letras de *C'mon and Love Me* criavam um efeito de fluidez rítmica. Mais tarde em minha vida, eu não seria capaz de escrever uma letra assim nem com uma arma na cabeça.

Um cara do estúdio que tinha trabalhado com o Bachman-Turner Overdrive me contou que o BTO usava violões na mixagem para ajudar na definição sônica das guitarras. Tentamos fazer isso em *Room Service* e *Anything for My Baby*. Usamos violões para preencher o som, dando mais clareza e definição. Àquela altura, estávamos dispostos a tentar qualquer coisa – qualquer coisa para tentar conseguir um pouco do som que queríamos. Não parecia certo que fosse tão difícil encontrar o som que ouvíamos em nossas cabeças e no palco.

*Só queremos soar como soamos ao vivo!*

Neil não fazia muita coisa. Ele sentava na sala e tentava impedir que gravássemos muitos *takes*. Não porque achasse que fosse captar algo especial em um dos primeiros *takes*: só para economizar algum dinheiro ao terminar o álbum mais rápido. Lembro de tocar um *take* desleixado e ouvir Neil dizer "Bem, acho que serve".

– Não – eu disse a ele –, precisamos gravar de novo.

Gravamos tudo em cerca de dez dias e o álbum tinha cerca de vinte e oito minutos. Na versão original em vinil, o espaço entre as canções era bem grande para fazer com que parecesse mais longo.

A Casablanca fabricou e lançou o disco cerca de duas semanas após terminarmos de gravá-lo. Era visível que a situação da empresa estava ficando desesperadora. Alguns dias depois do lançamento de *Dressed to Kill* (em 21 de março de 1975), tínhamos um show agendado no Beacon Theatre, em Manhattan. Menos de dois meses após termos aberto para Jo Jo Gunne em Santa Monica e escutarmos que precisávamos de um álbum novo, o Jo Jo Gune abriu para nós no Beacon.

O Beacon representou um passo adiante. Muitos dos lugares em que tocávamos durante nosso primeiro ano de turnê eram antigos cinemas adaptados ou teatros de variedades – lugares como o Tower Theater, na Filadélfia, o Paramount, em Portland, e o Orpheum, em Boston. (Meu velho habitat, o Fillmore East, que nessa época já tinha fechado, também tinha começado como um teatro ídiche.) Eram grandes teatros com acústica formidável, mas tinham mais ou menos metade do tamanho do Beacon. O Beacon era tão grande que o promotor Ron Delsener, de Nova York, só concordou em fazer o show se não tivesse que pagar nada de adiantamento. Ele achava que não conseguiria vender entradas suficientes para cobrir o que desse de garantia. Mas quando começou a venda de ingressos, eles saíram tão rápido que a única maneira de suprir a demanda foi fazer dois shows na mesma noite.

Ao retornar à cidade como atração principal de dois shows, nos sentimos como heróis que voltavam para casa. Saímos meninos e voltamos homens. Éramos uma banda diferente, com muito mais experiência e uma legião de seguidores que muita gente (incluindo nosso promotor de Nova York) não percebera que tínhamos. Para nós, era como um desfile de campeões.

Menos no Queens. Quando encontrava conhecidos por lá, eles muitas vezes não tinham ideia de que a banda existia. Por causa dos shows no Beacon, eu pensava em nós como a maior banda de Nova York, mas isso não tornava nossos nomes conhecidos. Tínhamos um culto de seguidores, e isso era tudo. Eu ficava orgulhoso por muitas celebridades locais e membros de outras bandas irem aos shows: agora éramos a maior banda da cidade. Todos iam nos ver.

Mas o mundo ainda flertava conosco. Eu sabia que tínhamos alcançado apenas uma das bases de apoio em nosso caminho para o topo da montanha. Nunca pensei que aquilo fosse o pico. Meu plano era nos tornar *superstars*. Mas aquela era uma chance para pensarmos com calma e vermos como havíamos chegado longe.

Eu estava muito cansado após o primeiro show. Fui até o camarim para retocar minha maquiagem. Achei que seria mais fácil retocá-la e secar as roupas e o cabelo com um secador que começar tudo de novo. Não tínhamos muito tempo para refletir após o show, pois iríamos para Ohio no dia seguinte.

Conforme a turnê seguiu em frente, surpreendemos muitas bandas com as quais havíamos trabalhado antes. Agora, Slade, Uriah Heep e The James Gang eram *nossos* convidados especiais, e pegamos algumas bandas incipientes como Styx, Journey e Montrose.

Não havia consistência. Numa noite em Wilkes-Barre, na Pensilvânia, um malabarista de circo abriu nosso show. Ele andava em um monociclo e as pessoas na plateia tentaram derrubá-lo jogando moedas. Eu tinha visto combinações estranhas nos anos 1960 e início dos 1970, coisas como Led Zeppelin e a Woody Herman's Orchestra. Esse tipo de coisa era considerado bacana. Mas colocar um pobre coitado de monociclo no palco antes do KISS? Já era bem difícil para uma banda normal abrir pra nós.

No verão de 1975, ainda abríamos alguns shows para bandas como Black Sabbath e Rare Earth. Mas nesses casos os locais de show eram gigantes. O primeiro show que fizemos com o Sabbath, no Baltimore Civic Center, foi para dez mil pessoas. Como no ano anterior, fôssemos ou não a banda de abertura, fazíamos o show completo. Tínhamos a pirotecnia e o grande logo do KISS atrás de nós. Naquela noite em Baltimore ninguém tirou o nosso logo, então o Sabbath tocou na frente de um enorme logo do KISS.

Na noite seguinte, estávamos agendados para abrir mais uma vez pro Sabbath – dessa vez em Providence, no estado Rhode Island. Os caras da equipe deles nos disseram: "sem pirotecnia hoje".

– Beleza – dissemos. – Vamos de volta para o hotel. Não vamos tocar. Vocês sabem onde nos encontrar se mudarem de ideia.

Ou era do nosso jeito, ou não era. Sentíamo-nos na obrigação de fazer um show completo e realmente estávamos preparados para não fazer o show.

Um pouco mais tarde o telefone do hotel tocou. "Tá bom, voltem pra cá. Façam o show como quiserem".

A essa altura, Bill Aucoin havia montado um plano. *O plano*. Estávamos reunindo uma legião frenética de seguidores com nosso show. Ainda que ocasionalmente, já tocávamos como atração principal, sobretudo na zona central do país. Mas isso não se refletia em vendas de álbuns. Com 120.000 cópias vendidas, *Dressed to Kill* havia se saído melhor do que *Hotter Than Hel* (90.000) e *Kiss* (60.000). Mas isso não era nada comparado às multidões que apareciam em nossos shows. Onde estava a falha? O que estava acontecendo?

Os álbuns não soavam como soávamos ao vivo.

Então Bill apresentou seu plano: um álbum ao vivo, um souvenir sonoro de nosso show, que àquela altura já atraía multidões. Ele ofereceu como exemplo um álbum ao vivo do Uriah Heep, que havia ajudado aquela banda britânica a se consolidar. O disco se saíra bem na Grã-Bretanha, mas a ideia de deslanchar uma carreira com um álbum ao vivo ainda não existia nos Estados Unidos – isso foi antes de álbuns ao vivo construírem a carreira de Peter Frampton, Cheap Trick e Bob Seger, para ficar em uns poucos nomes.

Como, na opinião da banda, a única coisa que faltava era um álbum que realmente nos representasse, a ideia de Bill pareceu ótima. Contratamos Eddie Kramer para produzir as gravações ao vivo. Bill contratou o fotógrafo Fin Costello, que havia trabalhado no álbum da Uriah Heep, e pegamos o título *Alive!* (*Vivos!*) emprestado de um álbum ao vivo do Slade. Gravamos shows ao longo do verão de 1975, começando com um de ingressos esgotados no Cobo Hall, em Detroit, onde Costello fotografou o público – doze mil pessoas – para a contracapa do disco. Também tiramos a foto da capa em Detroit, mas para isso atravessamos a cidade e fomos ao Michigan Palace, a sede de alguns dos melhores shows do início de nossa carreira e também um local de ensaio por alguns dias durante a preparação para a gravação ao vivo no Cobo.

Discutiu-se muito se *Alive!* foi totalmente gravado ao vivo ou se teria recebido alguns retoques. A resposta é: sim, retocamos. Não pretendíamos esconder nada nem enganar ninguém. Mas quem gostaria de escutar um erro se repetindo? Quem queria escutar uma guitarra desafinada? Para quê? Autenticidade? Em um show, você escuta com os ouvidos e com os olhos. Um erro que passa despercebido no momento vive para sempre quando é gravado. Queríamos recriar a experiência de nossos shows e fizemos tudo o que precisava ser feito. Os prazeres foram incrementados com a gravação de canhões, pois era assim que soavam ao vivo. O volume do público foi aumentado para possibilitar a imersão do ouvinte na multidão. Era a única maneira de reproduzir nossos concertos alucinantes. Percebemos que as pessoas que celebravam conosco nos shows queriam ouvir aquilo de que lembravam: a sua percepção.

Também garantimos que o público pudesse ser ouvido ao longo de todo o show, como acontecia com os que estavam lá. A maioria dos álbuns ao vivo daquela época soava como gravações de estúdio até que a música chegasse ao fim, quando se ouviam alguns aplausos entre uma canção e outra. Mas queríamos retratar a experiência real de um concerto. A foto da contracapa era uma homenagem aos fãs que faziam aquele barulho todo e transformavam nossos shows em acontecimentos coletivos tão impactantes.

Não poderíamos ter escolhido alguém melhor do que Eddie Kramer para fazer *KISS Alive!*. Seu brilhantismo no estúdio e sua veia inovadora para aprimorar as gravações não eram apenas desconcertantes, mas detonadores! Ele tinha diversos sons de público em *loops* de fita que chegavam aos dez metros de comprimento, gravados com microfones suspensos que circulavam pelos locais de show, então nunca havia reações repetidas do público. Ele posicionava diversos microfones no estúdio com diferentes níveis de reação do público, então podíamos contar com uma participação real da multidão, que variava desde um murmúrio até gritos frenéticos. Eu certamente não teria pensado naquilo – criar *loops* diferentes e fazer com que tocassem repetidamente, de forma que pudéssemos aumentá-los ou diminuí-los e obter diferentes manifestações do público conforme nossa vontade. Era brilhante.

Quando estávamos fazendo os ajustes finais do álbum, um ponto controverso foi um solo longo e tedioso de bateria. Solos não eram o ponto forte de Peter. Ele muitas vezes soava mais como Ricky Ricardo tocando bongô do que como um baterista de rock tocando um solo de verdade. Além disso, um solo que soava fascinante ao vivo – em conjunto com os efeitos especiais e o som da plateia – podia ser anestesicamente chato em uma gravação. Então nós editamos.

– Se vocês não colocarem de volta – Peter nos disse –, vou sair da banda.

*Suspiro.*

A mesma merda de sempre.

O resultado – basicamente todo o show que fazíamos naquela época – capturou a magnitude sonora do KISS ao vivo. Finalmente, tínhamos algo que colocava o ouvinte na plateia. Havíamos dado um importante salto à frente em relação aos três primeiros álbuns de estúdio.

Os encartes também ficaram ótimos: tinha a foto da plateia, uma imagem da banda com praticamente todos os efeitos especiais rolando ao mesmo tempo e recados para os fãs feitos por cada membro da banda. Escrevemos os recados para personificar Starchild, Demon, Catman e Spaceman. Sem dúvida, meu personagem sempre havia sido espalhafatoso e escrevi meu recado sem especificar um gênero. Foi escrito para o público como um todo. Quando escrevi "Caros amantes, nada me excita mais do que ver vocês me curtindo", aquilo podia ser encarado como amor homossexual, heterossexual ou bissexual. Eu não me sentia ameaçado por qualquer complicação que pudesse vir dos aspectos superficiais da sexualidade ou do estilo. Encarava como um elogio ser considerado atraente por toda e qualquer pessoa, e seguia e era influenciado por outras pessoas independentemente de seu gênero ou orientação sexual. Nunca senti que isso ameaçasse minha identidade ou masculinidade. Se eu fosse gay, certamente não esconderia isso nem me envergonharia do fato, mas não sou. Eu apenas me sentia confortável o suficiente com minha sexualidade para não associar nada negativo à androgenia e à vulnerabilidade. Ao menos não enquanto personagem. Eu não demonstrava vulnerabilidade fora do palco. Ainda era inseguro demais.

Certa noite, durante uma turnê, logo após *Alive!* ter sido lançado, eu estava debaixo dos lençóis com uma mulher em um quarto de hotel. Ela se virou para mim intrigada e disse:

– Meu namorado disse que você era gay.

– Bom, acho que não adiantou muito – eu disse – porque isso não afastou você de mim.

## 26.

Após o lançamento de *Alive!*, as coisas pareciam diferentes. Era como ver a água chiando antes de começar a ferver. De repente parecia uma mera questão de tempo até que tudo explodisse. Havia uma eletricidade pulsando em meio à plateia dos shows. Havia um fervor parecido com o de uma igreja, que gerava uma atmosfera sagrada em nossos shows do fim de 1975.

Até então, havíamos progredido continuamente, nunca tive dúvidas do que acabaria acontecendo conosco. E apesar dos graves problemas financeiros, cuja dimensão jamais entendi à época, nunca tive medo de que a vendagem modesta de nossos álbuns pudesse acabar com a banda. Por outro lado, já não tínhamos muitas bandas grandes com as quais tocar, pois irritávamos as atrações principais com nossos shows extravagantes e nossas opções estavam minguando.

Então, quando *Alive!* foi lançado, simplesmente metemos o pé na porta. O jogo mudou da noite para o dia. De repente, éramos a atração principal em lugares muito maiores do que aqueles em que tocávamos quando abríamos shows. No começo eu estava um pouco nervoso, pois nunca tivera a experiência de me comunicar com vinte mil pessoas. Depois que descobri como fazer isso, era o público que ficava com os nervos à flor da pele, e não eu. Mas, no início, precisei aprender a me comunicar com as pessoas do fundo. Eu tinha que mandar energia até lá para projetar a atmosfera de jogo/show/circo/culto religioso que nos orgulhávamos de criar. Quanto maior a plateia, mais duro era o trabalho. Tudo tinha que ser amplificado vinte mil vezes. E fazer isso era a minha consagração.

*Deixe que eu cuido deles.*

*Quero ser o que eles quiserem.*

*Quero ser Starchild.*

*Quero que sejamos o KISS*

*Quero mostrar a eles que somos exatamente o que acham que somos.*

Levou tempo e algumas tentativas e erros, mas logo eu soube que era capaz de fazer aquilo. Na verdade, eu sabia que era muito bom naquilo.

A diferença entre um cara que acaba de receber sua carteira de piloto de avião e um piloto experiente é que o primeiro sabe pilotar um jato, enquanto o segundo pode lidar com qualquer situação. Logo acumulei tempo de voo suficiente para que nada me intimidasse.

*Aqui quem fala é o piloto, e vocês estão em boas mãos.*

Quando subia ao palco, eu realmente pirava ao ver todo mundo pirando. O nosso público era extasiante, e todos participávamos da curtição. Nossa alegria se equiparava à alegria de nossos fãs. E eles mantinham minhas inseguranças e tristezas afastadas. Todos os problemas do mundo – os deles e os nossos – ainda estariam lá no dia seguinte, mas viveríamos grandes momentos naquela noite.

Também conseguimos levar em nossa turnê alguns de meus heróis. No inverno de 1975, tanto o Slade quanto o Wizzard, a banda liderada por Roy Wood, do The Move, abriram shows para nós. A banda de Roy criou uma versão excêntrica da parede de som de Phil Spector. O baixista deles usava *rollers* no palco. Eles foram vaiados até saírem do palco. Mais tarde, contei ao Roy o quanto havia sido influenciado por ele. Roy ainda estava chocado por causa das vaias e fiquei desapontado por ele não esboçar maiores reações. Depois do primeiro show que tocamos com o Slade, ficamos todos no Chattanooga Choo Choo Hilton, um hotel com vagões *vintage* que serviam de quarto, todos enfileirados em um trilho atrás do prédio principal. Eu era um grande fã do Slade, tanto que o chapéu com espelhos que eu vira ser usado pelo guitarrista e *frontman* da banda, Noddy Holder, em um show anos antes servira de inspiração para a minha guitarra de espelhos quebrados. Passei para dar um oi no vagão de Noddy. Ele estava completamente doidão, tão chapado que não conseguia falar nada coerente nem ficar de pé. Nossos ídolos não parecem tão grandes quando estão na horizontal.

Tivemos alguns dias de folga e voamos a Nova York enquanto as coisas estavam estourando. Quando cheguei em meu apartamento no Queens, encontrei espingardas no closet do quarto.

*Epa, que merda é essa?*

Minha namorada Amanda tinha começado a andar com uns caras repugnantes com quem fizera amizade durante a turnê. Eles estocaram armas em nossa casa. Ótimo. Eu era apenas um garoto judeu do Queens – as únicas armas que já tinha visto eram do tipo que se usa para atirar em bonecos em parques de diversões em troca de brindes, com uma rolha atada ao cano por um fio. Ela estava entrando em uma vida completamente diferente.

Amanda também me disse que Joe Namath tinha dado uma carona para ela depois de uma festa em uma noite quando eu estava fora. Só depois de pensar um pouco uma luz acendeu em minha mente, e me dei conta de que Joe Namath não daria carona a uma garota e simplesmente se despediria com um beijo na bochecha. Eu nunca tinha mentido sobre minhas atividades quando estava na estrada, já que havia contado a ela o meu mantra "Não pergunte o que rola na turnê se não quer saber de verdade". Por algum motivo, nunca me ocorrera que obviamente o mesmo valia para ela: Não pergunte o que rola *em casa* se você não quer saber de verdade.

Eu disse a ela que estava tudo acabado entre nós, mas certamente não pareci muito sério, pois ela apareceu de qualquer jeito quando me mudei para Manhattan e aluguei um apê na East 52nd Street. Afinal, nunca fingimos que estávamos apaixonados – tínhamos uma amizade colorida. Mas estava na hora de virar a página.

O apartamento ficava em um edifício alto e luxuoso em uma rua sem saída em East River. Recém havia sido construído. Quando fui visitá-lo havia dois apartamentos disponíveis: um no vigésimo segundo andar, por 510 dólares por mês, e outro no vigésimo sexto, com uma linda vista, por 560. Apesar de nossa melhora recente, cinquenta dólares por mês era uma grande diferença. Peguei o apartamento no vigésimo primeiro andar.

Meu novo apartamento era a prova tangível de minha ascensão. Fui à loja *Macy's* e comprei meus primeiros móveis de verdade: um grande sofá verde de veludo em forma de L e um daqueles grandes lustres redondos que ficam pendurados em um suporte arqueado de metal. Senti-me muito descolado.

Outra mudança decorrente do sucesso imediato de *Alive!* foi a evolução dos hotéis: fomos promovidos dos Holliday Inns aos Sheratons. No Sheraton, as toalhas eram bordadas com o "S" do logo. Sempre que estávamos prestes a tirar uma folga e voltar para Nova York, eu metia um jogo na minha mala. Logo tinha um armário cheio de toalhas estampadas em meu novo e luxuoso apartamento.

Depois que as coisas começaram a bombar e ele pôde pagar sua imensa dívida pessoal, Bill Aucoin gostava de nos ver levando uma vida extravagante na estrada. Nós também curtíamos, até ficarmos um pouco mais sábios e conferirmos as contas. Agora, as pessoas nos perguntavam nos camarins o que queríamos beber. Parecia natural pedir champanhe. *Que maravilha – Champanhe!* Pedíamos diversas garrafas de espumante, sem nos ligarmos que cobravam por tudo aquilo. Mas era divertido – e, além disso, vai saber quanto tempo aquilo ia durar!

Definitivamente, não tínhamos vocação para os negócios. Não importa o que dizem os mitos: a verdade é que éramos totalmente ingênuos e nada espertos quando se tratava de limites de gastos nas turnês. Confiávamos que as pessoas ao nosso redor trabalhariam para o nosso bem. Levamos anos para aprender os meandros e decidirmos tentar mudar a maneira como as coisas eram feitas.

No meio tempo, eu me sentia como um astro em ascensão, independentemente da realidade.

Um dia, fui à 48th Street em Nova York para pegar algumas coisas em uma loja de música. Era uma situação estranha, porque tínhamos ficado bem famosos mais ou menos da noite para o dia e pouca gente nos reconhecia sem a maquiagem. Eu podia andar pelas ruas ou sair pra tomar um café. Podia até ir a uma banca e comprar revistas de música com fotos do KISS. É claro que as coisas eram diferentes na 48th Street. Eu tinha um visual diferente: meu cabelo era preto-azulado e eu usava a minha versão cotidiana das botas de plataforma, que não saíam do meu pé. Acho que qualquer fã de música conseguia ligar os pontinhos quando via um cara de quase dois metros com cabelos cacheados e mechas preto-azuladas andando por aí. *Se esse cara não é do KISS, então deve ter um circo na cidade.*

Quando fui pagar os jogos de cordas e algumas outras coisas que escolhi, o dono da loja queria me dar tudo de graça. Não entendi. "É por nossa conta", ele insistiu.

Não captei a ironia daquilo.

– Tenho grana – eu disse. – Posso pagar. Dá pro próximo cara que aparecer aí e realmente precise.

27.

No ano novo de 1975, fomos a atração principal do Nassau Coliseum em Long Island, no estado de Nova York. Exatamente dois anos antes, havíamos tocado em outro *Réveillon*, abrindo para Iggy e o Blue Öyster Cult no Academy of Music. Dessa vez, o Blue Öyster Cult abriu para nós. As coisas estavam mesmo esquentando.

Antes daquele show, recebemos nos camarins os discos de ouro em reconhecimento por *Alive!* ter ultrapassado as quinhentas mil cópias vendidas desde o lançamento em setembro. Tudo o que havíamos conquistado naquele ano eram coisas que eu desejava muito, incluindo tornar-me a atração principal, hospedar-me em uma rede de hotéis melhor e conseguir um apartamento em Manhattan, mas receber um disco de ouro era realizar um sonho de infância. Elvis tinha discos de ouro. Os Beatles tinham discos de ouro. Agora *eu* tinha um disco de ouro.

O período posterior ao show foi menos recompensador. Tínhamos cerca de duas semanas antes de continuarmos nossa turnê, então voltei para casa na 52nd Street e para Amanda. As coisas com ela continuavam piorando, e dessa vez vi marcas de picadas no braço dela. Um casal com quem ela fizera amizade trazia drogas para o país (eram peixes grandes), e eu soube que as coisas não dariam mais certo entre nós nem sequer em uma relação daquele tipo, que existia por mera conveniência. Não queria que armas aparecessem em minha casa outra vez. Não queria ouvir mensagens de telefone sobre a chegada de carregamentos. E não queria uma *junkie* por perto. "Está tudo acabado, você tem que cair fora," eu disse.

Ela não queria.

Acabei saindo de casa para a nossa última semana de folga e fiquei em um apartamento vazio que pertencia a Bill Aucoin. Eu sabia bem por que ele mantinha um apartamento vazio, mas tampouco me importava. Amanda e eu estávamos brigando há dias quando decidi partir, e no momento em que estava saindo do prédio o porteiro me chamou e disse:

– Sr. Stanley, ela está dizendo que vai pular.

– Diz pra ela não cair em cima de mim – eu disse e parti.

Logo estávamos em turnê outra vez. Liguei para a mãe de Amanda e disse para ela ir a Nova York e tirar a Amanda do apartamento enquanto eu estivesse fora.

Em 31 de janeiro de 1976, o KISS foi a atração principal na Hara Arena, em Dayton, no estado do Ohio. Antes do show, escutei um barulho retumbante. Os gritos de uma grande plateia. Empolgação.

Todas as noites eu perguntava ao nosso gerente de turnê: "Como está a coisa hoje?". Já fazia algum tempo que a resposta era "bom", desde que *Alive!* tinha saído. Naquela noite, ele disse "ingressos esgotados".

Nós quatro estávamos comemorando, exultantes por saber que estávamos passando para outro nível. Agora éramos uma atração principal com credibilidade, uma atração de verdade. O KISS estava se tornando *uma daquelas bandas*, o tipo de banda que queríamos ser. Era a nossa formatura.

Sempre havia uma cortina ocultando o palco antes de entrarmos. Não era o mesmo cabúqui elaborado que temos hoje em dia, mas sempre havia uma cortina. Naquela noite em Dayton, abri ela um pouquinho e espiei. O lugar estava apinhado de gente. A energia da multidão era quase apavorante. Senti um nervosismo na boca do estômago, a mesma sensação que se tem enquanto a montanha-russa faz uma subida longa e vagarosa antes da primeira queda. Foi essa a sensação que tive na Hara Arena.

Na noite seguinte, quando perguntei ao gerente outra vez como estava a situação, ele respondeu "ingressos esgotados" outra vez. E de novo na noite seguinte e na outra também. De repente, esgotávamos os ingressos em qualquer lugar. Não era mais uma anormalidade. O KISS era uma banda cujos shows lotavam todas as noites. Depois que as comportas foram abertas, tudo aconteceu muito depressa.

*Anúncios publicitários com dois de meus favoritos: Rush e Bob Seger, 1975-1976.*

A pressão vinha se acumulando durante todo aquele tempo, e então explodiu. Não dava mais para voltar atrás.

Mas eu ainda era um jovem: tinha vinte e quatro anos e minha compreensão do mundo era muito superficial. Sim, era magnífico. Sim, era inacreditável. Sim, era como eu tinha planejado e antecipado. Mas quando começou, o sucesso da banda foi esmagador. Era apavorante.

A sensação de montanha-russa que tive na Hara Arena se tornou algo mais ou menos constante: eu estava sendo levado para cima de uma grande queda, ciente de que atingiríamos o topo a qualquer momento e então despencaríamos do outro lado, caindo e gritando em total descontrole. Eu podia sentir o impulso, o processo de ser jogado montanha abaixo. Eu sabia que tínhamos chegado a um ponto sem volta. Só o que podia fazer era me agarrar com força.

A questão era: a que eu deveria me agarrar?

A nada. Na minha vida, não existiam relações de significado emocional.

Eu bem sabia que os caras da banda não ajudariam muito. O mundo em que vivíamos agora estava repleto de vítimas da fama. Drogas eram oferecidas como sinal de amizade. Todo. Santo. Dia. As pessoas se tornavam autodestrutivas. As pessoas se entorpeciam. As pessoas morriam. Por causa de minhas dúvidas e inseguranças, eu tinha medo de me tornar preza daquelas tentações. Meu dispositivo de autopreservação entrou em cena.

*Vou precisar de algo em que me agarrar.*

A queda daquela montanha-russa começaria a qualquer momento, estivéssemos preparados ou não.

Então pensei no Dr. Jesse Hilsen.

Naquela época, algumas pessoas desprezavam as terapias como se fossem uma "bengala" ou consideravam-na uma demonstração de fraqueza. Eu mesmo me convencera disso, tanto que parei de ir ao Mount Sinai depois que a vida pareceu ficar mais tranquila, quando formamos a Wicked Lester. Eu queria acreditar que estava bem.

Mas não estava. Telefonei para o Mount Sinai. O Dr. Hilsen havia deixado o hospital e estava trabalhando com consultas particulares.

Mas eu o encontrei. "Minha banda está prestes a se tornar gigante," expliquei. "Não sei se consigo me virar nesse mundo. Preciso de um plano de vida."

Eu estava determinado a sobreviver.

Talvez a terapia fosse a maneira de manter meus pés (e as botas de plataformas) no chão.

# Parte III

**I've been up and down,
I've been all around**
*Estive para cima e para baixo,
estive por todo o lado*

## 28.

No início de 1976, quando estávamos preparando nosso novo álbum de estúdio, Bill Aucoin disse:

– Vocês podem usar o *KISS ALive!* como trampolim que os levará a outro nível ou podem ser uma daquelas bandas que fazem sucesso uma vez só e depois voltam a fazer o que faziam antes.

Fazia sentido. Fazer o que fazíamos antes parecia má ideia. Afinal de contas, não tinha dado certo antes de *Alive!*, então por que daria agora? Nossos três primeiros álbuns não venderam bem porque os ouvintes não gostavam da sonoridade – havia algo inerentemente errado com eles, embora eu ainda não soubesse dizer exatamente o quê.

Bill sugeriu que chamássemos Bob Ezrin para produzir o novo disco. Bob já era conhecido pelas ótimas gravações que havia feito com Alice Cooper, e provou que tinha um vasto vocabulário musical. Aquela se revelaria uma cartada brilhante de Bill. Bob foi uma dádiva para nós.

Podíamos ter um tremendo sucesso na bagagem, mas ainda não sabíamos mais do que sabíamos antes de *Alive!* ter se tornado um hit.

Ainda assim, para um bando de caras que se achavam o máximo, foi muito irritante entrar no estúdio com alguém que nos tratava como crianças. Quando começamos a trabalhar no que se tornaria o *Destroyer*, Bob fez questão de deixar claro que era o chefe. Ele tinha um apito pendurado no pescoço e se referia a nós como "recrutas". Disse que não sabíamos nada – e era verdade. Disse para nunca pararmos de tocar, a não ser que ele dissesse para fazermos isso. Uma vez, no início de um *take*, já passado o tempo que levaria para que a música terminasse com um *fade-out*, Gene parou de tocar. Bob perdeu a cabeça, correu em sua direção e colocou o dedo tão perto do nariz de Gene que ele chegou a ficar vesgo para acompanhar, dizendo: "Nunca, *jamais* pare de tocar antes que eu peça!". Um pingo de suor escorreu pela testa de Gene. Ele nunca mais parou.

Aquilo era humilhante, sobretudo em uma época em que pensávamos que éramos um presente de Deus para o rock e finalmente tínhamos um disco para endossar essa afirmação (àquela altura, *Alive!* já era disco de platina). Mas Bob claramente sabia muito mais do que nós. Tinha estudado aquilo. Merecia respeito. E nos ensinou muita coisa.

Uma das coisas mais importantes que fez foi nos desafiar a não escrever mais músicas na linha "me chupa e fode comigo". "Chega dessa história de 'sou um rock star, vem me chupar'", insistia. Quando estávamos trabalhando em alguma letra ele não tinha problemas em chegar e dizer simplesmente "Não, não gostei disso".

Eu nunca teria escrito uma letra como a de *Detroit Rock City* se Bob não estivesse lá nos puxando para cima. Ele nos levou muito além de nossos limites.

Durante o processo de produção do disco, Bob vivia em um apartamento do outro lado da rua de onde eu vivia na 52nd Street. Ele tinha um piano e eu passava muito tempo lá quando não estávamos no estúdio ou ensaiando. Às vezes, Gene e eu levávamos amplificadores para a casa dele e trabalhávamos lá. Escrevemos *Shout it Out Loud* no apartamento de Bob.

O *riff* de *God of Thunder* refletia como minhas limitações enquanto guitarrista eram a chave para o que eu inventava, e provavelmente ajudaram a tornar minhas canções únicas e identificáveis. Aquele *riff* era um meio-termo entre o que eu escutava em minha cabeça e o que conseguia tocar de fato. Outro exemplo disso era *I Want You*, que acabou saindo no álbum seguinte.

Às vezes, Bob nos fazia sentar em círculo no local de ensaio e perguntava: "Quem tem alguma ideia? Alguém tem ideias para um verso? Quem tem um trecho?". Alguém tocava um fragmento e ele podia dizer não. Então alguém tocava outra coisa e Bob gritava "Beleza, isso tá bom. Quem tem outra parte?". Muitas das canções surgiram assim: pedaços diferentes encaixados com a participação de Bob.

Peter sentava na bateria enquanto testávamos ideias. Muitas vezes, quando chegava a hora de criar os arranjos para canções prontas, Bob aparecia com mais partes. Depois que o vi trabalhando conosco, entendi os álbuns de Alice Cooper muito melhor. Eu podia ver o ponto de vista de Bob neles. As digitais de Bob estavam por tudo em canções como *Billion Dollar Babies*. De repente, eu era capaz de escutar suas linhas de baixo e bateria. Reconhecia-as do nosso material, como a linha de baixo de *Detroit Rock City*, criada por Bob. Aquele baixo é parecido com o de *Freddie's Dead*, de Curtis Mayfield. Bob até criou o solo de guitarra de *Detroit Rock City*. Cantou o solo para Ace e pediu para ele tirar na guitarra.

Bob era brilhante para essas coisas.

No que dizia respeito à bateria, enfrentamos um grande desafio. Bob passou muitas, muitas horas ensinando trechos a Peter, e inventou quase todas as linhas de bateria do álbum. Ele nos dispensava por horas para trabalhar com Peter. *Detroit Rock City* tinha uma batida particularmente difícil, e foi necessário muito esforço e paciência de Bob para que Peter fosse capaz de tocar algo que ele não teria aprendido sozinho nem se sua vida dependesse disso.

Naquela época, não era possível gravar com *clicks*, o que permitiria ao baterista trabalhar com uma espécie de metrônomo para alcançar um *tempo* consistente. Para conseguir exatamente o material que queria, Bob gostava de cortar e montar vários *takes* gravados por nós, e para isso era necessário um andamento constante. No nosso caso, isso era bem difícil, para dizer o mínimo. Então, Bob criou um *click* humano: ele sentava na sala de controle com um microfone afixado dentro de uma caixa de charutos e batia do lado de fora da caixa, servindo de referência para todos nós, principalmente Peter.

Bob também escreveu boa parte de *Beth* a partir de alguns versos e da melodia que Peter levou ao estúdio. Todas as canções de Peter eram feitas em parceria, porque ele não sabia compor de fato – não tinha nenhuma noção de estrutura, nem se ligava em coisas como rimas nos versos. No caso de *Beth*, Bob escreveu a maior parte, ainda que a ideia original apresentada por Peter já tivesse sido escrita em parceria. Para conseguir os vocais de *Beth*, Bob precisou gravar Peter cantando a música umas doze vezes e remendar as partes mais passáveis de cada *take*. As chances de Peter conseguir cantar uma canção assim de cara eram as mesmas de eu acertar a lua atirando uma moeda para cima. Para ele, cantar mesmo uma canção simples era um grande desafio. Ele não conseguia atingir as notas certas nem quando cantávamos para ele. Mas, como sempre insistimos nos Beatles como referência para nossas fantasias (uma banda de quatro membros que contribuíam igualmente), houve um momento em que Peter começou a confiar no próprio taco. A percepção se tornou realidade para ele, ainda que nós mesmos tivéssemos criado aquela percepção. Víamos a nós mesmos como os Beatles da época do *Help!* e fazíamos músicas juntos, de igual para igual. Mas as coisas *nunca* foram assim – e quem saberia melhor do que as pessoas que estavam lá, mas não estavam contribuindo?

As contribuições de Peter e Ace nunca foram tão substanciais quanto demos a entender na imprensa. O fato era que dois caras (Gene e eu) eram os engenheiros e motivadores da banda e faziam oitenta por cento do trabalho. Infelizmente, quando decidimos criar a ilusão do *Help!*, não levamos em conta a possibilidade de que Peter e Ace começariam a acreditar naquilo, e que sua crença seria uma dor de cabeça do caralho para nós dois. Mas suas ilusões começaram a gerar ressentimentos e, finalmente, rachaduras fatais para a banda. A primeira dessas rachaduras começou a surgir durante o *Destroyer*, enquanto Peter apanhava para gravar uma canção que reivindicava ostensivamente, e precisamos trabalhar em torno de Ace, que gastava diversas horas do processo de gravação com as prioridades erradas. Às vezes, ele tocava trechos com seus anéis e correntes raspando no braço ou nos captadores e então queria ir embora e tirar o dia de folga. Eu pedia para ele tirar as joias e gravar outro *take* por causa de todo o barulho, e ele dizia:

– Ei, isso aí é rock.

– Não, Ace. Isso aí é uma merda.

Seus problemas com álcool foram bem documentados, mas Ace não hesitava em simplesmente deixar o estúdio e ir jogar carta com os amigos. Eu não conseguia entender aquilo – sair do trabalho para encher a cara e jogar cartas, mesmo se isso significasse que outro guitarrista gravaria suas partes? Fazer música era o meu sonho e abrir mão daquele processo era inimaginável para mim.

Em termos sonoros, Bob Ezrin não tentou recriar o efeito sonoro bombástico de *Alive!*, com suas guitarras distorcidas e os vocais gri-

*Nosso primeiro outdoor, na Sunset Strip, em 1975. Nem sei dizer quantas vezes passei lá para vê-lo.*

tados. Ele buscava potência em outros lugares. Criou uma atmosfera de grandiosidade. Adicionou elementos de coisas que eu amava, como os sinos orquestrais de *Do You Love Me*. Ele dava peso aos acordes de guitarra com um piano que tocava as mesmas sequências. De certo modo, aquilo me lembrava do que eu gostava em Roy Wood e no Wizzard: uma versão grande e caótica da parede de som de Phil Spector. Bob acrescentou elementos que mexiam com meu lado emocional.

Também foi o primeiro produtor com o qual trabalhamos que – finalmente – entendia de sutilezas que nós não entendíamos, como a utilização de guitarras diferentes para trechos diferentes, a sobreposição de duas guitarras distintas e a redução mínima do andamento da fita, à qual acrescentávamos uma segunda guitarra, encorpando o som com a ligeira discrepância. Bob sabia a essência de uma boa produção e de bons arranjos, e colocou tudo isso em *Destroyer* de uma maneira que me pareceu revolucionária para o tipo de música que fazíamos.

*Uau, então é assim que trabalha um produtor de verdade.*

Daquele momento em diante, a não ser que alguém soubesse nos dizer o que havia de errado com o que estávamos fazendo e como corrigir – se o problema era com a própria canção ou com a sonoridade –, eu considerava aquela pessoa um engenheiro e não um produtor.

Com o álbum pronto, a turnê de *Alive!* seguiu em frente. Tivemos alguns dias de folga em Los Angeles e fiquei com Karen, a *hostess* do Rainbow. O nível de sucesso que a banda havia alcançado fez com que minha relação com Karen se tornasse física. Encarei aquilo como uma espécie de comprovação: agora eu realmente era um *rock star* de outro calibre. Era gratificante e parecia uma evolução normal e lógica. Agora eu também tinha condições de alugar carros de luxo, então aluguei uma Mercedes com dois lugares em um dos dias que passei em Los Angeles e busquei Karen no seu apartamento para um passeio pela costa. Depois de uns quarenta e cinco minutos na estrada, começou a cair uns pingos. Levei um choque de realidade (e perigava levar outro de um dos raios que caíam): eu não sabia como levantar a capota. Voltamos até a casa dela com a capota ainda baixa, evitando o assunto. Ambos estávamos ensopados ao chegar e finalmente admiti a verdade. Depois de rirmos um pouco juntos, fui direto à questão de maior urgência: "Você pode me emprestar um secador?".

Perto do fim da turnê, passamos pelo Havaí. Nenhum de nós havia estado lá antes e tínhamos um shows em Honolulu e alguns dias para curtir depois disso. No dia seguinte ao show, nosso pirotécnico e alguns outros caras – incluindo Rick Stuart, o segurança encarregado de cuidar de mim – alugaram um catamarã. É importante ter em mente que não se deve fazer nada arriscado com um pirotécnico. Não levem a mal, pirotécnicos, mas vocês têm uma vocação para fazer as coisas explodirem, pouco importa se isso é o seu trabalho ou algo que pode levá-los à prisão. A linha que separava os pirotécnicos dos incendiários era muito tênue naquela época.

Decidi não ser um franguinho e fui junto. Geralmente, é mais fácil pilotar um barco se as pessoas encarregadas sabem o que estão fazendo. Ao invés disso, os responsáveis foram nosso pirotécnico e Rick, que todos chamavam de "Dobe" (como um cão *doberman*, por causa da coleira com espinhos que usava no pescoço). Achei que navegaríamos em paralelo com a costa, o que já parecia bem assustador, mas acabamos indo em direção ao mar. Enquanto navegávamos, um barco que voltava gritou para nós: "Sejam muito cuidadosos! A maré está traiçoeira e tivemos problemas para voltar".

Ótimo.

Aquilo não era o que eu desejava escutar quando estava sentado em um pano entre os dois pontões do catamarã.

As coisas na terra ficavam cada vez menores.

*Que porra eu tô fazendo?*

Eu tinha lido textos suficientes no *Reader's Digest* sobre pessoas presas em botes por meses, comendo gaivotas e tentando capturar tartarugas.

*Isso vai acontecer comigo.*

Entrei em pânico e pulei para fora do barco.

*Vou nadar até a costa.*

O catamarã continuava deslizando para longe de mim, então gritei para Rick: "Faça alguma coisa!".

Dobe pulou na água e nadou até onde eu estava. Agora, nós dois nos debatíamos contra a maré de retorno, incapazes de seguir em direção à costa. Fomos de lado até um par de surfistas apoiados em suas pranchas.

– Não estamos conseguindo voltar – eu disse. – Vocês podem nos ajudar?

– Cai fora – eles disseram, antes de pegar uma onda e nos deixar lá.

Passados mais alguns minutos, eu me esforçava para manter a cabeça sobre a água, e cada vez que descia com uma onda meus pés doíam ao bater em espinhos de ouriços do mar. Olhei para a costa e vi centenas de pessoas se divertindo. Não estavam longe, mas não tinham ideia de que íamos morrer.

*Não sou importante.*

As pessoas estavam brincando com bolas ou relaxando deitadas em suas toalhas: a pessoa mais importante do mundo estava morrendo e o mundo seguia em frente.

*Ninguém é importante.*

Independentemente de quanto lutássemos, a Mãe Natureza continuava empurrando nossas cabeças para baixo da água. Justo quando pensei que estava tudo acabado, que me afogaria a uma centena de metros de uma praia cheia de gente que não perceberia a minha morte, um pequeno barco a motor apareceu e as pessoas nos puxaram para fora da água.

No barco a motor, encontrei o proprietário do catamarã que tínhamos alugado. Ele estava receoso de que não soubéssemos usar o barco direito e nos vigiou com binóculos quando deixamos a praia. Nos viu pular na água e foi até nós no barco a motor, ciente de que poderíamos ficar encalhados por causa da maré – isso na melhor das hipóteses.

Deitei no fundo do barco. Minha cabeça palpitava, assim como meus pés ao redor dos pontos escuros onde os espinhos dos ouriços do mar haviam se alojado como grandes estilhaços.

*Essa foi por pouco.*

De volta ao hotel, subi para o meu quarto e tentei arrancar os espinhos. Não adiantou nada. Eles simplesmente quebraram. Liguei para a recepção:

– Pisei em ouriços. Como faço para tirar os espinhos do meu pé?
– Mije na pia e coloque os pés dentro – disse a voz.
– Muito engraçado. Mas sério, o que eu faço?
– Faça isso.

Como se o dia não tivesse sido interessante o suficiente, acabei mijando na pia do banheiro e sentei no balcão para colocar meus pés machucados ali dentro.

*Mahalo.*

## 29.

Quando *Destroyer* rendeu um disco de ouro, em abril de 1976, após termos nos desdobrado (especialmente Bill) para pagar as centenas de milhares de dólares que devíamos dos nossos primeiros dois anos de turnê, entramos no positivo. Mas ainda não estávamos ganhando muito dinheiro. Mesmo agora que os nossos ingressos esgotavam, as turnês não enchiam os cofres dos membros da banda. O empresário levava vinte por cento da renda do show de saída e os salários e custos de produção alcançavam facilmente outros cinquenta por cento, deixando o resto para ser dividido entre nós quatro. Ainda não tínhamos noção da realidade. A maneira tradicional de fazer negócios era trabalhar enquanto os outros levavam a maior parte da grana. Eu ainda vivia de aluguel e nem sequer tinha um carro.

Certa noite um jornalista me perguntou:

– Como é ser rico e famoso?

– Bem – eu disse – posso contar como é ser famoso...

Tudo isso estava prestes a mudar.

Bill Aucoin sempre via o panorama geral. Ele sabia que nos conectávamos aos nossos fãs de uma maneira fora do normal e captou o quanto as pessoas reagiam a nós para além da música. Bill sacou o potencial de *merchandising*.

Eu nunca tinha visto nada como o programa que Bill desenvolveu para os últimos shows da turnê de *Alive!*. Ele nunca nos contou que faria aquilo: simplesmente apareceu um belo dia e disse "Tá aqui o programa da turnê". Depois de folhear as vinte e quatro páginas, achei excelente. Bill também achou (e logo comprovamos) que nossos fãs gostariam de camisetas e fivelas de cinto. E isso era só a ponta do *iceberg*. Ele criou uma empresa de *merchandising* junto com um cara chamado Ron Boutwell. No início, a empresa supria as demandas de nosso fã clube. Bill disse para nós como quem não diz nada: "Vamos começar a vender *merchandise*".

Nunca teria acontecido se não fosse pelo Bill.

Existe um mito de que nós fomos parte de um grande plano desde o início. Isso não é verdade. Não sabíamos nada sobre *merchandising*. Ninguém na banda jamais se envolveu com os planos de *merchandising*. Mais tarde, começamos a participar de alguma maneira, mas isso só aconteceu com o tempo. No começo, só entramos com o molde – a música era nossa e a maquiagem era nossa, mas todo o resto era de Bill. Óbvio que éramos o núcleo de tudo o que acontecia, mas o alcance da imagem do KISS pelo *merchandising* era como o show de pirotecnia ou a bateria que levitava: não cuidávamos daquilo. Acredito que devemos trabalhar para a equipe, porque as coisas só funcionam em equipe. É o time que vence o jogo. Não éramos bons de negócios e não havia uma grande empresa da Madison Avenue por trás da gente. Havia apenas Bill, que, assim como nós, não se deixava intimidar pelas limitações aparentes. Apenas tocava as coisas para a frente, com um faro inato para o que poderia dar certo.

Bill queria maximizar nosso potencial em todos os fronts. Certamente, não seríamos como o Led Zeppelin. Tínhamos mais a oferecer além da música: éramos uma fonte natural de *merchandising*, mesmo que não tivéssemos nos dado conta de saída. Naquela época, o KISS era ridicularizado diversas vezes pela extensão de seu *merchandise*. Mas eu pensava nos Beatles. Era possível comprar bonecos e camisetas dos Beatles depois que eles ficaram famosos, então qual era o problema? Era óbvio que ninguém queria bonecos do Deep Purple, mas por que alguém iria querer? Com todo respeito à sua música, muitas das bandas da época tinham um visual totalmente genérico e banal. Mas o KISS tinha apelo visual. Essa era a natureza do KISS. A beleza do KISS. Então, compreendi o desejo de investir nisso. E nunca achei que isso destoasse da proposta da banda.

Eu só queria garantir que os produtos fossem relevantes. Gene e eu discordávamos de algumas coisas nesse sentido. Se alguém chegasse e dissesse "Vamos vender bolos do KISS", Gene dizia "Vamos fazer um bolo com três metros de altura e um monte de luzinhas". Eu dizia "Parece uma boa, mas que tipo de bolo vai ser? Qual vai ser o gosto? Essas outras ideias são boas, mas precisamos ter um bolo bom por trás de tudo. Sem isso, não vai dar certo". Churrasco é sempre bom, mas você precisa da carne. Esse era o meu princípio quando começamos com o *merchandising*. Às vezes, eu me perguntava o que seria ir longe demais. Existiam coisas que não deveríamos fazer? Mas, naquele momento, a resposta era não. Tudo parecia bom. Até excelente: rádios do KISS, motos do KISS, lancheiras do KISS.

Quando o dinheiro começou a entrar a partir do plano de *merchandising* de Bill e *Alive!* continuou a vender bem, devo dizer que fiquei impressionado. Ainda recebíamos um salário semanal bastante modesto e não tínhamos o resto do dinheiro em mãos, mas ouvíamos falar a respeito dele. Mais uma vez, não sabíamos bem o que estava acontecendo. Não entendíamos os fluxos de dinheiro, de onde vinham ou para onde iam. Nada.

Em meio a esse turbilhão, Howard Marks, o chefe de Bill, se ofereceu para cuidar de nosso dinheiro. Howard era dono da agência de publicidade que criou a capa de *Alive!*, e mais tarde fez mais três capas brilhantes para os nossos três álbuns seguintes. Howard nos disse: "Há muitos tubarões no mundo dos negócios e vocês precisarão de alguém para cuidar de suas finanças".

O melhor amigo de Howard era um homem de negócios rico de Cleveland chamado Carl Glickman. Howard se ofereceu parar abrir uma empresa com seu amigo para cuidar de nossas finanças. Sua preocupação com nosso bem-estar fez com que parecesse parte de nossa família.

*Que maravilha! Que sorte!*

A nova empresa financeira, *Glickman-Marks*, fazia reuniões de rotina para nos atualizar a respeito das questões monetárias e logo começaram a mandar alguém junto nas turnês para servir de consultor. Nunca nos ocorreu que a preferência desse representante de turnês por vinhos finos, comida cara e acompanhantes remuneradas poderia comprometer a estabilidade de nosso caixa. O que percebemos foi que a empresa elaborou portfólios financeiros para nós. Tipo, cara, chegamos a ser donos de um parque industrial em Cincinnati por algum tempo.

Nas reuniões financeiras, perguntávamos coisas como "Quanto ganhamos?" em vez de "Quanto lucramos?". E como as somas que ouvíamos como resposta para a primeira pergunta eram muito impressionantes para jovens como nós, sem experiência em ganhar bastante dinheiro, nunca fizemos a segunda pergunta, nem a que viria depois pela lógica: "Quanto *vocês* estão lucrando?". Bill logo mudou seu escritório de lugar e passou a ocupar um andar inteiro no prédio de

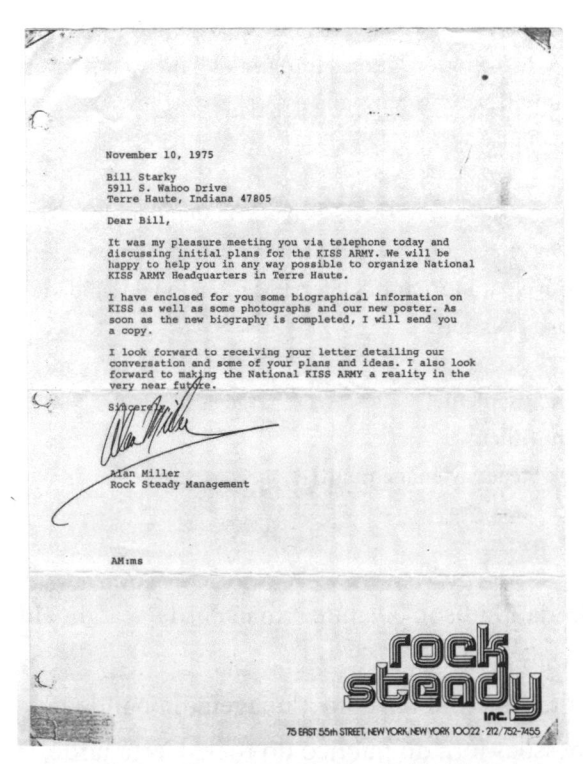

> November 10, 1975
> Bill Starky
> 5911 S. Wahoo Drive
> Terre Haute, Indiana 47805
>
> Dear Bill,
>
> It was my pleasure meeting you via telephone today and discussing initial plans for the KISS ARMY. We will be happy to help you in any way possible to organize National KISS ARMY Headquarters in Terre Haute.
>
> I have enclosed for you some biographical information on KISS as well as some photographs and our new poster. As soon as the new biography is completed, I will send you a copy.
>
> I look forward to receiving your letter detailing our conversation and some of your plans and ideas. I also look forward to making the National KISS ARMY a reality in the very near future.
>
> Sincerely,
>
> Alan Miller
> Rock Steady Management
>
> AM:ms

*Um pedaço maravilhoso de nossa história: o início do KISS Army e Bill Starky começou tudo.*

[10 de Novembro de 1975
Bill Starky
5911 S. Wahoo Drive
Terre Haute, Indiana 47805

Caro Bill,

Foi um prazer conversar com você por telefone hoje cedo e discutir os planos iniciais para o KISS ARMY. Ficaremos contentes em ajudá-los de todas as maneiras possíveis para organizar a Sede Nacional do KISS ARMY em Terre Haute.

Preparei para você algumas informações biográficas do KISS, bem como algumas fotografias e nosso novo pôster. Assim que a nova biografia estiver pronta enviarei a você uma cópia.

Estou ansioso para receber sua carta detalhando nossa conversa e alguns de seus planos e ideias. Também estou ansioso para tornar o KISS ARMY Nacional realidade no futuro próximo.

Atenciosamente,
Alan Miller
Rock Steady Management.]


número 645 da Madison Avenue e mais tarde acabou alugando outro andar no mesmo prédio.

O trabalho que Bill fez com a imagem da banda nos tornou atrativos para pessoas fora do público do rock. Certa tarde, fui a uma loja de jeans na 59th Street, em Nova York. A caixa registradora ficava sobre uma vitrine e ali dentro havia um dos adesivos que Bill distribuíra para divulgar *Destroyer*, com uma imagem fantástica de nós quatro pintada por Ken Kelly, no estilo das histórias em quadrinhos. Enquanto eu perambulava pela loja, uma mãe foi até o caixa com seu filhinho. O garoto – que não tinha mais de quatro anos – apontou para imagem. "KISS", ele disse.

*Beleza. Somos mais do que uma banda.*

Uma banda faz música, um fenômeno tem impacto sobre toda a sociedade. E se uma criança que não sabia nada sobre música reconhecia o KISS... não éramos um *fenômeno*?

Não muito depois disso, em maio de 1976, viajamos até a Inglaterra para uma turnê de dois meses pela Europa. Para mim, a Inglaterra era a terra sagrada da música. Tudo o que amava vinha de lá. Tocaríamos até no Hammersmith Odeon, em Londres, por duas noites – o lugar onde muitas de minhas bandas favoritas fizeram concertos memoráveis.

Mas odiei tudo quase no mesmo instante em que aterrissamos. Havíamos nos tornado uma banda conhecida nos Estados Unidos. Na Inglaterra e na Europa, teríamos que mostrar quem éramos outra vez. Estávamos de volta ao ponto de largada: não éramos ninguém. Graças a Deus que tínhamos fãs. Como acontecia em casa, na Inglaterra os fãs também eram fanáticos. Por outro lado, a comida era horrível e o transporte era arcaico. Os proprietários dos lugares eram fastidiosos. Os comerciantes tinham um orgulho perverso ao dizer que suas roupas não poderiam ser lavadas em menos de uma semana. Não havia ar-condicionado e se você pedisse gelo num bar era possível que colocassem um único cubo em seu drink, com muito ressentimento. Isso tudo era motivo de honra para a velha-guarda do Império Britânico.

Mas as regras dos hotéis eram o pior de tudo. Eles tornavam virtualmente impossível levar uma convidada para o quarto. Você tinha que registrá-las e elas precisavam sair até as dez da noite. E os funcionários garantiam que tudo fosse cumprido.

Problemas para levar as garotas para o quarto eram muito mais graves do que a comida. Eu poderia ficar sem comer, mas não poderia viver sob uma dieta rígida de mulheres selvagens e dispostas. Aquilo era absolutamente essencial.

Ace comprou facas ao longo de toda a nossa turnê europeia e na volta para casa escondeu diversas delas dentro dos cubos da Marshall para entrar com elas no país. Fiquei puto com isso – se fossem encontradas, todo o nosso equipamento seria confiscado. Mas para Ace aquilo era o óbvio a se fazer. Uma vez, em um voo doméstico, revistaram a bagagem do nosso gerente de turnê e encontraram um telefone roubado. O gerente não tinha colocado aquilo ali dentro. Ace também guardava drogas nas mochilas ou nos bolsos dos membros da equipe – sem que soubessem – para não se ferrar caso alguém as encontrasse. Ace só pensava em si mesmo e não se importava com o que pudesse acontecer com os outros.

Ao chegar em meu apartamento na 52nd Street no meio da noite após um mês na Europa, o porteiro me deteve enquanto eu entrava carregando a minha mala.

– Posso ajudá-lo, senhor?

– Sim, rá rá rá. Eu moro aqui. – eu disse.

Continuei andando em direção ao elevador.

– Senhor, se você não parar eu vou chamar a polícia.

Eu passava *muito* tempo fora.

E logo eu estava fora outra vez. A turnê continuou pelos Estados Unidos e a tensão gerada por lidar com personalidades estilhaçantes dentro da banda fez com que mudássemos diversas vezes de gerente – ao todo, tivemos uns vinte gerentes de turnê durante os cinco primeiros anos da banda. Dentre os mais memoráveis estavam o "Gordo" Frankie Scinlaro, um gerente das antigas que tinha trabalhado com Joey Dee, com os Starliters. Seu ânimo era contagiante. Ele tinha diversos apelidos para nós – chamava Peter de "Ayatollah Criscuola", Gene era "Gene de Nazaré", e eu era "Ele-Ela", por causa do meu visual e de minhas danças no palco. Começamos a chamar Ace de "Baby Elvis", porque estava desenvolvendo uma pança invejável. Ele comia muita salada de batata e costumava comer com a boca aberta – dizia que isso "arejava" a comida. Era como assistir uma betoneira. O Gordo Frankie inventava qualquer coisa para nos fazer rir e com isso a tensão da banda desaparecia. Às vezes ele também era muito autodepreciativo: gostava de dizer "Meu pau até pode ser pequeno, mas consigo fazer ele girar".

Alguns dos nossos gerentes de turnê foram demitidos porque Bill não achava que estivessem fazendo um bom trabalho; a maioria foi ejetada por questões de ciúmes dentro da banda – cada membro queria a atenção exclusiva do gerente, ou ao menos ser seu favorito. Quando um de nós não conseguia isso, começava (não por coincidência) a achar que o gerente era ruim. E muitos pediram para sair. Nem mesmo pessoas que haviam trabalhado com outras bandas conseguiam lidar com o atrito crescente que havia entre nós. Era cansativo demais ter quatro pessoas hiperativas e problemáticas exigindo sua atenção e sabotando seu trabalho até derrubá-lo no chão quando não conseguiam isso.

Ao longo de todas as mudanças de gerente e de equipe, Bill foi a única presença constante. Ele tinha um jeito de neutralizar a tensão e fazer cada membro da banda achar que era seu favorito. Mas Bill também estava cada vez mais tenso. Estava tentando expandir seus negócios como empresário e parecia passar um bom tempo com artistas como Toby Beau, Piper e Starz. De certa forma, nos sentíamos rejeitados – ganhávamos toda a grana, e agora ele passava a maior parte do tempo cuidando daqueles novatos que nunca iam muito longe. Sean Delaney também tinha a atenção distraída por esses artistas. Fiquei aborrecido com a maneira como Bill parecia achar que a fórmula do sucesso era simples: dê um visual e um logo para uma banda e logo será tão famosa quanto o KISS. Aquilo era um insulto – as ideias de Bill e Sean definitivamente tinham nos ajudado muito, mas o nosso sucesso não era tão simples. Éramos mais do que um logo, maquiagem e botas de plataforma.

Desde criança, quando assombrava a 48th Street, eu admirava guitarras vintage que custavam uma fortuna. Mas agora estava pronto para colecioná-las. Naquele trecho da turnê, comentei com diversas pessoas que queria comprar guitarras. O primeiro instrumento exótico que comprei foi uma Gibson SG de dois braços, como a de Jimmy Page. Comprei-a em Indiana de um colecionador de guitarras de dois braços que tinha uma sala cheia delas. A maioria era vermelha, mas esta era *sunburst*. Dali em diante, os *promoters* dos shows sabiam que eu estava no mercado e muitas vezes havia uma fila de pessoas com *cases* de guitarras nas portas dos fundos dos lugares onde tocávamos. Era incrível: nunca se sabia o que podia aparecer.

Comprei a seguinte no Arizona de um cara que tinha uma loja chamada Bob's Bizarre Guitars. Era uma Les Paul *sunburst* – justo o que sempre quis –, e paguei 2.200 dólares por ela. Mal podia acreditar que finalmente tinha uma guitarra daquelas! Ela tinha o que chamam de *hambuckers* brancos ou creme – as bobinas envolvidas pelos fios de cobre eram brancas. Normalmente, não é possível ver a cor da bobina, pois nas guitarras antigas elas são protegidas por um invólucro de cromo ou níquel. Mas, se você olhar debaixo desse invólucro, as bobinas podem ser pretas, brancas ou o que chamavam de zebra: uma preta e outra branca. A maioria das guitarras tinha duas bobinas pretas, considerada a pior combinação possível; as mais desejadas eram aquelas com duas bobinas brancas.

Eu estava nas nuvens.

## 30.

"Vocês estão milionários", disse alegremente o nosso consultor financeiro em um dia no fim de 1976. *Beth* estava nas paradas de sucesso e foi parar em diversas rádios AM. *Destroyer* se tornara o nosso segundo disco de platina. Tínhamos feito o nosso maior show até então, para quarenta e dois mil fãs no estádio de baseball dos California Angels, em Anaheim, no fim de agosto. O nosso negócio de *merchandising* estava bombando.

Definitivamente, escutar que você está milionário é impressionante, mas isso não me marcou tanto quanto ganhar o primeiro disco de ouro. Aquilo era uma marca que eu compreendia de fato. Isso? Isso era ótimo, mas não parecia tão concreto. E também era difícil entender o que significava na prática, visto que o dinheiro ainda era abstrato. Eu continuava vivendo em um apartamento de um quarto.

Mas agora tínhamos dois meses de folga em Nova York para digerir a notícia – e gravar um novo álbum.

Comprei um *Chrysler* para os meus pais. Foi o primeiro carro deles. Também comprei uma casa para eles não muito tempo depois, quando meu pai perdeu o emprego – e sua pensão. Em vez de dependerem de um seguro desemprego, eles tinham uma nova casa e um novo carro. Quando Ericka começou a ir para escola, morava em um lindo bairro residencial e se saiu muito bem. (Muitos anos depois, seria aceita em uma universidade de elite e me senti abençoado por ser capaz de cobrir os custos). Mesmo assim, meu pai me chamava de pão-duro por manter a casa em meu nome. Eu tinha medo de que ele vendesse se eu passasse para o nome deles.

Meu pai me disse que o meu sucesso era mais sorte do que qualquer coisa. Pela minha experiência, as pessoas que desmerecem o sucesso de outras e dizem que é apenas sorte são aquelas que fracassaram. É uma maneira de absolverem a si mesmas da responsabilidade pelo fracasso e de desconsiderar o papel dos outros em seus próprios êxitos. A ideia de que o sucesso vinha da sorte fazia outras pessoas se sentirem no direito, como se os "sortudos" devessem compartilhar sua sorte sem escrúpulos. Afinal de contas, poderia ter acontecido com qualquer um. Isso acontecia em minha família.

Comprei uma Mercedes para mim – um *burgundy* 450SL com interior de couro. Na primeira vez que dirigi nele até o Queens para ver os meus pais, estacionei em um lugar a algumas quadras da casa deles e fiquei ali sentado com o motor ligado.

*Será que eu devia mesmo ter comprado esse carro?*

Liguei o rádio. *Rock and Roll All Nite* estava tocando em uma estação de rock. Apertei no botão de AM. Escutei *Beth*.

*Sim, tudo bem comprar esse carro.*

Durante nossa pausa no inverno de 1976, voltamos para o estúdio e gravamos *Rock and Roll Over*, que foi lançado em novembro. Era o nosso sexto álbum em menos de três anos. A produtividade inicial da banda era uma questão de sobrevivência. Mas o fato de que havíamos atingido certo nível de segurança financeira não parecia desculpa para deixarmos de ser produtivos. Era divertido entrar no estúdio. Eu passara toda a minha vida sonhando em estar ali. O estúdio também era o local onde eu podia me esconder quando não estávamos na estrada. Minha vida social ainda era praticamente inexistente, pois eu tinha pouquíssimos amigos, e o estúdio era um porto seguro ao qual agora tínhamos livre acesso. Eu podia entrar lá sem ficar olhando para o relógio. As contas seriam pagas em um piscar de olhos.

Quando *Destroyer* saiu naquele mesmo ano, algumas pessoas ficaram desapontadas porque o disco não soava como soávamos ao vivo. Mas ele capturava a essência do que fazíamos, criando uma sensação cinematográfica que representava a magnitude de nossos shows, ainda que não recriasse sua sonoridade. Bob Ezrin havia aprimorado e expandido nosso som. Havia expandido os quatro personagens. Mas quando perguntávamos às pessoas ao nosso redor o que pensavam disso, às vezes a resposta era algo como "Tá diferente". *Diferente* não é uma boa palavra nesse contexto: é o que as pessoas dizem quando não conseguem decidir se gostam ou não de algo.

A verdade é que também tínhamos medo de mudanças. E talvez não quiséssemos ter uma babá ao redor dessa vez, alguém nos dizendo como fazer tudo e apitando em nossa cara. Chegamos à conclusão de que nosso aprendizado estava encerrado. Sem dúvidas, Peter e Ace não queriam trabalhar com Bob outra vez. Decidimos experimentar uma abordagem mais feijão com arroz e voltar a fazer o básico.

A primeira coisa que fizemos foi entrar em contato com Jack Douglas, que havia produzido os três álbuns mais recentes do Aerosmith: *Get Your Wings*, *Toys in the Attic* e *Rocks*. O problema era que Jack era amigo de Bob e contou a ele que havíamos feito um convite. Foi falta de tato de Bill não ter contado para Bob antes. A merda caiu no ventilador e nos sentimos como se houvéssemos sido pegos dando em cima da namorada de um amigo.

Então surgiu a ideia de voltarmos para Eddie Kramer, já que *Alive!* tinha sido tão bom. Alugamos o Star Theater em Nanuet, no estado de Nova York – um local fora da cidade, mas perto o suficiente para voltarmos para casa todas as noites. Eddie somou-se ao grupo e nós voltamos para o território que já conhecíamos.

Embora Eddie fosse da África do Sul, tinha o ar de um cavalheiro inglês. Ele fazia parte da tradição que tanto amávamos. Um dos problemas que esperávamos que Eddie pudesse resolver era o som de nossa bateria – afinal, ele havia ajudado a conseguir aquele som grandioso da bateria do Led Zeppelin. Ele fez Peter instalar sua bateria no teatro enquanto tocávamos no estúdio, em outra parte do prédio. Juntamo-nos a Peter através de um sistema de câmeras de vídeo. Em teoria, até um chimpanzé batendo em potes e panelas pode soar tonitruante se estiver no ambiente certo. Mas mesmo assim a bateria soava pequena. Logo cheguei à conclusão de que, no caso do Zeppelin, John Bonham gerava o som – e Peter Criss nunca seria John Bonham.

Eddie não atuava como diretor musical ou arranjador visionário à maneira de Bob e sentimos falta daquela liderança. Não havia ninguém para nos ajudar a escrever ou a montar as canções. Eu estava com problemas para compor, então pedi que Sean Delaney fosse ao meu apartamento para escrevermos algo. As reuniões informais em meu apê da 52nd Street renderam *Makin' Love*, *Mr. Speed* e *Take Me*, que saíram no *Rock and Roll Over*, bem como *All American Man*, que entraria em *Alive II* no ano seguinte.

*Hard Luck Woman* foi algo atípico, pois nunca pensei nela como uma música para o KISS. Eu não encarava a composição como exercício e normalmente era bom em editar minhas próprias músicas. Se achava que uma canção não combinava com o álbum do KISS, nem me dava ao trabalho de terminá-la. Mas continuava fascinado pela ideia de entender o que fazia certas canções de outras pessoas tão grudentas. Eu andava escutando *Maggie May* e *You Wear it Well*, de Rod Stewart, e com elas em mente decidi tentar fazer algo semelhante. A ideia de partida para a letra veio de um lugar totalmente diferente – uma canção chamada *Brandy*, do Looking Glass, que contava a história da filha de um marinheiro que trabalhava em um bar. Depois de concluir a canção, não consegui imaginar o KISS tocando ela. Meu plano era tentar falar com Rod e ver se ele não queria gravá-la. Mas como *Beth* havia se saído muito bem naquele inverno, Eddie Kramer e Gene acharam que seria natural lançá-la como o próximo *single* do KISS. E como Peter tinha a voz rouca como Rod, achamos que ele deveria cantar. Tive que gravar um vocal para que Peter acompanhasse e mais uma vez ele precisou de vários *take*s para que tivéssemos material suficiente para costurar na versão final.

A situação interna da banda havia se deteriorado muito naqueles seis meses desde que fizéramos *Destroyer*. Peter levou ao estúdio uma fita cassete com o esboço desconexo para uma canção chamada *Baby Driver*. Ele sempre apresentava fitas com gravações feitas com outros compositores, pois não conseguia tocar para nós por não saber tocar nenhum instrumento. Peter ficava revoltado quando trabalhávamos as "suas" canções. Mas o problema não era que Gene e eu reescrevíamos suas canções; o problema era que, para começo de conversa, as coisas que Peter apresentava sequer eram canções. As letras nunca rimavam, não havia nenhuma transição entre os versos e o refrão. Eram fragmentos, não canções. Sim, a banda era mais forte quando todos participavam, mas alguém precisava aparar as arestas quando o material não era bom o suficiente. Bob desempenhou esse papel em *Destroyer* ao criar *Beth* para Peter e guiar nosso processo criativo. Agora que esse papel cabia a nós, tentar manter Peter no mesmo padrão que tínhamos para o resto do material era perda de tempo. Éramos flexíveis porque, afinal de contas, *queríamos* uma canção para Pete. Era parte da imagem do KISS. E agora, por causa de *Beth*, Peter queria compor suas próprias canções em vez de cantar aquelas feitas por mim, Gene ou Ace. Contudo, embora tivéssemos uma margem de manobra para a qualidade de suas canções, não podíamos deixar que um material muito ruim sabotasse a integridade do disco.

Claro que, para os parceiros de Peter, receber créditos por uma canção em um álbum do KISS era uma maravilha, de modo que Peter sempre defendia as ideias de seus amigos e fazia um escândalo se alguém sugeria que elas não eram o bicho. Ele gastou toda sua energia emocional preocupado com sua posição na hierarquia, sem jamais ser honesto consigo mesmo quanto à qualidade do material que botava na roda.

Ace era uma sombra do que havia sido. Ele havia sido uma luz brilhante que parecia prestes a explodir – tinha o talento para ser tão bom quanto achava que era. Tinha o potencial para ser um dos melhores de todos os tempos. Mas o trago, o Valium, a cocaína e seja lá o que fosse o deixavam fora de combate na maior parte do tempo. Rezávamos para conseguir arrancar um solo dele antes que apagasse. Ele não era mais engraçado em nenhum sentido. Quando tentava fazer uma piada, tinha que parar para pensar: "Como era mesmo"?

Às vezes aquela situação me irritava. Eu tinha dado o sangue pela banda e sentia que aqueles dois estavam colocando meu futuro em risco com suas extravagâncias irracionais e seus conflitos internos. Mesmo assim, como a deterioração ocorreu em etapas, percebi que passei a aceitar coisas que jamais teria aceitado no início. Se você tenta vergar uma árvore até o chão, ela quebra; se verga de maneira constante, de pouco em pouco, pode deixá-la paralela ao chão sem que o tronco se rompa. É apenas uma questão de tempo. Era o que estava acontecendo comigo.

Já não havia quase nenhuma mentalidade de banda. Os outros três saíam com seus próprios círculos sociais e cada um de nós tinha pessoas para dizer como éramos bons. Por causa de seus amigos bajuladores e da imprensa, Peter e Ace passaram a achar que eram virtuosos de talento ímpar, apesar de todas as evidências em contrário. Quando discutíamos com Peter a respeito de suas músicas, ele dizia coisas como "Vocês não querem que eu toque só porque escrevi a melhor canção do álbum", ou "Vocês não querem que eu faça isso porque sou quem canta melhor na banda". Volta e meia, ele me acusava de não ser calejado, aparentemente porque não tinha passado uma década tocando em bandas que não foram a lugar nenhum antes do KISS, como ele havia feito.

Tanto Peter quanto Ace estavam na merda naquela época. Eu já tinha visto muitos viciados funcionais. Bob Ezrin tinha usado muita cocaína e emborcado muito Rémy Martin enquanto gravávamos *Destroyer*, mas a qualidade de seu trabalho nunca foi afetada por isso. Bill Aucoin, Neil Bogart e praticamente toda a equipe do Casablanca também viviam perigosamente e usavam muitas drogas. Drogas e álcool eram como uma Ferrari: um mero segundo é a diferença entre estar no controle ou caído na sarjeta. Tudo está sob controle e de repente você ultrapassa a linha e só percebe quando já é tarde demais. Eu torcia para que Bill fosse capaz de salvar Peter e Ace. Mas essa se mostrou uma esperança vã – Bill não era capaz de salvar nem a si mesmo.

Se Gene e eu tentávamos acalmar situações desagradáveis dizendo "Cara, você só está dizendo isso porque está chapado", Peter e Ace insistiam que sabiam exatamente o que estavam dizendo. As inseguranças de Peter se tornaram ainda mais incapacitantes devido às drogas. Ele achava que todos estavam contra ele. Um dia, perdeu a cabeça no estúdio por algum motivo e bateu meu violão de doze cordas contra a parede. Houve um instante de silêncio ensurdecedor depois disso.

Durante outra discussão, Gene repreendeu Peter:

– Peter, você é um analfabeto incapaz de ler ou falar direito e nunca terminou a escola.

– Sim – respondeu Peter –, e ainda assim estou na *mesma banda* que você.

Foi a coisa mais inteligente que ouvi Peter dizer até hoje.

## 31.

Numa noite no Texas, no início de 1977, um grupo de jovens participantes de uma conferência sobre a bíblia estava reunido no saguão de nosso hotel. Tentando ser gentil, generoso e cristão um deles caminhou até mim e disse:

– Vou rezar por você.

– Como você *ousa* – eu disse. – Por que acha que preciso que reze por mim?

Não sei de que maneira me julgavam, mas não foi o suficiente para impedir que um grupo deles se amontoasse contra a porta do meu quarto de hotel para escutar esse mensageiro de Satã despir a roupa de uma moradora local bastante disposta e mostrar suas inibições.

Àquela altura, quando chegávamos numa arena de shows, víamos pessoas com faixas e cartazes ou carregando cruzes. Eu ficava estupefato. Aquelas pessoas citavam a bíblia e eram contrárias à nossa música satânica.

*Vocês estão falando de nós?*

No início, eu ria de suas reclamações. Pelo que sabia, suas mãos já estavam bem ocupadas monitorando seus seguidores (o que se provou verdade mais tarde, quando surgiram escândalos envolvendo Jimmy Swaggart, Jim Bakke e outros). Eu achava incrível que quase sempre que um evangélico com programa na TV era tentado pelo diabo, isso acontecia em um hotel com uma prostituta.

*A pessoa que você deve vigiar é aquela que aponta o dedo.*

Também percebi que os protestos eram ações cínicas para atrair publicidade. Eles nos usavam como um degrau para alcançar notoriedade local e, mais tarde, até nacional. Claro que isso indicava que havíamos nos tornado um fenômeno de ponta.

*Somos grandes o suficiente para atrair um babaca carregando uma cruz aos nossos shows?*

Acho que, quando alguém faz sucesso, todos querem um pouco daquilo.

Mais tarde, decidi que desejava conter essa gente. Às vezes, eu achava que Gene levava as coisas longe demais ao por lenha na fogueira. Eu nem sempre achava isso uma boa ideia. Não achava que toda a publicidade fosse boa. Opor-se àquelas pessoas não era o caminho. Eu não queria falar com eles individualmente, nem atribuir-lhes a importância que desejavam: só queria parar de jogar seu jogo. Só queria dizer que as acusações não eram verdadeiras: não éramos cavaleiros a serviço de Satã, adoradores do demônio, nem nada do gênero.

Sim, tínhamos um baixista que cuspia sangue, respirava fogo e se autodeclarava o "diabo encarnado", mas quem ia ao cinema também via um cara que queria sugar sangue das pessoas e outro que havia sido trazido de volta à vida por um cientista louco que dava descargas elétricas em seu pescoço. Se eles viam um cara na TV com o rosto pintado de branco e o cabelo amontoado na parte de cima da cabeça e achavam tudo real, que ele dizia a verdade ao alegar ser a encarnação do demônio, os loucos eram *eles*. Não *nós*. Aquela gente realmente achava que nos vestíamos assim o dia inteiro? Achavam que o ator do Batman era o Batman de fato?

Ao meu ver, o KISS não era contrário a nenhum movimento político ou religioso. O KISS nem falava em rebelião. Não dizíamos às pessoas para derrubar nada, nem para se recusarem a seguir as regras. Dizíamos *Torne-se quem você quer ser*. Era sobre autoempoderamento. Uma celebração. Para mim, não tinha nada a ver com lutar contra o sistema. Nossa mensagem era para que cada um escolhesse seu caminho e vivesse a vida em toda sua plenitude. E eu achava que a banda poderia significar para os outros o mesmo que significava para mim. Talvez por isso o nosso público era tão sorridente. Nossas canções falam sobre como a vida pode ser boa e como é possível conquistar muito quando acreditamos em nós mesmos. Apesar do que diziam os militantes religiosos, a atitude do KISS era muito positiva.

Porra, era só escutar a letra em que declarávamos nossa missão: *Shout it Out Loud*, do *Destroyer*:

> *Well the night's begun and you want some fun*
> *Do you think you're gonna find it?*
> *You got to treat yourself like Number One*
> *Do you need to be reminded?*
> *If you don't feel good, there's a way you could*
> *Don't sit there brokenhearted*
> *Call all your friends in the neighborhood*
> *And get the party started*

> [Bem, a noite começou e você quer se divertir
> Você acha que vai conseguir?
> Você precisa tratar a si mesmo como o Número Um

Preciso lembrar você disso?
Se você não se sente bem, há uma maneira de sentir-se
Não fiquei aí sentado e de coração partido
Chame os amigos que moram perto
E comece a festa.]

Ao mesmo tempo em que militantes religiosos nos demonizavam por colocarmos a juventude estadunidense em risco, os críticos musicais nos excruciavam por não sermos perigosos *o suficiente*... para nós mesmos. Aparentemente, Gene e eu não éramos imprudentes o bastante e ligávamos demais para os negócios para que pudéssemos preencher os critérios de legitimidade de algumas revistas de música. Eu só estaria de acordo com as premissas usadas pelos jornalistas que passavam o dia sentados em suas escrivaninhas se brincasse de roleta-russa a vida toda, o que me parecia um tanto irônico. Usar drogas era pura imbecilidade e mais cedo ou mais tarde havia um preço a se pagar. Eu não estava interessado em ser uma lenda morta.

Nossos contemporâneos mais próximos eram o Aerosmith. A diferença era como éramos vistos. Eles eram uma banda de rock e nós éramos muito mais que isso. Em alguns círculos, as bandas de rock tinham mais credibilidade, mas o impacto de sermos um fenômeno em todos os âmbitos da cultura era mais amplo e diversificado. Isso nos tornava mais interessantes para os jornais, revistas, criancinhas e padres.

O interessante era a maneira como, para algumas pessoas, ser um fenômeno não era compatível com ser uma banda. Como se isso sabotasse nossa credibilidade. Como se o impacto da imagem, do logo e de toda a imprensa eclipsasse toda a música que fazíamos, que era tão boa quanto a de diversas bandas amadas pelos críticos. Os jornalistas nos desmereciam frequentemente com o mesmo argumento: se nossa música fosse boa, não precisaríamos dos efeitos visuais. Eles parecem nunca ter pensado na possibilidade de que éramos bons *e queríamos e amávamos* todo o resto.

Parte desse problema de percepção tinha a ver com Neil Bogart, da Casablanca Records. O selo tinha lançado o hino da música *disco Love to Love You Baby*, de Dona Summer, que se tornou um hit avassalador em 1976. Neil era especializado em *singles* de sucesso, e isso mudou a maneira como fazíamos as coisas. Ele transformou a Casablanca em um selo voltado para *singles* e focado em coisas como o Village People. Fechou contrato com uma banda de rock chamada Angel e os lançou como a antítese do KISS, vestindo todos de terno branco e sapatilhas de ballet em vez de botas de plataforma. Mais uma vez, o ponto forte de Neil parecia ser lançar novos artistas não muito diferentes daqueles de seus anos de pop grudento. O KISS passou de banda de referência da Casablanca a um item secundário em seu catálogo – apenas parte de sua coleção. Em vez de estarmos ao lado de outras bandas de rock, éramos do mesmo selo que um bando de caras vestidos como operários e policiais e um conjunto que usava sapatilhas. As pessoas que prefeririam nos ver como uma bobagem ou algo forçado só precisavam olhar para nossa gravadora para confirmar suas suspeitas. Aquilo solidificou todas as impressões negativas que tinham de nós.

Parte desse problema de percepção tinha a ver com simples diferenças subjetivas no modo como as pessoas viam as coisas. Se Bruce Springsteen deslizava de joelhos, os críticos atribuíam isso a uma habilidade em lidar com o público. Se eu fazia isso, diziam que era uma fraude. Um truque de circo. Um cara sabia lidar com o público, o outro era um charlatão.

Mas às vezes havia um lado mais sombrio, ligado a coisas que ouvíamos por aí – comentários de como éramos judeus sedentos por dinheiro ou termos pejorativos para descrever nossa etnia. Como se nossa habilidade empreendedora não fosse um traço positivo, mas um indício de falsidade e manipulação – porque aquilo não era rock, aquilo era o que *os judeus fazem*.

O mesmo sentimento também contaminou os trabalhos da banda. Acho que no caso de Peter, tinha a ver com a sua formação e com o fato de que não era exatamente brilhante. Ace tinha muita *memorabilia* nazista. Tenho certeza de que existem pessoas que colecionam esse tipo de coisa e não são nazistas ou antissemitas, mas Ace não era uma delas. Pouco abaixo da superfície, as relações da banda revelavam um ressentimento e uma raiva persistentes direcionadas a Gene e a mim. Nós cuidávamos da banda, escrevíamos quase todas as canções e gerávamos as ideias – não porque o KISS fosse uma ditadura, mas porque as contribuições dos outros não acrescentavam muito. Seu ciúme, sua inveja e seu ressentimento foram direcionados à coisa mais tangível que encontrou: o fato de sermos judeus. Não era muito diferente da lógica por trás do antissemitismo existente no resto da sociedade: se você tira imigrantes judeus de sua terra nativa e os leva a um novo país, a geração seguinte será de médicos. Algumas pessoas têm dificuldade para aceitar isso. Ace, e particularmente Peter, sentiam-se impotentes diante do foco e da ambição inabaláveis que Gene e eu apresentávamos. Como resultado, tentaram sabotar a banda que, em sua visão, era injustamente manipulada por judeus que só pensavam em grana.

Mas é claro que sustentávamos o mito: quatro caras correndo pela rua, dando saltos no ar e vivendo sob o mesmo teto. Era só trocar Liverpool por Nova York.

*Sim, sim, sim!*

Arrã, pode crer...

## 32.

Eu sempre quis um disco de ouro e sempre quis tocar no Madison Square Garden. O disco de ouro eu já tinha. Em 18 de fevereiro de 1977, fizemos nosso primeiro show no Garden. E os ingressos esgotaram.

Quatro anos e meio haviam se passado desde que eu parara em frente ao Garden em meu táxi para largar pessoas para o show do Elvis.

Eu tinha visto os Stones no Madison Square Garden – na verdade, falsifiquei um ingresso para aquele show. Tinha visto o concerto para Bangladesh, de George Harrison, no Garden. Tinha dormido em frente ao Macy's, no Queens, para conseguir um ingresso para aquele show. Tinha visto Alice Cooper no Garden. Tinha visto o Ringling Brothers Circus no Garden.

Madison Square Garden era sinônimo de sucesso em grande escala. Tocar lá não era pouca coisa. Era muita, muita coisa.

Eu estava tão ansioso antes do show que tomei meio Valium. Passou por minha cabeça que eu pudesse ficar meio lerdo? Não. Já havia muita adrenalina em uma noite típica e aquele era um retorno para casa em um show lotado no Madison Square Garden. Provavelmente, mesmo que tomasse muitas pílulas, eu conseguiria subir no palco e depois correr uma maratona em tempo recorde. Shows como aquele ainda eram novidade: eu ainda não estava acostumado com a ideia de sermos *tão* grandes.

Ficar de pé na borda geralmente é mais assustador do que o mergulho em si e de fato eu me senti exultante ao subir no palco. A primeira onda de emoções vinda dos gritos da plateia e das luzes é muito poderosa. Ter uma multidão de pessoas concentradas em você e enviando energia acaba por gerar uma inegável onda de impacto. Pode parecer um papo meio New Age, mas o sentimento é estonteante.

Todo o show teve uma carga emocional incrível. Mas na segunda canção eu já me sentia em casa.

Eu sabia que meus pais estavam na plateia, então não pude deixar de fazer uma gracinha: "Sim, esse é o meu garoto: aquele de batom e com um salto gigante masturbando uma guitarra no palco". Mas eu estava provando uma coisa: eles haviam se enganado. Era possível. E eu tinha conseguido.

*Estão vendo? Eu sou especial.*

Então, uma garrafa saiu da escuridão e me atingiu na cabeça. Vi no último segundo e desviei apenas o suficiente para que ela acertasse o espaço ao lado do meu olho em vez do próprio olho. O vidro me cortou. Sangrei pelo resto do show. Era legal de certa maneira, mas também me senti machucado – não fisicamente, mas por alguém ter feito aquilo. Ao mesmo tempo, eu sabia que não havia sido por maldade. Eu já tivera o mesmo impulso antes. Os fãs querem tocar em você da maneira que for e nesse caso a maneira era arremessar uma garrafa. Nossa equipe, dedicada como sempre, encontrou o cara e deu um pau nele.

De qualquer forma, aquela foi a primeira vez em que me senti vulnerável no palco. Sempre havia uma massa escura de gente enquanto eu estava nos holofotes e agora eu sabia que essa massa podia me machucar de verdade. Pela primeira vez, notei que a quarta parede também podia ser quebrada pelo público.

Passaríamos cerca de uma semana em Nova York devido ao show no Garden e mais uma vez me deparei com o fato de que não tinha uma vida social fora da banda. A maioria dos músicos que eu conhecia queria falar sobre equipamento e eu não dava a mínima para isso. Havia muito mais coisas no mundo, embora eu ainda estivesse aprendendo que coisas eram essas. Eu gostava de falar sobre música, mas de um ponto de vista histórico e emocional em vez de técnico. Passei muito tempo descontente por não ter amigos com quem falar sobre coisas que pudessem ser estimulantes, instrutivas ou esclarecedoras.

Eu sabia que não rolariam conversas profundas com as mulheres que dormiam comigo. Eu escolhia-as a partir do que eu achava que as outras pessoas pensariam e por algo que eu *torcia* para conseguir acreditar: *Devo valer a pena, porque essa mulher linda quer ficar comigo.* Era uma questão de reforçar minha autoestima. Ficar com outra pessoa para me sentir melhor sempre implicou ficar com mulheres que os outros desejavam, mulheres que despertavam inveja. Felizmente, conheci algumas mulheres que, além de lindas, eram também inteligentes, engraçadas e cultas. Mas nem com essas mulheres eu conseguia estabelecer uma relação substancial. Eu não me abria e não dava nada de mim. Então, acabava sendo uma troca de serviços entre duas pessoas.

Embora fosse difícil para mim problematizar a situação, tudo isso fazia com que eu me sentisse ainda mais isolado do que antes.

Lembro de uma mulher que foi ao meu apartamento e ficou doida por um pouco de cocaína. Aparentemente, era um hábito constante dela. Ela se vestiu e foi atrás de pó. "Já volto", ela disse.

– Se você sair – eu disse – você não volta.

Você pode estar com alguém e ainda assim se sentir sozinho.

Para mim, estar sozinho de fato era ainda pior. Certa noite, dirigi meu Mercedes *burgundy* até um restaurante badalado conhecido por servir de ponto de encontro. Estacionei perto da entrada, na Fifth Avenue com a 11th Street, e fiquei sentado no carro. Eu queria entrar e, quem sabe, conversar com as pessoas e me divertir. Mas fiquei paralisado.

*Você não pode entrar lá sozinho!*

Eu não conhecia ninguém. Não podia correr o risco de estar numa situação daquelas. Não sabia fazer amigos. Não sabia jogar papo fora. Starchild? Sim, óbvio, *Starchild* sabia. Até mesmo a sua versão que eu invocava nas festas oferecidas pelos *promoters* dos shows, pelas rádios ou pelo nosso empresário. Aquelas eram situações controláveis. Naquele contexto, as pessoas esperavam encontrar Starchild; eu precisava *ser* Starchild para interagir. Precisava me apresentar como uma pessoa carismática e esconder meu verdadeiro eu, o jovem de uma orelha só do Queens que ainda não acreditava que pudessem gostar dele de verdade e não saberia o que fazer se alguém gostasse.

*Quem sou eu? Qual é o meu lugar?*

Supostamente eu era um grande *rock star*, mas estava paralisado, sentado em meu carro em frente a um restaurante com medo de entrar. O contraste entre como as pessoas me viam e minha real situação não poderia ser maior.

*Quem acreditaria nisso?*

Olhei uma última vez para a entrada e tirei o carro, dei a volta no quarteirão e segui rumo ao Centro, de volta para o meu apartamento. Eu não tinha as habilidades básicas para funcionar num cenário como aquele. A maioria das pessoas morria de medo da ideia de subir em um palco. Eu não. Todas as inseguranças e os vazios que eu tinha ficavam ao lado da escada que levava ao palco. Eu vivia à espera daqueles momentos. Queria que a plateia me amasse porque ainda não havia aprendido a me amar o suficiente para superar as fobias sociais básicas que alimentava fora dos shows.

*Quando vamos cair na estrada outra vez?*

Felizmente, saímos em turnê logo depois. Em março, descemos no Japão em um Pan Am 747 em meio a um furor que lembrava os Beatles. Por sinal, foi justamente o recorde de público dos Beatles que batemos no Budokan, em Tóquio. A magnitude do nosso estrelato no Japão era de cair o queixo.

Havíamos combinado de passar pela imigração e pela alfândega com todo o traje e a maquiagem. Tínhamos tudo conosco dentro do avião e nos preparamos algumas horas antes da aterrisagem. Mas chegamos atrasados e o oficial que deveria estar lá para agilizar as coisas já tinha ido embora. Sem ele, tivemos que remover a maquiagem antes de entrarmos no país. Depois de terem verificado que éramos as mesmas pessoas das fotos do passaporte, fizemos a maquiagem mais rápida de nossas vidas e caminhamos em direção aos milhares de fãs que nos esperavam do lado de fora. Foi um pandemônio. Depois que entramos nos carros, as pessoas se lançaram sobre eles feito gafanhotos.

– Sorria – disse Gene calmamente por entre os dentes cerrados.

Passamos as duas semanas seguintes indo a festas extravagantes e fazendo visitas regulares às saunas japoneses. As saunas empregavam mulheres que pareciam desenvolver mãos e braços extras depois que você tirava a roupa. Se eu fosse capaz de fazer comigo o que elas faziam, nunca sairia de casa.

Enquanto estávamos no Japão, me encontrei com os executivos da Hoshino Gakki, a fabricante das guitarras Ibanez. Sentamos em uma sala de conferências e expus minhas ideias sobre a estética e a sonoridade das guitarras, o que deu origem à minha primeira guitarra *signature*. Ter a minha própria guitarra vendida em lojas de música ao redor do mundo foi um marco para mim, como seria para qualquer músico.

Depois do último show, voamos de volta para Los Angeles. Lá ficamos sabendo que havíamos sido votados como a melhor banda dos Estados Unidos pela pesquisa da Gallup – acima do Aerosmith, do Led Zeppelin e dos Eagles, dentre outros. Logo as revistas começaram a publicar resultados de enquetes similares feitas com os leitores. Na *Circus*, ganhamos uma disputa acirrada com o Led. Bem, eu levava muito a sério o que estávamos fazendo, mas não era louco – *eu* não achava que estávamos no mesmo nível que o Led. A mesma revista também realizou votações para os músicos favoritos dos públicos, e Ace e Peter ficaram no topo das listas de "melhor guitarrista" e "melhor baterista", dando corda para o desnível entre suas habilidades reais e as imagens que tinham de si mesmo. Se ao menos os leitores da *Circus* soubessem que, na maior parte do tempo, eles mal sabiam onde estavam, e muitas vezes estavam podres demais ou tinham habilidades de menos para tocar nos discos sem fazer um imenso esforço ou sem precisar que um músico de estúdio anônimo cobrisse eles... Percebi que, se ignorávamos os críticos que nos chamavam de vendidos e desmereciam nossa música, também não poderíamos levar em conta as pessoas que nos chamavam de virtuosos. Peter e Ace não concordavam. A imprensa reforçou o que já desejavam pensar: que eram músicos de ponta. Claro que Ace poderia ser um, mas estava destruindo seu talento (além de seu corpo e seu cérebro) com bebidas e drogas. E Peter? Do *Destroyer* em diante, o que a banda queria fazer estava no limite de suas capacidades ou simplesmente além delas.

Tivemos algumas semanas de folga em Los Angeles antes de voltarmos a Nova York para começarmos a gravar mais um álbum. Certa noite, acabei saindo com Lita Ford, que na época era guitarrista dos

Runaways. Lita e eu tivemos momentos divertidos juntos. Ela tinha apenas dezenove anos, mas sua banda acabara de lançar o segundo álbum e estava prestes a sair em turnê pelo Japão. Fomos a uma casa noturna chamada Starwood para ver um show. A banda de abertura, The Boyz, tinha na sua formação George Lynch, que ficou famoso com a banda Dokken. Os Boyz tocaram um cover de *Detroit Rock City*. A segunda banda se chamava Van Halen. Fiquei impressionado. Eles tinham outro show na noite seguinte e chamei Gene para ir comigo.

Perto do fim da segunda noite do Van Halen, Gene se levantou e desapareceu. Mal sabia eu que ele havia ido aos bastidores para falar com eles sobre levá-los a um estúdio para gravar uma demo. Ele nunca me contou isso. Não mencionou nada ao voltar para seu assento; só descobri mais tarde. Foi engraçado, pois sempre achei que Gene era o outro membro da banda em quem eu podia confiar e mesmo assim ele tinha segredos como esse. Era um velho impulso e ele nunca achou que fosse necessário se explicar por aquilo que eu via como um comportamento desonesto e sorrateiro.

Durante aquele período na Califórnia, também conheci e comecei a sair com a irmã de Cher, Georganne LaPiere, que à época estrelava a novela *General Hospital*. Georganne era extremamente inteligente – era membro da associação para pessoas com QI elevado chamada Mensa –, e eu adorava conversar com ela. Saímos durante mais de um ano, embora depois de um tempo eu tivesse dito a ela que também pretendia sair com outras pessoas. Foi tudo muito honesto. Percebi que relacionamentos pelo telefone podiam durar para sempre. Você fala com alguém, tem uma conversa agradável e, então, depois de dizer boa noite, sai de casa e faz o que bem entende.

Encerrado o período em Los Angeles, voltei para Nova York. A canção *Love Gun* surgiu inteira em minha mente durante o voo: a melodia, a letra, todo o instrumental. Absolutamente tudo. Foi incrível

– e, no meu caso, raro. Roubei a ideia de uma *love gun*, ou arma do amor, da versão de Albert King para *The Hunter*, que o Led apelidou de *How Many More Times* em seu primeiro álbum. Quando o avião aterrissou, eu estava pronto para gravar uma demo.

Quando cheguei em Nova York, telefonei para um baterista que conhecia e fui quase imediatamente ao Electric Lady para gravar a canção. Àquela altura, eu não precisava mais fazer demos em estúdios mais furrecas: podia fazê-las nos melhores estúdios e o Electric Lady era o meu favorito. Eu usava o mesmo equipamento e as mesmas fitas que outras bandas usavam para gravações definitivas. Isso se revelou uma bênção e uma maldição ao mesmo tempo. Claro, as demos soavam ótimas. Mas usar estúdios de qualidade para demos oferecia um risco de contaminação com a "demosite", quando você fica tão preso à versão que gravou na demo que perde toda a flexibilidade quando for gravar a canção. Se você já gravava todas as partes, era difícil apagá-las e deixar outras pessoas contribuírem criativamente – o que implicava alterar a versão captada na demo. Então, você ficava fadado a gravar uma versão rígida do que já havia sido feito, roubando qualquer traço de espontaneidade na gravação final. Havia menos abertura para sugestões, porque já havia um conceito totalmente realizado. No fim dos anos 1980, acabei parando de fazer demos por todos esses motivos.

O engraçado com *Love Gun* foi que, embora a versão do álbum tenha sido gravada como um *fac-símile* da demo, Peter não conseguia tocar a parte do bumbo quando fomos gravá-la. Depois que ele fez o que podia, tivemos que chamar outro baterista para gravar o que Peter não conseguira.

Gravamos o álbum no Record Plant, outro estúdio icônico de Nova York. Ficava perto da Times Square, em uma região que à época não era muito convidativa. Quando você entrava pelo térreo, a recepcionista estava sentada atrás de um vidro e precisava abrir uma porta trancada pelo interfone para que você pudesse entrar. A janela tinha uma persiana e depois de passar pela porta trancada era possível ver que a área da recepção era separada da entrada por outra porta trancada. Inúmeras vezes saí do estúdio para fazer uma pausa e entrei na salinha da recepcionista. Ela abaixava as persianas, trancava a porta e dizia "Ai, Paul!". Nunca me iludi achando que fosse o único, mas eu era *um* deles. E era ótimo. Muito melhor do que uma pausa para o café.

Durante nossa estadia em Nova York, Gene foi ao escritório de Bill e tocou as demos de uma banda chamada Daddy Long Legs – o nome que inventara para substituir o original, Van Halen. Bill e eu escutamos atenciosamente e, mais tarde, conversamos (sem Gene) e concordamos que seria melhor não se envolver com eles. Não que não fossem bons ou não tivessem um enorme potencial. Achamos que seria melhor para proteger o KISS, que precisava de nosso foco diário para continuar avançando em todos os *fronts*. O olhar distraído de Gene era um risco potencial para tudo o que havíamos conquistado e tudo o que estávamos buscando.

Para a turnê de *Love Gun*, que começou no Canadá no início de julho de 1977, após o lançamento do álbum, tivemos um avião particular pela primeira vez. Só havíamos viajado em voo fretado uma vez, quando tivemos que pegar um pequeno Learjet para chegar e sair de uma cidade fora das grandes rotas devido a um problema nas conexões. Agora a história era outra. O avião era nosso. Era um Convair 280, um avião de hélice cheio de equipamentos estranhos. Era quase um antiquário voador. O piloto e o copiloto se chamavam Dick e Chuck, e o nome de nossa comissária era Judy.

Dick e Chuck brigavam com frequência, e muitas vezes gritavam um com o outro na cabine. "Seu cuzão! Vai se foder!".

Aquilo não era muito reconfortante.

*Eles apareceram vestidos de drags e me deram um vestido em homenagem ao meu aniversário. Da esquerda para a direita: Peter, Gene, eu e Ace. Lincoln NE, 1977.*

Uma vez, ao aterrissarmos, fomos até o fim da pista, demos a volta e imediatamente decolamos outra vez. Eles tinham descido no aeroporto internacional em vez do aeroporto privado. Noutro dia, vi chamas saindo de um dos motores em pleno voo. Pedi que Judy chamasse Dick para ver aquilo. Ele chegou, olhou pela janela e disse sem cerimônia: "Não se preocupa com isso". E então voltou para a cabine. Nossos trajetos eram um acidente esperando para acontecer.

A turnê, contudo, foi um arraso. Tivemos que fazer datas extras em diversos lugares e gravamos outro álbum ao vivo, *Alive II*, no meio do caminho. Parecia uma boa ideia: tínhamos feito três álbuns de estúdio e um ao vivo e então mais três de estúdio. Por que não outro ao vivo? O problema era que precisávamos fabricar um KISS para o álbum, pois não queríamos repetir nada do material anterior. Aquele primeiro documentava um show padrão. O segundo não podia fazer isso, porque muitas das canções de nossos três primeiros álbuns ainda eram presenças garantidas em nossos shows. Então, tivemos que criar um show do KISS que não existia de fato, com a mesma dinâmica de um show de verdade. Mesmo assim, não pareceu um problema, pois tínhamos muita coisa boa, como *Detroit Rock City*, *Love Gun* e *God of Thunder*. Mais uma vez, incrementamos a qualidade das gravações ao vivo para que reproduzissem o caos de um show verdadeiro. As explosões no palco causavam compressões no som dos microfones, então usamos as gravações de canhões para que soassem melhor. E para a contracapa, decidimos tirar uma foto durante a passagem de som no San Diego Sports Arena, com todos os efeitos rolando ao mesmo tempo. Disparamos todo o arsenal e posamos em cima de elevadores hidráulicos. Aquilo jamais acontecia de maneira simultânea durante um show, mas era uma documentação autêntica do sentimento bombástico provocado por aquela experiência.

O Segundo problema do *Alive II* surgiu em decorrência do primeiro. Ao usarmos apenas canções do segundo trio de álbuns, o novo álbum ao vivo ocupou apenas três lados de um vinil duplo, ao invés de quatro. O que faríamos? Decidimos incluir um lado com faixas de estúdio. Não fiquei muito contente com a ideia. Gravamos as faixas no Capitol Theate em Passaic, no estado de New Jersey, para que tivessem um clima de gravação ao vivo. Eu tinha *All American Man*, que havia escrito em parceria com Sean Delaney, mas no geral as canções que preparamos não eram muito boas. *Anyway You Want It* era uma canção do Dave Clark Five que Gene e eu sempre amamos. A versão original de 1964 é um cataclisma, algo imenso. A nossa não chegava perto, mas precisávamos encher aquele lado do disco.

Ace não tocou em nenhuma das faixas de estúdio, exceto na que ele mesmo compôs, *Rocket Ride*. Em vez dele, precisamos usar Bob Kulick, que havia feito teste para a banda durante a convocatória de 1972 e com quem mantínhamos amizade.

Conforme a turnê prosseguia, continuamos a voar enquanto Dick e Chuck brigavam na cabine. Durante o período que o Uriah Heep abria nossos shows, estabeleci contato visual com a bela namorada do tecladista diversas vezes. No dia em que a banda encerrou sua participação em nossa turnê, telefonei para nosso agente e disse "Descubra onde aquela garota está". No dia seguinte, ela voltou à turnê para viajar comigo. *Isso* era rock'n'roll.

Em Houston, mostraram-me algo que eu realmente queria: uma guitarra Flying V de 1958. Tinha até o estojo original. Perguntei quanto o cara queria por ela. "Três mil e seiscentos dólares".

– Poxa, é muita grana.

Ele não aceitou a pechincha. Comprei a guitarra. A febre de guitarras havia tomado conta de mim outra vez.

Na Califórnia, contaram-me de um cara que tinha uma Les Paul *sunburst* para vender. Paguei 10.000 dólares por ela. Na época, parecia uma fortuna, mas ela acabou saindo na capa da bíblia das guitarras *sunburst*, *The Beauty of the 'Burst*, e hoje tem valor estimado de um milhão de dólares. (O melhor de tudo é que ainda é conhecida como Stanley burst, embora eu já não seja o dono.) No fim da turnê de *Love Gun*, eu tinha nove exemplares primorosos de guitarras que amava, incluindo as que já havia comprado.

A procura por ingressos para shows do KISS continuou a aumentar durante o ano. E subir no palco ainda colocava tudo ao meu redor em suspenso. Tocar era uma combinação de escapismo, alegria e júbilo em estado puro. Na minha vida cotidiana, eu nunca conseguia me livrar de minhas inseguranças e o rancor crescente entre os membros da banda fazia com que me sentisse mais isolado do que nunca. Certa noite, até pensei em experimentar o clichê dos *rock stars* e quebrar um quarto de hotel, mas assim que comecei eu desisti.

*Pra que fiz isso?*
*Agora o quarto está bagunçado.*
*Esse é o* meu *quarto – agora eu preciso limpar.*

Mas quando subia os degraus que levavam ao palco a cada noite, todos os meus problemas ficavam antes da escada.

Eu precisava que a multidão me amasse. Ninguém mais me amava. Nem eu mesmo.

Quando você se sente assim, deixar o palco pode ser algo muito solitário. Quando tantas coisas parecem estar faltando em sua vida. Em dezembro de 1977, ao voltarmos a Nova York, tínhamos mais três noites no Madison Square Garden com ingressos esgotados. Depois dos dois primeiros shows, o resto da banda saiu com amigos ou parentes; eu fiquei sentado sozinho no Sarge's Deli, na Third Avenue com a 36th Street, tomando uma tigela de sopa de bolinhas de matzá. Por um lado, agora que era um deus do rock e fazia uma sequência de shows no MSG, eu presumia que havia conseguido despertar a inveja em outras pessoas e fazer com que se arrependessem por não ter me tratado bem. Mas, por outro, eu estava comendo sopa sozinho em uma padaria.

Aquela era uma realidade dura de encarar.

Depois do último show no MSG, Bill Aucoin deu uma festa em uma casa pomposa. Uma namorada de Detroit voou até Nova York para ir comigo. Havia um Papai Noel na festa. E nunca vi tantas lagostas na minha vida: centenas e centenas delas empilhadas em bandejas. Devem ter passado semanas no mar. Ainda não entendíamos que nós mesmos pagávamos por aquilo.

George Plimpton e Andy Warhol foram à festa. Era sempre interessante ver pessoas de outros círculos, como artistas, escritores e gente da TV. *Olha só, é o George Plimpton.* Mas eu só funcionava direito em eventos sociais muito controlados. Não queria correr o risco de chamar a atenção. Era muito autoconsciente.

Tranquei-me no banheiro com uma mulher que trabalhava em uma rádio. Depois que terminamos, alisamos as roupas desgrenhadas e voltei para a festa. Andy Warhol se aproximou de mim e disse:

– Você deveria vir para a Factory uma hora dessas para eu pintar o seu retrato.

*Não sou legal o suficiente para andar com esse pessoal!*

Nunca fui até lá. Arrependo-me muito dessa.

Depois de tocar por três noites seguidas no Garden, percebi uma coisa: aquilo que eu achava que seria minha cura não tinha me curado.

*Se todas essas pessoas olham para mim e me veem como alguém especial, eu não deveria me sentir especial?*

Talvez em teoria. Talvez enquanto estava no palco. Mas o sucesso, a fama e a mudança no modo como as pessoas me viam não tinham apagado o que havia de errado por trás da máscara. Eu alcançara o que estava buscando e aquela não era a resposta. Seja lá o que estivesse faltando continuava faltando. A questão era: *o que* estava faltando? *O que* estava errado?

E então, quando a turnê de *Love Gun* chegou ao fim no início de 1978, aconteceu algo curioso. Quando estávamos no que parecia ser o nosso ápice de popularidade (e quando estar no palco era apenas um alívio temporário para o meu vazio interior e a minha falta de lar), paramos de viajar. Em parte porque simplesmente não podíamos. Ace e Peter estavam abusando fortemente das drogas e do álcool e alternavam entre períodos de hostilidade e incoerência. Quando não estavam incapacitados, causavam dores de cabeça em todos ao seu redor. Não nos falávamos mais. Não aguentávamos ver a cara uns dos outros.

Passaríamos mais de um ano sem nos apresentar.

*O que é que eu faço agora?*

## 33.

Uma das asneiras inventadas por Bill foi o filme *KISS Meets the Phantom of the Park*. Ele achou que o nosso passo seguinte devia ser um filme. Os Beatles tinham *Os Reis do Iê Iê Iê* e *Help!*, e precisávamos ter nosso próprio filme. Ele disse que seria uma espécie de fusão entre *Os Reis do Iê Iê Iê* e *Guerra nas Estrelas*, que tinha saído no ano anterior. O filme teria vários efeitos especiais bacanas.

Ninguém na banda tinha a mínima ideia de como atuar. Nenhum de nós leu o roteiro. Não ligávamos. Confiávamos no discernimento de Bill. Quando começamos a filmar, não era preciso ser um especialista para perceber que aquilo era uma merda, e não havia como fugir disso. O diretor perguntava para *nós* depois de cada cena se tínhamos gostado dela ou não. Não tínhamos ideia do que estávamos fazendo. Para nós, uma tomada era boa se não esquecêssemos nossas falas. Se dizíamos as palavras certas, passávamos para a cena seguinte.

Alguém fora do enquadramento nos lembrava de nossas falas. Quando estávamos prontos para rodar eu berrava: "Falas!", e alguém dizia algo como "Nossa, Ace, tá na hora da gente ir". Então eu dizia "Nossa, Ace, tá na hora da gente ir".

– Excelente ideia.

Era horrível. Eu não conseguia nem fingir que sabia atuar.

Em uma das cenas havia uma caixa que levitava através de fios. Presumimos que tirariam os fios da cena com algum efeito especial. Mas não.

No meio tempo, nós quatro só nos falávamos se tínhamos uma cena em conjunto. Peter e Ace saíam com frequência no meio das filmagens. Em uma cena, tivemos que usar o dublê de Ace (que, por sinal, era negro) depois que ele partiu sem aviso. Quando a cena ficou pronta, era impossível não perceber que aquela pessoa não era Ace.

Para outra cena, tivemos que fazer um show falso no parque de diversões Magic Mountain. Quando estávamos no palco, virei para trás e vi um velho aleatório com maquiagem de gato e uma peruca tocando bateria e mascando chiclete. Peter tinha vazado e enfiaram aquele cara no lugar dele.

Um ponto alto da produção foi a maquiagem feita pelos Westmores. Eles eram a família de ouro da maquiagem em Hollywood – George, o patriarca, tinha criado a primeira agência de maquiagem de um estúdio de Hollywood em 1917 e as gerações subsequentes se tornaram lendárias por suas maquiagens e efeitos especiais. Ao longo dos anos, aprendi os passos e os meneios para fazer minha maquiagem e um dia um dos filhos Westmore me assistiu aplicando a maquiagem no estúdio.

– Como você aprendeu a fazer isso? – perguntou.

– Aprendi sozinho – eu disse. – Tentativa e erro.

– Bom, é exatamente como eu faria – ele disse.

*Que beleza.*

Quando o filme ficou pronto, assistimos a uma transmissão no Screen Actors Guild Theater, na Sunset Boulevard. Se já parecia ruim em uma tela de TV, era preciso ver na telona! As pessoas riam abertamente. Afundei-me na poltrona. Era humilhante. A versão final do filme era absolutamente medonha e ter que ficar lá depois que as luzes foram acesas enquanto várias pessoas envolvidas na produção vinham mentir para mim que o filme era ótimo tornou tudo ainda mais humilhante.

Mais ou menos na época daquele "concerto" no Magic Mountain, Ace anunciou pela primeira vez que queria deixar a banda. Fizemos uma reunião de banda na área em que estávamos rodando o filme. Em resposta, Bill e Neil apresentaram quase de imediato uma ideia para nos manter juntos.

– Você não precisa deixar a banda – disse Bill. – Vamos fazer álbuns solo.

Aquela acabou sendo a nossa asneira seguinte.

Neil disse que lançaria todos no mesmo dia. Vislumbrou uma tiragem de um milhão para cada um deles. A ideia de Bill era manter alguma coesão pedindo que o mesmo artista fizesse as quatro capas e sugeriu que dedicássemos cada álbum aos outros membros da banda para mantermos o mito vivo.

Apesar das dedicatórias, desejávamos qualquer coisa uns para os outros, menos sorte.

Então, depois de concluirmos *KISS Meets the Phantom of the Park*, cada um foi gravar um álbum sem ter ideia do que os outros estavam fazendo.

Na verdade, me diverti muito. Eu não queria me distanciar daquilo que fazia com o KISS, mas era ótimo poder trabalhar sem tensões ou brigas de egos e rodeado de gente talentosa. Comecei a gravar demos no Electric Lady, em Nova York, e então voltei para L.A. para gravá-las novamente. Depois que fizemos algumas canções, percebi que não estavam soando bem. As demos podiam não ser perfeitas e um tanto *lo-fi*, mas captavam o que eu estava buscando, então decidi mantê-las e trabalhar em cima delas. Eu gostava da crueza e da espontaneidade. Assim, gravei outras quatro canções em Los Angeles. Eu tinha uma banda em Nova York e outra em Los Angeles. A única pessoa que tocava em ambas era Bob Kulick.

A música *Hold Me, Touch Me* era sobre Georganne. Eu havia embarcado em aviões para vê-la diversas vezes durante as folgas e a canção surgiu da sensação de estar longe dela, torcendo para que pensasse em mim quando não estávamos juntos. Mas a maioria das músicas era sobre Carol Kaye, uma deusa que trabalhava no departamento de publicidade de Bill Aucoin e com quem eu saía naquela época. Eu era louco por ela. Era uma mulher divertida e inteligente que amava música. Quando estávamos juntos, o calor era tanto que as paredes derretiam. Carol também estava envolvida com outro cara e fiz o que pude para que ela parasse de sair com ele. Eu me deleitava com aquele drama clássico de triângulo amoroso, mas estava louco para afastá-los. *Tonight You Belong to Me* e *Wouldn't You Like to Know Me* são sobre ela. *Tonight* é uma das minhas favoritas até hoje, por causa da dor e da paixão capazes de devastar um coração que eu conhecia tão bem.

Mas foi engraçado, pois na noite em que Carol finalmente disse "Tá bom, vou parar de sair com ele" foi como se alguém jogasse um balde de água em nossa cama. De repente, fiquei encharcado de suor. Tive um ataque de pânico. Busquei as palavras certas enquanto murmurava, tentando resgatar o fio da meada e inventar uma explicação plausível para de repente estar como se recém tivesse saído do chuveiro. A verdade é que, embora grande parte da minha vida fosse buscar aprovação, amor e reconhecimento, quando eu me via diante de uma oportunidade real de aprovação, amor ou reconhecimento, ficava atordoado. Fiquei surpreso com a reação, pois em minha mente eu achava que ficar com ela era o melhor. Mas era mais seguro continuar apenas desejando as coisas; eu não estava pronto para tê-las de verdade.

Nem preciso dizer que, no fim das contas, ela não parou de sair com o outro cara.

Decidi mixar meu álbum solo em Londres em um lendário estúdio à moda antiga chamado Trident. Eu queria voar até lá em um Concorde, algo que nunca tinha feito. Em algum ponto do Atlântico, percebi que o avião não estava plano – estávamos voando em um ângulo inclinado. Mas vai saber se não era para ser daquele jeito... Então a voz calma do piloto saiu pelos alto-falantes:

– Sou o piloto deste voo. Caros passageiros, talvez vocês tenham percebido que estamos voando com um pouco de inclinação. Estamos sem resposta de umas turbinas.

*Estamos no meio da porra do Atlântico com uma turbina só!*

*Eu e Carol Kaye. Meu primeiro álbum solo conta parte de nossa história.*

– Vamos voltar para o Kennedy Airport.

*Se estamos voando com uma turbina só, por que não descemos para ficar a uns dois metros acima da água ao invés de 2 quilômetros e meio?*

A voz do piloto voltou dez minutos mais tarde:

– Estamos usando mais combustível do que o esperado porque estamos a uma velocidade subsônica, então não chegaremos até Nova York.

*Opa, isso não é nada bom.*

– Vamos desviar o curso para a Nova Scotia.

*Não estou gostando nada disso. Por que estamos tão alto?*

Pouco depois, a mesma voz tranquila surgiu mais uma vez:

– Não chegaremos a Nova Scotia.

*Para onde diabos nós vamos?*

– Vamos aterrissar no Gander Airport, em Newfoundland – precisamos de uma pista de pouso comprida.

Chegamos ao Gander e aterrissamos. Dividiram as pessoas em duplas e nos encaminharam para um hotel. Eu disse que não dividiria o quarto com alguém de maneira alguma.

No dia seguinte, um DC-10 fez uma pausa atípica para nos recolher. Eles nos mantiveram em um compartimento isolado, longe de todos os outros. O que deveria ter levado três horas e meia acabou durando dezessete. Mas, dessa vez, eu curti Londres. Alguns meses mais tarde, quando uma banda chamada New England, que recém havia assinado contrato com um selo novo, me convidou para produzir o seu disco aceitei com a condição de que só faria isso se pudesse mixar em Londres.

Quando os quatro álbuns solo foram lançados em 1978, eu era capaz de ver o copo com a metade vazia ou a metade cheia. Vender 500 mil cópias de cada um não era pouca coisa – se você os encarasse em conjunto como um produto do KISS, eram dois milhões de discos. Mas, como Neil havia encomendado um milhão de cada, o que diabos faríamos com os outros dois milhões? Havia sido uma aposta alta demais e os discos encalhados foram um desastre financeiro para a Casablanca.

Os álbuns solo acalmaram a ânsia de Ace e Peter por deixar a banda. Mas não foram mais do que um *band-aid* sobre um ferimento que exigia pontos. Serviram apenas para adiar o inevitável.

## 34.

Dentre as pessoas com quem trabalhei em meu LP solo, havia um conjunto de três garotas e um cara chamado Desmond Child & Rouge, que cantaram os *backing vocals* de *Move On*. Àquela altura, distribuir panfletos havia se tornado algo muito importante em Nova York e eu havia visto um com a foto das três garotas gostosas e um cara. Eles tinham alguns shows programados pela cidade. Fui assistir a uma de suas apresentações em um clube subterrâneo que comportava umas poucas centenas de pessoas – para ser honesto, fui só porque as garotas estavam meio atrevidas e *cool* na foto do panfleto.

O som deles era formidável. A banda era ótima e as três garotas cantavam com fogo no rabo e de maneira harmônica. Era sexy e vibrante. Havia algo da Broadway em seu estilo, um pouco de Brill Building e um pouco de Drifters, e elas ecoavam o som étnico e romantizado de coisas como *Spanish Harlem*. Algumas das canções, bem como outras que Desmond compôs mais tarde, como *Livin' on a Prayer*, que ele fez em parceria com Bon Jovi, contavam histórias da classe operária e tinham uma emoção verdadeira. Também compartilhávamos do amor pela cantora e compositora Laura Nyro. Curti a pegada. Achei que era a melhor coisa que estava rolando em Nova York. E me tornei amigo deles.

Quando encontrei Desmond pela primeira vez, em 1978, ele morava com Maria, uma das cantoras de apoio. Na época eles eram namorados. Ele tinha um cabelo cacheado que lembrava o de Peter Frampton. Havia uma ambiguidade sexual em todos eles que eu não era capaz de articular em palavras. Lembro de pensar em uma noite que os quatro estavam em meu apartamento: *"Isso é meio vago, não consigo sacar a pilha deles"*. Desmond e duas das três garotas foram embora; uma ficou. Já era uma resposta parcial. Eu era meio a fim de outra das garotas, Rouge, e alguns meses mais tarde descobri da melhor maneira possível que era recíproco. Tudo ficou ainda mais claro quando Desmond finalmente se assumiu gay, lá pela época em que a banda lançou seu segundo álbum, em 1979. Era um álbum explicitamente sobre os conflitos e a perturbação que sentia em relação a sua sexualidade. Assisti à banda no Bottom Line outra vez neste período e dava para ver que já eram. Todos pareciam lutar por seu espaço no palco. Seu empresário trabalhava durante o dia como agente de viagens e lembro de dizer a eles:

– Se vocês precisassem de um encanador, ligariam para um médico?

Mas era tarde demais. Eles haviam sido mal manejados, havia tensão entre os membros da banda e a mágica tinha se desvanecido.

Desmond e eu começamos a compor juntos pouco depois de nos conhecermos. Eu levava meu violão para o apê dele, que cantava ou tocava teclado para acompanhar. A primeira canção que escrevemos juntos foi *The Fight*, que acabou saindo no álbum de estreia deles, em 1978. Então, no início de 1979, trabalhamos em outra. Começou em uma noite que passei no Studio 54, a famosa casa noturna de Nova York. Eu havia escutado diversas músicas com 126 batidas por minuto, ouvido as letras e pensado "*Cara, sou capaz de fazer isso*". Fui para casa, programei uma bateria eletrônica em 126 BPM, sentei e comecei *I was Made for Lovin' You*. É engraçado que alguns fãs do KISS achem que a canção é uma leitura higienizada da música disco, porque foi composta em um prostíbulo musical.

O Studio 54 era um antro de perdição; era sórdido ao ponto de eu não me sentir totalmente confortável ali dentro. Era uma libertinagem casca-grossa: relações sexuais entre tudo e todos e drogas por todos os cantos. Era demais para mim. Mas eu amava ir lá para dançar. Ninguém no Studio 54 vestia um terno branco ou dançava como John Travolta. Eu podia chegar lá de jeans e camiseta e dançar. Às vezes eu ia lá no sábado à noite e ficava até a manhã seguinte. Comprava o *New York Times* de domingo e lia o jornal na cama após uma última dança com a mulher que levara para casa.

As músicas do Studio 54 eram sobre curtir o momento e se divertir. Por isso, minha canção também começava assim: "*Tonight,* I'm gonna give it all to you... [*Hoje à noite*, vou te dar o meu melhor]". Desmond ajudou com os versos da canção e no fim, quando voltamos ao estúdio para trabalhar em outro álbum do KISS, *Dynasty*, o produtor do disco, Vini Poncia, contribuiu com o refrão.

Bill Aucoin chamou Vini, que havia produzido o álbum solo de Peter, para apaziguá-lo. Nessa época, estávamos presos em um processo iô-iô com Ace e Peter. *Eles estão dentro ou fora? Podemos continuar com isso?* Ao mesmo tempo, a relação de Bill e Sean Delaney também gerava troca de farpas. Sean foi enviado para trabalhar em outras bandas de Bill e então simplesmente desapareceu. Basicamente, nunca mais o vimos depois que rompeu com Bill. Então, Bill precisou de Vini para manter a paz.

Mais tarde, descobrimos que Bill instruía qualquer pessoa contratada para trabalhar conosco nessa época a respeito do que podia ou não dizer a cada um de nós. Fazia tudo para garantir que ficássemos isolados naquele mundo artificial, onde éramos imperturbáveis. As pessoas eram informadas sobre o que cada um de nós gostava, o que nos ofendia e o que precisávamos ouvir. Eram pagas para dizer o que queríamos ouvir e era difícil distinguir as frases prontas das opiniões sinceras. Estávamos em uma bolha Elvis. As pessoas literalmente abriam portas para nós. Alguém abria a porta do estúdio e sempre havia uma refeição pronta a nossa espera. Bill nos conhecia de trás para a frente e sabia apaziguar os ânimos de cada um para manter-nos feliz. Esse é o trabalho de um empresário, sobretudo quando se vê confrontando com quatro pessoas tão voláteis e inflamáveis como éramos à época. Mas aquelas pessoas também serviam para tornar tudo possível; ninguém queria que o trem da alegria parasse.

Para ser justo com Vini, ele não queria que Peter tocasse em *Dynasty*, apesar de sua amizade. Peter enxergava Vini como um camarada. Mas para Vini, aquilo era trabalho, e Peter não era mais capaz de tocar o que se exigia dele e era necessário. Então, Vini chamou Anton Fig para tocar bateria. Anton havia sido membro de uma banda empresariada por Aucoin chamada Spider e tocara no disco solo de Ace. Mais tarde, tocaria na banda do programa de David Letterman. Fizemos um acordo: Anton seria bem pago, mas não estávamos pagando por sigilo. Circularam rumores de que Peter não estava no álbum, mas nunca sentimos a necessidade de responder a isso. Não pensávamos em mandar Peter embora de fato, ao menos não ainda. Por enquanto, continuaríamos nós quatro – como sempre.

Com Vini no comando, o resultado não foi de fato um álbum de rock. Mas cabe lembrar que já não éramos de fato uma banda de rock. Éramos um bando de caras ricos sem espírito primitivo. Claro, nunca achamos que devíamos tocar seguindo as regras de outra pessoa. O espectro do que julgávamos musicalmente aceitável se expandiu com o tempo. Algumas pessoas achavam legal que fizéssemos as coisas à nossa maneira, até o momento em que deixava de ser a maneira *delas*. Aí se tornava traição.

Quando escutei *I Was Made for Lovin' You* tocando no estúdio, fui totalmente arrebatado. Claro, não era como *Detroit Rock City* ou *Love Gun*, mas era irrecusável. Outra banda chegou ao estúdio enquanto a música tocava e eles também amaram. Era universal, algo que pegava o ouvinte de jeito logo na primeira vez.

Aquilo era intencional? Sim. Intencional para garantir o sucesso? Sim, nos últimos tempos vinha sendo. Mas isso era ruim? Começou como um desafio feito a mim mesmo, para ver se eu era capaz de compor algo naquele estilo em vez de fazer um rock feijão com arroz. Não era diferente do desafio que impus a mim mesmo com *Hard Luck Woman*. A única diferença era o estilo. Não preciso me desculpar por um *hit* que as pessoas no mundo todo escutam e cantam junto até hoje.

O show que preparamos para divulgar o lançamento de *Dynasty* já não era um show de rock. Parecia mais um espetáculo de patinação baseado em desenhos infantis. De certa maneira, talvez tenhamos empurrado com a barriga. Com o tempo, a banda havia evoluído e passara a incluir um público maior do que no início, mas mudar nossas apresentações foi apenas mais um dos erros que cometemos naquela época. Na turnê de *Dynasty*, vestimos fantasias ridículas, como se fôssemos personagens da Disney saltitando por aí com roupas coloridas. Não considero as roupas que costumávamos vestir fantasias, mas o que vestimos naquela turnê sem dúvida era. Eu tinha um sobretudo lavanda com diversas camadas. Acho que pensaram que o visual com a estrela preta e prateada que sempre utilizara era extremo demais, então deveríamos acrescentar uma cor individual para cada membro da banda, tendo como base a cor da aura da capa de nossos álbuns solo. Foi horrível.

Eu havia desenhado o palco hexagonal, com elevadores que nos erguiam à altura do palco. Pagamos uma fortuna por cortinas de laser que rodeavam todo o palco. Mas, naquela época, os lasers ainda eram novidade – e, por isso, muito perigosos, além de serem grandes e precisarem de água para o resfriamento. Nunca funcionavam direito. Passamos anos na justiça tentando receber nosso dinheiro de volta por aquela cortina de laser. Também tínhamos dois palcos completos, pois prevíamos a necessidade de saltar de uma cidade a outra. Podíamos fazer apresentações extras em uma cidade enquanto outra equipe montava o segundo palco no nosso próximo destino, possibilitando que atendêssemos à demanda de ingressos em um lugar e então tocássemos na cidade seguinte sem precisar de um dia a mais para desmontar e reinstalar o palco.

Como Sean já não estava por perto, Bill chamou um coreógrafo chamado Kenny Ortega para tentar remendar a apresentação. Kenny acabaria trabalhando em shows de Michael Jackson e Cher; filmes como *Dirty Dancing, Curtindo a Vida Adoidado* e *High School Musical*; e no clipe que alguns culpam pelo fim da carreira de Billy Squier, *Rock Me Tonite*. Bill também contratou um cara chamado Joe Gannon para trabalhar como gerente de palco e dirigir nosso show como se fosse um musical da Broadway.

Talvez não seja surpreendente que aquela turnê tenha dado problema desde o início. O show inaugural foi cancelado, o que não era um bom presságio. Achávamos que faríamos noites extras na maioria das cidades, mas isso quase não aconteceu. Em nossa última turnê, em 1977, havíamos feito apresentações em duas ou três noites seguidas, então o que estaria por vir? Mais noites, é claro. Nã nã ni nã não. Menos. Ficamos sem chão. Era chocante e assustador ver que, em vez de crescermos, estávamos nos tornando menores, pois aparentemente as pessoas pensavam duas vezes antes de ir aos nossos shows.

*Por que eles não estão vindo?*

Havíamos nos higienizado e estávamos quase extinguindo o fogo que havia nos propulsionado até tão longe. Ficamos em um hotel em frente ao Fórum em Los Angeles quando tocamos lá e comecei a suar frio ao olhar pela janela, pois vi muitas crianças com suas famílias na fila para entrar – o que, naquela época, era a prova de que algo dera errado. Aquela fila poderia ser para a entrada de um circo. Mas havia um lado positivo: vi um monte de mães aparentemente solteiras com seus filhos a tiracolo. Eu poderia dizer a alguém "a mãe loira na fila três", receber ela e seu anjinho no camarim depois do show e então mandar o anjinho dar uma volta pelo palco. Mas estava tudo errado.

Peter estava completamente fora de controle. Nada do que fazíamos estava certo. Se o deixávamos dormir até tarde num dia, ele se irritava e dizia que queria viajar no dia de folga. Se viajávamos no dia de folga, ele queria dormir. Se dizia que estava quente demais no palco, ligávamos o ar condicionado; então ele reclamava que estava muito frio. Uma vez ele soqueou um espelho e levou alguns cortes sérios na mão, que exigiram pontos e uma microcirurgia.

Não era raro que Peter jogasse suas baquetas em mim, Gene ou Ace se passássemos na frente do elevado da bateria. Pouco importava que estivesse no alto de um elevado – o que significava que não bloqueávamos a visão que a plateia tinha de Peter, mesmo se passássemos na frente dele.

*Se quer ficar na frente do palco, devia aprender a tocar a porra duma guitarra.*

Mas então houve uma noite próxima ao fim da turnê, em dezembro de 1979, em que Peter tinha usado muitas drogas e estava tocando especialmente mal. Quando me virei durante uma canção para avisá-lo de que o tempo estava muito frenético, sua reação foi começar a retardar as músicas e acelerá-las novamente, aparentemente de propósito. Aquilo era ir longe demais. Uma coisa é sabotar o trabalho nos bastidores – e Deus bem sabe que ele fazia muito isso. Mas aquilo era diferente. Era na frente dos fãs, pessoas que haviam pagado para nos ver.

Logo após o show, Gene, Ace e eu conversamos a respeito daquilo. Estávamos todos pasmos com aquela traição. A regra não dita sempre fora "deixe suas brigas no camarim". Independentemente do que estivesse acontecendo, quando subíamos no palco, éramos uma banda. O palco era sagrado. A sabotagem proposital de Peter naquele show foi a maior das traições.

Decidimos que queríamos Peter fora.

Ace pode dizer o que bem entender agora, mas votou a favor da demissão de Peter sem qualquer tipo de pressão ou coerção. Isso depõe a favor de Ace. Quanto ao meu voto, não achei que demitir Peter fosse um ato frio ou calculista. Era apenas uma questão de sobrevivência. Eu deixaria que os problemas dele afundassem a banda inteira comigo junto? Nem pensar. Gene também pensava assim.

Telefonamos para Bill e dissemos para ele se livrar de Peter. Dissemos que queríamos cancelar o resto dos shows e ir para casa. Como poderíamos continuar? Bill apaziguou a situação para que adiássemos nossas ações e continuássemos com a turnê, em vez de demitirmos Peter imediatamente. Tínhamos apenas mais alguns shows agendados. Peter não parecia ver o trem vindo em sua direção, mas isso era de se esperar.

Imediatamente após o fim da turnê, em meados de dezembro de 1979, Peter se casou com sua segunda mulher, Debra Jensen, uma *playmate* da *Playboy*. A situação era bizarra. Eu não podia deixar de pensar: ela se casaria com ele se soubesse que estava casando com o *ex*-baterista do KISS?

No início de 1980, Bill precisava dar a Peter a notícia de que ele estava fora. Mas, em vez disso, persuadiu os outros três a dar uma segunda chance a Peter. Então não levamos a decisão até o fim e após alguns meses – período em que, de qualquer forma, não estávamos em turnê, mas gravando *Unmasked* com Anton Fig na bateria outra vez e Vini na produção – concordamos em deixar Peter tentar tocar conosco outra vez. No meio tempo, Bill havia arranjado para Peter aulas de bateria com Jim Chapin, um famoso baterista de jazz. No dia da audição, ou ensaio, ou seja lá como você queira chamar, Peter entrou na sala carregando um pedestal e partituras. A primeira coisa que disse foi "Vou precisar de todas as nossas canções em partitura, porque agora sei ler música".

Sussurrei para Gene:

–É pegadinha, né?

Peter sentou, colocou a partitura no pedestal e estudou-a por alguns instantes. Cabe mencionar que era uma sessão de *material antigo* e não das novas canções que havíamos composto e gravado para *Unmasked*. Queríamos ver se era capaz meramente de tocar as canções que já conhecia. A sessão não foi boa. Estava tudo terminado.

Minha filosofia sempre foi tentar abraçar quem estivesse se afogando. Mas quando a pessoa começa a puxá-lo para baixo, você deve soltar. Era isso que estava acontecendo. Todas as conversas, conselhos e tentativas de ajudá-lo não levaram a lugar algum.

Rodamos um vídeo para a música *Shandi* após confirmarmos a decisão de demitirmos Peter. Ele foi à gravação do vídeo sabendo que seria sua última aparição com o KISS. No fim do dia, ele pegou seu estojo de maquiagem e partiu. Não houve lágrimas, mas foi um momento importantíssimo. Peter estava partindo. Nós o havíamos demitido e aquela era a última vez que o veríamos na banda.

Curiosamente, Peter não parecia se importar. É bem possível que estivesse atordoado por causa das drogas e visse aquilo como a sua grande oportunidade. Na cabeça dele, havia escrito a melhor canção que já tivéramos e agora estava livre para ir embora e se tornar a grande estrela que merecia ser.

*Uau, Peter tinha ido embora.*

*Era o fim de... alguma coisa. Mas o fim do quê?*

Era difícil visualizar a banda sem nós quatro. Problemáticos ou não, éramos os quatro mosqueteiros. Era um cenário que jamais havíamos contemplado. E se alguém não quisesse mais ficar? Se alguém não fizesse mais o seu trabalho? Quaisquer que fossem as tensões internas, sempre havíamos permanecido uma banda. E então, de repente, uma pessoa não fazia mais parte do grupo. Aquilo mexeu fundo conosco. O que faremos? Vamos terminar a banda?

As regras haviam mudado. Claramente, o KISS não continuaria da maneira como era.

*Peter, Debbie e eu: de Black Tie em Nova York.*

## 35.

Enquanto o drama com Peter se desenrolava na primeira metade dos anos 1980, também nos envolvemos em um drama com a nossa gravadora. A Casablanca foi absorvida pela PolyGram e por algum motivo os advogados da empresa não haviam checado os contratos da Casablanca com pente fino. A PolyGram presumiu que estavam comprando o KISS e Donna Summer junto com o selo, mas tínhamos uma cláusula alegando que, em nosso caso, o acerto exigia a presença de Neil Bogart. E pelo que ouvimos, o mesmo valia para Donna.

Bem, podíamos estar vivendo um declínio após *Dynasty*, se julgarmos pelos cancelamentos e a mudança de idade de nosso público durante a última turnê. Mas, aos olhos da PolyGram, *Dynasty* fora um grande *hit*: além de ter aparecido nas paradas de sucesso locais, *I Was Made for Lovin' You* havia sido de longe o nosso *single* de maior sucesso fora dos Estados Unidos, aparecendo em listas de 10 mais tocadas na Europa, na Austrália e na Nova Zelândia. O selo correria o risco de fazer papel de bobo se nos perdesse, o que aconteceria assim que demitissem Neil. Para nós, a situação não poderia ser melhor. A PolyGram acabou nos oferecendo uma proposta nova e muito lucrativa para salvar sua reputação. Negociar um novo contrato em circunstâncias tão desastrosas para eles foi muito vantajoso para nós.

A verdade era que, até então, não havíamos ganhado muita grana, principalmente se compararmos a grana que entrava à que chegava até nós. Mais tarde, descobrimos que o KISS rendeu em torno de 100 milhões de dólares em três anos, entre 1977 e 1979, só com a venda de produtos. Desse dinheiro, os membros da banda somados não embolsaram mais do que três milhões. Os peixes grandes do sistema de Bill estavam roubando nossa comida. Mas devo lembrar mais uma vez que, à época, não entendíamos o suficiente do mundo dos negócios para nos darmos conta disso.

Tínhamos cartões de crédito, mas nunca víamos dinheiro de verdade. Ainda assim, a ideia de ter um cartão *platinum* já era muita coisa. Meus pais nunca tiveram cartões de crédito. E como as contas iam para Glickman-Marks, responsável por pagá-las, os cartões atribuíam um véu de irrealidade ao ato de comprar. Eu tinha um pedacinho de plástico mágico que me permitia levar as coisas de uma loja.

Agora que havíamos ganhado um monte de dinheiro com aquele novo contrato, decidi comprar um novo apartamento em vez de continuar morando de aluguel. Você não ganha nada ao pagar o aluguel. Não era como pagar uma hipoteca e num caso como o meu não fazia sentido.

No início eu queria um lugar de frente para o Central Park na Quinta Avenida. Quando expliquei isso para uma corretora de imóveis, ela me disse:

– Posso levá-lo aos lugares que você quer ver ou aos lugares que aceitarão você.

– Como assim? – perguntei.

Ela começou a falar sobre "noveau riche" e o fato de eu trabalhar com entretenimento. Ela se deteve. Então disse que os prédios ao redor do parque pertenciam ao "sangue azul e dinheiro antigo". Era o mesmo que dizer "Você é judeu", o que eu descobriria ser um motivo para ser rejeitado em diversos dos edifícios de ponta em que eu estava interessado. Minha corretora já tinha passado por aquilo antes e conhecia muito bem a situação.

– Você está dizendo que não posso morar onde quiser?

Ela explicou o sistema de conselhos cooperativos. Em Nova York, a maioria dos edifícios era de propriedade conjunta de seus moradores e um conselho criado pelos donos tinha que aprovar qualquer novo comprador. Era diferente dos condomínios, onde você simplesmente compra um apartamento do dono anterior. Conselhos cooperativos podem impedir a compra de pessoas que não queiram no prédio – e fazem isso. Muitas vezes, tais pessoas eram judeus ou negros.

Acabei me instalando em um apê na 80th Street com a Madison Avenue, a uma quadra do Central Park e do Metropolitan Museum of Art. Finalmente tinha o meu próprio abrigo, minha casa, meu santuário, meu refúgio. A sensação era diferente de viver de aluguel.

O apartamento era um duplex com três sacadas. Eu tinha uma sala de música e em uma das paredes havia armários embutidos envidraçados onde expus a minha coleção de guitarras, com direito a iluminação especial. Uma mistura entre a Bat Caverna e um museu.

No banheiro havia uma banheira tão grande e funda quanto uma pequena piscina. Um dia, eu estava folheando a revista *Penthouse* e gostei da aparência da mulher na capa. Telefonei para a secretária de Bill Aucoin e disse: "Encontre ela". Alguns dias mais tarde ela estava naquela banheira enorme comigo. Clichê ou não, abrimos uma garrafa de Dom Pérignon. Não muito tempo depois, minha mãe perguntou se eu estava saindo com alguém em especial. Sorri para ela e disse para ela pegar a última edição da *Penthouse*. Nem preciso dizer que ela ficou sem palavras com algumas das fotos mais reveladoras. Devo confessar que adorava o espanto dela com a vida depravada que eu vivia. Com o tempo, minha mãe se acostumou aos choques de meu estilo de vida e começou a encarar tudo com um senso de humor resignado.

Meu quarto também era incrível. Já na entrada havia um gaveteiro preto envernizado e se estendendo dele até o teto havia placas de vidro com desenhos de galhos e pássaros iluminados a partir do chão, que separavam o cômodo em dois. Minha cama ficava do outro lado do vidro. Sobre ela havia um grande espelho, uma espécie de prolongamento das placas de vidro. Eu passava muito tempo olhando para o espelho no teto e refletindo sobre como a vida era maravilhosa. Quando me via deitado ao lado de uma bela mulher, pensava: *Ei, esse sou eu! Sou eu na cama com essa mulher maravilhosa!*

Certa noite, eu estava deitado na cama com a mulher da *Penthouse*, assistindo a um documentário na TV sobre o massacre de Kent State em 1970, durante uma manifestação contra a Guerra do Vietnã. Ela começou a ficar meio atrevida e eu a empurrei um pouco para o lado.

– Só um minuto – eu disse.
– O que foi? – ela perguntou.
– Isso é importante.
– Isso aconteceu mesmo?

Como eu estava escolhendo as mulheres com quem passava o tempo de acordo com um único critério – sua aparência –, devia estar preparado para que agissem livremente de acordo com quem eram. E o sentimento fugaz de satisfação que eu sentia ao olhar para o teto fazia com que fosse mais fácil estar em casa do que na estrada. Ao menos por uns tempos.

Comecei a sair com diversas mulheres da cidade. Em determinado momento, eu estava saindo com duas garotas distintas do coral de

*Sugar Babies*, um musical da Broadway estrelado por Mickey Rooney. Levei meu pai para ver a apresentação uma vez e fomos ao camarim para ver uma das garotas. Ela tinha quase dois metros de altura e um ar exótico e cativante. Ao sairmos, comentei com meu pai.

– Ela é gostosa, né?

– Parece ser uma garota legal – ele disse.

– Ela não é legal – eu disse. – Só é gostosa.

Para ele, a sexualidade e o *sex appeal* precisavam ser amenizados, higienizados e neutralizados. Eu tinha outro ponto de vista e queria que ele soubesse que eu me divertia com a honestidade direta. Eu aceitava o fato de que às vezes não havia *nada* além daquilo. Aquela mulher não era legal. Só era muito gostosa. E isso já era muito.

Certa manhã, uma mulher me telefonou e depois de conversarmos por alguns minutos eu disse:

– Ontem foi uma noite muito divertida.

E ela disse:

– Arrã... quem você acha que eu sou mesmo?

*Ops.*

Em outra ocasião, fui buscar uma ex-*playmate* da *Playboy* no novo apartamento para onde havia se mudado. Quando toquei na campainha, outra mulher com quem eu andava saindo atendeu a porta. Elas estavam morando juntas e resolveram não me avisar. Acharam isso hilário. Acredite, se você visse as duas, veriam que eu tinha sorte de ser o alvo da brincadeira.

Eu estava saindo com uma porção de mulheres ao mesmo tempo e tive um período de mandar flores para uma enquanto trepava com outras. Se passava a noite com uma mulher, mandava flores para outra. Não era exatamente desonesto, pois nunca jurei exclusividade a nenhuma delas: eu queria todas.

Eu levava uma vida tripla. Havia Starchild. Havia eu sem a maquiagem – isto é, o "eu" que as pessoas viam. E havia o eu real, que, apesar da fama e da adulação, ainda se sentia inseguro. Havia uma razão para que eu passasse a maior parte do tempo em meu apartamento, às vezes com mulheres, muitas vezes sozinho. Algumas pessoas me tiravam para esnobe ou arredio, mas na verdade eu ainda era envergonhado e inseguro. Não era que não *quisesse* conversar com as pessoas e fazer amigos; eu *não conseguia*.

Eu ainda tinha apenas uma orelha e era surdo de um ouvido. Ainda recuava frente a situações de sociabilidade. Não sabia o que aconteceria com a minha banda, que era o único suporte que tinha.

*E agora?*

O bairro onde ficava o meu novo apartamento tinha algumas lojas e galerias especializadas em antiguidades *art nouveau*. Eu gostava de abajures com vitrais coloridos desde criança. Meus pais costumavam comprar móveis antigos em lojas de velharias e depois reformá-los. Alguns eles mantinham, outros eles vendiam. Sobre a nossa mesa de jantar havia um grande abajur. Era só um abajur de sorveteria, mas naquela época as pessoas chamavam de vitrais Tiffany. Quando me mudei para perto do Metropolitan, passei um tempo curtindo sua coleção de abajures com vitrais verdadeiros.

Certo dia, enquanto passava pela Macklowe Gallery no meu bairro, um abajur de vitral fez com que eu me detivesse em frente à vitrine. Eu ainda não tinha nenhum móvel no apê além de uma cama e as minhas guitarras *vintage* nos suportes envidraçados da parede da sala de música. Mas entrei naquela galeria para ver o abajur de perto. A etiqueta dizia que custava 70.000 dólares. Comprei na hora e carreguei-o por duas quadras até a minha casa. Chegando lá, coloquei-o bem no meio da sala de estar (que estava vazia), sobre o carpete que se estendia de uma parede à outra, e liguei na tomada. Deitei no chão e fiquei olhando por horas enquanto o sol se punha e o vidro pintado brilhava cada vez mais forte na escuridão crescente. Eu estava em minha própria casa com aquele belo abajur.

*A vida é ótima.*

Fiquei intoxicado pela ideia de que podia comprar o que quisesse.

*Talvez comprar coisas chiques possa me fazer feliz.*

Eu perambulava pela Madison Avenue, via um par de tênis e perguntava:

– Tem em quantas cores? Quero um par de cada.

Eu estava acobertando o garotinho assustado que havia dentro de mim com uma nova imagem, projetando uma grande personalidade encapsulada em roupas chiques.

Uma vez, tive vontade de comprar um relógio Rolex que vi exposto na vitrine de uma joalheria. Já de saída, não destrancaram a porta para mim. Então, quando finalmente abriram, foram rudes e condescendentes. Depois de dar uma espiada, apontei para um relógio e perguntei:

– Quanto custa esse daí?

– Vinte mil dólares – disse o vendedor, de nariz empinado.

Abri minha carteira (a essa altura tínhamos quantias como essa em nossas contas individuais) e contei as notas na frente dele. Então eu disse:

– Quer saber? Não vou comprar. Você não devia tratar as pessoas dessa maneira.

## 36.

*Unmasked* se saiu mal nos EUA e passamos a maior parte de 1980 fora de atividade. Bom, nem tínhamos um baterista. O *single Shandi*, contudo, foi um *hit* no exterior e agendamos uma turnê pela Europa e Austrália para o inverno. Mas antes de podermos tocar ao vivo, precisávamos de um baterista. E receber pessoas para os testes foi muito estranho.

Não queríamos bateristas famosos. Queríamos alguém surgido do nada. Não faria sentido fazer Anton Fig ou algum outro nome tarimbado se fantasiar de girafa prateada ou qualquer coisa do gênero.

Bill pôs um anúncio críptico em algumas revistas de música e também espalhamos a notícia. Bill começou a receber fitas, fotos, textos de apresentação e pencas de ligações. Ele vasculhou todo o material e de tempos em tempos convidávamos grupos de possíveis substitutos que ele havia filtrado para escutá-los. Decidimos que não queríamos alguém que tocasse como Peter. Aqueles que causaram a melhor impressão foram os que poderíamos chamar de "ingleses". Tocavam no contratempo e, usassem ou não dois pedais, reverenciavam as mesmas bandas que nós. Peter já tinha dificuldade para manter o tempo com um pedal e uma caixa, então tocar com pedal duplo estava fora de questão. No rock, uma bateria de pedais duplos era uma maneira de reproduzir o que John Bonham, do Led Zeppelin, conseguia fazer com um só. Seu pé era tão rápido que a maioria dos bateristas precisava de dois pedais para imitá-lo. Não determinamos que estávamos à procura de alguém com pedais duplos, mas também não queríamos impor limitações ou restrições a um novo membro. Se pretendíamos trazer alguém novo, sabíamos que era preciso estar disposto a mudar.

Um dos caras que escutamos era um pequeno homem do Brooklyn que consertava fogões chamado Paul Carabello. Ele era miúdo, sua cabeça parecia enorme por causa do cabelo e o cara não tinha nenhuma atitude. A primeira coisa que fez foi pedir nossos autógrafos. No início, não curti tanto sua maneira de tocar, mas todas as outras pessoas na sala, incluindo Vini Poncia e Bill Aucoin, acharam-no excelente. Chamamos o cara para uma segunda audiência e descobrimos que também tinha uma voz boa, com o mesmo som áspero de Peter. E ele aprendia rápido.

Tínhamos encontrado o nosso cara.

Paul queria mudar de nome e também queríamos que ele mudasse. Não precisávamos de três Pauls em uma banda, visto que Ace também tinha esse nome. Sua primeira sugestão foi Rusty Blades (algo como "lâminas enferrujadas"), que vetamos de imediato. Felizmente, a escolha de nomes não durou muito, pois sua segunda sugestão foi Eric Carr, que já não parecia o apelido de um *rock star* em um desenho animado.

Ele parecia ter um bom coração. Algumas das outras pessoas que havíamos escutado tinham agido como *rock stars*, achando que ganhariam pontos por isso. Eric era dócil. Depois, acabou se revelando atormentado à sua maneira, mas sem dúvida foi um sopro de ar fresco muito necessário após a partida de Peter.

Ele havia nos contado histórias sobre os seus consertos, quando ia aos apartamentos e abria fogões, encontrando lá dentro bichos e insetos de todos os tipos. Queríamos que ele soubesse que não seria um cidadão de segunda classe no KISS. Então, assim que dissemos que estava na banda, fizemos duas coisas para lhe dar as boas-vindas. A primeira foi comprar um Porsche 924 prateado. Por algum motivo, acabei me tornando o cara que devia ensiná-lo e cuidar dele. Ele chegou para mim depois de ganhar o carro e perguntou:

– Posso por uma pintura camuflada?

– De maneira alguma – eu disse.

Eu não achava que transformar um carro esportivo importado e de ponta em um circo ambulante fosse uma boa ideia.

Então levei-o a uma loja chamada French Jean Store. Eles vendiam – surpresa! – jeans franceses. Ajudei-o a montar um novo guarda-roupa. Ele bem que precisava, pois sairíamos em turnê pela Europa.

Levei algum tempo para desenvolver um personagem para Eric. Não podíamos de maneira alguma escolher um personagem que as pessoas já conhecessem. Isso nos parecia óbvio, pois seria quase um sacrilégio. Originalmente, ele seria The Hawk – O Falcão. Mandamos fazer uma fantasia com peito protuberante e penas por tudo. Ele pintou um bico no nariz. Mas parecia o mascote de um time universitário de futebol americano. Só faltavam grandes pés de galinha feitos de espuma. Era horrível. Felizmente, ele teve a ideia para The Fox, Raposa. Ele calçava o mesmo número de Peter, então usamos botas já existentes e aumentamos ainda mais as plataformas. As botas acabaram se tornando pernas de pau e ainda assim ele parecia pequeno ao nosso lado.

Eric havia sido jogado em uma piscina funda. Havíamos aprendido a nos sentir confortáveis ao lidar com o mundo por onde transitávamos – coisas básicas, como administrar as intenções sexuais das mulheres e a mídia, ou agir educadamente em um restaurante. Eric precisou aprender no improviso.

Na segunda noite da turnê, em 31 de agosto de 1980, em Gênova, na Itália, escutamos uma barulheira vindo de fora do vestiário na arena de esportes onde tocaríamos. Então, ouvimos as pessoas gritando "KISS Fascista! KISS Fascista!". A segurança começou a gritar "Tranquem as portas!". Bastões de beisebol batiam contra ela e quebravam tudo do lado de fora. Queriam nos matar. Já seria ruim o suficiente ser morto por causa da música, mas a perspectiva de morrer de maquiagem e botas de plataforma era ainda pior.

De maneira consciente, evitávamos expor qualquer opinião política, e ainda assim, aos olhos deles, representávamos todos os males do capitalismo estadunidense. Aquela foi a primeira turnê em que as pessoas nos fizeram perguntas sobre política. A visão de mundo dos europeus parecia mais atrelada à política e aos eventos internacionais. Gene aproveitava qualquer oportunidade para ser visto ou ouvido; seu calcanhar de Aquiles era a necessidade de atenção, independentemente de sua origem. Eu não tinha nenhuma intenção de dar declarações políticas. Afinal de contas, *Love Gun* não era sobre armas: era apenas uma canção sobre o meu pau.

Divertimo-nos implicando com Eric naquela turnê. Era como ter um irmão mais novo por perto. Um dos apelidos que inventamos para ele foi Bud Carr Rooney, porque brincávamos que parecia um filho de Buddy Hackett com Mickey Rooney.

Na primeira noite que passamos em Paris, Eric vestiu um terno branco novinho em folha para o jantar. O primeiro que teve. Após nem dez minutos no restaurante ele virou uma grande taça de vinho tinto sobre o traje. Em momentos como esse, ele costumava fechar os olhos e resmungar "que cacete". Ele mandou o terno para a lavanderia tantas vezes, sempre na esperança de que tirariam a mancha, que, no dia em que finalmente ficou branco, uma das mangas caiu quando ele vestiu o paletó.

Ele ficou impressionado ao descobrir que conseguíamos nos virar com uma versão embromada da língua local naquela primeira turnê pela Europa. Em Paris, decidiu que também queria tentar. "Como você pede manteiga em francês?"

– Bem – eu disse –, *s'il vous plait* é "por favor", e o que você quer é *fapouge*.

Manteiga em francês é *beurre*. Eu inventei a palavra *fapouge*.

A garçonete veio até a nossa mesa, e Eric disse:

– *Fapouge, s'il vous plait*.

Ela olhou para ele e disse:

– *Fapouge?*

Quando ficava nervoso, ele fazia o que chamávamos de "movimento Ronald Reagan": balançava a cabeça de um lado para o outro. Ele fez isso. *Fapouge*, repetiu, com a cabeça balançando.

Teve outra noite em que ele realmente gostou da comida, que havia sido servida em uma chapa chiando de tão quente. Naqueles tempos, Eric era tão avivado quanto Oliver Twist.

– Você poderia me trazer mais, por favor?

O garçom trouxe outra chapa, carregando-a com suportes, e Eric pegou com as mãos sem nenhuma proteção. Dava para ouvir o *ffsssss* saindo dos dedos dele. Ele fechou os olhos e disse "que cacete".

Em outra noite na França, um cara em uma discoteca começou a flertar com Eric, deixando-o desconcertado. Ele foi até Ace e disse:

– Aquele cara tá tentando chegar em mim.

Ace, com sua lógica inimitável, disse:

– Vamos ficar, daí ele pensará que somos um casal e te deixará em paz.

E eles começaram a se beijar.

Naquela época, os aeroportos de alguns lugares da Europa tinham a proteção feita por militares armados. Uma vez, em um aeroporto onde os seguranças tinha AK-47s, Eric foi chamado para a triagem. Ele estava vestindo um macacão camuflado e um cinto com suporte para balas. Eles o levaram por uma porta, para além de nosso campo de visão. Mas ele voltou incrivelmente rápido.

– O que aconteceu? – perguntamos.

– Eu disse a eles que era músico – ele disse. – Então eles me levaram para outra sala e me fizeram tocar piano.

Depois que tocou um pianinho, deixaram ele ir.

Embora fosse dois anos mais velho que eu, Eric parecia uma criança. Sua experiência de vida era limitada e ele era ingênuo e crédulo. Certa noite na Inglaterra, ele levou para o quarto uma jornalista que havia conhecido no bar do hotel onde estávamos bebendo. No dia seguinte, perguntamos a ele o que havia acontecido.

*Eu e Ace na Austrália, 1980... Gosto de me lembrar dos bons tempos.*

– Bem, conversamos um pouco e daí ela quis tirar umas fotos minhas sem roupa – ele disse.

– O quê? – eu disse.

– Ela disse que não ia revelar.

– Você é louco?

– Epa, merda, fiz alguma coisa errada?

– Você deixou ela tirar as fotos!

– Mas ela disse que era só pra ela...

Obviamente, quando a edição seguinte da revista onde ela trabalhava saiu uma semana mais tarde, lá estava Eric feito um idiota, deitado na banheira com sua cabeleira enorme e uma taça de champanhe.

Ele fechou os olhos.

– Que cacete.

## 37.

A atmosfera da banda melhorou muito quando já não tínhamos que lidar com a negatividade constante de Peter. A diferença era de arregalar os olhos. Havíamos aliviado um problema imenso e nos livrado de muitas incertezas, rixas e hostilidades. Era como se o sol tivesse aparecido de repente, e isso que era apenas Peter. Ace ainda estava em um espiral descendente, mas ao menos agora tínhamos apenas metade do caos.

Ace havia perdido um aliado, mas não um amigo. A relação que tinha com Peter, seja como fosse, era estritamente mercenária. Ace era esperto e manipulou Peter para ajudá-lo votando nas coisas que queria. Se tinha alguma saudade de Peter, era por isso, e não como amigo. Agora havia Gene, eu e esse outro cara que não tinha o mesmo poder ou tempo de estrada que um membro pleno. Ace estava sozinho nos processos de tomada de decisão. Eu sei que isso o incomodava, mas esse não era um problema saliente quando estávamos em turnê.

Quando fomos à Austrália pela primeira vez, em novembro de 1980, percebemos logo que as coisas seriam loucas. Haviam nos dito que o KISS era um fenômeno de massa por lá, mas nunca se sabe o que esperar. Só é possível compreender as coisas que já vivenciamos e a Austrália não se parecia com nada que tivéssemos vivenciado. Ser imenso lá era sinônimo de não poder sair do hotel. Significava pegar um helicóptero do hotel até o estádio onde tocaríamos.

O fenômeno que testemunhamos se tornou conhecido por lá como "KISSteria".

Tínhamos um andar inteiro do hotel, com uma suíte reservada para a nossa equipe particular de relações públicas na Austrália. O que não era uma surpresa, visto que estávamos na capa dos jornais todos os dias, acompanhados por manchetes como "KISS no Midnight Cruise em Sidney Harbor". Tínhamos que manter as cortinas de nossos quartos fechadas. O lugar estava repleto de guarda-costas e havia barulho constante de gritos do lado de fora. "Vocês não vão a lugar algum", nos disseram.

Felizmente, a Austrália tinha uma edição local da revista *Penthouse* e umas tantas modelos da *Penthouse* vieram ao hotel para nos fazer companhia. Paparazzis estavam de tocaia em frente ao hotel e sempre que íamos a algum lugar precisávamos nos esconder no chão das vans. Todas as noites os promotores davam festas lotadas de modelos e atrizes. Algumas das festas eram apenas para mulheres. Aparecíamos em uma boate ou bar fechado para nós e os lugares estavam cheios de mulheres bonitas. A Austrália era um imenso Galinheiro.

Eric, no entanto, muitas vezes saía das festas e fazia amizade com algum órfão que encontrava pela rua. Ele se identificava com os fãs. Talvez, naquela época, ele se sentisse mais parecido com eles do que conosco. Às vezes, levava para o quarto alguma das garotas que estavam acampadas em frente ao hotel na tentativa de vislumbrar alguém da banda. Ele achava mais agradável escolher mulheres como aquelas do que uma modelo da *Penthouse*. As dificuldades moldam uma personalidade.

*Melbourne, Austrália, em 1980, com 50.000 dos meus amigos mais próximos.*

Os primeiros sinais dos problemas de Eric também começaram a aparecer. Certo dia, ele alugou um carro e contratou um motorista para passar o dia no interior com uma garota que havia conhecido. Ele nos contou que estava tão nervoso que ficou com muitos gases e precisou parar o carro a cada dez minutos para ir ao banheiro. Depois disso, ficou deprimido porque se sentia muito idiota. Ele também falava sobre como estava perdendo cabelo. Seu cabelo era tão grande que, quando caminhava para a frente, o cabelo balançava para trás. Movia-se sempre na direção contrária ao resto do corpo. Ainda assim, ele me pedia constantemente para olhar sua cabeça. "Parece que tá rareando, né?" E o mais estranho de tudo era que Eric sofria por não ser o baterista original da banda. Era o segundo baterista. E daí? Mas não tinha como afastar as más vibrações quando ele ficava obcecado porque jamais seria nosso primeiro baterista.

Na Austrália, comecei a ter dúvidas sérias a respeito de Bill Aucoin. Ele estava usando cocaína de maneira mais extrema e, desde que rompera com Sean Delaney, seu comportamento em geral também se tornara mais imprudente. Certa manhã, fui ao seu quarto e encontrei um jovem adolescente comendo uma tigela de cereais na cama de Bill. Noutra manhã, encontrei outro garoto lá.

Bill estava fora de controle.

Quando voltamos para os Estados Unidos, um garoto que havia ganhado uma promoção foi nos encontrar junto a um fotógrafo da revista responsável. Bill estava dando em cima do garoto de maneira visível. No dia seguinte, eu disse:

– Bill, por favor, me diz que você não...

– Sim. Ele e o fotógrafo.

Bill havia atravessado os limites do que eu via como imoral e criminoso. Não achei engraçado.

Após voltarmos para casa, a banda teve mais um tempo de folga. Embora fizesse um ano inteiro que não saíamos em turnê pelos EUA, percebemos que precisaríamos gravar outro disco antes de fazer isso. Decidimos trabalhar mais uma vez com Bob Ezrin, o produtor que servira como nosso capitão e Svengali durante a gravação de *Destroyer*.

Era isso! Faríamos um novo *Destroyer*.

*Da esquerda para a direita: Eu, Bill Aucoin e Elton John jantando na Austrália, 1980.*

O problema era que as coisas que estávamos compondo não eram melhores que as canções de *Unmasked*. Na verdade, provavelmente eram piores. Havíamos perdido o rumo. Minhas músicas não eram nada demais e as de Gene não eram melhores. Mas então Bob entrou em cena com a ideia de um álbum conceitual, uma ideia que se materializou do nada. Gene gostou logo de início e inventou um conceito vago e genérico: seria sobre um garoto que era o escolhido. Bill também defendeu a ideia. Seria a nossa tentativa de impressionar a crítica.

– Vamos gravar um álbum que mostre a que veio – ele nos disse. – Que mostre a todas as pessoas como vocês são talentosos.

Tentar mostrar às pessoas como você é brilhante e talentoso é a melhor maneira de fazer papel de idiota e acabamos fazendo isso em versão brilhante.

Olhando em retrospecto, queríamos sucesso e aprovação da crítica na mesma medida e deixamos de lado o fato de que no início nenhuma das duas coisas importavam para nós. As pessoas que nos desprezavam tão veementemente eram motivadas mais por questões pessoais do que pelo tipo de música que fazíamos. O fato de que o desprezo era tão pronunciado, quase obsessivo, ao longo de toda a nossa carreira dava uma pista de que isso tinha pouco a ver conosco. Eu achava patético que as pessoas gastassem seu tempo remoendo o quanto odiavam minha banda e o que pode ter sido ainda mais patético foi o esforço de superar isso fazendo o jogo dessa gente. Mas estávamos perdidos e decidimos tentar subir de nível e nos dissociarmos do lugar de onde havíamos começado. Garantimos a nós mesmos que impressionaríamos muita gente. Finalmente faríamos um disco aclamado pela crítica – nossa *obra-prima*.

Gene, Eric e eu nos mudamos para Toronto em março de 1981 para trabalhar no álbum – Bob queria fazer aquilo em seu próprio território. No início não sabíamos, mas a escolha do lugar era ditada por seu consumo de drogas.

Ace nem sequer viajou a Toronto. Agora pode ser bem conveniente para ele dizer que não gostava do caminho musical que a banda começava a seguir, mas mesmo se estivéssemos fazendo exatamente o que ele queria, a verdade é que estava acabado demais para tocar. Ele não precisava de uma desculpa para beber; era um bêbado completo. Estava sempre caindo pelas beiradas.

Conforme os trabalhos se desenrolavam, os problemas de Bob se tornaram tão graves que ele também parou de aparecer. Eu sempre soubera que Bob tinha problemas com drogas, mas ele conseguira lidar com aquilo até então. Agora, seu uso de cocaína em tempo integral, de segunda a segunda, havia tomado grandes proporções. O capitão abandonou o barco. Ele deveria fazer o papel de visionário por trás do conceito, mas só o que recebíamos eram recados entregues por um mensageiro no estúdio depois que Bob ouvia as fitas cassete que mandávamos para sua casa.

*KISSteria a pleno vapor em um iate privado com a Gata do Ano da revista Penthouse. Austrália, 1980.*

No fim, a produção estava tão atrasada que Gene e eu começamos a trabalhar simultaneamente em dois estúdios separados, cada um mandando fitas para Bob e recebendo bilhetinhos como resposta, fazendo tudo a passo de tartaruga. Não tínhamos nem ideia do que o outro estava fazendo e não conseguíamos contatar Bob pelo telefone.

A mulher dele transmitia os recados porque Bob estava fodido demais para atender o telefone.

Pobre Eric. De uma hora para outra, aquele cara incrível que achava que tinha entrado para uma banda de *hard rock* não podia fazer mais do que brincar com a fantasia de raposa que tinha no armário. Ele havia sido completamente escanteado por aquela banda que havia ficado sem prumo e seguia por um caminho ridículo. Ele não se sentia confortável para fazer objeções explícitas, mas expressava seu incômodo e desconcerto. "Sabe, não era isso que eu esperava", dizia. Mas nunca estava em posição de alterar o nosso curso. Se bem que devia ter sérias dúvidas. Ele nos mostrou diversas vezes uma nova banda chamada Metallica, pois começou a curtir coisas como *speed metal* e *thrash* muito antes de nós.

As canções que gravamos não tinham uma pegada poderosa. Não sabíamos manusear as músicas direito. Tínhamos abandonado tudo o que amávamos e abraçávamos até então. Estávamos intoxicados pela fama e pelo sucesso. Já não éramos uma banda que todos amavam e claramente também não amávamos mais aquela banda. Senão, como explicar a guinada que demos? Para uma banda como a nossa, fazer algo como *Music from "The Elder"* lembrava aquele momento de *This is Spinal Tap* em que uma pequena Stonehenge desce ao palco. Se ao menos nos déssemos conta...

Pretendíamos usar a minha mão para a capa em vez da mão de um modelo. Mas um dia antes da sessão de fotos, fechei o dedo em uma janela e fiquei com uma unha roxa que precisava ser retocada. Aquilo devia ser um presságio.

Quando setembro finalmente chegou ao fim, retornamos a Nova York. Sempre que tocava a fita para alguém no meu apartamento, insistia que precisava de silêncio, como se estivesse mostrando a eles algo brilhante, e a pessoa tinha que ficar sentada e escutar tudo de uma vez só. Também demos uma festa de audição para a gravadora, insistindo mais uma vez que escutassem de maneira condizente com os méritos artísticos. A reação das pessoas ao fim daquelas sessões era como a da plateia ao ouvir *Springtime for Hitler*, dos *The Producers*. Queixos caídos. Por algum motivo, eu sabia que não era porque a excelência do álbum havia tirado seu fôlego.

    A gravadora odiou o álbum. Originalmente, a sequência de músicas estava estruturada de maneira a contar uma história, ainda que vagamente. Mas isso significava que a primeira canção de rock demorava a aparecer. Então nos fizeram inverter a ordem. Como se não fosse ruim o suficiente, fizeram o equivalente a renumerar as páginas de um livro, atirando-as para cima e encadernando-as novamente.

Durante a preparação para o lançamento, também mudamos nossa imagem para incluir a maneira como queríamos nos portar fora do palco. Não queríamos mais ter cabelo comprido. Eu tinha cabelo curto, uma bandana ao redor da cabeça (eu ainda precisava esconder minha orelha) e um colar que me deixava parecido com a Chiquita Bacana. Gene tinha um rabo de cavalo com tranças que caia sobre os ombros. Ace ainda estava nas fotos, ainda que na prática tivesse deixado a banda. Estávamos delirando. Havíamos tomado um suco Kool-Aid envenenado, por assim dizer.

Entrei em uma loja de discos na 8th Street, no Village, no dia em que o álbum foi lançado, em novembro de 1981, e vi um pôster de divulgação. Tive um ataque de pânico. No pôster, eu parecia ter sido atingido por um martelo.

*Que diabos nós fizemos?*

## 38.

Pela primeira vez na história da banda, não saímos em turnê após o lançamento do álbum. Na verdade, passaram-se dois anos entre o fim da turnê australiana de 1980 e a nossa próxima apresentação, no fim de dezembro de 1982.

Deixei a barba crescer.

Eu passava a maior parte do tempo em sessões particulares com diversas mulheres que conhecia de Nova York ou que pedia para virem de outros lugares. Eu não comparecia a grandes eventos sociais, só ficava imerso em uma série de relacionamentos com uma infinidade de mulheres.

Uma modelo de trajes de banho com quem eu saía naquela época me disse:

– Você nunca será feliz, porque pega pesado demais e julga muito as pessoas.

Ela tinha razão. Na época, eu não percebia o quanto ela estava certa. Era assim que eu funcionava e controlava o mundo ao meu redor.

Tudo tinha o seu lugar. Eu controlava o meu ambiente, mas não vivia nele de fato. Mas tampouco estava derramando lágrimas na cerveja, pois sair com belas mulheres era como passar as noites e os dias na Disney, e pouco importava a motivação. Certamente, era melhor do que as outras alternativas que as pessoas tinham para lidar com sentimentos parecidos de vazio, como usar drogas, cercar-se de pessoas que dizem a elas o tempo todo como eram ótimas ou terminar o dia azul em um chão de banheiro.

A fascinação de comprar coisas novas estava desvanecendo. Percebi que, enquanto a banda estava parada, pouco importava o que eu podia comprar com o dinheiro. O fundamental era o que eu não precisava fazer. De maneira direta, o dinheiro traz a possibilidade de não se preocupar com dinheiro. Ele propicia um nível de liberdade, mas não muda você. No fim das contas, você continua sendo o mesmo bom rapaz ou o mesmo otário que sempre foi. Ou, no meu caso, a mesma criança assustada.

Certa tarde, pedi a Kenny Ortega, o coreógrafo que trabalhara na turnê de *Dinasty*, para vir à minha casa. Dei a ele uma mala e disse:

– Pegue o que você quiser.

Vendi minha coleção de guitarras *vintage* – todo o lote – para um negociante por 50.000 dólares. Elas já não significavam nada para mim. Por sorte, minha vida não teve sobressaltos financeiros e essa decisão não me assombra, porque hoje em dia a coleção vale em torno de 2,5 milhões de dólares.

As prateleiras de roupas e outros pertences haviam se tornado opressivos. Não saciavam minhas necessidades conforme eu esperava, fossem elas qual fossem. No fim, além de gerar bagunça, as coisas se tornaram lembranças insistentes de minha inabilidade para fazer as coisas do jeito certo.

Mas eu precisava tentar alguma outra coisa para resolver aquele incômodo fundamental que havia dentro de mim. Então, durante uma visita ao meu terapeuta, Dr. Hilsen, ele disse:

– Encontrei um cara para você.

– Como assim?

– Encontrei um cara que acha que pode fazer uma cirurgia reconstrutiva em sua orelha.

Ele havia lido uma matéria sobre um tal de Dr. Frederic Ruecket e então descobrira seu contato. O cirurgião trabalhava em um hospital de Hanover, New Hampshire, cidade-sede da Dartmouth University.

Fiquei empolgado. Queria ter duas orelhas.

*Com meu pai no estúdio Record Plans, em 1980. Com uma longa folga da turnê, decidi me recolher por uns tempos.*

Peguei um voo para Hanover para conhecer o médico. Fred Rueckert era uma figura terna com pinta de avô que exalava confiança e segurança, reforçadas por toda sua experiência. Fomos direto ao ponto. Ele explicou que a primeira parte do processo seria remover pedaços de cartilagem de minha caixa torácica e moldá-la no formato de uma orelha. Em seguida, a peça seria implantada e coberta com uma série de enxertos de pele. Ao todo, aquilo envolveria cerca de cinco procedimentos cirúrgicos e exigiria a retirada de cartilagem de minha orelha boa do lado esquerdo.

Ninguém da minha idade jamais fizera a cirurgia. Normalmente, só usavam aquela nova técnica em crianças. Mas, tendo em vista que para mim isso era um símbolo tão tangível e causador de tanta dor, por que não mudar? De repente tive esperanças. Eu esperava que ter duas orelhas, apagar esse lembrete constante de minha infância, me ajudaria a me sentir mais completo por dentro. Eu queria superar aquilo.

A primeira coisa que precisavam fazer era cortar dois filamentos de meu tórax. Antes da cirurgia o Dr. Rueckert me alertou:

– Vai ficar um pouco dolorido.

Às vezes, ouvimos relatos de pessoas que dizem estar conscientes mesmo em estado de anestesia. Acho que pode ser uma experiência incrível. Eu estava consciente de tudo em minha primeira cirurgia. Quando abriram um corte em meu peito, eu escutava o que diziam, ainda que não pudesse abrir os olhos. Escutei o médico retirar o pedaço de cartilagem, ouvi ele moldando-o e dizendo:

– Esse aqui está bom.

Uma enfermeira concordou.

No dia seguinte, senti uma dor excruciante mesmo para os menores movimentos. "Um pouco dolorido"? Era como se alguém tivesse atravessado meu corpo com uma espada.

O processo de cura após a retirada da pele não foi muito bom. A circulação não se desenvolveu em certas áreas e precisei ficar no hospital algumas semanas para monitoração enquanto trabalharam para corrigir o problema, evitando que a pele morresse por falta de irrigação. Meus pais e minha sobrinha estavam comigo em New Hampshire. Gene também apareceu. Naquele período ele tinha muito medo de avião, então valorizei e apreciei muito a sua presença.

Após o primeiro procedimento, embora não fosse o padrão, optei por anestesia local para as cirurgias seguintes. Então, depois de cada cirurgia de revisão subsequente, eu podia sair do hospital e caminhar até o Hanover In, um hotel antigo e aconchegante em meio ao verde, bem no meio da cidade. Eu tomava analgésicos e assistia TV até dormir. Tudo fazia parte de algo muito pessoal, então me sentia bem sozinho. Curtia fazer aquilo sozinho e de qualquer forma não sabia fazer de outro jeito. Não havia nenhuma pessoa a quem eu podia pedir "Vem comigo?" sem me sentir desconfortável.

Quando voltei a Nova York, ainda estava com bandagens e gazes que precisavam ser trocadas diariamente. Em uma situação normal, isso seria feito por um médico, mas acabei cuidando disso por conta própria. Na verdade curti isso, porque me sentia participando do processo. Era difícil de olhar, mas aquilo me conectava ainda mais com meu próprio desenvolvimento e, assim eu esperava, aprimoramento. Eu estava dormindo com protetores de plástico ao redor da orelha, mantidas no lugar por uma tira de couro presa à cabeça e ao queixo. Precisei usar aquilo por meses após a cirurgia.

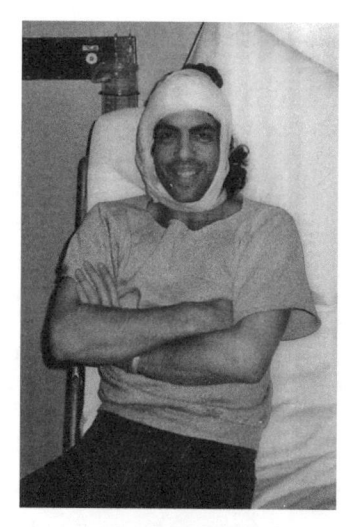

*Primeira cirurgia na orelha, em 1982, na Hitchcock Clinic, em Hanover, New Hampshire.*

Sempre tentei expressar ao Dr. Rueckert o quanto ele me transformou. Sempre pareci pegá-lo de surpresa. Ele me disse que, na maior parte dos casos, só ouvia falar nos pacientes quando as coisas não davam certo. Ele era um homem humilde que ajudou inúmeras crianças a evitar a experiência, o caos e os intermináveis problemas agravantes que encarei quando menino. Ele me ajudou a começar uma nova vida; dei a ele um Rolex de presente quando se aposentou. Nunca descobri um jeito de demonstrar o quanto ele foi importante para mim.

Finalmente curado, cortei o cabelo curto e comecei a frequentar um boteco no Upper West Side chamado Café Central. Decidi dar um tempo dos círculos musicais. O Café Central, um bar com mesas, era mais frequentado por atores e as pessoas passavam a noite inteira indo de mesa em mesa. Dentre os clientes regulares estavam Christopher Reeves, Peter Weller, Raul Julia e Al Pacino, e Bruce Willis trabalhou lá por um tempo. Se os músicos me entediavam com seus papos sobre guitarras e equipamentos, logo descobri que a maioria dos atores só falava sobre eles mesmos. Pareciam suportar a conversa dos amigos só para ganharem sua vez de falar... sobre eles mesmos. Ainda assim, a mudança de cenário foi bem-vinda por uns tempos. Comecei a ir ao teatro quase todas as semanas. Eu tinha um corretor de ingressos, então ligava e perguntava "E aí, o que você tem para hoje?".

Era interessante que tantas pessoas em Nova York (inclusive eu) falassem sobre a cultura da cidade, mas nunca a vivenciassem de fato. Ali estava a oportunidade para fazer isso. Eu assistia a qualquer coisa que estivesse passando, dos musicais britânicos de grande produção como *Miss Saigon*, *Cats* e *Les Miserables* a peças mais sérias, como *American Buffalo*, *Esperando Godot* e *Death of a Salesman*.

Também fiz algumas aulas de atuação. Compareci às aulas de Lee Strasberg um par de vezes. Em uma delas, uma mulher se levantou para fazer uma cena em frente a ele e começou a chorar antes do início da cena.

*Que doideira.*

Eu achava que as pessoas encenavam por alegria, não por acharem aquilo um tormento.

A mulher de Strasberg, Anna, foi com a minha cara, e compareci em algumas aulas na casa deles. Fiquei com a impressão de que nenhuma daquelas pessoas queria ser feliz, pois isso poderia comprometer a capacidade de atuar. Precisavam ser taciturnos e tristes e por isso todos naquela sala pareciam estar envolvidos em um drama particular. Eram tantas trevas que senti falta de uma lanterna.

*Isso não é minha praia.*

Certa noite, quando eu estava jantando, a atriz Donna Dixon e uma amiga dela, modelo, entraram no restaurante. Donna era incrivelmente atraente, tanto que chegava a intimidar. Assim, resolvi investir na outra mulher, que dividia apartamento com ela. Donna era simplesmente bonita demais. Mas, depois de sair com a amiga dela algumas vezes, admiti para mim mesmo que na verdade estava interessado em Donna. E de algum jeito aquilo deu certo: comecei a sair com Donna. Eu adorava ter uma namorada tão linda. Por mais superficial que pareça, ela era bonita ao ponto de me deixar feliz.

Pensando hoje, percebo que sair com ela era mais um exemplo claro de minha tentativa de erradicar minhas imperfeições ficando ao lado de alguém aparentemente perfeito. Qualquer um capaz de namorar uma mulher daquelas *tinha* que ser especial. Mas, na época, eu me derretia por ela. Quando entrávamos em algum lugar, todos ficavam paralisados. E eu estava com ela!

Donna havia arranjado seu primeiro grande papel, estrelando com Tom Hanks o programa de TV *Bosom Buddies*. Ela pegava voos para Los Angeles o tempo todo por isso e continuamos nos vendo.

Na mesma época, Ace anunciou que queria sair da banda. Dirigi até a casa dele em Westchester e passamos um dia juntos. Fomos ao *shopping*, dirigimos por aí e conversamos.

– Não saia – eu disse. – Fique na banda.

– Preciso sair – respondeu.

Anos mais tarde, descobri que ele não lembrava de minha visita. Muitas páginas do passado de Ace hoje estão em branco. Ele estava tão detonado que vivia em um constante blecaute.

Bill montou um acordo para deixar que Ace saísse, mas antes aparecesse em algumas ações promocionais para o álbum seguinte, que planejávamos gravar em Los Angeles. Em parte, fiquei feliz por Ace finalmente ter saído. Não chegaríamos a lugar algum com ele naquele estado. Todos na banda pareciam estar sofrendo da mesma doença. Uma coisa é ser inútil; outra é ser um fardo.

Bill havia deixado de dividir o espaço do escritório com a Howards Marks Advertising para ter pela primeira vez um andar inteiro e, logo dois, em um edifício da Madison Avenue, além de outro escritório em Los Angeles. Ele tinha uma equipe que desenvolvia projetos de filmes e outras dúzias de pessoas na folha de pagamento. Eu não tinha ideia do que eles faziam. Ele tinha um imenso apartamento de luxo próximo à Catedral de St. Patrick's, onde gastara uma fortuna com decoração, embora vivesse ali de aluguel.

Bill andava tomando decisões tão ruins que, muitas vezes, eu ia atrás dele após suas reuniões sobre assuntos que nos diziam respeito. "O que você combinou?", eu perguntava. E então tinha que desfazer alguns tratos.

Era óbvio que eram as drogas. No fim, as drogas assumiram um papel tão grande em sua vida que ele não conseguia mais ir ao escritório. Ficava em casa preparando cocaína para colocar num cachimbo.

Às vezes, quando as coisas mudam de forma gradual, não percebemos como fomos longe. Foi bem isso que aconteceu com Bill. Quando eu olhava para ele, ainda via a pessoa que conhecia; quando ele estava lúcido, ainda soava como a pessoa que eu conhecia. Mas ele não era mais aquela pessoa, por mais que eu tenha levado muito tempo para admitir isso. Bill deixara de ser nosso mentor visionário, empresário, figura paternal e quinto membro da banda para se tornar um drogado delirante e fodido. A situação era tão ruim que as conversas que tive com ele de peito aberto não deram em nada, só na confirmação do pior.

– O que você anda fazendo? – eu perguntava. – Você está torrando toda sua grana.

– Tô nem aí – ele respondia – Ganhei ela uma vez e posso ganhar de novo.

Era uma atitude imprudente, que ecoava as de Ace e Peter: todos davam por garantido o que já tinham. Ver o fracasso de todos esses caras, com drogas e bebidas saindo pelas orelhas, me fizeram perceber que tudo é uma questão do que as pessoas fazem com a liberdade que o sucesso propicia. Havia momentos em que Gene queria companhia em sua postura meio "*Nós* não bebemos nem usamos drogas". Mas aquela não era minha postura. Eu não tinha nada contra beber e tinha fumado maconha quando jovem. Mas quando pensava no que o escritório da Casablanca havia se tornado, no que Bill havia se tornado ou no que Ace e Peter haviam se tornado, eu não achava que aquela transformação fosse apenas um golpe de azar. Eles fizeram seus próprios destinos.

Finalmente, depois que Gene, Eric Carr e eu nos reunimos em Los Angeles para começar a trabalhar no álbum seguinte, *Creatures of the Night*, Gene e eu discutimos a ideia de romper com Bill. Era triste e assustador contemplar a partida de alguém que havia sido tão fundamental em nossas carreiras. Seria uma mudança monumental. Não era pouca coisa. Havíamos trabalhado com ele por quase uma década.

Apesar do que havia dado errado, todas as coisas boas que rolaram em nossos primeiros anos não teriam acontecido sem Bill. Ele foi crucial para nosso desenvolvimento e foi a cola que manteve todo mundo junto. Sabia como apertar os botões certos de cada membro da banda para nos manter felizes. Todos nos sentíamos como se fôssemos o seu favorito.

Mas percebemos que havíamos chegado a um ponto em que renovar o KISS implicaria se livrar de tudo o que conhecíamos. Já tínhamos dispensado dois integrantes e havíamos passado por tantos desgastes e tanta paparicação que perdêramos nossa autonomia e independência, que eram a essência da banda. O sistema de Bill havia atendido às nossas demandas, mas nos afastara da realidade. Era como viver em uma bolha e aquilo estava acabando conosco.

Até sugeri que parássemos de usar maquiagem, para rompermos completamente com o passado. No fim, Gene não quis acabar com a maquiagem, mas decidimos que Bill precisava sair.

Telefonamos para ele de Los Angeles.

– Bill, estamos pegando um voo a Nova York para te encontrar.

Sempre achei que tínhamos o dever com as pessoas e com nós mesmos de olhar nos olhos ao fim de um relacionamento, fosse ele romântico ou empresarial.

Quando chegamos ao escritório, Bill disse:

– Eu sei por que vocês vieram.

– Está na hora – dissemos.

Ele sorriu com nostalgia. Apertamos as mãos, nos abraçamos e nos despedimos de um grande capítulo de nossas vidas.

## 39.

Enquanto preparávamos nosso álbum seguinte, *Creatures of the Night*, não havia lá muitos produtores de ponta batendo a nossa porta. Na verdade, as pessoas nem retornavam nossas ligações.

Finalmente, no verão de 1982, agendei um almoço em Los Angeles, onde planejávamos gravar o álbum, com um cara chamado Michael James Jackson. Encontramo-nos em um restaurante chamado Melting Pot, na esquina da La Cienega Boulevard com a Melrose. Descobri que Michael não tinha experiência real com bandas de rock, embora tivesse trabalhado pouco antes com Jesse Colin Young, o fundador da banda The Youngbloods, que teve alguns *hits* nos anos 1960. Quando começamos a conversar, Michael disse:

– O que vocês precisam fazer é compor alguns *hits*.

*Nossa, por que não pensei nisso antes? Ideia brilhante pra caralho!*

Mas, apesar das ressalvas momentâneas diante desse "*insight*", gostei dele. Era muito introspectivo e intelectual e começamos a nos dar bem. E embora ele não soubesse bem o que tinha para nos oferecer em termos musicais, precisávamos de *alguém*. Eu sabia que Gene e eu ainda não tínhamos a capacidade de sermos produtivos juntos, porque nenhum dos dois queria comprometer suas próprias ideias musicais. Precisávamos de um intermediário no estúdio, alguém que equilibrasse e definisse as coisas.

Gene e eu nunca mais compomos juntos. Michael deu a ideia de chamarmos compositores de fora da banda para trabalhar no disco conosco. Sugeri Bryan Adams, que havia composto um *hit* menor chamado *Let Me Take You Dancing* em parceria com Jim Vallance. Embora sua voz tivesse sido acelerada nessa gravação e soasse como uma garotinha, achei que havia algo ali. Mas quando telefonamos para ele, Bryan acabou compondo em parceria com Gene e eles criaram *War Machine*.

Como Ace havia partido, espalhamos a notícia de que estávamos em busca de um novo guitarrista. Dentre outros, tivemos sessões com Steve Farris, do Mr. Mister, Robben Ford, que era um grande guitarrista de blues, e Steve Hunter. Richie Sambora, que estava em uma banda recém-formada chamada Bon Jovi, pegou um voo de Nova Jersey para o teste. Ele ainda não era o guitarrista consumado que se tornaria e não passou no teste. É engraçado, mas anos depois ouvi ele dizer que não queria o trabalho de fato, pois queria fazer algo mais ligado ao blues. Em primeiro lugar, é difícil de imaginar que tenha saído da Califórnia para um teste no KISS só porque gostava de comida de avião; além disso, o Bon Jovi gravou muitas coisas boas, mas não estão na mesma sessão que Howlin' Wolf em minha coleção de discos.

Outra pessoa com quem falei foi um jovem muito querido chamado Saul Hudson. Ele me contou que sua mãe havia sido costureira do David Bowie e que seus amigos o chamavam de "Slash". O rapaz havia sido muito bem recomendado e era cativante, mas parecia jovem demais. Finalmente, perguntei sua idade. "Vou fazer dezessete mês que vem", disse.

Eu havia completado trinta naquele ano e Gene tinha o dobro da idade do garoto.

– Sabe – eu disse –, você parece um cara muito legal, mas acho que é jovem demais para isso.

Desejei-lhe boa sorte e sempre lembrei dele como alguém muito legal e espontâneo.

No fim, diversas pessoas diferentes tocaram solos em *Creatures of the Night*. Era uma maneira de testar os candidatos e ver quem entrava melhor no clima de uma determinada canção. Eddie Van Halen entrou no estúdio um dia sabendo que estávamos em busca de um guitarrista. Ele escutou parte do material que tínhamos, incluindo um solo da faixa que dava nome ao álbum, feito por Steve Farris.

– Uau, por que vocês não pegam *esse* cara? – perguntou Eddie.

Ele ficou impressionadíssimo. Na verdade, tínhamos até ensaiado com Farris, mas não rolou química.

Eddie estava realmente descontente nessa época e telefonou para a minha casa algumas vezes. Ele estava bem perdido e queria conversar sobre os discos solo do KISS.

– Por que vocês fizeram aquilo? – perguntou. – Por que fizeram discos solo?

Ficou claro que aquilo tinha algo a ver com a banda dele, que estava passando por um período tumultuado, mas ele não disse exatamente o que estava acontecendo. Parecia conversar comigo em busca de respostas, mas eu nunca entendia bem qual era a pergunta.

Compus as canções *Creatures of the Night* e *Danger* com um cara chamado Adam Mitchell, que havia tocado em uma banda canadense chamada The Paupers. Adam também havia composto com o guitarrista Vincent Cusano e, embora não tivesse muitas coisas boas para dizer dele como pessoa, comentou que o cara era um cantor-compositor muito talentoso e sua guitarra poderia encaixar bem no KISS. Aquela era uma cena que se desenrolava com frequência: as pessoas sempre falavam sobre o talento e a habilidade de Vinnie, mas nunca tinham nada de bom a dizer sobre ele como pessoa. *Hmmm*.

Na primeira vez que foi ao estúdio, Vinnie começou a tocar um solo e ficou de joelhos. Aquilo foi uma das coisas mais patéticas que eu já vira. Você simplesmente não precisava fazer aquilo em uma sessão de apresentação. Ele parecia errado de alguma maneira – era um tanto descarado e tinha um visual estranho–, mas estávamos em uma dura encruzilhada e Vinnie acabou tocando em diversas faixas do álbum.

Para nós, *Creatures* foi feito com o choque e a percepção de como estávamos completamente perdidos. O álbum era uma declaração de que desejávamos por a banda de volta nos trilhos. Eric ficou aliviado, pois era o que sempre esperara. Ele estava muito feliz durante todo o processo de gravação.

Certa tarde, um caminhão de crianças acompanhadas por seus pais apareceu no estúdio e Gene os levou para o estúdio onde gravávamos. Eles se reuniram ao redor do microfone: estavam lá para cantar os vocais de fundo para uma música.

*Que diabos?*

É que Gene havia feito um acordo com um produtor de Hollywood: se deixasse o cara levar seus filhos e os amigos para fazerem os vocais de uma música do KISS, ele arranjaria um papel secundário para Gene.

*Tá brincando comigo?*

Fiquei furioso. E não só porque Gene não tinha perguntado antes: ele estava nos usando e pondo o álbum em risco para tirar vantagem pessoal. Fiquei ofendido por ele tentar arranjar papéis desse jeito. Eu vinha fazendo aulas de atuação desde muito antes de ele ter a ideia de aparecer em filmes. Na verdade, ele havia me dito que nem se interessava por isso. Para mim, o caminho era óbvio: você estudava em uma escola de atores e então tentava alguns papéis. Esse era o caminho "certo". Gene não via as coisas dessa maneira. Ele simplesmente abriu seu caminho com trocas de favores.

*Se você anda atrás de um elefante, acaba tendo que juntar a bosta dele.*

Eu gastava meu tempo livre em Los Angeles com Donna Dixon. Parte da razão para eu ter investido tanto em Donna era porque ela sempre mantinha certo distanciamento, independentemente da proximidade que havíamos desenvolvido. Isso despertou minha velha compulsão por ver os relacionamentos como um desafio a ser superado. Mesmo quando estávamos juntos, sempre havia algo faltando, e eu continuava querendo ir atrás disso. Estava admirado com sua beleza e coloquei-a num pedestal, que sempre se prova o lugar mais tedioso e menos sexy em que uma mulher pode estar. Mas meu pai certamente teria aprovado.

Depois que terminamos de gravar *Creatures*, passei boa parte do ano transitando entre Los Angeles e Nova York para ver Donna. Ela também ia muito a Nova York e morava no meu apartamento. Depois que o programa de TV *Bosom Buddies* foi cancelado, ela fez teste para um filme chamado *Doctor Detroit*. Depois do teste, ela me disse que achava que Dan Ackroyd, a estrela do filme, era um gênio. Achei essa observação um pouco exagerada.

Donna estava procurando um novo consultor financeiro, então apresentei-a a Howard Marks. Howard tinha barriga de cerveja e sempre usava calças logo abaixo do peito, mantidas por suspensórios. Como não era incomum, no dia em que fomos vê-lo, ele provavelmente tinha tomado alguns drinques. Estava almoçando em sua escrivaninha quando chegamos. Fez um grande discurso para Donna sobre guardar dinheiro para o futuro e a importância do planejamento financeiro e depois daquela longa dissertação foi até outra mesa no

1982 – A vida nos tablóides.
Pode ficar com o recorte.

[Donna Dixon conta como o medo de um bizarro rock star acabou se transformando em amor.]

canto do escritório com os restos do almoço e os guardanapos sujos em uma bandeja.

Quando se levantou, como se tudo estivesse acontecendo em câmera lenta, pude ver seus suspensórios despencando. Ele devia ter soltado sobre os ombros quando estava sentado à escrivaninha. Quando foi atravessar a sala, suas calças começaram a bambolear até caírem no chão.

Howard olhou para baixo, soltou a bandeja no ar, juntou as calças e soltou um guincho:

– Ai meu Deus!

– Isso é normal? – perguntou Donna.

Ela conseguiu o papel em *Doctor Detroit* e visitei-a no *set* de gravação em Chicago, onde lhe dei um anel de diamante. Não considerei aquilo um anel de compromisso. A relação estava um tanto estagnada, faltava algo para nós dois. Mas eu não queria perdê-la e não queria ser deixado.

Às vezes, Donna dava uma sumida e eu ficava dias sem notícias dela. Ela estava vivendo no meu apartamento quando estava em Nova York e pouco antes do Natal encontrei um novo casaco de peles em seu guarda-roupa. Ela disse que tinha pegado no vestiário de um projeto no qual estava trabalhando. Não demorou muito para que me pegasse de surpresa com um papo de nunca estar sozinha e precisar de mais espaço. Eu disse que não queria ser só um dos caras com quem ela saía e não queria dividi-la. Embora agora houvesse mais perguntas sem resposta e mais distância entre nós, deixamos o assunto de lado por um tempo.

Então, vi nas coisas dela uma pequena camiseta com os dizeres "Martha's Vineyard". Martha's Vineyard? Quando é que ela foi a Martha's Vineyard? Ela fazia pouco caso de seus sumiços. Bem, mais ou menos. Eu também não perguntava muito, porque não tinha certeza se queria saber a verdade. De qualquer forma, quando alguém era desonesto ou sem consideração, isso reforçava o que eu pensava de mim.

*Isso é o que mereço.*

*Se ao menos eu fizer ela gostar de mim...*

**40.**

O KISS gravou um vídeo para *I Love it Loud* com Ace. Então ele foi conosco até a Europa para alguns eventos de divulgação com *playback* na época do lançamento de *Creatures of the Night*. Ele estava muito frágil e na Europa me disse:

– Estou à beira de um colapso nervoso. Não posso mais fazer isso.

Quando voltamos aos Estados Unidos, era o fim da linha. Ace estava fora em definitivo.

Ace, Peter, Bill Aucoin – todos fora. As pessoas caíam feito moscas ao nosso redor. Neil Bogart havia morrido de câncer enquanto trabalhávamos em *Creatures*; embora já não estivesse envolvido com a gravadora, sua morte foi outro rompimento com nosso passado. Richard Monier, gerente de turnê e um de meus amigos mais próximos, foi a primeira pessoa que conheci a morrer de AIDS, naquele mesmo ano. E Wally Meyrowitz, um dos agentes de Nova York – outro amigo e confidente – morreu de uma mistura de álcool e barbitúricos.

*Para onde foram todos?*

Gene parecia estar com uma fixação por Hollywood e gastava o menor tempo possível com os assuntos da banda. Em seu inimitável estilo evasivo e autocomplacente, gostava de dizer:

– Bem, Paul só quer ser um rock star. Eu quero fazer muitas outras coisas na vida.

Eu não entendia por que todos estavam pulando do barco. Ainda éramos o KISS. E eu ainda via a banda como meu bote salva-vidas.

*PARA ONDE FORAM TODOS?*

Tínhamos uma turnê agendada para começar em 27 de dezembro de 1982 e ainda não tínhamos um substituto permanente para Ace. Pelo andar da carruagem, eu tinha sacado que Vinnie não daria certo na banda. No ínterim, haviam surgido rumores sórdidos de que ele roubara equipamento do estúdio de gravação. Mas não havia ninguém mais a vista. Quando decidimos trazê-lo para a banda, eu disse a Gene:

– Só para constar, acho essa uma má ideia.

Com a turnê de *Creatures* se aproximando em um contexto de grande desastre financeiro, precisávamos apertar os cintos, então Vinnie não ganhou um Porsche.

Ao ganhar o trabalho, Vinnie quis mudar de nome para Mick Fury. Por que todo mundo inventava nomes de desenho animado? Olhei para ele e perguntei: *Sério?* Concordamos com Vinnie Vincent. Depois de sondar algumas ideias para a sua maquiagem, inventei o visual da cruz egípcia.

No que dizia respeito à sua sabedoria e compreensão de guitarras, Vinnie era ótimo. Havíamos composto juntos e eu o escutara tocando e cantando. Conhecia seu talento. O problema era que ele não sabia o que tocar ou quando e também era incapaz de se autoeditar. Tocava como se estivesse vomitando: simplesmente vinha para fora. Ele queria mostrar como era capaz de tocar rápido e quantas notas era capaz de tocar, mas não pensava antes. Isso se tornou mais problemático após o início da turnê.

No palco, Vinnie tinha uma compulsão infernal por usar todos os solos como uma oportunidade para se exibir. Mas não é assim que funciona. Tudo depende do contexto. Vinnie nunca pareceu entender isso. Queria sua "parte merecida" e seus solos no meio dos shows se tornaram pavorosamente longos. Costumávamos chamar aquilo de "ponto alto" dos shows, porque todo o público saía dali pra ficar alto.

Nem tantas pessoas viram suas atuações de pseudo-herói da guitarra: a turnê de *Creatures* teve bilheterias horrendas na maioria dos lugares. Antes de subir no palco, ouvíamos: *"Vocês queriam o melhor e vocês terão a melhor, a banda mais quente do mundo..."*. Então entrávamos e víamos que não havia ninguém lá. Às vezes, havia apenas mil pessoas em uma arena que poderia abrigar dezoito mil.

Havíamos lotado os mesmos lugares alguns anos antes, mas agora, se eu jogasse minha palheta muito longe, ela passava por cima das cabeças e caía no chão. Tocávamos em lugares que pareciam um estacionamento onde haviam esquecido de apagar as luzes após o término de um evento. E então entrávamos em lugares onde escutávamos o eco do salão, que trazia a certeza de que tudo estava vazio.

Estávamos dessangrando, como se diz no mundo dos negócios. Era uma marcha fúnebre para nós e para os promotores dos shows.

No começo, a resposta instintiva foi culpar os outros. *Ah, é culpa do promotor*. Mas se as pessoas quisessem nos ver, não precisariam de incentivos para ir ao show. E se não queriam nos ver, o promotor não podia obrigá-las a comprar ingressos apontando uma faca. Tínhamos que encarar o fato de que as pessoas não vinham porque não queriam.

Obviamente, precisávamos pagar o preço de *Unmasked* e *The Elder*. Estávamos de volta nos trilhos com *Creatures*, mas os fãs não perdoavam assim tão facilmente. Levaria anos para recuperarmos nossos fãs e arranjar alguns novos. Havíamos traído eles. Também havíamos traído a nós mesmos e não seríamos facilmente perdoados.

Pensando agora, o que fizemos foi chocante. E passamos anos preparando aquilo. As pessoas que nos deram as costas não voltariam só porque pedimos desculpas. Precisávamos provar que sentíamos muito e isso levava muito tempo. *Creatures* sozinho não era o suficiente.

Mas nada podia nos preparar para o choque de grandes espaços vazios. Era incomensurável a dor de perceber que, de uma turnê para a outra, a plateia simplesmente desaparecera. Nossa época já tinha passado.

Eu amava o espaço que tinha, adorava a estatura da banda e a maneira como era visto. E perder aquilo foi horrível. *Horrível.*

Dormir era a minha maneira de lidar com a depressão. Minha maneira de cair fora. Eu estava tão deprimido que não conseguia manter os olhos abertos em nenhuma situação. Fiquei tão mal que pegava sono no camarim antes dos shows. Às vezes, apagava antes de fazer a maquiagem; às vezes, apagava e caía de cara na maquiagem. A equipe passava por poucas e boas para me acordar.

Eu ainda procurava Donna quando precisava de calma e segurança. Era capaz de passar horas com ela no telefone todos os dias. Ela estava se preparando para o lançamento de *Doctor Detroit* e me disse mais uma vez que precisava de espaço. Respondi que ainda não estava preparado para ser uma das várias pessoas com quem ela saía, e que se ela realmente queria terminar comigo teria que fazer isso pessoalmente. Comprei uma passagem para ela até a parada seguinte da nossa turnê. Ela foi lá. E acabou.

Minha depressão se agravou.

Não sei se a situação daquela turnê ou a crise da banda em geral afetou Gene. Àquela altura, ele não se dedicava totalmente à banda. Afinal, trouxera um caminhão de criancinhas para cantar no álbum e claramente estava olhando em outra direção. Ele nunca foi de manifestar sentimentos através de palavras, então não falávamos a respeito disso, embora ambos certamente estivéssemos cientes do que estava acontecendo.

Eric, por sua vez, não entendia o lado financeiro. Não entendia como aquelas plateias desastrosas influíam em nosso orçamento. Ele simplesmente amava fazer parte da banda e tocar o material do novo álbum.

Alguns meses após meu ultimato com Donna, decidi que havia sido duro demais – nada nem ninguém haviam preenchido aquele vazio. Qualquer coisa que eu conseguisse dela seria melhor do que nada. Respirei fundo e liguei pra ela, que pareceu chocada. Eu disse como me sentia e começamos a falar com frequência pelo telefone outra vez. Não era raro conversarmos sobre a saudade que sentíamos um do outro. Até ficamos quando o KISS fez um show em Los Angeles.

Certa manhã, pouco antes de partirmos para a América do Sul para o último trecho da turnê, dei uma espiada em um jornal e uma pequena nota chamou a minha atenção. *A atriz Donna Dixon se casou com Dan Ackroyd, que estrela com ela Doctor Detroit, conforme mostram documentos recém-descobertos. O contrato de casamento foi assinado em Martha's Vineyard.*

O quê? Martha's Vineyard?

Descobri que estavam casados havia três meses. Fiquei chocado ao perceber que, durante o tempo em que estivemos nos falando outra vez, ela estivera prestes a se casar, o que de fato fez em seguida.

De repente, fiquei com falta de ar. Eu mal conseguia me mexer.

Telefonei para ela:

– Você estava casada enquanto nos falávamos?

Ela disse que esperava que eu encontrasse o que ela havia encontrado ou algo do tipo. Nenhuma explicação e nenhuma desculpa.

Desliguei o telefone.

Dali em diante, fazer qualquer coisa exigia um imenso esforço. A depressão era como uma camisa de força. Eu precisava me empurrar todos os dias: *Tire essa bunda da cama.*

Tudo ao meu redor estava desmoronando.

*Continue se movendo. Senão, você vai afundar.*

A imprensa parecia sentir prazer em ver a queda do KISS. Depois que me arrastei para fora da cama para dar uma entrevista certo dia, o repórter me perguntou: "Como é a sensação de estar no *Titanic*?" Os jornalistas nos viam como uma *commodity* e se esqueceram de que éramos pessoas. Outro entrevistador perguntou: "Como é a sensação de estar morrendo?". Eram detestáveis. Eu percebia sua frieza e sua alegria perversa. Ainda assim, aprendi uma coisa ao lidar com perguntas como essas dia após dia.

*Ninguém vai me avisar quando isso termina.*

Era claro que tudo ao meu redor tinha dado errado. Mas e quanto a mim? E quanto a minha sobrevivência? Isso dependia de mim.

*Como é a sensação de estar morrendo?*

Aqueles idiotas no telefone não decidiriam se eu seria bem aceito ou não nas arenas de shows.

O KISS era *tudo* para mim.

E bem ali, jurei que faria todo o necessário para manter meu bote salva-vidas boiando.

*O KISS nunca morrerá.*

# Parte IV

### Under the gun
*Sob a mira do revólver*

## 41.

Em junho de 1983, fomos ao Brasil e tocamos para 180.000 fãs aos gritos no Estádio do Maracanã, no Rio. Era a maior plateia de nossa carreira. Ao subir no palco em estádios de futebol da América do Sul, percebi que os estádios que consideramos grandes nos EUA eram minúsculos em comparação. Pequeninos. Quando você entra em um estádio como o Maracanã, tem a sensação de estar no fundo de um tonel de óleo.

Outra diferença é a segurança. À tarde, quando estávamos conferindo as coisas, havia uma milícia armada com cães por ali.

Não há maneira de descrever a quantidade de energia que uma plateia daquele tamanho transmite. E toda aquela energia era direcionada ao palco. Era possível dizer que havia eletricidade no ar ou que havia um sentimento de antecipação e histeria – chame como quiser. Mas, quando tudo aquilo se dirige a você, é como uma grande onda que pode arrastá-lo. A quantidade de poder lançado em sua direção é incrível. Você quase consegue sair do chão.

Ainda assim, por mais revigorante que fosse tocar em lugares como esse, as cartas já estavam dadas. A questão não era se as peças de dominó cairiam, mas quantas cairiam. Sim, ainda éramos capazes de tocar nos maiores estádios da América do Sul, mas nossa posição na América do Norte era muito instável. Sabíamos que precisávamos reconstruir o KISS do zero, tudo de novo.

De volta aos Estados Unidos, insisti novamente para que Gene concordasse em fazer a coisa mais radical que podíamos: acabar com a maquiagem. Algumas pessoas viram isso como uma escolha corajosa; eu via como nossa única escolha. Nosso público nos EUA não havia minguado por acaso, mas porque o que fazíamos já não parecia verdadeiro. As pessoas estavam cansadas daquilo que o KISS havia se tornado.

Com os novos personagens, estávamos a um passo de nos tornarmos as Tartarugas Ninjas. Poxa, o que diabos era aquela cruz egípcia do Vinnie? Em vez de mantermos vivas as imagens e as personalidades originais, nos tornáramos um grupo de animais ridículos. O que viria a seguir? O garoto tartaruga?

Quando começamos a gravar *Lick It Up*, pensamos em arranjar um empresário para substituir Bill. Até então, Howard Marks havia assumido as tarefas administrativas do trabalho de Bill e estávamos basicamente nos autogerenciando. Então nos encontramos com um famoso empresário em Los Angeles e dissemos a ele que havíamos decidido retirar a maquiagem.

– Por que vocês não deixam a maquiagem em metade dos seus rostos?

*Em* metade *do meu rosto?*

Foi então que percebemos o quanto a maioria das pessoas estava fora de sintonia com o KISS. Afinal, *Creatures* era um bom álbum. O problema era que as pessoas estavam escutando com os olhos em vez dos ouvidos. Se não gostavam do que viam, dificilmente gostariam do que ouvissem.

Concordar em tirar a maquiagem foi – compreensivelmente – muito mais difícil para Gene. Era mais fácil para mim do que para o cara de rabo de cavalo no topo da cabeça que cuspia sangue no palco. Mas quando *Creatures* fracassou, o senso comum nos levou à conclusão de que simplesmente não tínhamos escolha. Tirar a maquiagem era a nossa melhor chance de continuar.

Mesmo assim, Gene só concordou em pular quando já estávamos na beira do penhasco. Era uma dose de confiança necessária para nossa própria sobrevivência. Teríamos que descobrir se éramos uma banda boa o suficiente para existirmos sem a maquiagem. Se o que as pessoas sempre disseram sobre nós era verdade, que não passávamos de um golpe publicitário, então eu sentia que era hora de dar fim àquilo porque não merecíamos seguir em frente.

Se eu estava nervoso? Na verdade não. Eu sabia que fazia tudo com o coração, estando de cara branca ou não. Eu havia naturalizado aquilo. Continuaria a ser exatamente o mesmo personagem.

Quando as pessoas nos parabenizavam ou diziam que tínhamos colhões pela decisão, eu respondia que o único motivo para fazermos aquilo era nossa sobrevivência. Não havia outra alternativa. Não me importo de assumir os créditos pelas decisões de alto risco, mas esse não era o caso. Eu não era nobre ou corajoso, pois aquilo não foi feito em uma situação vantajosa. Estávamos encurralados.

Eu ainda estava tentando me acostumar com a descoberta do casamento de Donna. Estava confuso e entorpecido. À época eu consultava com um psiquiatra e um dia ele comentou em meio a uma conversa: "A melhor coisa para ajudá-lo a esquecer uma mulher é outra mulher". Foi uma das coisas mais reveladoras que escutei em uma sessão de terapia. Falei: "O quê? Isso não soa muito profundo. Tá falando sério?". Eu estava em busca de alguma dica zen e fui pego totalmente de surpresa.

*Bem, tá bom, acho que dá para fazer isso.*

Depois daquela sessão, pensei com meus botões que talvez um jeito de me sentir melhor fosse escrever uma canção sobre superar um relacionamento. Li em algum lugar que quando Beethoven escreveu sua segunda sinfonia em 1802, uma composição que eu achava extremamente inspiradora, tinha pensamentos suicidas. Talvez eu também conseguisse me livrar de um aperto através da composição.

Vinnie e eu escrevemos *Lick It Up* na sala de música do meu apê na 80th Street, cujos *cases* de guitarras agora estavam vazios. Antes de compormos, pensamos que tipo de coisa tentaríamos fazer e as palavras do terapeuta voltaram à minha mente. Logo inventamos o título *Lick It Up*, que soava ótimo.

*Life's a treat and it ain't a crime to be good to yourself.* [A vida é ameaçadora, e não é um crime ser bom consigo mesmo.]

Era um sentimento universal e algo em que eu certamente acreditava, mesmo que não vivesse de acordo com isso o tempo todo. Sem dúvida, parecia melhor do que cantar sobre a tristeza. Além disso, o ato de escrever uma ótima canção, fosse qual fosse o sentimento que transmitia, fazia com que eu me sentisse bem. Era parte de ver a luz no fim do túnel. Era parte de abrir um caminho para fora das trevas.

Criar era uma maneia de reestabelecer a direção de meus passos.

Outras canções de *Lick It Up*, como *A Million to One*, se aproximavam mais de meus sentimentos. Acho que todos gostamos de acreditar que somos insubstituíveis em uma relação e que ninguém jamais dará à pessoa que amamos tanto quanto demos. *A Million to One* surgiu desse sentimento. É claro que não era muito realista e sim um tanto egoísta, além de ser uma grande mentira.

Embora houvesse certa empolgação com a retirada da maquiagem, isso não significava que nossa música devesse mudar. Ficamos felizes com a produção de *Creatures* e nos sentimos seguros para trabalhar com Michael James Jackson outra vez, dando continuidade a nosso processo de retorno ao rock.

Quando o álbum estava quase pronto, fiquei empolgado ao ver as provas para a capa. Lá estávamos nós. Era uma carta de intenções que dizia bastante, se levarmos em conta tudo o que deixávamos para trás. Achei que estávamos fazendo uma declaração sobre a banda e sua validade e credibilidade aos nossos próprios olhos. Tirar a maquiagem dizia o quanto valorizávamos a banda. Poderíamos ter simplesmente jogado a toalha e ido para casa. Em vez disso, estávamos nos despindo de nossas armaduras.

Também me dei conta de que assim que o disco saísse eu não estaria mais apartado do impacto do sucesso, fosse ele positivo ou negativo. A pessoa famosa seria a mesma que andava pela rua. Mas isso também poderia ser divertido.

Eu seria muito mais visível e fácil de reconhecer, o que não poderia ser ruim, sobretudo no que dizia respeito a pegar mulher. De qualquer forma, eu tivera anos para me adaptar à fama e todos aqueles anos de maquiagem possibilitaram uma transição, de modo que não seria como pular em uma piscina de gelo.

Até aquele momento, a MTV sempre havia nos ignorado. Havíamos filmado uma daquelas propagandas *I want my MTV* e ela nunca foi ao ar. O vídeo que havíamos gravado para *Creatures, I Love It Loud*, não foi transmitido. Eles optaram por não nos dar nenhum espaço, embora precisássemos disso desesperadamente após o fiasco de *The Elder* para mostrarmos que estávamos comprometidos a fazer outra vez o que o KISS fazia de melhor. Éramos considerados cafonas por um canal cujo gosto era definido por um grupo de universitários.

De repente, quando nos desmascaramos, tudo mudou.

A MTV finalmente nos acolheu de alguma maneira. Elaboramos um vídeo de desmascaramento para passar no canal. Se formos pensar, era só o desmascaramento meu e de Gene: os outros dois caras eram um tanto desconhecidos. Não digo isso para menosprezar Eric ou Vinnie, mas ter tocado em um álbum que mal foi percebido pela consciência pop não atraía muita atenção para os dois tirando a máscara. Para a maioria das pessoas, o KISS ainda era o Catman, o Spaceman, Starchild e o Demon. Mas o Catman já estava aparecendo à luz do dia, por assim dizer. Assim como o Spaceman. Nesse caso, até certo ponto, fizemos um barulho desproporcional.

Ainda assim, o *KISS unmasking* gerou muita repercussão e as pessoas ficaram interessadas. Conseguimos transformar aquilo em um evento que repercutiu na imprensa.

Deu certo. Eu estava convencido de que *Lick It Up* não era tão bom quanto *Creatures of the Night*, mas o álbum vendeu muito, muito melhor – provavelmente quatro ou cinco vezes mais só nas primeiras semanas após o seu lançamento, em setembro de 1983. Não era das músicas que as pessoas não gostavam. Era da aparência da banda.

Depois que tiramos a maquiagem, paramos de usar botas de plataforma no palco e adotamos um estilo mais genérico: roupas coloridas e apertadas, sexuais e espalhafatosas. Passamos para um visual bem comum para a época. Quero dizer, pelo amor de Deus, Robert Plant tinha cortado o cabelo e estava usando calças saruel! Ninguém era imune ao que estava rolando. Até o The Who e os Stones foram afetados pela moda da época. Apenas nos transformamos no que ficou conhecido como *hair band*.

Tínhamos a mesma aparência de dúzias de outras bandas. Não havia mais espaço para ser diferente. Tínhamos nos livrado de nosso cartão de visitas. Havíamos nos despojado do que nos fazia diferentes e só o que podíamos fazer era assumir a aparência de uma banda de rock café com leite. A MTV havia criado a oportunidade para que uma banda de Idaho se parecesse como uma banda de Los Angeles, que podia ter o mesmo visual de uma banda de Londres. Havia uma aparência homogeneizada, pois todas as bandas perceberam de repente que podiam comprar *spray* para cabelo, montá-lo para cima, usar a maquiagem de suas mães e rolar com a guitarra pelo chão, assim como haviam visto no vídeo de alguém. As bandas daquela época eram assim: cabelo comprido, elastano, joias e maquiagem feminina.

Diversas bandas com esse visual eram musicalmente terríveis. Era incrível o quanto algumas delas eram ruins. Não tinham alma nem raízes. Sei que estava copiando muitas coisas dos conjuntos britânicos influenciados pelo blues, mas até onde eu sabia não era possível tocar aquele tipo de música de maneira respeitável sem ao menos conhecer coisas como Humbert Sumlin, Howlin' Wolf e Robert Johnson. Jimi Hendrix não começou tocando *Purple Haze*. Para aprender a tocar guitarra, é preciso voltar no tempo.

A maioria das *hair bands* era horrível, com guitarristas que tocavam de improviso e batiam nas cordas sem saber tocar de fato. Mas tínhamos que nos adaptar ao que estava rolando. E, para o bem ou para o mal, isso nos manteve vivos pelas décadas seguintes.

Como a MTV havia coberto nosso desmascaramento, achamos que dessa vez eles tocariam nosso clipe se fizéssemos um. Não ganharíamos a atenção de um lançamento mundial nem nada, mas esperávamos que o clipe tocasse. O vídeo de *Lick It Up* tinha uma produção melhor do que *I Love It Loud*, mas conseguimos manter os custos bem baixos. Alguns artistas estavam gastando centenas de milhares de dólares em seus vídeos na época, o que nos parecia uma loucura, sobretudo tendo em vista o histórico da MTV de não nos ceder espaço. Queríamos fazer *Lick It Up* com uma quantia razoável de dinheiro.

O vídeo abria com imagens de caveira e se você olhar bem de perto dá pra perceber que uma delas balança um pouco, pois eram feitas de látex. Rodamos o vídeo em uma área incendiada do Bronx. Afora uns poucos adereços, como as caveiras, tudo era de verdade: não fizemos nada além de ir até lá. Parecia Dresden em 1945, um cenário de devastação pós-apocalíptica. Mas não era um *set* de filmagem. Eu nunca havia visto nada como aquilo antes. Eu havia passado muito tempo em South Bronx. O louco era que não era apenas uma pequena área. Era gigantesca, como uma cidade inteira bombardeada ou um *set* colossal. Havia prédios ruindo e ameaçando cair em qualquer direção para onde se olhasse e pilhas de tijolos e pedras a perder de vista. Era a coisa mais surreal e bizarra que eu já havia visto.

Quando vi o vídeo completo e editado, achei legal. Era um "vídeo MTV": tinha garotas, fogo e esquisitões cabeludos. Tinha tudo o que havia em um vídeo da MTV.

Eric odiou porque tinha pernas curtinhas e quando caminhava dava para ver os pezinhos com sapatos pontudos e pernas grossas. E ao ver Vinnie as pessoas perguntavam: "É uma mulher?". Quando tiramos fotos para a capa de *Lick It Up*, Vinnie usou uma peruca que ficou ótima. Depois disso, nos deu muito trabalho, pois insistia em não usá-la de novo. Mas seu cabelo parecia o de um bebê de pacote de fraldas. Ele já tinha uma aparência muito estranha e naquele vídeo ficou ainda mais estranho porque tentou parecer sexy para a câmera.

*Lick It Up* acabou virando um platina-duplo. Atropelou o *Creatures of the Night* e confirmou que as minhas suspeitas estavam certas. Não era que as pessoas não quisessem o KISS. Elas queriam que o KISS deixasse para trás o que já não parecia genuíno. Tirar a maquiagem forçou as pessoas a focarem na banda. E elas acolheram a música.

*Lick It Up* também foi uma recuperação em outros sentidos porque, de certa forma, abrir mão da maquiagem significava deixar para trás uma era, desfazer-me do personagem e finalmente estar ali, ao menos na superfície, como *eu mesmo*. A pessoa que estava fora do palco era a mesma dos vídeos.

Eu sentia que tínhamos dado um grande passo à frente e isso significava que poderíamos avançar e tentar reconstruir aquilo que eu tanto amava, o KISS.

O próximo teste seria tocar ao vivo sem maquiagem. Éramos apenas um bando de babacas de elastano e tintura que explodiam tudo ao seu redor? Ou éramos uma *banda*, capaz de ficar ombro a ombro com qualquer outra?

Estávamos prestes a descobrir.

## 42.

O show – em outubro de 1983, em Portugal – começou com nossa típica introdução: *A banda mais quente do mundo...* E então, de repente, estávamos em cima do palco e sem maquiagem. E vestidos com roupas de roqueiros em vez de botas de plataforma, asas de morcego e todos os acessórios. Pela primeira vez na vida.

Olhei para Gene.

*Ele está com a mesma aparência que tinha durante a passagem de som – e tem uma plateia aqui!*

A plateia não entendeu o que estava acontecendo. O show havia sido divulgado com fotos de maquiagem. Os pôsteres em toda a cidade mostravam os antigos personagens. Demorou alguns minutos para as pessoas se acostumarem.

Tínhamos o mesmo impacto visual? Não. Dava para sentir a diferença do palco. Mas tínhamos que deixar aquilo para trás e descobrir quem éramos.

Eu não tinha problemas com a maquiagem, mas com o que ela havia se tornado. Precisávamos desistir daquilo para salvar o que tanto amávamos. Era *empolgante*. E também libertador.

Eu saboreava aquela chance de sermos testados outra vez. Não apenas pelos críticos e pelo público, mas também por mim mesmo. Naquela turnê, percebi que a parte mais difícil de tirar a maquiagem não era me apresentar sem a estrela, mas me ajeitar para as fotografias. Como havíamos determinado desde o início que não seríamos fotografados sem maquiagem para fortalecer os personagens de palco, eu tinha um sexto sentido neurótico que me permitia sentir câmeras em qualquer lugar, até em minha visão periférica ou a certa distância. Quando tiramos a maquiagem, eu ainda cobria o rosto por reflexo sempre que via uma câmera.

Vinnie ainda me deixava confuso. E também se recusava a assinar o contrato. Sempre prometia que assinaria, mas nunca fazia isso. E não dava para obrigá-lo. Não tínhamos nenhuma escolha a não ser continuar.

Durante o circuito europeu da turnê, Vinnie precisou ir ao médico. Descobriram que ele tinha candidíase.

– Onde? – perguntei.

– Na xoxota, onde mais seria? – disse Eric.

Eu nem sabia que isso era possível. Depois disso, Eric começou a chamar Vinnie de "a mulher mais feia do mundo".

Tocamos em Oulu, no norte da Finlândia, no fim de novembro de 1983. Era o mais próximo que eu já estivera da União Soviética, a uns cem quilômetros da fronteira. Viajamos o dia inteiro para chegar lá e a arena estava terrivelmente fria. Tive que usar luvas e diversas camadas de roupas na área dos camarins. Também estávamos morrendo de fome depois de viajar o dia todo e ficamos muito felizes quando nos serviram tigelas fartas de sopa de carne. Sentamos ao redor de uma panela tamanho família e derramamos a sopa em nossas tigelas. Era excelente, com vegetais e bifes mergulhados em um caldo delicioso e quentinho. Vinnie comeu uma parte da sua e então disse que havia terminado e devolveu as sobras à panela no centro da mesa. Todos olhamos para ele, incrédulos.

– Onde você foi criado? O que você está fazendo? Você acabou de arruinar nossa comida!

As coisas com Vinnie iam de mal a pior. Ele ainda prolongava os solos com longas durações cada vez mais ridículas, afundando os shows. A gota da água foi um show nos Estados Unidos, em Long Beach, na Califórnia, em janeiro de 1984. Naquela noite, ele demorou tanto que Gene e eu simplesmente voltamos para o palco enquanto ainda estava tocando. Caminhei até o microfone e disse "Vinnie Vincent na guitarra solo". Fim do solo.

Quando as luzes se apagaram após a música seguinte, Vinnie foi até mim no escuro e disse: "Filho da mãe, você me humilhou!".

*Juro que se ele levantar um dedo, acabo com ele aqui mesmo.*

Foi um momento de tensão. Tive certeza de que as luzes voltariam e mostrariam aquele imbecil caído no chão.

Ele chegara ao limite.

Quando estávamos prontos para gravar nosso álbum seguinte, *Animalize*, começamos a procurar outro guitarrista. Embora dizer "nós" seja um exagero. Àquela altura, Gene também havia praticamente desaparecido. *Creatures* havia sido um esforço conjunto e Gene havia participado de *Lick It Up*, mas me senti abandonado ao fazer *Animalize*.

Depois de me informar sem qualquer aviso ou discussão prévios que não participaria do álbum, Gene entrou em um estúdio e gravou umas demos quaisquer o mais rápido que pôde e então partiu para fazer um filme. Ele me deixou com uma pilha de porcarias em sua maioria inúteis. Maravilha.

Um *luthier* de guitarras chamado Grover Jackson havia me posto em contato com um cara grandalhão e desengonçado chamado Mark Norton. Mark não era a última bolacha do pacotinho, mas tocava no estilo que estava na moda à época. Àquela altura, Eddie Van Halen havia transformado completamente as regras do jogo e todos queriam tocar com velocidade e destreza, fazendo *tappings*, tocando com as duas mãos e, se você deixasse, até com o nariz. Mark, que se autodenominava Mark Saint John (nos anos oitenta, todo mundo era Santo alguma coisa ou outra) também se revelou alguém complicado para o ambiente de trabalho, embora por razões distintas das de Vinnie.

Certa tarde eu disse a ele:

– Amanhã, venha com um solo pronto para essa canção.

Ele voltou no dia seguinte e tocou o solo. Era muito bom.

– Massa – eu disse. – Toca de novo.

Ele tocou um troço totalmente distinto.

– O que foi? – ele perguntou. – Não consigo tocar a mesma coisa duas vezes.

– Mas é assim que as coisas funcionam – respondi.

Outra vez eu disse a ele:

– Sabe, às vezes não interessa tanto o que você toca, mas o que você *deixa* de tocar. Escute Jimmy Page, Paul Kossoff, Eric Clapton.

– Consigo tocar *mais rápido* do que esses caras – zombou Mark.

*Houston, we have a problem.*

No fim, consegui terminar o *Animalize* praticamente sozinho. Consertei as canções de Gene e a situação da banda, arranquei alguns solos de Mark e supervisionei os outros durante a produção do álbum. Também escolhi o nome, desenvolvi a arte de capa e marquei a sessão de fotos. Para completar, passei um tempão no escritório divulgando pessoalmente o álbum, bajulando radialistas, puxando o saco da MTV para que tocassem os vídeos e fazendo tudo o que, em situações normais, seria feito por um empresário. Mas apesar de seu envolvimento mínimo, Gene ainda queria que seu nome aparecesse como coprodutor do álbum. E, naturalmente, esperava uma quantia de dinheiro igual à minha. Não achei justo. Eu não recebia metade do que pagavam a ele por suas indulgências extracurriculares.

Gene ainda sentia que tinha o direito a mais ou menos metade das canções daquele disco (e dos subsequentes), mas não havia qualquer controle de qualidade. A maioria das músicas havia sido esquecida, não por acaso. Ele simplesmente não estava dedicando à banda tempo e esforço suficientes. Pouco me importava quem escrevia os *hits*, mas se ele nem sequer tentasse, não poderíamos fingir que era uma parceria. Comecei a ficar de cara com o tempo que ele gastava com outras coisas, fosse atuando em filmes, trabalhando com outras bandas ou cortando fitinhas no *shopping*.

Eu sentia o quanto precisávamos nos comprometer com a banda para que ela sobrevivesse. Era um momento crucial. Gostasse ou não, ele ainda era *Gene Simmons do KISS*, e eu não queria que destruísse a escada que usava para tentar chegar a outros lugares. Ele encarava a banda como algo inabalável – pior, estava danificando aquilo que construíramos juntos. E a troco de quê? Muitas das coisas que estava fazendo se revelariam perda de tempo. Eu não entendia sua necessidade de se deleitar com qualquer holofote que encontrava. Assisti a um dos filmes dele e achei constrangedor.

Ao mesmo tempo, Gene passava 24 horas, de segunda a segunda, colocando-se nos holofotes e também optou por distorcer a imagem pública da banda, superestimando sua importância dentro do KISS, mesmo quando se abstinha de um envolvimento ativo. Dentro de mim, o ressentimento começava a cozinhar em fogo brando.

Depois que tiramos as fotos para a capa, que incluíam Mark, ele teve um episódio de Síndrome de Reiter, também conhecida como artrite reativa. Geralmente ela afeta as pessoas no joelho, mas no caso de Mark, foi na mão. Se alguma parte do seu corpo vai inchar, é melhor que não seja a mão. Mark não conseguia mover os dedos.

– Meu médico disse que vai passar em duas semanas – comentou.

Eu telefonava para ele todos os dias.

– Melhorou?

– Não.

Enfim precisávamos sair em turnê. *Animalize* havia sido lançado em setembro de 1984 e manteve o impulso, vendendo melhor até do que *Lick It Up*. Telefonei para Bruce Kulick, que eu havia conhecido através de seu irmão, Bob, e havia tocado um dos solos de *Animalize*. Perguntei se poderia fazer uma turnê de algumas semanas conosco como guitarrista reserva. Ele topou.

Viajamos por um bom tempo com Bruce tocando no palco todas as noites, enquanto Mark se divertia nos bastidores. Ainda achávamos que ele acordaria no dia seguinte pronto para tocar outra vez. Amanhã. Amanhã. Amanhã. Mark não tocou em nenhum show daquela turnê. Finalmente ele partiu e Bruce se tornou um guitarrista fixo.

Bruce era muito gente boa e bastante engraçado. Se alguém perguntasse como ele estava, a resposta era uma palestra de dez minutos sobre como seu pedal *fuzz* não estava funcionando direito, uma descrição de seu estado estomacal com detalhes que seria melhor não saber ou reclamações porque estava com gases no dia anterior. Mas era um excelente guitarrista e trabalhava muito bem em equipe.

Bruce se tornou o nosso quarto guitarrista e depois de certo ponto não consegui parar de pensar *Que porra é essa?* Eu não queria que o KISS se tornasse uma banda de apoio para mim e Gene – ou apenas para mim, se formos pensar. Não éramos Ozzy ou Bowie para ficarmos trocando de músicos, ou ao menos eu não queria que fôssemos. Era para ser uma *banda*. Eu tendia a desprezar grupos que trocavam muito de formação.

Mesmo assim, a química que buscávamos não tinha nada a ver com o que rolava fora do palco ou do estúdio. Essa oportunidade já tínhamos perdido. Queríamos funcionalidade. Há muito tempo, não socializávamos como banda e embora não tivéssemos nada contra passar o tempo com os outros, cada membro estava ali apenas para desempenhar um papel. Já não andávamos por aí em uma van contando piadas.

Passamos outubro e novembro de 1984 em uma nova turnê pela Europa, dessa vez com Bon Jovi abrindo nosso show. Temos um histórico de escolhas impressionantemente bem-sucedidas: Bob Seger, John Mellencamp, Tom Petty, AC/DC, Judas Priest, Rush e Iron Maiden abriram shows para nós em turnês. Bon Jovi tinha um *hit* menor no rádio naquela época chamado *Runaway*. Jon era um cara esperto e sempre sentava conosco no bar do hotel, onde fazia perguntas sobre vários gastos de produção. Ele estava determinado a reunir o máximo de informações possível e fazia perguntas sobre negócios. Agora que éramos meio que os nossos próprios empresários, sabíamos as respostas.

Perto do fim da turnê, o empresário de Bon Jovi, Doc McGhee, me perguntou:

– Você gostaria de compor com Jon para o próximo álbum deles?

– Se você quer compor com alguém de ponta – eu disse –, telefone para Desmond Child.

Dei o número de Desmond para Doc. Mais ou menos um ano mais tarde, Desmond foi ao meu apartamento e pôs *Slippery When Wet* para tocar, o álbum que acabou compondo com Jon e Richie.

Fiquei impressionado e mais tarde liguei para Jon.

– Acho que esse álbum poderá ser muito bom para vocês.

Um comentário que, diante do que aconteceu, foi um tanto pessimista.

## 43.

Agora tínhamos enfileirado discos de platina. As pessoas estavam começando a confiar na gente outra vez. Enchíamos os locais de show outra vez e até esgotávamos os ingressos, atraindo dez mil pessoas. Podia não ser tanto quanto nos velhos tempos, mas certamente isso nos colocava em um grupo seleto. A agulha estava apontando para o caminho certo.

O mais importante era que eu estava ganhando dinheiro para fazer o que amava: tocar guitarra, pular no palco e gritar e me enfeitar um monte.

Ainda assim, apesar de termos vendido dois milhões de cópias de *Lick It Up* e outros dois de *Animalize*, certamente já não éramos a banda mais procurada. Bandas como Van Halen, Def Leppard e, logo depois, Bon Jovi, estavam vendendo dez milhões de cópias.

Embora estivéssemos ganhando dinheiro, nosso selo não podia ligar menos para o KISS. Acho que o selo era cuidado por um bando de garotos que recém-haviam saído da faculdade e estavam ocupados

*Electric Lady Studios, em 1985, gravando Asylum com (da esquerda para a direita) Bruce, Eric, eu e Gene.*

indo atrás de bandas como Dan Reed Network. E adivinhem só... trinta anos depois, eles ainda são um grande nome, não é?

Quando tocávamos em Nova York, ninguém de nossa própria gravadora se incomodava em aparecer. Sempre estavam em alguma casa noturna do centro assistindo a uma banda recém-saída de um porão da universidade. Nada contra Dan Reed ou a tal Network, mas era chato, e até doloroso, ser tratado daquele jeito.

Os álbuns da fase sem maquiagem fizeram sucesso porque os fãs nos deram uma segunda chance. A gravadora estava cagando para nós.

Quando começamos a trabalhar no álbum seguinte, *Asylum*, meu maior problema foi que o meu suposto parceiro tinha a mesma postura da gravadora. Gene não ligava para nada. Aparecia exausto no estúdio após virar a noite com alguma banda de terceira linha que andava produzindo, trazendo algumas canções que queria colocar em nossos álbuns, que poderiam ter sido compostas por ele ou não. Mais uma vez, ele sentia que tinha uma cota de canções no álbum, e mais uma vez não estava atuando no nível necessário. Ele não dedicava tempo a isso.

Se eu sugeria que ele estava se esforçando muito pouco, ouvia como resposta: "Não, não, tô dando cem por cento".

A sensação de que Gene era um traidor crescia em meu âmago dia após dia, cada vez que ele negava a qualidade inferior e muitas vezes não existente de suas contribuições para a banda. Ele não estava jogando pela equipe, mas pensando apenas em si mesmo. O KISS estava bem para o fim em sua lista de prioridades.

*Você era a pessoa com quem achei que sempre poderia contar.*

Quando expressei o sentimento de traição, Gene disse "Bem, você também pode fazer outras coisas".

Era uma bobagem para desviar o foco. Se eu fizesse isso, não haveria mais banda ou álbuns novos. Eu não estava disposto a ver a banda desintegrar e ele sabia disso.

Mas isso não era tudo: a licença que me ofereceu para "fazer coisas" se baseava em sua própria decisão de fazer coisas. Eu não estava procurando desculpas para fazer outras coisas. Ele estava. Não era como se discutisse comigo o que e quando faria. Ele apenas cuidava de suas prioridades sem se importar muito comigo.

Gene também criou o hábito de usar o logo do KISS e sua maquiagem em projetos pessoais sem a minha autorização, que ele sabia muito bem que era necessária. Quando eu o censurava, ele resmungava desculpas fracas e insinceras para fazer a mesma coisa logo depois como se nunca tivéssemos falado a respeito. Ele claramente faria o que bem entendesse, independentemente de quaisquer objeções minhas e mesmo de suas obrigações legais. Para Gene, pedir desculpas era um jeito de me pacificar até o momento em que achasse que fazer a mesma coisa outra vez poderia lhe beneficiar. Na verdade, ele nunca queria dizer "desculpas pelo que eu fiz". Era apenas "desculpas se isso te incomoda". Além de ser ofensivo e insultante, sua falta de preocupação me deixava chateado.

Pelo visto, eu teria que jogar de acordo com suas regras. Havia a escolha de cair fora ou fazer o trabalho de duas pessoas. E o bônus: eu precisaria dividir os créditos mesmo se fizesse o trabalho dobrado.

A hostilidade continuava aumentando.

Também comecei a ver mais e mais entrevistas em que Gene assumia os créditos por coisas pelas quais era apenas parcialmente responsável ou, em alguns casos, que não tinham nada a ver com ele. E jamais refutava ou corrigia as informações imprecisas ou desinformadas dos entrevistadores sobre o seu papel na banda. Quando eu chamava a atenção de Gene para isso e mostrava algumas citações de inúmeras entrevistas, ele dizia enfaticamente: "Eu não disse isso!".

Mas eu não era nenhum novato e sabia bem como funcionavam as sessões de perguntas e respostas, ou as entrevistas gravadas que depois eram transcritas e publicadas. Às vezes em que li algo a meu respeito que não era verdade podiam ser contadas em uma única mão e ainda sobravam dedos. Se James Brown era O Homem Mais Trabalhador do Show Business, como o apelidaram, então Gene Simmons era (ao menos conforme sua visão) O Homem Mais Equivocadamente Citado do Show Business. Eu não engolia essa história.

Mentir e fazer pouco caso do meu papel e dos outros era um ato não apenas egoísta, mas também insensível. Aquilo machucava. Gene e eu sempre concordáramos que éramos irmãos. Mas pelo visto não concordávamos sobre a maneira adequada de tratar seu irmão.

Uma das consequências do envolvimento minguante de Gene foi que, ao menos no contexto da banda, eu dividia menos os holofotes. O KISS se tornou o meu holofote. Não era por acaso que eram as minhas músicas que faziam sucesso. Ninguém mais estava dedicando o tempo necessário para compor canções decentes. Se Gene queria *ser* mais do que um baixista, precisaria *fazer* mais. Qualquer um pode fazer uma música em cinco minutos. A diferença é que, como temos contrato para um disco, Gene conseguia colocar suas canções em um álbum, fossem boas ou não.

Compus canções como *Heven's On Fire* ou *Tears Are Falling* porque precisava e não por qualquer outro motivo. Era eu que fazia o trabalho e gostava de receber os merecidos créditos. Durante o ápice de popularidade da MTV, tornei-me uma espécie de garoto oitentista. Claro que eram outros tempos, mas com brincos de pena, *blush* e luvas rosa (cortesia do estilista de Van Halen, que também contratamos), eu parecia mais uma *drag queen* do que qualquer outra coisa. Por assim dizer, o que era considerado atraente era um pouco diferentes na era das *hair bands*.

Tive algumas namoradas durante aqueles anos, mas na maior parte do tempo eram relações apenas pela companhia e pelo sexo. Eu não queria exclusividade e não esperava isso das mulheres. Só queria me divertir.

Organizei as coisas de maneira a nunca estar sozinho, mesmo quando estava na estrada. Meu tempo era dividido entre Nova York e Los Angeles, em apartamentos alugados ou hotéis como o Sunset Marquis. Los Angeles era o lugar onde eu satisfazia minhas vontades com o que sempre começava como um excesso despreocupado de mulheres. Quando, invariavelmente, aquelas relações ficavam complicadas demais, eu voltava a Nova York.

Apesar da atenção recém-conquistada com os vídeos musicais do KISS, eu não me sentia confortável em ser uma figura pública em tempo integral. Com sua carreira fílmica em mente, Gene rodeou-se das pessoas mais famosas que encontrou; eu fui relegado a um círculo secundário. Era divertido ler quem estava envolvido com quem nas revistas de fofoca, mas não era tão divertido ler sobre um término. Uma vez, espiei por cima do ombro de uma mulher que estava lendo um artigo na *Star* em que a atriz Lisa Hartman explicava por que jamais se casaria com o cantor Paul Stanley. Eu podia ter passado sem esse tipo de coisa.

O tipo de gente que vivia nos tabloides media sua importância pelo espaço que a imprensa lhe dedicava. Era assim que se definiam. Quando eu estava com uma pessoa dessas, precisava lidar com os problemas dos outros além dos meus. Por exemplo, com sua mágoa porque o trecho dedicado a elas no *Access Hollywood* não tinha mais linhas.

Uma mulher com quem saí em Los Angeles estava preocupada porque sua casa ficava no ponto mais a leste de Beverly Hills, em vez de estar bem no centro. Outra pediu desculpas por viver no Valley e não no lado das colinas onde fica Hollywood. Eu passava um tempo nesses círculos superficiais, mas sabia que não queria viver nele.

Nenhum daqueles relacionamentos levava a lugar algum, mas serviam para espantar a solidão. Certa noite, no fim do ano, fizemos um show em Nova Jersey antes de voltar para casa em Nova York. Uma modelo da *Penthouse* que eu conhecia foi até os camarins depois do show e disse:

– Tenho um presente de Natal para você.

Eu disse:

– Te dou uma carona até a cidade na minha limusine.

Uma vez na estrada, ela desabotoou meus jeans e me deu o presente. Então ergueu a cabeça e disse "Feliz Natal".

*Ei, e o Hanukkah?*

No que diz respeito às minhas empreitadas sexuais, nos anos 1970 eu havia apenas remado ao redor do lago, por assim dizer. Nos 1980, eu dava cambalhotas na água. Certa noite, fui a uma festa na Mansão da Playboy e, assim que entrei pela porta, me deparei com a *Playmate* do Ano, que eu havia visto na revista e era incrivelmente gostosa. Conversamos por alguns minutos e então ela disse:

– Não quer ir pra outro lugar?

– Claro – eu disse, meio que pensando no que aconteceria se ela respondesse "Então por que você não cai fora?".

Em vez disso, ela disse:

– Vamos lá.

Demos prosseguimento às festividades na casa dela.

Minha turma da Escola Música & Arte marcou uma festa de reencontro de quinze anos naquele ano. A turma de 1970. Eu tinha perdido o encontro de dez anos por causa da turnê na Austrália, logo após Eric Carr se juntar a banda, e não estava disposto a perder mais um. Mais do que ver o que cada um tinha feito da vida, eu sabia que queria esfregar meu sucesso na cara dos outros.

A mulher com quem eu estava saindo em Nova York naquela época tinha – surpresa! – um pôster na *Playboy*. Pensei em levá-la ao encontro, mas então pensei na garota com quem havia saído anos antes. Victoria, a garota mais legal da escola. O encontro em que acabei trocando uma ideia com o pai de Victoria enquanto ela foi para a cama. O encontro que fez a garota mais gostosa da turma dar risadinhas ao me ver pelo resto do curso. Decidi que iria sozinho ao reencontro. Falei para minha coelhinha que telefonaria depois de dar uma passada no evento. O que não disse a ela é que esperava finalmente comer a garota que eu falhara em conquistar.

Eu estava bronzeado após minha passagem por Sunset Marquis e vesti um terno de seda azul e elegante feito sob medida. Mal podia esperar para ver todas aquelas pessoas que haviam me considerado o menos capaz de alcançar o sucesso.

O evento ocorreu na própria escola e assim que entrei fiquei pensando como todos eram grandes demais para os móveis. A atmosfera era surpreendentemente sombria e muitas das pessoas não haviam envelhecido bem. Eu ainda os imaginava como pessoas jovens, cheias de vitalidades, sonhos e aspirações, mas pareciam estar em uma festa de Halloween vestidos de velhos. Pareciam velhos e quebrados.

Quinze anos mais tarde, Victoria tinha cabelos curtos e dourados. Estava com calçados desajeitados de estilo ortopédico e uma saia plissada e já não era tão gostosa. De início, senti uma leve onda de desconforto por vê-la daquele jeito, pensando em como me impediu de superar os erros de nosso único encontro. Mas então desejei que pudesse ser tão bonita quanto fora quinze anos antes. Aquilo era deprimente.

Outro cara que estava lá havia sido um verdadeiro Adonis no ensino médio: bonito, com longos cabelos cacheados e uma ótima voz. Ele podia berrar como Robert Plant e era o que fazia. Agora, estava tão careca e descorado quanto uma bola de bilhar. O cara mais bonito da escola não necessariamente continua sendo o mais bonito, e eu, o cara que ninguém pensava que venceria a corrida, acabei me revelando um maratonista.

Tudo foi muito desconfortável e decepcionante. Saí cedo, peguei minha namorada que estava à espera e tivemos um ótimo jantar.

Não senti alegria ao esfregar meu sucesso na cara das outras pessoas. E nunca mais quis ir a um daqueles encontros.

*Tocando no Tompkins Square Park no East Village com "The Baby Boom".*

*Em meu quarto, aos dezesseis anos, com grandes planos.*

*Aos dezoito, morando na 75th Road. Este era meu Ford Fairlane turquesa.*

*Gene, eu, Peter e Ace. No começo éramos invencíveis.*

*Japão, 1977. Os fãs fizeram todas essas bonecas para mim.*

*Jovem Starchild na turnê Destroyer.*

BARRY LEVINE

*Em turnê, em 1977, com a decisão impulsiva de me vestir como Elvis. Cool e totalmente transformado.*

*1977: Adeus Uriah Heap, olá Linda.*

*Eu inventei essa insanidade.*

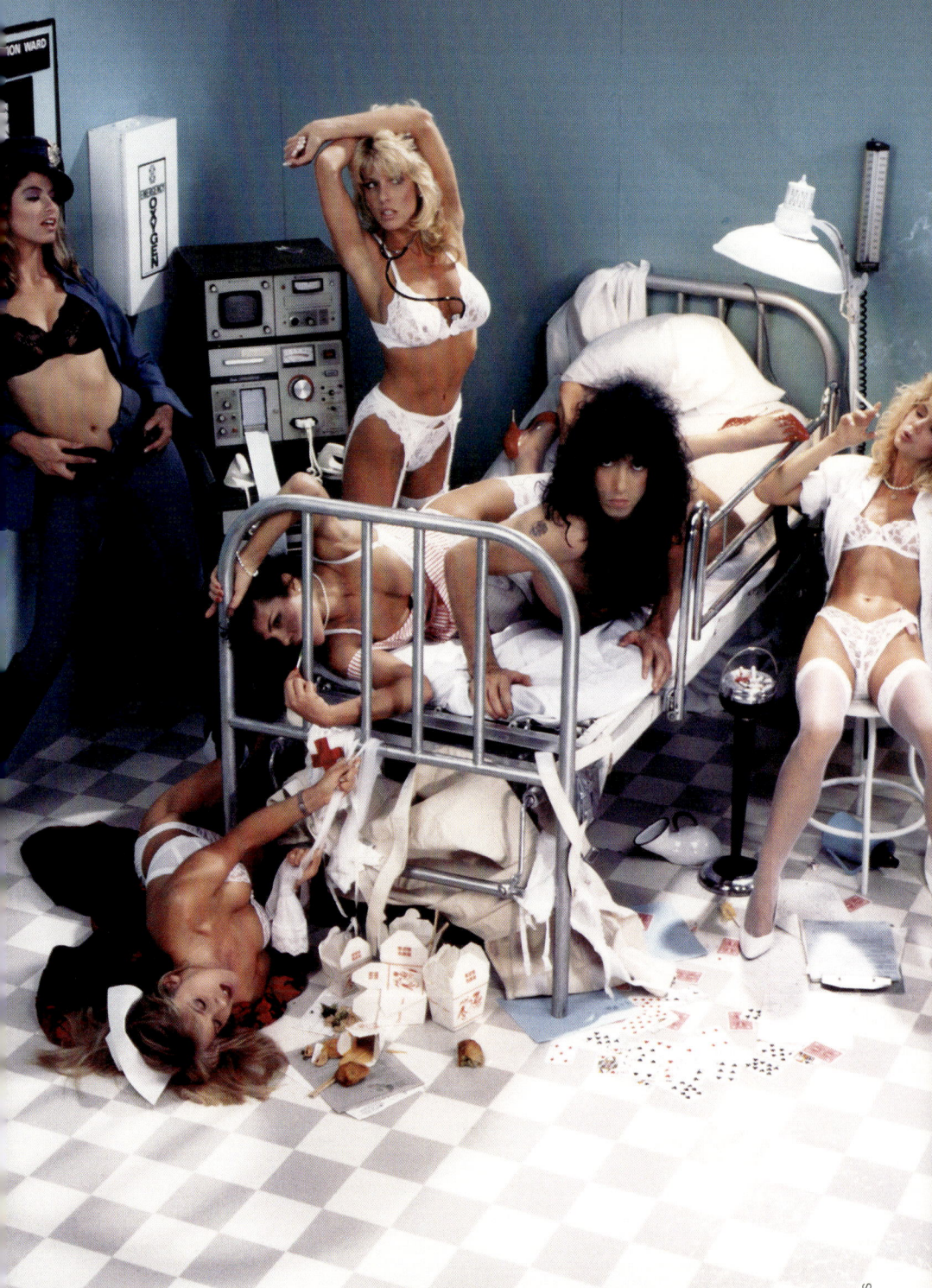

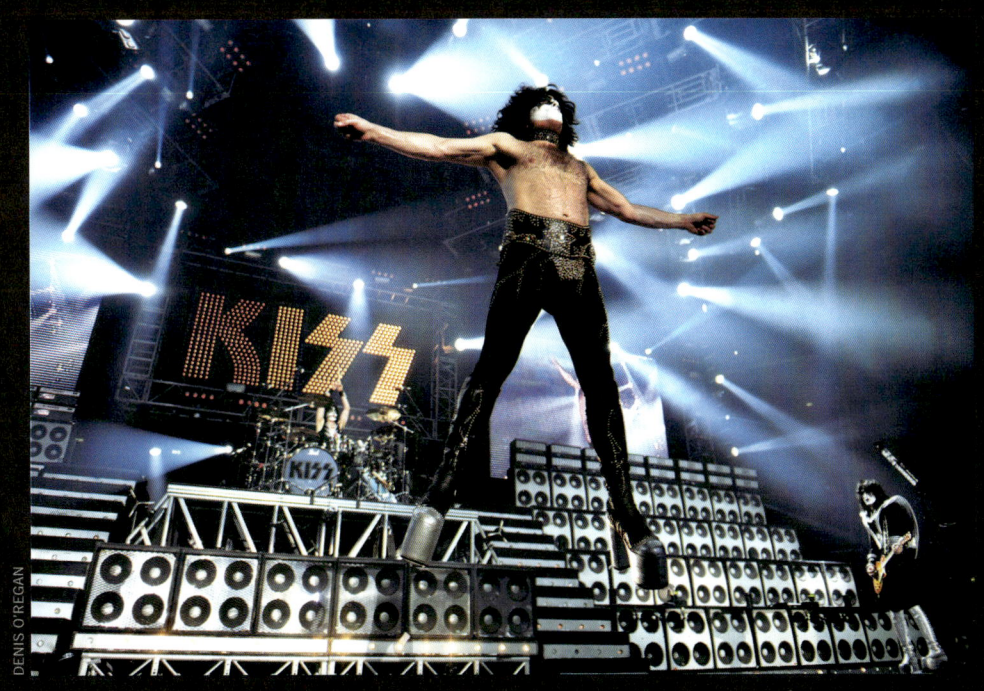

*Sem fios, sem truques.*

*Desafiando a gravidade na Europa na Sonic Boom Tour 2008.*

*Pregando do púlpito. Quero ouvir um Aleluia!*

*Em uma de nossas turnês mais recentes. O caos sob uma chuva de confetes e fim de papo.*

*Eletric Lady Studios, em 1985, gravando Asylum.*

*Gene, Eric, eu e Tommy*
*A melhor música*
*O melhor show*
*A melhor época*

*Eu e Lady Gaga. Ela atravessou o país para vir ao show e usou minhas botas durante todo o tempo. Ela não é pouca coisa. Holmdel, New Jersey, 2010.*

*A vida não é tão ruim assim. Bastidores da Wembley Arena, em Londres, com minha grande inspiração, Jimmy Page. Um verdadeiro cavalheiro.*

*19 de novembro de 2005.*

*Fazendo algo que nunca tinha imaginado em minha vida: batizando Emily na Igreja. Batizar Colin, Sarah e Emily era importante para Erin, então era importante para mim também. Evan teve o bar mitzvah e os demais também terão. Tem espaço para todos.*

*Pai orgulhoso com
Evan aos treze.*

O Fantasma... Um sonho realizado. Nunca trabalhei tanto em toda a minha vida – uma experiência incrivelmente gratificante.

MICHAEL COOPER

Pintei Robert Johnson e coloquei na entrada de nossa casa para nos abençoar e lembrar a todos como tudo começou.

NEIL ZLOWZOWER

*Com meus pequenos no escritório.*

*Não tem como ficar melhor do que isso.*

RANDY JOHNSON

## 44.

*Asylum* vendeu quase tão bem quanto *Animalize*, mas a banda começou a se esvair outra vez depois que o álbum foi lançado, e no início de 1986 partimos para outra turnê de quase um ano.

Howard Marks, nosso empresário, me telefonou certa tarde e disse que havia recebido uma ligação de Tom Zutant, que trabalhava em uma gravadora e era famoso por ter descoberto o Motley Crue.

– Tom acaba de assinar contrato com uma banda – disse Howard – e queria saber se você poderia dar uma espiada neles. Estão atrás de um produtor.

Bem, Gene estava fora gravando outro filme. Não trabalharíamos no próximo disco antes do ano seguinte. Por que não?

Howard foi comigo para conhecer a banda – uns caras chamados Guns N' Roses. Combinamos de encontrá-los no apartamento que o empresário alugara para eles, próximo da esquina da La Cienaga com a Fountain. De piada, apresentei Howard, que era gordo e careca, como meu guarda-costas. Mas depois de alguns minutos percebi que eles não tinham entendido.

Izzy estava inconsciente, com baba escorrendo pela lateral da boca. Não dava para saber ao certo se estava dormindo ou morto, para se ter uma ideia de o quão mal estava. Duff e Steven foram muito gentis e Steven ressaltou muitas vezes que era um grande fã do KISS. Não percebi que o guitarrista de cabelos cacheados em estado de semicoma, que chamava a si mesmo de Slash, era uma mutação daquele jovem dócil com quem eu conversara alguns anos antes durante as entrevistas para a gravação de *Creatures*. Então Axl conversou comigo e tocou algumas canções em um toca-fitas vagabundo.

Achei *Nighttrain* muito boa, mas disse a ele que talvez o refrão pudesse ser usado como um pré-refrão e um novo refrão poderia ser acrescentado. Foi a última vez que nos falamos. Na vida.

Slash se levantou e trocamos uma ideia sobre os Stones. Mostrei a ele a afinação em G aberto de cinco cordas que Keith usava para compor todas suas músicas. Tirei uma corda e devolvi a guitarra e ele curtiu aquilo. Também ofereci ajuda para colocá-lo em contato com pessoas que poderiam arranjar umas guitarras de graça para ele. Éramos patrocinados por várias empresas de instrumentos e achei que um cara jovem como ele apreciaria uma ajuda para conseguir equipamentos para a gravação.

Naquela noite, fui assistir uma apresentação deles no Raki's, um barzinho em Hollywood. Eu tinha gostado das músicas que haviam tocado para mim, mas elas não me prepararam para ver a banda ao vivo. Guns N' Roses era estupendo. Fiquei *chocado*, tendo em vista o grupo de drogados que vira naquela tarde, e percebi na hora que estava presenciando algo realmente grande.

Fui assistir a uma segunda apresentação deles em outro clube, chamado Gazzari's, que mais tarde se tornou o Key Club. Eles não estavam satisfeitos com o cara que fazia a mixagem e Slash me pediu do nada para dar uma ajuda. Ao relembrar dessa noite décadas mais tarde, Slash seria impreciso, para dizer o mínimo. Ele gostava de fingir que eu tinha *ousado* me intrometer em seu som. Que Deus o protegesse desse cara do KISS que queria ser associado com o Guns – porque, né, o que poderia ser pior do que um cara do KISS, dentre todas as coisas possíveis? Ele também se lembrava de mim ostentando minha esposa loira. Mas na verdade eu não era casado e estava com uma morena baixinha chamada Holly Knight, uma compositora famosa por *Love Is a Battlefield*, dentre outros *hits*. Há um motivo claro para os advogados de defesa evitarem alcóolatras ou viciados como testemunhas nos julgamentos.

Mas claro que isso foi anos mais tarde. Logo após minhas primeiras interações com a banda, comecei a ouvir diversas histórias que Slash contava pelas minhas costas – ele me chamava de gay, debochava das minhas roupas e fazia de tudo para descolar alguma credibilidade às minhas custas. Isso foi muitos anos antes de sua cartola, seus óculos escuros e seus cigarros se tornarem um personagem de desenho animado que ele exploraria o máximo que pudesse por décadas.

Acabei não me envolvendo com o álbum do Guns, o que não foi surpreendente. Surpreendente foi a ligação de Slash alguns meses mais tarde, aceitando a minha oferta de ajudá-lo a conseguir algumas guitarras de graça.

– Você quer que eu ajude você a arranjar guitarras depois de espalhar todas essas merdas pelas minhas costas?

Slash ficou muito quieto.

– Sabe, uma coisa que você terá que aprender é a não lavar sua roupa suja em público. Foi legal te conhecer. Agora, vai se foder.

## 45.

A afinação aberta em G de cinco cordas não foi a única coisa que aprendi com Keith Richards. Quando me encontrei com ele pessoalmente, Keith me disse que haviam lhe oferecido qualquer coisa que desejasse comprar de nosso depósito em Nova York – parte de um armazém onde guardávamos nossos materiais e equipamentos de palco antigos, todas as fantasias da era da maquiagem, diversos instrumentos e coisas de toda a sorte.

– Pois é, amigo – ele riu. – Eu podia ter comprado tudo.

Em um primeiro momento, sequer entendi. Aquilo era o lendário senso de humor britânico ou algum causo do qual ele não lembrava direito e acabara misturando as coisas? Mas quanto mais pensei a respeito, mais fiquei preocupado. Agora que ele havia mencionado, percebi que algumas coisas andavam desaparecendo. Diversas vezes, eu havia ido até o depósito para pegar algumas guitarras que eu queria usar e encontrava tudo vazio. Uma vez isso aconteceu com uma guitarra que eu havia guardado apenas uma semana antes. Eu *sabia* que ela devia estar lá.

A resposta para o mistério era deprimente: Bill Aucoin, que por algum motivo ainda tinha as chaves do depósito, estava vendendo em segredo as nossas coisas pela porta dos fundos. Àquela altura, ele estava tão no fundo do poço que ia da casa de um amigo para a de outro, sempre dormindo no sofá. Seu último cliente, Billy Idol, também o deixara. Quando Billy Idol abandona você por uso de drogas em plenos anos 1980, digamos que a coisa devia estar feia. Então mudamos o depósito de lugar. Queimamos algumas coisas, outras cortamos em retalhos (como o palco da turnê de *Animalize*), mas a maior parte das coisas foi levada a Nova Jersey e, mais tarde, a Los Angeles.

Mas as atividades de Bill logo se tornariam a menor de nossas preocupações. Eu ainda morava em um apartamento de um quarto só e tinha apenas um carro, mas Howard Marks disse que eu precisava apertar o cinto e reduzir a grana que dava para os meus pais. Aquilo me deixou de espinha eriçada.

Não que eu esperasse a grana da turnê quando não estávamos em turnê. Mas e toda a grana que havia sido investida em nosso nome? Onde estava?

*Eu não estava ostentando. Não estava levando um estilo de vida ridículo.*

*Algo me diz que ELE está ganhando dinheiro demais.*

No fim, fui franco e disse:

– Se alguém aqui tem que ganhar menos dinheiro, deveria ser você.

O que não deu muito certo.

A indústria musical nunca foi bondosa com os artistas. No caso de nossos empresários, prefiro acreditar que não agiam de má-fé. Mas sem dúvida, algumas decisões tomadas cheiravam muito mal quando fuçávamos um pouco.

A ficha caiu graças a uma fonte inesperada: meu terapeuta, o Dr. Jesse Hilsen. Falei de minhas apreensões e de tudo o que estava sendo dito sobre minhas finanças e ele fez perguntas sobre a minha renda, fundos de aposentadoria e coisas assim. De maneira constrangedora, eu não sabia responder nenhuma delas. Pediam que eu não mostrasse nossos balanços financeiros a ninguém, o que também deveria ter sido um sinal de alerta, mas o Dr. Hilsen concordou em dar uma olhada em alguns deles.

E o que ele perguntou depois de examinar algumas declarações foi chocante:

– Vocês sabem que devem milhões de dólares à receita federal?

– O quê?

– Sim, está atrasado e eles já alertaram que virão atrás de vocês.

– Mas como é possível?

Howard era como um membro da família. Eu sempre confiara nele. Nosso longo relacionamento era um tipo de estabilidade cada vez mais raro dentro da banda. Agora eu encontrara diversos exemplos de decisões altamente questionáveis. Não queria procurar problemas nos aspectos legais. A questão é que muitas decisões não levavam em conta o que seria melhor para mim e para a banda e os empresários jamais teriam feito aquilo se estivessem cuidando de seu próprio dinheiro. Havia investimentos com pessoas que, por coincidência, eram sócias deles e de nossos advogados. Havia estratagemas para reduzir os impostos pagos que deram errado e nunca foram corrigidos. Havia decisões imprudentes e muitas revelavam um tipo de compadrio que eu sabia existir no meio da música, mas sempre achei que éramos imunes por causa de Howard. Tive vontade de cuspir em sua cara. Era uma grande traição.

Telefonei para Gene:

– Escute – eu disse. – Estamos com problemas financeiros.

– Que bobagem – disse Gene.

– As coisas não são como parecem, tô te dizendo.

Encontrei-me com ele e tentei explicar. Ele caçoou de mim e ficou irritado e desdenhoso. Então tive que marcar uma reunião com ele e o Dr. Hilsen, que mostrou a Gene o que estava nas declarações. Gene foi muito defensivo e até um pouco hostil. Mas os problemas estavam ali e eram preto no branco.

Passado mais ou menos um dia, eu disse a Gene que romperia com Howard. Ele queria continuar.

– Você pode continuar, se quiser, mas eu tô fora. Pode fazer o que quiser.

Ele ficou chocado por eu pular do barco sem ele. Não faria diferença. Quando caiu a ficha de que eu estava falando sério, ele hesitou, e no fim disse "Eu vou com você".

Não atendi mais às ligações de Howard e nunca mais falei com ele.

Romper daquele jeito com mais um membro da equipe que havia nos decepcionado não foi nada feliz. Howard era o último vestígio da equipe original a deixar o barco, mas não havia como explicar o que estava muito claro em diversos arquivos e documentos. Arranjamos consultores jurídicos externos e começamos a tentar desfazer aquela bagunça, que eles concordaram que estava errada.

Daquele dia em diante, nunca mais deixamos alguém assinar um cheque em nosso nome. Gastei muita tinta assinando meu próprio nome desde então, fosse para a conta do meu telefone ou para a construção de um imenso cenário de palco. Não importava o quão grande ou pequeno fosse o projeto, a partir dali eu e Gene levávamos tudo a rédeas curtas.

Talvez tivéssemos finalmente aprendido a lição – e pagamos caro por isso.

Não era uma questão de ser brilhante, mas de ser *resiliente* e pesar as oportunidades para retificar a situação depois de reconhecermos que algo estava errado. O interessante é que, embora tenha sido eu quem nos tirou daquela situação que era uma bomba-relógio e teria dizimado a banda, Gene continuou a ser enaltecido como um hábil homem de negócios. Acho que as pessoas buscavam distinções simplistas, do tipo "Gene é o homem de negócios e Paul é o cara criativo". Mas não foi Gene quem percebeu que o navio estava afundando e não foi Gene quem mudou o curso.

Pelo que eu sabia, a empreitada mais bem-sucedida de Gene no mundo dos negócios havia sido promover a percepção de que era hábil com os negócios. Este havia sido um sucesso irrefutável.

Mas como ele parecia promover essa ideia de segunda a segunda, vinte e quatro horas, devemos lembrar que não era nada surpreendente. Eu não o culpava. Ele via isso como um grande feito. Para competir naquela arena, eu precisaria me desviar de outros objetivos e desafios de minha vida. O negócio de Gene era a autopromoção constante; o meu era o autoconhecimento contínuo. Eu queria descobrir como ser feliz e isso era muito mais importante para mim do que construir um mito que não alteraria a realidade de quem eu de fato era.

Afinal de contas, só porque você consegue fazer outras pessoas acreditar em algo, não quer dizer que *você* acredita. Eu bem sabia.

Fatores externos transitórios pareciam deixar Gene feliz e ele não estava interessado em se voltar para dentro. Talvez isso seja um eufemismo. Gene resistia fortemente para não se voltar para dentro. Para ele, percepção era realidade. A superfície era tudo. Essa distinção acentuou as diferenças intransponíveis entre nós dois.

E talvez também seja por isso que qualquer sensação de unidade criada por nossa decisão de romper com Howard tenha durado pouco. O episódio nos uniu para lutar contra algo que ambos víamos como uma injustiça, mas assim que começamos a trabalhar no álbum seguinte, *Crazy Nights*, voltei à estaca zero.

Gene cambaleava pelo estúdio após passar a noite em claro. Mais uma vez, estava ocupado demais fazendo filmes ou trabalhando com outras bandas, incluindo uma chamada Black 'N Blue, que havia aberto para nós na última turnê. Gene acabou escrevendo algumas músicas com o guitarrista da banda, Tommy Thayer. Ou talvez tenha passado o tempo todo no telefone, discutindo essa ou aquela tomada.

As poucas canções que Gene trouxe pareciam ter sido compostas por outras pessoas, com Gene assinando junto depois de tudo pronto. Nem preciso dizer que, mais uma vez, o material não era nada impressionante.

Sua falta de envolvimento havia se tornado piada no estúdio, mas já tinha perdido a graça. Se o confronto com Howard serviu para alguma coisa foi para aumentar minha sensação de que Gene estava me ferrando. À sua própria maneira, ele havia me traído tanto quanto Ace e Peter. Estava ganhando fama às minhas custas. Se queria uma parcela igual da grana, deveria fazer parte do trabalho de manter a banda funcionando.

Eu estava furioso.

*Não posso mais viver assim.*

Certa tarde na frente do estúdio, pedi que Gene entrasse em meu carro. Respirei fundo. Fossem quais fossem as consequências do que estava prestes a dizer, eu sabia que aquilo precisava ser feito. Eu não podia continuar daquele jeito, sentindo-me em uma panela de pressão e lidando com tudo relacionado ao KISS sozinho, tendo ainda a obrigação de tratar um desertor como parceiro.

– Isso não está mais decente – eu disse a ele.

Não foi uma situação tão desconfortável quanto eu esperava. Em parte porque foi bom finalmente ter uma via de escape para a tensão.

– Pra mim chega. Você não pode ser meu parceiro se não faz a sua parte.

Aquele foi o início de uma conversa de peito aberto que começou no carro e continuou ao telefone por muitos dias. Enquanto descarregava meus sentimentos, jamais levantei a voz. Sempre acreditei que a pessoa que grita sai derrotada.

Deixar a banda nunca foi uma opção para mim. Tampouco apreciava a ideia de assumir a banda sozinho, mas se o envolvimento reduzido de Gene continuasse, gostaria de ser pago e reconhecido por minhas sempre crescentes responsabilidades. Eu não sabia bem o que esperar, mas aparentemente a conversa teve efeito sobre Gene, pois alguns dias mais tarde ele me deu um catálogo da Jaguar e disse para eu escolher um. Ele queria me comprar um carro como reconhecimento por tudo o que eu havia feito para manter a banda funcionando.

Foi um gesto legal da parte dele. Mas eu andava atrás de um Porsche.

O roteiro para o vídeo do segundo *single* de Crazy Nights, *Reasons to Live*, envolvia uma bela mulher que explodia um carro. Era um Porsche 928 preto.

E voltei para casa naquele dia dirigindo o carro, graças a Gene.

## 46.

A canção *Crazy Crazy Nights* se tornou um *hit* na Grã-Bretanha e fizemos uma turnê europeia no outono de 1988. No fim da turnê, fiquei em Londres para sair com uma cantora e *pin up* inglesa chamada Samantha Fox, com quem tive um caso.

Fomos ao musical recorde de bilheteria *O Fantasma da Ópera*, do qual eu tanto ouvira. Eu adorava os shows de grande produção que havia visto nos Estados Unidos no início daquela década, e o *Fantasma* prometia ser do mesmo naipe. Mas enquanto assistia ao espetáculo, senti que me afetava de uma maneira que nunca havia acontecido antes.

Em uma cena cheia de atmosfera, Christine, a bela cantora do teatro de ópera, estava sozinha com o Fantasma, um gênio musical elegante, mas misterioso, que vestia *smoking* e uma máscara branca sobre o rosto. Era uma cena dramática e quando ele se desmascarou de repente, revelando seu rosto terrivelmente desfigurado, fiquei sem ar. Aquele drama mexia com aspectos psicológicos. Os paralelos com minha própria vida eram óbvios: o cara atormentado que cobre o rosto com uma fantasia bacana, mas vive dentro de uma couraça. Na hora,

*Eu, Mike Tyson, Samantha Fox e o roqueiro Billy Squier em 1988. O braço de Mike em meu ombro impedia qualquer movimento.*

não liguei os pontos. Mas tive um pensamento que mostrava que eu entendia os paralelos, ao menos no subconsciente: *Eu sabia que podia fazer aquele papel.*

Nada em minha trajetória sugeria que eu pudesse fazer um musical. Mas, de alguma maneira, eu *sabia*. E nunca me esqueci disso.

*Eu poderia fazer aquele papel.*

Depois da apresentação, Samantha e eu voltamos ao meu hotel. Ainda não havíamos dormido juntos, mas naquela noite ela disse:

– Quer tomar um banho de banheira comigo?

– Sim. Quero sim.

Quando voltei aos Estados Unidos, nada ia bem dentro do KISS. Eric havia parado de falar comigo durante a turnê de *Crazy Nights*. Às vezes, ele seguia a rotina sem dar um piu. Mas agora parecia enfurecido com alguma coisa, então finalmente, depois de meses – meses! –, tive que sentar com ele e dar o ultimato dos rebeldes.

– Você não pode continuar com uma merda dessas por tanto tempo.

Podia soar ditatorial, mas o fato era que ele estava lá para tocar bateria e ser um membro da equipe. O silêncio e a tensão haviam se tornado insuportáveis.

– Essa bobagem de não se comunicar acaba hoje – eu disse.

E acabou. Aparentemente, ele precisava de ajuda para abrir um caminho para fora de sua prisão autoimposta.

As coisas com Eric estavam ficando cada vez mais bizarras. Mas sempre tiveram a tendência de ser estranhas. Quando estávamos ambos em Los Angeles, eu o convidava para aparecer e curtir um pouco.

– Tem mais alguém aí com você? – ele perguntava.

Se tinha alguém eu dizia:

– Eric, é um pessoal legal, estamos aqui curtindo. Chega aí, vai ser divertido.

Mas se havia mais alguém, Eric se recusava a ir.

Durante a turnê de *Crazy Nights* ele começou a ficar obcecado por não ser o baterista original outra vez. Era tudo muito irracional. O que eu poderia dizer? É verdade, ele *continuava* não sendo o baterista original. *Jamais* seria o baterista original.

E também havia Gene. Apesar do Porsche para o pedido de desculpas, ele ainda não havia contribuído com nada de qualidade para *Crazy Nights*. Mais problemático do que isso era o fato de que não parecia *interessado* em contribuir. Quando chegou a hora de gravar algumas canções novas para acrescentar à nossa coletânea de melhores músicas, *Smashes, Trashes & Hits*, trabalhei sozinho outra vez.

Àquela altura, pensei: *Foda-se*. Com raiva, decidi assumir o centro do palco. Da maneira que as coisas andavam acontecendo, o KISS havia se tornado a minha banda. Nunca quis que fosse assim, mas era a realidade da situação. Essencialmente, os discos do KISS eram meus álbuns solo – outra situação que eu não queria de maneira alguma. Mas não havia escolha. Em *Smashes*, apareci na capa e no encarte.

*Foda-se.*

E nos clipes para as músicas novas, *Let's Put the X in Sex* e *(You Make Me) Rock Hard*, eu nem sequer empunhava uma guitarra. Não havia ambiguidades. Eu era o *frontman*. Agora, o KISS era a minha banda. Quisesse eu ou não.

Aaaaaahhhh, os vídeos. O que dizer sobre eles?

Para início de conversa, as canções eram horríveis. *Rock Hard* foi composta por mim, Desmond Child e Diane Warren, um caso em que três grandes mentes se saíram terrivelmente mal. *X in Sex* não era muito melhor. Chamamos uma mulher extremamente talentosa chamada Rebecca Blake para fazer os vídeos. Ela havia participado de alguns clipes de Prince e publicara um livro interessante com fotos de moda fantásticas e altamente estilizadas. Sentíamos que precisávamos de um novo visual e Rebecca tinha visão.

Ela selecionou as mulheres para os vídeos, escolheu suas roupas e tudo o mais. Quando apareci para a filmagem eu disse:

– Todas essas mulheres parecem estar passando fome. Parecem pelicanos desnutridos.

Elas não tinham bunda nem peito e pavoneavam como se estivessem em um vídeo de Robert Palmer, remexendo-se friamente com as mãos no quadril feito modelos em uma passarela e não como garotas em um vídeo de *hair metal* dos anos 1980.

Sem falar nas minhas roupas. Vesti uma regata de malhas metálicas e meia-calça enquanto me balançava em um trapézio. Dancei de corpete e lambi os dedos enquanto mulheres esquálidas dançavam ao fundo com passos desajeitados. Durante essas duas filmagens, desenvolvi meu manual de o que *não* fazer em um clipe. Quero dizer, eu não andava pela rua usando meia-calça com refletores de bicicleta costurados nela ou de regata da Body Glove com uma abertura logo acima de meus mamilos. Aquele era um novo paradigma de mau gosto e erro de interpretação. Decididamente, não foi o meu melhor momento.

Com a turnê de *Crazy Nights* no retrovisor e *Smashes, Thrashes* programada para ocupar mais ou menos um ano, eu tinha outra coisa em mente: uma turnê solo. Estava cheio da situação com o KISS e precisava me exercitar um pouco sozinho – e romper o cordão que me ligava a Gene.

Certa complacência havia se formado dentro do KISS, especialmente depois que passamos a ter uma formação estável outra vez, o que durou alguns anos. Tocávamos tudo a mil por hora – Gene atribuía isso à empolgação, mas havia uma perda no *groove*. Na turnê de *Crazy Nights* tínhamos até pessoas na lateral do palco tocando sintetizadores para aprimorar o som da guitarra base, possibilitando que eu pulasse e me movimentasse mais pelo palco, e também para fortalecer os *backing vocals* e criar o grande efeito vocal típico dos anos 1980. Pensando agora, percebo que não é um mistério o motivo que levou o público a minguar.

Eu estava inclinado a reunir uma banda formada por pessoas com quem nunca havia tocado, só para fazer algo diferente, embora eu planejasse tocar diversas das mesmas canções. Afinal de contas, as músicas do KISS eram minhas, e eu sentia isso com ainda mais intensidade após os álbuns da fase sem maquiagem. Aqueles discos podiam ser declaradamente do KISS, mas as partes das quais as pessoas lembravam eram minhas. Por que não poderia tocar as coisas que compus? Também achei que tocar sozinho poderia trazer algo de bom para a banda – era uma chance de deixar as minhas frustrações de lado, tocar com outras pessoas e pensar sobre as coisas de maneira diferente.

As únicas vezes em que tinha me apresentado com gente de fora do KISS acontecera recentemente, quando toquei em uma divertida bandinha cover em alguns shows no China Club, um bar de Nova

York popular entre músicos. O combo foi montado de maneira mais ou menos espontânea pouco antes das apresentações e tinha um elenco mutante: as únicas presenças constantes eram meu amigo baixista Bob Held e eu. Basicamente, tocávamos coisas do Led Zeppelin e do AC/DC.

Eu não tinha a ilusão de que tocaria em grandes arenas durante a minha turnê solo: só queria um espaço criativo e a oportunidade de tocar com outros músicos. Então, agendei uma série de shows em clubes menores e montei uma banda. Bob Kulick foi a minha escolha de guitarrista – havíamos trabalhado juntos no estúdio durante anos, o que gerava certa familiaridade e me dava plena confiança de que ele daria conta do recado. Bob trouxe o baixista, Dennis St. James, e convidei um tecladista chamado Gary Corbett – ele sabia cantar, o que era importante, pois eu precisava de outra voz para as harmonias. Minha pesquisa para o baterista resultou em dois nomes. Um era Greg Bisonette, que havia tocado com David Lee Roth, e o outro era Eric Singer. Dennis sugeriu Eric e eu já tinha escutado outras pessoas falarem bem dele. Então, decidi chamá-lo.

Eric Singer estava gravando em Nova York naquela época com uma banda chamada Badlands, com Jake E. Lee, que recém-saíra da banda de Ozzy. O estúdio onde estavam trabalhando ficava na mesma quadra do escritório que havíamos montado para cuidar do autogerenciamento do KISS. Eric foi até lá e me deu um CD do seu trabalho com o Black Sabbath. Ele também havia tocado em todas as demos de *Sonic Temple*, do Cult, e saído em turnê no ano anterior com Garry Moore, o lendário guitarrista de blues irlandês.

Eric parecia promissor, então o convidei para ir conosco a um estúdio de ensaio e tocar com o resto da banda. Para mim, era difícil avaliá-lo, pois um baterista deve fazer mais que manter o tempo – eles devem tocar na frente do tempo, dentro do tempo ou atrás do tempo, de maneira que agrade a todos que estejam tocando – e, nesse caso, a mim. Mas, mesmo naquela primeira sessão, ele foi incrível.

A banda estava formada e lá fomos nós tocar nas duas costas dos Estados Unidos.

Acho que Gene nem ligou para a minha turnê solo. Talvez a minha decisão de viajar por conta própria tenha feito ele se sentir melhor pelo que estava e não estava fazendo. Eric Carr, contudo, sentiu-se desamparado por eu fazer algo fora do KISS. Também pareceu chateado por não fazer parte da minha banda, mesmo depois de eu explicar que, para mim, a grande motivação era fazer algo diferente.

– Você é o baterista do KISS – eu disse. – Não pode ser da minha banda de apoio.

Era empolgante – e libertador – subir no palco por conta própria. Certa noite, fizemos um show bem lotado no Brooklyn, em um clube chamado L'Amour, onde um cara subiu correndo no palco e tentou me abraçar. Do nada, havia uma bola de cabelo gigante no palco – o invasor havia arrancado alguns dos meus apliques. Todos usavam apliques naquela época e quando o meu foi arrancado parecia que havia um rato morto no palco.

Quando a turnê passou por Manhattan para duas apresentações no Ritz, Eric Carr apareceu em um dos shows e ficou sentado junto ao balcão com a cabeça apoiada na balaustrada durante todo o show. Depois apareceu no camarim e, de maneira inesperada, se virou para Eric Singer e disse:

– Você vai me substituir.

– Do que você tá falando? – perguntei.

– Ele vai me substituir no KISS – disse Eric Carr, apontando para Eric Singer.

– Escuta, Eric, você é o baterista do KISS e ele é o baterista da minha banda solo.

No fim dos anos 1980, Eric Carr não estava no que poderíamos chamar de um passeio no parque. Havia começado a beber mais e talvez também estivesse usando drogas, embora eu não tivesse certeza. As pessoas tendiam a esconder de mim o uso de drogas, visto que eu me opunha firmemente a isso. Não sei se Eric estar bebendo mais exacerbou os problemas que estava enfrentando ou se a bebida era resultado de sua tristeza. Mas ele se tornou instável.

Quando o KISS se juntou outra vez e começamos a turnê do álbum seguinte, *Hot in the Shade*, no final de 1989, Eric Carr parou de falar comigo.

*Hot in the Shade* continha *Forever*, cujo *single* virou um *hit* e nos permitiu fazer uma grande turnê outra vez. O vídeo passou direto na MTV e montamos uma turnê conjunta incluindo uma rotação de bandas que se davam bem na MTV como Faster Pussycat, Danger Danger e Winger. Uma das bandas, Slaughter, surgira como banda de apoio de Vinnie Vincent depois que o expulsamos do KISS. Mas eles também haviam se cansado de Vinnie, largado o cara de mão, jogado fora o nome Vinnie Vincent Invasion e, surpresa, feito sucesso depois de se livrarem dele. A gravadora os manteve e dispensou Vinnie.

Há algo engraçado a respeito de *Forever*: como era um tanto atípica para o KISS, as pessoas diziam que era "uma canção de Michael Bolton", já que ele também estava creditado como compositor. Certamente *eu* não poderia a ter escrito. Na verdade, após algumas reuniões iniciais e um tanto breves em Sunset Marquis, Michael tinha tão pouco a ver com ela que, depois que se tornou um *hit*, ele pediu para que o escritório do KISS lhe enviasse uma cópia da letra por fax. Só então ele começou a tocar a música em seus shows e a apresentá-la como uma canção que havia escrito para o KISS.

Quando a nossa gravadora ouviu *Forever*, foi a primeira vez em uma década que alguém do selo opinou sobre uma música. O cara sentou comigo no escritório e disse que eu precisava reeditá-la para colocar um *fade out* no refrão. Era uma dica totalmente leiga e embora pudesse funcionar em alguns casos, não era uma boa escolha para aquela música – o final era uma das características que tornava *Forever* única.

Aquele especialista das mesas de som proferiu sua opinião de maneira implacável, em um tom de voz que sugeria antes uma diretiva que uma sugestão. Eu não queria mais ouvir.

– Faço isso desde que você estava no pré – eu disse. – Estou nesse selo há mais tempo que você e continuarei aqui depois que você sair. Então, muito obrigado, mas não, obrigado.

Aquele foi o fim da reunião. *Forever* alcançou a oitava posição na lista da Billboard de *singles*, a primeira vez em que atingimos o top 10 em mais de uma década. Não muito depois, a gravadora substituiu o especialista.

Também foi na época de *Hot in the Shade* que contratamos meu terapeuta, Dr. Jesse Hilsen, para administrar o escritório do KISS e supervisionar a organização. Assinei um contrato formal postulando que não era mais meu terapeuta e já não atuaria sob essa função. Dali em diante, raramente falávamos sobre algo que não fosse negócios.

Algumas pessoas de fora da banda suspeitaram da capacidade e mesmo da ética de meu antigo psiquiatra, tendo em vista a relação que tínhamos antes. Entendo esse ponto de vista, mas quando foi que o KISS seguiu as regras? Nosso sucesso havia sido construído porque ignorávamos as regras e escrevíamos as nossas. Às vezes, fazíamos pouco caso até mesmo dessas últimas. Hilsen procurou pessoas não convencionais para se envolverem conosco, pois estávamos em um ramo que muitas vezes era empestado por acordos internos e trocas de favores às custas dos artistas. Ele chamou Bill Randolph, um advogado empresarial de Wall Street sem nenhuma experiência com direitos artísticos.

> Jesse Hilsen, M.D.
> 1449 Lexington Avenue
> New York, New York 10128
>
> March 14, 1988
>
> Mr. Paul Stanley
> 429 E. 52nd Street
> Apt. 21H
> New York, NY 10021
>
> Dear Paul,
>
> As you have requested, I am writing to resign as your physician and psychiatrist, so that you and I may discuss business relationships that you have asked me to consider engaging in with you and certain of your business associates.
>
> In my professional opinion, you need no further psychotherapy, and you have advised me that you desire none at this time. However, if you should desire any therapeutic intervention at any time in the future, I would be happy to make several referrals.
>
> Sincerely,
>
> Jesse Hilsen, M.D.

[Sr. Paul Stanley
429 E. 52nd Street
Nova York, NY, 10021

Caro Paul,

Como você solicitou, estou escrevendo para renunciar ao posto de seu médico e psiquiatra para que possamos discutir as relações de negócios que você me pediu para analisar, que levaria a vínculos com você e alguns de seus associados.

Na minha opinião profissional, você não precisa mais de psicoterapias, e você me informou que não deseja participar de nenhuma no momento. Contudo, se você

desejar qualquer intervenção terapêutica em qualque
rmomento do futuro, ficarei feliz em indicá-lo a outros
profissionais.

Atenciosamente,
Jesse Hilsen]

Para a área de contabilidade, evitou os grandes escritórios especializados de Nova York e, em vez disso, encontrou Aaron Van Duyne, um contador certificado que tinha um escritório em New Jersey. Van Duyne tinha a sabedoria e os *softwares* para calcular os *royalties* devidos a compositores e artistas presentes na gravação, mas seus únicos clientes músicos eram Eddie Brigati e Felix Cavaliere, do The Rascals. Tanto Bill quanto Aaron são peças fundamentais de nossa equipe até hoje e a abordagem inconformista e a dedicação implacável renderam a cada um deles uma merecidamente longa carteira de clientes.

Infelizmente, não podemos dizer o mesmo de Hilsen. Ele deixou a mulher e os filhos mais ou menos na mesma época em que começou a trabalhar no escritório do KISS e comecei a ouvir histórias de que andava se recusando a entrar em um acordo e pagar pensão – acusações que ele negou veementemente. No fim, elas se tornaram mais públicas e sua ex-mulher entrou com um processo contra ele. Vi o cara que havia sido uma fonte de estabilidade em minha vida se tornar cada vez mais evasivo, paranoico e cheio de segredos. Era duro ver aquela pessoa que me acompanhara durante tantas transformações da minha vida pessoal desaparecer, primeiro em um sentido figurativo e depois literal. Hilsen se tornou fugitivo em 1994 e nunca mais o vi.

Em 3 de julho de 1990, fizemos um show em Springfield, no estado de Massachussetts, seguido de um dia de folga. Como Springfield é bem próxima de Nova York, decidi ir para casa após o show e aproveitar o descanso em meu apartamento. Aluguei um carro para me levar até lá. Na estrada, não muito longe de Nova York, o motorista tentou mudar de pista e a limusine foi atingida na lateral do acento de passageiros e começou a rodar.

Abracei a poltrona à minha frente e pressionei a cabeça contra ela. Giramos de maneira totalmente descontrolada e colidimos contra os postes na lateral da estrada. Então o veículo bateu de frente na barreira do dique lateral. Voei em direção ao banco da frente e parei embaixo do painel. O carro se dobrou ao meu redor. De alguma maneira, o motorista e eu conseguimos nos embrenhar pelo para-brisa estraçalhado. Quando um policial chegou à cena do acidente, olhou para o carro (que deu perda total), virou-se para mim e disse:

– Vocês estavam *dentro* desse carro?

Era o meio da noite. Fui para casa dormir.

Na manhã seguinte, mal conseguia me mexer. Fui ao hospital, onde fizeram um raio-x do meu corpo da cabeça aos pés. Eu estava cheio de batidas, mas me recusei a ficar lá para observação e recebi assistência em casa.

Tivemos que cancelar os shows seguintes. Mesmo assim, ninguém da banda me telefonou.

Quando voltei à turnê, acordava todos os dias sem conseguir virar a cabeça ou me agachar. Tinha espasmos tão fortes nas costas que precisava de um fisioterapeuta para liberar minha musculatura antes de cada show. Mesmo assim, ninguém da banda perguntou o que havia acontecido. Ninguém perguntou nem sequer como eu estava me sentindo.

Ninguém jamais mencionou aquilo.

*Sofri um acidente de carro, poxa! Vocês são meus companheiros de banda!*

Não dava para entender aquilo.

Ao fim da turnê, fui direto para um estúdio em Nova York para brincar com algumas demos. Os estúdios são como fortalezas ou cassinos, sem janelas e relógios. A vida real fica trancada lá fora. O estúdio em que eu trabalhava, qualquer que fosse, se tornava meu asilo; ele me enclausurava fora do mundo. Certa noite, sozinho no estúdio, entendi tudo.

*Não é que eu precise estar aqui. É que não tenho para onde ir.*

Eu não tinha nenhum relacionamento significativo, nenhuma conexão real com o mundo. Nem sequer com a banda que por muito tempo tive como a minha família. Eu tinha o luxo de poder entrar em um estúdio quando bem entendesse. E o luxo de entrar num estúdio porque não tinha nada para fazer.

Quando me telefonaram para averiguar sobre a possibilidade de produzir uma banda da Costa Oeste, comprei uma passagem na hora. Quando subi no avião, sentei na poltrona me sentindo bem, como em todas as vezes em que havia voado. Mas de repente minhas mãos começaram a tremer de maneira incontrolável e parei de sentir os meus lábios. Sentir falta de ar. Não conseguia respirar.

*Será que estou enfartando?*

Fiquei apavorado, sem ter ideia do que estava acontecendo comigo. Levantei-me de um salto, peguei minhas coisas e saí correndo do avião.

*O que foi que aconteceu?*

Depois que me acalmei com a ajuda de um Valium, fui direto ao consultório do meu médico. Ele disse para eu não me preocupar: era só um ataque de pânico.

## 47.

Sempre achei interessante que muitas pessoas que assistem a programas de entrevistas acham que os convidados estão dizendo a verdade. Acreditam que o apresentador e o convidado estão tendo uma conversa real, como se estivessem em casa ou em uma cafeteria.

*Eles estão atuando!*

Os convidados de programas de entrevista sempre têm uma lista de temas e sabem como abordá-los e o que estão vendendo. É sempre assim, tanto faz se você está na mídia, de frente para as lentes de uma câmera ou encarando um microfone. Quando fui entrevistado na cama com doze mulheres para o documentário *The Decline of Western Civilization Part II: The Metal Years*, não foi diferente.

Depois que o KISS tirou a maquiagem, continuei sendo o mesmo cara no palco, mesmo sem ter aquela linha divisória. Curti me livrar da linha divisória. Ainda assim, embora a linha tivesse sido apagada, não era eu de verdade. Pode ter sido um pouco confuso – para falar a verdade, acho que algumas mulheres ficaram decepcionadas por eu não ser como o cara do palco quando estava com elas entre quatro paredes. Eu podia atuar daquele jeito; podia me apresentar daquele jeito; podia ser daquele jeito na cama – mas nada disso era real. Com frequência, as mulheres ficavam desapontadas por não encontrar o que esperavam. De certa maneira, eu era muito mais entediante e tenso do que esperavam.

O cenário de *The Decline of Western Civilization* não era de todo irreal. Irreal era ter todas as mulheres lá *ao mesmo tempo*. O número não era – é só que elas passariam por ali ao longo de uma semana. Mas eu queria levar aquilo a um limite absurdo. Sim, criei aquele personagem, mas também tinha senso de humor.

Tenho certeza de que as pessoas pensaram "Que babaca". Mas eu achei engraçado. Estava rindo junto com os espectadores.

*Olha esse cara!*

Estava fazendo o papel do Super-Homem. Ainda assim, conforme meu aniversário de 40 anos se aproximava, comecei a pensar que precisava encontrar alguém, me aquietar e construir uma família.

Ser o Super-Homem era legal, mas parecia que a minha carreira ou o modo como eu era visto atrapalhava na busca por uma companheira. Às vezes aquilo gerava situações em que eu sentia que precisava rebater afirmações, como se a vida que eu levava precisasse de desculpas. Tentei dizer a algumas das mulheres com quem saí *Ei, não sou assim de verdade*, ou *Na real sou um cara bacana*, ou *Sou bem pé no chão*. Essas coisas acabavam sendo provadas ou não, mas eu sentia a necessidade de me justificar. Aquele era um mau precedente para uma relação. Algumas pessoas sacavam, outras não.

Eu pensava em um clube de Nova York que frequentei no início dos anos 1980 chamado Trax. Sempre tinha um cara mais velho por lá, denunciado por sua calvície. Na época eu pensava: *Não quero nunca ser essa cara*. Agora, uma década mais tarde, eu sentia o risco de me tornar exatamente ele. Eu não queria ser o cara com um penteado tentando esconder a careca e dando em cima das garotinhas. Isso era feio, bizarro e constrangedor. Mas tampouco queria ficar sozinho.

Como resolver a situação?

*Já sei! Vou me casar!*

Eu não sentia vergonha ao contar minha nova meta para as pessoas. Eu finalmente havia me mudado para Los Angeles em caráter permanente e cheguei à conclusão de que a melhor maneira de encontrar alguém era deixar que todos soubessem o que eu estava procurando. Espalhei a notícia.

Logo um conhecido me falou de uma conhecida dele – na verdade, os dois tinham saído. Ele disse que, se ela permitisse, me daria o número dela. Ela recusou porque recém havia saído de um relacionamento. Isso despertou meu interesse. Se algo não estava disponível, então eu queria. Continuei insistindo até ela finalmente aceitar e deixar que ele me desse o seu número. Era uma atriz chamada Pam Bowen, que havia feito algumas aparições em séries como *MacGyver*, *Moonlighting* e *Cheers* e era porta-voz de uma grande empresa de computação.

Ela se atrasou para o nosso primeiro encontro. Quando finalmente conseguimos passar um tempo juntos, disse-me que não tinha vontade de me encontrar porque estava com dificuldades para superar seu namorado italiano, Claudio, que havia voltado à Europa para se casar com sua outra namorada. A outra estava grávida dele e ele sentiu que era sua obrigação. Mais tarde, eu descobriria que até mesmo essa obrigação tinha lá suas limitações.

Para o nosso segundo encontro, marquei de levá-la à noite de inauguração da Los Angeles Opera junto com Bob Ezrin e sua mulher, Fran. Meu assistente me confidenciou que Pam dissera não ter nada para vestir. "Não tem problema", comentei. Arranjei um traje em um serviço de aluguel de vestidos, como as celebridades muitas vezes faziam ao ir para uma entrega de prêmios.

Por algum motivo, ela queria me encontrar em minha casa em vez de deixar que eu a buscasse. Vinte minutos antes das cortinas abrirem, Bob, Fran e eu estávamos trocando olhares na entrada de minha casa, tentando imaginar onde Pam estava e se ainda chegaríamos a tempo da apresentação. E nada da Pam. Fran se virou para mim e perguntou "Ela é sempre assim?". Dei de ombros. Finalmente, Pam apareceu em seu carro. "Segui um carro pela via errada", ela disse em meio a lágrimas e soluços.

Ã?

Embarcamos todos na limusine e o motorista cumpriu a missão impossível de nos levar até o centro em tempo recorde, bem na hora que as luzes do teatro estavam se apagando.

Conforme Pam e eu começamos a socializar com mais frequência, passávamos nosso tempo com os amigos dela, pois eu tinha muito poucos. Mas eu não ia muito com a cara deles. Uma era Marla Maples, famosa por ter acabado com o casamento de Donald Trump. Não exatamente um pilar da sociedade. Mas Pam era muito caridosa ao falar de certas pessoas que eu achava questionáveis.

– Elas têm um bom coração – dizia.

– Bom para quê, para um transplante? – eu respondia.

O que importa não é o quão bom é seu coração, mas o que você faz durante sua vida. Aquelas pessoas eram ruins se levássemos em conta suas ações e experiências de vida. Para mim, dizer que alguém tem um bom coração não significa nada. Mesmo assim, eu dizia a mim mesmo que estava em um relacionamento normal e realista que poderia resultar em casamento.

Havia muito drama naquele relacionamento. Desde o início, mandávamos cartas e bilhetes pedindo desculpas ou reclamando de algo o tempo todo em uma tentativa de explicar as coisas. Definitivamente, os problemas vinham de ambos os lados. Mas eu sempre achava que podia consertar qualquer coisa que estivesse errada – comigo e com ela.

*Quero um relacionamento. Quero casar. Quero uma família.*

*Quero uma vida saída de uma pintura de Norman Rockwell.*

Então, em uma tarde no início de 1991, Eric Carr telefonou para a minha casa. Ele havia recém-chegado de um consultório médico.

– O que houve? – perguntei.

– Cuspi um pouco de sangue, então achei que era melhor conferir – disse Eric.

– E está tudo certo?

– Não sei – ele disse. – Mas estou bem preocupado. Fizeram um exame e encontraram uma saliência com a forma de um dedo em meu coração.

– E disseram alguma coisa?

– Disseram que pode ser câncer.

– Não, nem se preocupa – eu disse. – As coisas sempre parecem pior do que são. Não tem por que pensar no pior possível. As chances de ser algo sério são muito pequenas. Mesmo se for câncer, você consegue tratar.

Infelizmente, ele me ligou de novo alguns dias depois.

– É câncer *mesmo* – me disse Eric.

Pior ainda: era um tipo muito raro de câncer. O número de casos anuais registrados de câncer no coração é inferior a dez. Mas eu ainda achava que ia ficar tudo bem.

Ele partiu de Los Angeles e foi a um hospital de Nova York e Gene e eu fomos até lá para ficar com ele durante a cirurgia. Pelo que entendi, tiraram parte de seu coração e reconstruíram com o que havia sobrado.

Não muito tempo depois, nos convidaram para gravar *God Gave Rock'n'Roll to You* para o filme *Bill & Ted's Bogus Journey*, com Bob Ezrin como produtor, tentando captar algo da mágica de *Destroyer* e apagar as lembranças de *The Elder*. Eric estava desesperado para trabalhar naquela canção, mas ainda estava muito frágil.

– Você precisa cuidar da saúde – eu disse a ele –, seja ficando em repouso numa ilha tropical ou apenas descansando e focando em você mesmo.

Se eu soubesse o que sei agora (nunca imaginei que aquela poderia ser sua última chance de atuar), teria deixado ele tocar, mas na época eu tinha certeza que ele levaria a melhor. Então Eric Singer tocou naquela sessão, embora Eric Carr tenha vindo a Los Angeles e sentado na bateria para a filmagem do vídeo. Ele havia perdido todo o cabelo por causa do tratamento para o câncer e precisou usar uma peruca imensa para imitar sua bola de pelo natural. Tocou feito um possesso durante a gravação do vídeo, duplicando as execuções de Eric Singer em um exaustivo *take* após o outro.

*God Gave Rock'n'Roll to You* saiu muito bem e decidimos tentar fazer outro álbum com Bob Ezrin. Quando Bob estava no ápice, era difícil de ser batido e acho que ele queria provar algo (ele também ficara constrangido com *The Elder*), pôr mãos à obra e criar um álbum robusto e de qualidade. *Hot in the Shade* havia sido uma mistureba; ficou evidente que a banda estava fragmentada. Se Gene se envolvesse outra vez e voltássemos a fazer o que fazíamos bem, eu estava disposto a dar tudo de mim.

Dissemos a Eric Carr que gravaríamos o álbum sem ele. Garantimos que pagaríamos todas as suas contas e as prestações de seu seguro. Reiterei que, no grande esquema das coisas, a banda tinha pouca importância. Ele precisava focar em melhorar, sem assumir outros compromissos.

Bob levou diversos bateristas para ensaiar conosco quando começamos a trabalhar em *Revenge*. Tocamos com Aynsley Dunbar por um tempo, que havia sido de bandas como Journey, Whitesnake e Jeff Beck Group, dentre muitas outras. Era um excelente baterista inglês clássico, mas não encaixou bem. Depois de um tempo, acabamos trazendo Eric Singer de volta. Tanto faz se você trabalha em uma banda, uma fábrica ou qualquer outro emprego: é preciso trabalhar junto com as outras pessoas e a conexão afeta a qualidade geral do trabalho, assim como a atmosfera. Quis o destino que Eric Singer se encaixasse com perfeição. Ele substituiria mesmo Eric Carr no KISS, ao menos por alguns meses no estúdio de gravação.

Durante todo esse tempo, jamais considerei a possibilidade de que Eric Carr pudesse morrer. Achei que ficaria fraco por um bom tempo, mas depois voltaríamos ao *status quo*. Foi assim que me encapsulei em uma bolha para me proteger das piores perspectivas.

Eu estava errado.

No verão de 1991, quando estávamos trabalhando em Los Angeles, recebi uma ligação de meu amigo Bob Held, de Nova York. O que ele tentou dizer-me foi bastante confuso. Eric Carr havia sofrido um derrame. O câncer havia se espalhado para o cérebro. Ele havia sido encontrado em seu apartamento após telefonar para a emergência. Quando a equipe de socorro chegou, Eric já estava inconsciente, então folhearam sua agenda telefônica e ligaram para alguém aleatório – que, no caso, foi Bob.

Mas daquele momento em diante não conseguimos mais nenhuma informação. Seus pais não queriam falar comigo. Eu ligava todos os dias, em vão. Não entendia porque ninguém queria falar comigo – nem com Gene.

Algumas semanas depois, em 24 de novembro de 1991, meu assistente me telefonou e disse que Eric estava morto.

Liguei para Gene para dar a notícia.

Foi chocante – em parte porque não havíamos conseguido nenhuma informação sobre a situação dele.

Eric morreu no mesmo dia que Freddy Mercury e enquanto a *Rolling Stone* publicou uma matéria especial sobre Freddy, sequer *mencionou* a morte de Eric, o que achei imperdoável. Sem dúvida, não foi porque a notícia não chegou, como a revista alegaria mais tarde. Em um caso como esse, pouco importa o gosto musical; é uma questão de bondade humana e reconhecimento pela alegria que aquele jovem homem derrubado pelo câncer levara a milhões de pessoas. Nossos fãs amavam Eric da mesma forma que ele os amava e a revista e seu chefão decidiram não mencionar sua morte. Outros veículos ao redor do mundo noticiaram a morte de Eric. A atitude da *Rolling Stone* não foi um erro azarado; era necessário muito mais esforço para ignorar a batalha perdida de Eric do que para tomar conhecimento dela.

Fiquei tão furioso que escrevi uma carta para a revista. Nela, escrevi que Eric defendia e acreditava em todas as coisas que a *Rolling Stone* e seu editor, Jann Wenner, um dia haviam acreditado, mas que haviam abandonado em busca de *status* social. Se Wenner tivesse conhecido Eric, reconheceria uma alma gêmea do rock, mas a probabilidade daquele encontro havia sido pequena ou nula porque Eric não tinha a aspiração de passar seu tempo socializando nos Hamptons.

Gene e eu fomos a Nova York para o funeral. Era um funeral de caixão aberto, algo apavorante. O corpo no caixão, que estava segurando um par de baquetas, não se parecia com Eric. Não se parecia com um ser humano. Parecia um manequim. A namorada de Eric, uma *playmate* da *Playboy* com quem ele ficou durante anos, pegou as baquetas de dentro do caixão por um breve instante e os dedos de Eric se mexeram da forma como costumavam se mexer.

O cheiro das flores era sufocante. Mal dava para respirar. Mas eu também sentia cheiro de hostilidade ao nosso redor: havia gente eriçada com a nossa presença. Peter e Ace estavam lá. Peter, que todos sabiam que tinha ressentimentos e animosidade com Eric, me disse que Eric andava ligando para ele o tempo todo. Nada parecia fazer sentido. A namorada de Eric também estava morrendo de raiva de Gene e de mim. Descobrimos que Eric havia nos pintado como os caras maus: disse que havíamos dado um pé na bunda dele e negado qualquer apoio. O que simplesmente não era verdade. Todos ali pareciam ter a impressão de que Eric fora mandado embora. Mas ele não havia sido demitido. Depois que dissemos que gravaríamos *Revenge*, foi ele quem se mandou. Eu não me sentia o cara ruim e era estranho ser tratado daquela maneira.

Durante a cerimônia, foi como se um botão houvesse sido ligado dentro de mim e comecei a soluçar de maneira incontrolável. Desmanchei-me em lágrimas.

Nos dias após a morte de Eric Carr, gastei um bom tempo pensando se havia administrado a situação de maneira correta. Embora na época achasse que tinha tomado as melhores decisões, percebi aos poucos que estava errado. Nós *tínhamos* mandado Eric embora e talvez da pior maneira possível, negando o que era mais importante para ele: seu lugar no KISS. Eu não tinha percebido isso enquanto seguimos fazendo o que achávamos importante: tudo o que achávamos que podíamos e devíamos fazer.

Havia sido um erro manter Eric distante daquilo que mais amava e que para ele era um colete salva-vidas. O Kiss. E eu devia ter *notado* isso, visto que a banda tinha a mesma função para mim, que nem sequer estava doente.

Eu devia ter *entendido*.

## 48.

Alguns meses depois, em janeiro de 1992, Pam organizou uma festa surpresa de aniversário para mim no Hollywood Athletic Club. Fui pego totalmente de surpresa e fiquei emocionado ao ver um grande número de presentes que incluía meus pais, que foram a Los Angeles em segredo graças a Pam. Ela também contratou uma banda *cover* do KISS chamada Cold Gin para tocar na festa. Cold Gin havia começado a lotar a casa noturna Troubador tocando os clássicos do KISS e usando maquiagem – em uma época em que ainda ninguém dava muita bola para bandas *cover*.

O cara que fazia Ace na banda era o guitarrista Tommy Thayer. Eu conhecia Tommy de passagem e até havíamos tentado compor juntos. Ele tocava as passagens com fidelidade e conhecia cada nota. Fiquei impressionado. Dava para ver que havia trabalhado duro para aprender, o que exigira persistência e o deixava orgulhoso. Também era bem divertido ver uma banda fazendo o que eu já não fazia.

Tommy me disse que havia mudado seu foco profissional. Além da banda *cover*, estava se concentrando em produzir e empresariar bandas. Não queria ser o cara mais velho de uma banda que ainda estava correndo atrás do sucesso, morando com uma *stripper* na Franklin Avenue. Não queria ser o cara mais velho da festa, sentimento que eu entendia completamente e me causava uma boa impressão.

Escutar a Cold Gin também era um lembrete interessante de que o KISS havia começado como uma banda de rock clássico. O material do início se parecia mais com Humble Pie ou The Who do que com as bandas *hair*. Era boa a sensação de ter *Revenge* na bagagem, pois era um álbum respeitável no qual voltáramos a fazer o que fazíamos de melhor. A música sempre passava por transformações. Chegamos a pensar que não éramos mais atuais, mas havia sido um erro de avaliação. Não tínhamos que seguir as tendências e sim fazer bem o que sabíamos fazer.

Logo em seguida, precisamos nos preparar para a turnê de *Revenge*. Embora Eric Singer tivesse tocado no álbum, nunca prometemos que sairia em turnê conosco ou, após a morte de Eric Carr, que entraria para a banda. Agora, precisávamos decidir o que fazer.

Gene e Bruce não conheciam nada da personalidade de Eric Singer. Haviam cruzado com ele apenas por algumas horas em um ou outro momento no estúdio de gravação. Mas eu podia confirmar a ética de trabalho e a responsabilidade de Eric, pois ele havia trabalhado em minha turnê solo. Nas longas horas que passamos juntos na estrada, Singer havia jogado em equipe nos momentos mais importantes.

O dilema seguinte parece bobo em retrospecto. Eric Singer havia tingido o cabelo de loiro e Bruce, Gene e eu tivemos uma reunião para discutir se podíamos aceitar aquilo. Ao longo da história da banda, todos tiveram cabelo preto. O KISS poderia ter um cara loiro?

Foda-se, não tomaríamos uma decisão àquela altura da vida tendo como base a cor do cabelo de alguém.

Então, como Eric Carr sinistramente previra, Eric Singer tornou-se o novo baterista do KISS. Ensaiamos e fizemos alguns shows pequenos em abril para voltar à forma. Logo ficamos sabendo que Eric também tinha uma voz incrível. Embora houvesse saído em turnê com minha banda solo, eu não tinha ideia disso. Assim que começamos a ensaiar o material clássico, ele perguntou:

– Então, quais partes vocês querem que eu cante?

Achei que estivesse brincando. Gene cantou a linha dele. "Você consegue cantar isso?" Era grave demais. Então, Gene cantou aquela linha e Eric tentou a harmonia mais aguda. Ele era excelente com as harmonias agudas e logo trocamos as funções para que cantasse praticamente todos os agudos, que no caso do KISS geralmente eram a melodia principal. Passei a cantar alguma das outras linhas. Foi ótimo, porque era difícil ter que fazer tudo – falar entre as canções, cantar a linha principal e fazer as harmonias durante toda a noite. Ter um vocalista de apoio tão bom foi um presente dos céus.

Enquanto nos preparávamos para ir à Europa no primeiro trecho da turnê de *Revenge*, eu estava planejando pedir Pam em casamento. Quando ela engravidou, eu soube que era a hora de fazer o pedido. Comprei uma linda aliança. Escolhi eu mesmo a pedra e mandei colocá-la em um anel desenhado para ter um aspecto *vintage*. Fiquei muito empolgado quando o vi, muito empolgado quando pedi sua mão e muito empolgado quando voltei para casa em junho e preparamos o casamento para o mês seguinte.

Com Pam grávida e o dia de nosso casamento se aproximando a toda velocidade, finalmente decidimos fazer reuniões com advogados diferentes para discutir um acordo pré-nupcial. Insisti na importância daquilo devido à vasta discrepância monetária e material existente entre nós no momento do casamento. Àquela altura, eu já pagava de bom grado todas as contas de Pam. Mas ainda queria tentar chegar a um acordo naquela época em que a boa vontade prevalecia. Nem cinco minutos após o início da reunião, ela ficou histérica e saiu correndo da sala. Corri atrás dela.

Quando a alcancei, ela me disse que podíamos ter o bebê sem nos casarmos. Afirmou que não iria querer nada de mim se as coisas dessem errado mais adiante. "Lá de onde venho", ela disse, "a palavra vale muito".

Tomado pelo medo de perdê-la completamente, eu disse que ainda queria me casar – sem nenhum acordo.

Alguns dias antes do casamento, Pam perdeu o filho. Nós dois ficamos devastados, mas seguimos com os planos. Todos no casamento sabiam o que tinha acontecido e o ar melancólico era inegável. O silêncio diante da tristeza me era muito familiar.

Quando o KISS saiu em uma turnê de arenas lotadas em outubro, Pam nunca parecia saber onde estávamos, nem se havia show ou estávamos de folga em um determinado dia. Eu telefonava para ela e via que ela não tinha literalmente nenhuma ideia de onde eu estava, nem do que estava fazendo. Comecei a oscilar entre a ideia de que precisava fazer todo o necessário para as coisas darem certo e reflexões sobre no que eu havia me metido.

*Posso fazer qualquer coisa dar certo.*

O cara italiano com quem Pam recém-havia terminado quando nos conhecemos nunca deixou de telefonar e ela jamais deixou de falar com ele. No início, Claudio telefonava da Europa diversas vezes por semana. Perguntei a ela por quê. Quero dizer, eu até entendia que ele não mostrasse nenhum respeito por mim ou por meu casamento, mas não entendia por que Pam aparentemente fazia o mesmo. Sobretudo depois que eu disse que as ligações me incomodavam muito e pedi que parassem. Ela não quis me ouvir. A ideia que Pam tinha de um casamento não incluía concessões ou ajustes. Ela via essas coisas como perda de sua liberdade, limitações de sua capacidade de ser quem desejasse ser, onde e quando bem entendesse.

Embora eu não tivesse como solucionar o âmago do problema, proferi uma ameaça que achei bastante racional:

– Por que eu não telefono para a esposa de Claudio e pergunto se ela sabe que vocês conversam o tempo todo? Aí vemos como *ela* se sente com isso.

Pam me lançou um olhar cortante e disse que eu estava tolhendo sua liberdade.

O contato entre os dois não cessou, como eu descobriria mais tarde: só passou a acontecer quando eu não estava por perto. Eu parecia ter voltado a uma situação decepcionantemente familiar: a busca por aceitação que não dava resultados. Pam e eu nos irritávamos mutuamente de tal maneira que nenhum dos dois conseguia ser feliz.

– Você não me deixa ser quem eu sou – ela dizia. – Então nunca conseguirá ver quem sou de verdade.

Conversávamos sobre essas coisas até ficarmos sem fôlego. Mas estar naquele relacionamento fora uma escolha minha. Eu havia visto os sinais desde o início e escolhera ignorá-los ou fazer pouco caso deles. Ficar surpreso àquela altura não era um direito.

Em algum momento ela foi para o México gravar uma série de TV que não durou muito chamada *Land's End* e viajei até lá durante uma folga da turnê. Quando cheguei, encontrei uma mensagem de Claudio no telefone do quarto dela no hotel.

*Pelo amor de Deus!*

As ligações continuavam e meus pedidos constantes para que Pam parasse de falar com ele geraram novas recusas enraivecidas. Eu sentia que nem eu nem o nosso casamento significavam muito para ela. Ações falam mais alto do que palavras e nesse caso as ações estavam berrando.

Ainda assim, ela não terminava com aquilo.

Parecíamos discordar em tudo e eu entendia quase por intuição que o nosso casamento estava condenado. Mas não queria admitir o nosso fracasso.

*Deve ter um jeito de fazer isso dar certo.*

## 49.

Após o fim da turnê de *Revenge* em 1992, o KISS entrou em um longo período de silêncio. O cenário da indústria musical estava mudando de maneira dramática, tanto por causa do surgimento do *grunge* quanto pelos abalos gerais na economia.

Em termos profissionais, passamos os dois anos seguintes trabalhando em projetos "caseiros". Gene teve a ideia de um livro de mesa cheio de fotos da banda, chamado *KISStory*, e Jesse Hilsen deu a brilhante sugestão de criarmos, imprimirmos e vendermos o livro por conta própria. Gene também teve a ideia de fazer uma série de convenções sobre o KISS. Chamamos Tommy Thayer para cuidar de ambos os projetos.

Tommy era de Portland, no Oregon. Sua família tinha lojas de material para escritório e seu pai era um brigadeiro aposentado. Ele era brilhante e trabalhador e apesar de ter desfrutado de um pouco de sucesso com sua primeira banda, Black 'N Blue, havia encerrado aquela fase, cortado o cabelo e começado a trabalhar com as atividades paralelas do ramo. E Tommy *amava* o KISS.

Quando começamos a trabalhar em *KISStory*, Tommy deu início ao processo de analisar caixas e mais caixas de fotos e recortes em nossos arquivos, um processo que levou meses. Não é de surpreender que tenha vencido todo o material. Ele tinha um conhecimento enciclopédico sobre o KISS e numa era pré-internet, quando nenhum detalhezinho estava prontamente disponível, seu cérebro era uma fonte única e genuína para o projeto que havíamos idealizado.

No fim, quando a edição das fotos estava pronta, Tommy se mudou para a casa que Gene mantinha para as visitas, onde foi instalado um computador para a produção do livro. Jesse descobriu como vender o livro através de um 0800. Ele achou que vendas diretas funcionariam melhor do que se trabalhássemos com uma editora tradicional e seu palpite estava certo. Depois que terminamos o livro e mandamos imprimir na Coreia, contratamos uma equipe de *telemarketing* para cuidar das ligações e enviar os livros e foi um grande sucesso.

As convenções seriam uma espécie de museu itinerante do KISS, onde fãs e colecionadores de memorabilia se encontrariam para celebrar a banda. Promotores de shows não tinham interesse em bandas vistas como sendo de *hair*, mas descobrimos que, assim como o livro, podíamos fazer aquilo nós mesmos – alugar salões de hotéis e fazer os eventos sem um promotor. Mais uma vez, precisávamos de alguém para cuidar da logística, e mais uma vez recorremos a Tommy, que havia provado seus conhecimentos e sua dedicação ao trabalho durante a confecção de *KISStory*.

As convenções realmente foram uma criação de Gene e tive muito pouco a ver com isso. Ajudei Tommy a arranjar manequins personalizados em uma loja em Burbank e a pintar a maquiagem em seus rostos. Nosso plano original era usar manequins de loja normais, mas a aparência não ficou boa. Lembro de ficar chocado com o quanto os rostos ficavam diferentes após a aplicação da maquiagem, apesar de todos os manequins terem cabeças idênticas. A maquiagem parecia alterar toda a estrutura dos rostos.

Também mandamos fazer quatro cabeças de cera no museu de cera de Hollywood. Quando olhei para a minha, não achei parecida comigo. Então peguei alguns instrumentos de escultura e modifiquei o rosto.

Gene, Tommy e eu começamos a vasculhar as caixas do nosso depósito. Abrimos caixote depois de caixote e catalogamos tudo o que havia em cada um com a ajuda de um fotógrafo. Era divertido pegar as velhas fantasias e olhar para elas outra vez. Mexemos naquelas coisas dia após dia e aos poucos decidimos como apresentá-las. Tommy e eu fomos até um lugar em Buena Park, perto da Disney: uma oficina onde construíam vitrines de Plexiglas sob encomenda. Desenvolvemos uma série de vitrines desmontáveis e encomendamos sua fabricação.

Durante todo o tempo, tivemos muito cuidado com o orçamento, pois estávamos pagando direto do nosso bolso e fazendo tudo aquilo por conta própria, sem adiantamentos. Foi uma verdadeira lição.

Quando o livro e as convenções ainda estavam na etapa de planejamento, também começamos a discutir o novo álbum. Bob Ezrin não estava disponível, mas não importava, pois Gene insistiu em uma ideia. Ele dizia que a música havia mudado e precisávamos soar atuais. Acho que talvez se sentisse atraído pelo *grunge* porque era um som nebuloso, compatível com o personagem que ele desejava projetar. Quando mostrei algumas músicas no início do processo, ele foi bastante desdenhoso.

– Você não sacou o que está rolando – disse. – Você não sabe mais como a música é.

Eu simplesmente não conseguia imaginar o KISS escrevendo histórias de melancolia e destruição.

– O que vamos compor? – perguntei a ele. – Músicas dizendo que nossos empregados não apareceram hoje? Que a nossa limusine se atrasou?

Para mim, a ideia de escrever canções melancólicas era ridícula e o mesmo deveria valer para Gene. As coisas não são tão sombrias em Beverly Hills.

Eu também estava cético quanto ao desempenho das bandas *grunge* em seus segundos álbuns. Tinha um monte de álbuns de estreia excelentes circulando, mas o que eles fariam após ganharem discos de platina, quando deixariam de ser moleques vivendo em garagens cheias de baratas? Tipo, se eram tão infelizes, poderiam ver um psicólogo depois que ganhassem dinheiro.

Mas Gene acreditava muito no projeto, então concordei com o plano. Ele não queria fazer as coisas de outro jeito. Eu poderia estar errado. Ei, talvez o álbum saísse e todos achassem o trabalho genial. Eu tinha sérias dúvidas. Afinal, seríamos nós incorporando outras bandas, o que não fazia sentido. O KISS *celebrava* a vida. Nossas músicas eram sobre autoempoderamento e como a vida era maravilhosa. Agora deveríamos nos lastimar e cantar sobre como tudo era triste? Nada de bom sairia daí.

Comecei afinando minha guitarra em tons mais graves, mas tive dificuldade para compor canções com as quais não tinha qualquer conexão real. Enquanto isso, Gene insistiu na ideia de ser mais parecido com o Metallica do que o próprio Metallica. Já havia um ótimo Metallica e com certeza não seríamos melhor do que eles nisso. Nos dias bons, éramos um ótimo KISS, e parece que ninguém percebia isso enquanto tentávamos subir em um trem que jamais conseguiríamos puxar. Se servíssemos de vagão de passageiros, já seria muito.

Por sorte, acabei encontrando um assunto com o qual me conectava: compus *I Will Be There* para o meu novo filho, Evan. Pam havia engravidado outra vez no fim de 1993 e em junho de 1994 fomos para a ala obstétrica do Cedars-Sinai Hospital. Pam já estava uma semana além do prazo estimado, então fomos lá com uma indução marcada. Ela ainda não estava em trabalho de parto, portanto eu tive muito tempo para ajustar o tripé e a câmera. Jamais esquecerei do último ultrassom antes do nascimento de Evan. A tecnologia 3D ainda era uma novidade e quando o médico deu um *close* em sua cabeça, Evan se virou e encarou o aparelho como se aquela fosse a sua deixa.

*Meu Deus, ele tem a minha cara!*

Sempre achei que ter filhos seria incrível, mas, até cortar o cordão umbilical, não percebi a dimensão e o caráter sagrado disso. A vida nunca havia feito tanto sentido. Assim que segurei Evan no quarto e estabelecemos contato visual, entendi tudo: *Não morremos de verdade.* Estávamos na Terra para deixar um mundo melhor através de nossos filhos. E através de nossos filhos, continuávamos a viver. Era deslumbrante olhar para aquela pessoinha que recém-chegara ao mundo e perceber que eu permaneceria. Era o ciclo que rolava desde o início dos tempos. Eu viveria através *dele*.

Enquanto dirigia para casa do hospital com aquele novo pequeno ser em meu carro, fiquei totalmente aterrorizado. É provável que eu tenha causado acidentes por dirigir tão devagar. Quando os bebês nascem, seu pescoço não consegue sustentar a cabeça, e se a cabeça se afasta muito em alguma direção eles podem sofrer com falta de fluxo sanguíneo no cérebro. Dirigi a dez por hora, olhando o tempo todo pelo retrovisor para garantir que a cabeça estava erguida no assento do carro.

Eu sempre havia me considerado o centro de meu universo; quando Evan apareceu, recolhi-me para o fundo do palco sem pensar duas vezes. Ele se tornou o centro de meu universo. E talvez fosse uma segunda chance para que eu vivenciasse uma infância da maneira correta.

Seu nascimento me acalmou e respondeu a grande pergunta: *Por que estamos aqui?* Estamos aqui para criar nossos filhos e deixar algo melhor de legado. A profundidade daquele momento me levou de volta à minha viagem ao Havaí alguns anos antes, quando achei que estava me afogando. Naquele instante, só consegui pensar que não fazia sentido que o mundo continuasse após a minha morte. Ao olhar nos olhos de meu filho, deixei de ser o centro do universo e fiquei feliz em ceder a ele esse espaço. É seu, meu filho.

*Estou aqui por causa dos que vieram antes. E continuarei aqui por causa de todos os que vierem depois.*

De repente, passei a dormir melhor.

## 50.

As convenções do KISS se tornaram realidade em 1995, começando pela Austrália. A pré-venda de ingressos foi boa, então não ficamos esperando ansiosos para ver se alguém apareceria. As convenções deram certo por causa da mitologia do KISS – esse era o motor. O conceito era único e as pessoas responderam bem.

E também responderam de maneiras inusitadas. Algumas, por exemplo, se casaram nas convenções. Pode parecer estranho para alguns, mas vi isso como uma grande homenagem. Nunca encarei de maneira leviana o fato de alguém decidir se casar com a maquiagem do KISS em um daqueles eventos. O fato de que a banda significava tanto para as pessoas era incrível. Ter esse tipo de impacto e fazer parte da vida de alguém era um sentimento especial. Eu também adorava a espontaneidade e o caráter informal daquelas convenções, com sessões de perguntas e respostas e nossas apresentações acústicas. Estávamos tocando para nossos fãs mais dedicados e ninguém nos analisava em busca de perfeição. Os shows acústicos se tornaram fotografias sonoras.

Quando fizemos a convenção em Burbank, pertinho de Los Angeles, Eric Singer sugeriu que convidássemos Peter Criss para aparecer. Era um gesto de boa vontade, para mostrar a Peter que ele era da família. Quando apareceu por lá, estava radiante – sorrindo de orelha a orelha e dando soquinhos no ar. Peter era mais velho do que nós e nos anos desde que deixara a banda a diferença de idade parecia ter aumentado – talvez porque não teve sucesso na carreira solo ou por seu desgosto com a vida em geral. Dei a ele uma jaqueta de moto do KISS para vestir. A única que tínhamos à mão era quatro tamanhos maior do que devia, mas ele ficou feliz por vestir aquelas cores.

Ele se juntou a nós no palco e cantou *Hard Luck Woman*. Ele não lembrava de toda a letra (não havíamos ensaiado), mas foi um momento terno. Ele parecia uma criança que acabara de encontrar as chaves da loja de doces e fiquei feliz de me encontrar com ele depois de tantos anos.

Tínhamos cerca de vinte e cinco paradas pelos Estados Unidos e a convenção final seria no Roseland, em Manhattan. Alex e Roger Coletti, da MTV, ambos grandes fãs do KISS, haviam escutado a respeito dos shows acústicos nas convenções e nos procuraram em Nova York para perguntar se não queríamos fazer um *Acústico MTV*. Ao longo do processo de tocar em todas aquelas convenções, havíamos afiado nossa habilidade para tocar os sons de maneira acústica e cantá-los bem. Guitarras elétricas perdoam bastante; já os instrumentos acústicos têm uma clareza que deixa menos margem de manobra. As cordas também são mais pesadas e no começo os *bends* são mais difíceis. Também cantávamos sem efeitos, embora os ambientes muitas vezes criassem um eco e um *reverb* naturais. Ao fim daquela longa turnê de convenções, a banda estava soando muito bem. Estávamos confiantes para o nosso *Acústico*.

A MTV queria o bônus de reunirmos a formação original. Peter e Ace eram ambos empresariados por um antigo gerente de turnê chamado George Sewitt, que inventou um monte de termos e exigências ridículos. Tivemos que nos livrar de toda aquela besteira antes de levar Peter e Ace a um estúdio em Nova York para tentarmos ensaiar juntos. Os termos e as demandas de George mudavam o tempo todo, independentemente do que Peter e Ace combinavam, mas Gene fez um ótimo trabalho mantendo-os sob controle.

Todos estavam ressabiados quando Ace e Peter entraram no estúdio. Eric Singer e Bruce estavam por lá, mas era visível que Peter e Ace eram os mais desconfortáveis na sala. Todos da formação atual da banda estavam em uma posição vantajosa naquela situação. Não pensamos nem por um segundo em não ter Eric e Bruce por lá. Peter e Ace estavam vindo à nossa casa e Eric e Bruce moravam lá. Eles haviam conquistado seu espaço.

Eu mal tinha visto Peter e Ace desde o início dos anos 1980. Havia escutado histórias de que Peter estava tocando pior e que as várias bandas em que se envolvera não eram muito boas. Mas houve uma empolgação e um caráter surreal de nostalgia quando eles chegaram.

Uma vez, Tommy Thayer revelou uma impressão da formação original que provavelmente era compartilhada por muita gente de fora. "Sempre achei que Ace e Peter eram os caras do rock", ele tinha dito, "e você e Gene, os homens de negócio". Na época dei risada e agora ria por dentro enquanto eles entravam na sala. De fato, Ace gostava de posar como uma espécie de Keith Richards estadunidense, mas eu sabia que Tommy logo teria uma dura revelação. Gene e eu jamais havíamos parado de tocar nossos instrumentos desde o início da banda. Eu havia me tornado um guitarrista muito mais habilidoso após quinze anos de trabalho constante. Ace não tinha tocado nem perto disso e Peter quase nada. Quando haviam tocado, ninguém estava lá para dizer se eram bons o suficiente.

Peter parecia ter voltado à estaca zero. Ele havia se tornado um tiozão meio doido e apareceu com uns tambores tribais em miniatura que segurava com uma mão e violava com uma baqueta. Queria tocar aquilo enquanto cantava *Beth*, mas vetamos a ideia.

Trabalhamos em umas quatro canções com eles. No resto do show seríamos apenas Gene, Eric, Bruce e eu.

O estúdio onde gravamos o *Acústico MTV* tinha uma iluminação e um cenário belíssimos. Um público de fãs fiéis do KISS lotou o lugar após ouvir os rumores de que haveria uma reunião da formação original. O chão estava coberto por um grande pedaço de tecido onde havia sido impressa a capa de *Rock and Roll Over*. Havia bonecos de cera que replicavam nosso visual de maquiagem (herança das convenções) atrás de nós.

Ace ficou tagarelando no microfone, o que nos distraía e era uma tentativa óbvia de aparecer mais sob os holofotes. Isso foi ajeitado na edição do vídeo e do álbum.

Quando o show foi transmitido em agosto de 1995, teve a segunda maior audiência da história do *Acústico MTV*. Quase no mesmo instante em que foi ao ar, surgiram especulações de que um retorno da formação original estava sendo articulado. Eu achava que o sentimento era bom o suficiente para que explorássemos a possibilidade. Na verdade, via aquilo como o passo seguinte mais lógico. Além disso, levando em conta os acidentes de carro bem documentados e outros flertes com a morte que Ace e Peter pareciam ter o tempo todo, me parecia que o prazo para uma reunião podia esgotar mais cedo do que se imaginava. Um daqueles caras acabaria batendo as botas e se havia um momento adequado para nos juntarmos outra vez era aquele.

Também achei que uma reunião poderia gerar um encerramento. Quando a banda se separou, éramos todos jovens e estúpidos. Talvez pudéssemos nos juntar depois de ter aprendido com a vida e todos veriam a maravilha que a banda havia sido. Talvez pudéssemos ver isso no fim e seguirmos juntos rumo ao pôr do sol, como uma banda, uma equipe, um por todos e todos por um, até que déssemos aquilo por terminado de acordo com nossos próprios termos.

Comecei a tentar convencer Gene.

Ele estava cético, para dizer o mínimo, e não achava que rolaria a pororoca de grana que eu tinha certeza que viria. Acabáramos de fazer as convenções e vendido ingressos por cem dólares para uma plateia não muito endinheirada de algumas centenas de fãs em cada cidade. A ideia era reunir um número menor de pessoas a um preço mais alto. Não tentaríamos lotar arenas. Como não precisávamos de quinze ônibus para nos deslocarmos de um show ao outro, os custos seriam mais baixos do que os de uma turnê. Em teoria, as convenções poderiam ter sido muito lucrativas. Contudo, apesar de serem tão divertidas e inovadoras, não renderam tanto.

Levando em conta a evolução dos cachês para consertos e do *merchandising* (aquele foi o momento em que os preços de ingressos para shows aumentaram de repente), era difícil imaginar que algo como as convenções pudesse competir com os frutos de uma turnê com a formação original e maquiagem. Não me parecia difícil isso acontecer.

Ainda assim, Gene era difícil de convencer. Mesmo quando eu dizia os números pelo telefone, seu ceticismo continuava.

Eu estava cem por cento convencido de que o momento era aquele. Quando retornamos a Los Angeles, telefonei para Gene e discutimos mais uma vez os números hipotéticos baseado em um público possível de dez mil pessoas, com o preço dos ingressos e as estatísticas de *merchandising* dos shows para turnês da época. Um exemplo que utilizei foi o The Eagles. Eles haviam se reunido em 1994 e continuaram a turnê ao longo de 1995, tocando para milhões de pessoas e chegando às listas de mais vendidos da *Billboard* com um disco ao vivo. Eu havia testemunhado pessoalmente grandes filas de pessoas esperando para comprar camisetas e *merchandise* em um show deles. Era um sucesso financeiro sem precedentes para uma banda que havia terminado mais ou menos na mesma época em que a formação original do KISS começou a se separar. Aqueles caras certamente não voltaram porque se apaixonaram novamente uns pelos outros. E, pô, se *eles* podiam se dar bem...

Sabe quando você lambe o dedo e ergue no ar para descobrir a direção do vento? Eu sentia que era agora ou nunca – o vento estava na direção certa. Não importava quanto sucesso fazíamos naquela época, sem maquiagem, eu sabia que nada podia competir com o que havíamos sido. O mito. A lenda. Era uma vez.

Gene finalmente topou falar com algumas agências de talento sobre a possibilidade de agendar uma turnê com a formação original. Quando aparecemos nas reuniões, encontramos uma mudança perceptível na maneira como nos recebiam. Nos anos recentes, havíamos nos acostumado a ter refrigerantes e amendoins nas reuniões. De repente, éramos alocados em salas de conferência repletas de mandachuvas. Bufês elaborados eram dispostos à nossa frente. "Por favor, senhores, sirvam-se."

*Comida quente?*

Hmm, talvez realmente *tivéssemos* algo grande nas mãos. Gene sentiu o cheiro do café. Ele estava dentro.

# Parte V

**The highway to heartache**
*O caminho para a tristeza profunda*

## 51.

Com base no que as agências nos disseram, ficou claro que uma turnê de retorno seria muito maior do que poderíamos administrar por conta própria. Precisávamos de um novo empresário. Pensamos imediatamente em Doc McGhee. Quando o Bon Jovi excursionou pela Europa conosco em 1984, Doc era o empresário deles. Ele os levou ao superestrelato e também havia levado o Motley Crue ao topo. Nós o conhecemos antes disso, quando era o empresário de Pat Travers, que abriu alguns shows nossos durante a era da maquiagem. Se alguém era capaz de entender o que precisávamos, esse alguém era Doc.

Tivemos nossa primeira reunião com Doc em um restaurante na Sunset Boulevard, em Hollywood. Ele começou a pirar desde o início – nós faríamos a "Turnê das Sete Maravilhas do Mundo", e daríamos o pontapé inicial tocando na frente da esfinge e das pirâmides no Egito. Ele pensava grande. Ridiculamente grande, como costumávamos fazer. Como Bill Aucoin fizera.

Ficou claro que Doc era o cara certo. Era um alívio encontrar alguém que não só entendia, mas era capaz de acrescentar algo e levantar as apostas. Não fizemos reuniões com mais ninguém.

Quando começou o planejamento, tornou-se óbvio que aquele não seria um ano de nossas vidas, mas um pedaço de nossas vidas – *anos*. Doc pedia que todos dedicassem todo tempo e esforço naquele retorno. Embora Gene estivesse proferindo seu entusiasmo, alertei Doc: "Já vi esse filme antes e sei como é o final". Doc me garantiu que manteria todos envolvidos, mas eu sabia a inevitável verdade. Eu gostava de mirar alto, mas também era fundamental que Doc entendesse e aceitasse a realidade.

A adrenalina estava fluindo e todos estávamos soltando faíscas e tendo uma série interminável de ideias. Uma coisa que Gene insistia com Doc o tempo todo era que precisávamos por o KISS na capa das revistas *Time* e *Newsweek*. Aparentemente, Bruce Springsteen estivera nas duas ao mesmo tempo na época de *Born in the U.S.A.* e agora Doc tinha ordens expressas de fazer o mesmo acontecer conosco.

– Gene – disse Doc –, a única maneira de vocês irem para a capa dessas duas revistas é assassinar o presidente usando a maquiagem.

*Doc é dos nossos.*

Conforme o plano de nosso retorno foi se tornando mais concreto, tivemos que dar a notícia para Eric Singer e Bruce Kulick. Agendamos um encontro na casa de Gene. Acho que eles não achavam que um retorno fosse exequível, pois haviam testemunhado o estado técnico de Peter e Ace durante os ensaios e a gravação do *Acústico MTV*. Mais tarde, saquei que eles imaginavam que a reunião seria para combinarmos as estratégias para o lançamento de *Carnival of Souls*. Quando demos a notícia, pareceram ter sido pegos de surpresa.

Eric e Bruce não ficaram contentes, mas dissemos que manteríamos os dois na folha de pagamento por uns tempos enquanto decidiam o que fazer em seguida. Eric sempre havia sido um pouco cínico e via a si mesmo como um empregado. Mesmo assim, já era um baterista com muito chão, que havia tocado com diversas bandas – ele trabalhava para todo mundo simplesmente porque era muito bom. Mesmo assim, naquela situação, ele ficou visivelmente sentido.

Não tivemos a intenção de magoar aqueles caras, mas ainda assim fiquei me sentindo mal. "Eles chamam de *indústria* musical por um motivo," disse Eric. Foi a maneira de dizer que entendia a decisão. "Aprecio o fato de vocês terem os colhões para dizer isso cara a cara." Acho que nem sempre havia sido assim ao longo da carreira dele. Mas aquilo era importante para mim. Por exemplo, eu jamais terminaria com uma namorada pelo telefone e havíamos pegado um voo até Nova York para terminar as coisas com Bill Aucoin pessoalmente. Isso demonstrava respeito pelos outros. Todos esses caras haviam contribuído de maneira substancial para a banda.

Como sempre, Bruce foi muito gente boa. "Pode crer," ele disse. "Parecia óbvio, era uma reunião e tal. É isso aí."

Não nos surpreendeu que tenha sido necessária muita discussão com o representante de Peter e Ace para conseguirmos acertar um negócio. Ace insistia em ganhar mais dinheiro do que Peter porque, como alegava, Peter não valia tanto quanto ele.

– Peter não fez nada – insistia Ace. – Ele nem toca mais. Sou mais famoso do que ele.

Claro que tudo isso era feito pelas costas de Peter. Ace pisava tanto em Peter que devia ter pernas de jogador de futebol. Ainda assim, Peter via Ace como seu camarada e companheiro de equipe, não importava quantas vezes Ace oferecesse Peter para o sacrifício.

No passado, as pessoas haviam me dito "O momento certo para descobrir que você não quer ir para a cama com alguém é antes de tirar as roupas". Então, soletramos cada frase dos contratos com eles: regras básicas, como tudo o que faríamos e não faríamos e as consequências em caso de não cumprimento do contrato. E o mais importante: ensaiaríamos e veríamos como nos saíamos em conjunto de acordo com parâmetros predeterminados. Não deixamos margem para o azar.

Parte disso incluía contratar *personal trainers* – não apenas para Peter e Ace, mas também para mim e Gene. Queríamos que a banda tivesse a aparência que as pessoas lembravam. O que eu menos queria era gente se decepcionando ao ver um bando de caras gordos usando roupas justas.

Os treinadores não eram fisiculturistas nem nada do tipo, mas especialistas em resistência cardíaca e musculação básica. Mesmo assim, o cara que estava trabalhando com Peter ficou perplexo – não apenas com o quanto estava fraco e com seu péssimo preparo, mas também com sua vontade mínima de trabalhar. O treinador disse que era como trabalhar com um velho. Peter tinha a tendência de estourar com o treinador por bobagens porque não gostava de malhar.

Ace, como de costume, só era preguiçoso. Mas mostrou dedicação.

Em paralelo aos treinos físicos, começamos os ensaios. Ou ao menos tentamos. Reunimo-nos em Los Angeles em março, com o plano de ensaiar por diversos meses. Era imperativo ter uma ótima aparência e sonoridade naqueles shows – estávamos competindo não só com o nosso passado, mas com as memórias que as pessoas tinham do nosso passado. Para mim, esse era o desafio. Tínhamos que recriar o impacto que nossos shows tinham sobre as pessoas em uma época em que ninguém fazia o que fazíamos. Nos anos 1990, todo mundo já tinha recursos pirotécnicos e um show com o DNA do KISS – era só uma questão de ter grana. Precisávamos estabelecer um novo patamar.

Então Ace perguntou:

– Por que precisamos ensaiar? Conheço essas músicas como a palma da minha mão.

Logo teríamos a impressão de que Ace não conhecia a palma de sua mão muito bem. E Peter? Peter era outra história. Não havia sentido em ensaiar como banda. Peter e Ace não conheciam o material e não sabiam tocar suas partes.

Telefonei para Tommy Thayer. Tommy conhecia nossa obra musical de trás para a frente e seria um bom treinador. Queríamos fazer jus às versões originais de nossas canções presentes em *KISS Alive!*

– Olha só, Tommy – eu disse. – Precisamos que você se reúna com Peter para ensaiar individualmente no estúdio. Só você e ele. Você na guitarra, Peter na bateria. Você precisa repassar todas as canções e garantir que ele saiba o que está fazendo.

Depois do primeiro dia de trabalho individual com Peter, Tommy me telefonou.

– Paul – ele disse, em um tom muito sério. – Não sei bem como dizer isso.

Ô-ôu.

– Eu quero mais do que qualquer coisa que isso dê certo, por todos os envolvidos. Mas, sabe, preciso ser honesto: não sei como vocês vão fazer para conseguir isso.

Ele fez uma pausa. Então eu ri. Achei que estava brincando.

– Não, tô falando sério – disse Tommy. – Tocar com Peter é como tocar com alguém que está segurando baquetas pela primeira vez na vida. É como se ele nunca tivesse tocado. Não se lembra de nada e não sabe tocar.

De certa forma, aquilo não me surpreendeu. Peter não só fracassara em se desenvolver musicalmente e aperfeiçoar sua técnica ao longo dos anos, mas também havia largado tudo de mão. Mas eu ainda esperava que Tommy pudesse prepará-lo.

– Tenta por mais uns dias – eu disse. – Você vai conseguir.

Tommy prosseguiu, gravando as sessões em fita cassete e levando elas para eu ouvir mais tarde ou tocando-as no telefone. Ouvir aquelas fitas era frustrante. Às vezes, Tommy dizia com gentileza algo como "Talvez esse último pedaço não esteja bem certo...", e Peter gritava com agressividade "Não vem tentar me dizer como se toca a porra de uma bateria".

Ser tão diplomático e ter que aguentar os abusos de Peter era um trabalho ingrato. E para quê? Para que Tommy, um *guitarrista*, pudesse ensinar Peter, supostamente um baterista *profissional*, a tocar bateria no mesmo nível de um *iniciante*. No fim, Tommy ensinou as linhas de bateria a Peter como quem ensina truques a um cão. Não era uma questão musical. Mas, aos trancos e barrancos, semana após semana, os resultados começaram a surgir. Peter aprendeu seus truques. Já podia seguir adiante – e tocar *Strutter*.

Reagrupamo-nos para tocar. Então nos demos conta de que Ace também não estava no ponto. Fiquei chocado ao ver o nível de decadência desses caras e o desrespeito que tinham por seus talentos.

Telefonei para Tommy outra vez. O mesmo esquema. Tommy e Ace sentavam frente a frente no estúdio diversas horas por dia com duas cadeiras e dois amplificadores Marshall, repassando todas as músicas. Ace voltou à forma muito mais rápido do que Peter.

Mais uma vez, nos reagrupamos para tocar. Agora, as coisas começavam a soar melhor. Para ser honesto, era óbvio que não atingiríamos o mesmo nível da formação anterior, mas agora havia um pouco de química rolando. Resgatamos um pouco daquela pegada desajustada dos velhos tempos.

Finalmente chegou o dia em que fomos até a casa de Gene, aplicamos a maquiagem e colocamos os trajes juntos pela primeira vez, só para ver como ficávamos. Era como se o tempo não tivesse passado.

Éramos aqueles caras outra vez. Foi mágico. Até fiquei sonhando acordado com a possibilidade de não termos apenas aquele momento e sim um futuro – de continuarmos as coisas a partir de onde havíamos parado.

Quando começamos a planejar os aspectos econômicos da turnê, Doc McGhee disse:

– Vamos começar pelo Tiger Stadium.

– Você tá louco? – perguntei.

Eu sabia que aquela turnê seria grande, mas não previra algo naquela escala. O Tiger comportava muito mais do que os dez mil que eu havia estipulado quando telefonei para Gene e tentei persuadi-lo a cogitar uma turnê de retorno. Doc queria que abríssemos em um local com capacidade quatro vezes maior. Sem nem testar antes o termômetro da venda de ingressos. Sem aquecimento.

Era audácia para além do que eu poderia ter imaginado. Doc claramente sabia de algo que nós não sabíamos. Ele vinha de megaturnês com Bon Jovi e Motley Crue e sabia que essa estimativa de público se tornaria realidade se as pessoas comprassem a ideia. Por sorte, aderimos à causa dele.

Logo tínhamos propostas de arenas onde havíamos tocado em nosso ápice na década de 1970, em uma época em que muitos dos nossos contemporâneos, bandas dos anos 1970 e 80, pareciam prestes a ser extintas pelo *grunge* e pelas transformações massivas da indústria fonográfica. Enquanto isso, tínhamos ofertas incríveis na mesa. Era surreal. Era como ganhar na loteria. Outra vez.

Quando os ingressos para a turnê de volta eram colocados à venda, geralmente quando ainda era manhã na Costa Leste, eu telefonava para Doc antes do amanhecer de Los Angeles e monitorava o que estava acontecendo na Ticketmaster em tempo real. Os ingressos para o

Tiger Stadium esgotaram em menos de uma hora. Quando os outros shows começaram a ser vendidos, foi a mesma coisa. "Ok, Nova York está começando as vendas... ok, lotado, vamos vender uma segunda noite... os ingressos da segunda noite estão esgotados."

"Beleza, agora vamos vender os de Boston..."

Era incrível. Doc estava certo.

## 52.

Detroit, rock city: de volta ao lugar onde tudo começou. Tiger Stadium, ingressos esgotados, 28 de junho de 1996. Gene, Ace, Peter e eu, juntos outra vez. Mágica. Eletricidade. *Aqui estamos nós.*

Havíamos chegado dez dias antes (mais uma vez, sem deixar margem para o azar) e feito sete ensaios, incluindo um com trajes completos. Ace estava atrasado.

Àquela altura da vida, havia certas vantagens e pré-requisitos que eu sentia que merecia e eram necessários para tornar a turnê viável. Agendamos noites nos melhores hotéis; eu não ia ficar em hotéis onde havia um papel sobre o assento da privada escrito ESTERILIZADO PARA A SUA PROTEÇÃO. Ace e Peter não haviam dormido em um hotel de alto cacife nos últimos dezesseis anos, desde sua última turnê com o KISS. Peter, especialmente, parecia ter pouca experiência de vida. Levei-o ao Starbucks um dia e ele ficou estarrecido com o quão bons eram os *biscotti*. Peter e Ace começaram a se ressentir por não serem tão cosmopolitas nem terem tanto jogo de cintura quanto nós ao transitar em ambientes de classe. Peter se sentia desrespeitado pelos funcionários do hotel o tempo todo, por exemplo, simplesmente porque se sentia intimidado por eles – aliás, por quase qualquer pessoa.

Na tarde do show, fizemos a passagem de som. Enquanto eu estava no palco, foi difícil compreender que aquele estádio de beisebol estaria lotado no máximo da capacidade em algumas horas. Tiramos fotos e curtimos o momento. Peter, que havia terminado com a namorada recentemente e estava sozinho, parecia atipicamente receptivo e agradecido. Sua tendência sempre fora se tornar dependente de alguém e se isolar de todos os outros, utilizando a namorada como refúgio – um bom ou um mau refúgio, dependendo da personalidade da mulher. Agora, solteiro, Peter se permitia curtir o momento.

Naquela noite, em nosso caminho para o palco, fomos conduzidos em carrinhos de golfe pelo interior labiríntico do estádio. De repente, surgimos por uma das rampas de acesso que levava ao espaço detrás do palco e o ar estava elétrico. Dava para escutar a empolgação e a ansiedade. Era uma sensação esmagadora. Percebi que eu era exponencialmente mais importante do que havia sido alguns meses antes – porque era outra vez não apenas um membro do KISS, mas *daquela versão* do KISS. Eu podia escutar o sentimento contido das pessoas enquanto esperavam pelo show. Elas haviam atravessado o mundo para ver aquela noite. Era ensurdecedor.

Quando as luzes se apagaram, foi um pandemônio. Parecia que quarenta mil lâmpadas haviam sido apagadas enquanto as pessoas esperavam por nossa aparição.

Eu sabia que aquele show seria crucial. Ele reapresentaria a banda, seu mundo imagético e tudo o que vinha junto. Aquele show podia permitir que seguíssemos adiante. Que continuássemos. Parecia que estávamos no olho de um furacão e tudo girava ao nosso redor enquanto assistíamos tranquilamente dos bastidores.

Quando subimos ao palco, ainda com as cortinas fechadas, senti uma onda de pressão incrível. O som da plateia tinha uma força tangível. Até quando o lugar ficou em silêncio, o barulho de quarenta mil pessoas respirando criou um "silêncio" ensurdecedor. Eu nunca havia me sentido daquela maneira.

*Tá bom, Detroit! Vocês queriam o melhor e vocês terão o melhor, a banda mais quente do mundo... KISS!*

A cortina abriu e a força da reação da plateia quase me levantou do chão.

Tive que fazer força para me manter no controle da situação, de meu corpo, de meu emocional e da banda. Eu estava preocupado em manter-me conectado a Peter, pois sabia que haveria muitas batidas de pé e sinais com a mão para que ele se mantivesse no mesmo tempo que nós. Por sorte, ele estava feliz por ser guiado. Honestamente, não era típico dele acatar uma coisa dessas, mas naquela época Peter estava em excelente fase: trabalhava duro, mantinha um ar alegre e curtia tudo.

A minha alegria foi poder revisitar algo que havia vivenciado muito mais jovem, com uma mente diferente. Na primeira vez em que passara por aquilo, tive a sensação de que jamais haveria um fim. E então tudo foi morrendo aos poucos. Mas lá no palco, com o KISS reunido e encarando aquele tipo de energia outra vez, senti-me grato de maneira totalmente diferente. Não tinha a ver com grana. Não tinha a ver com fama. Eu já tinha essas coisas. Aquela era a chance de ler um livro que havia lido quando criança, de assistir a um filme a que assistira mais jovem, tirar algo daquela experiência que antes eu não fora capaz de apreciar.

Fui tomado por um sentimento de gratidão.

Enquanto a turnê prosseguia, todos pareciam compartilhar do mesmo sentimento. Ao menos no início. Peter jurou diversas vezes que não repetiria seus erros. E durante os primeiros meses da turnê, elegemos Peter como membro exemplar da banda. Ele jantava conosco com frequência. Era uma presença alegre e agradável. Sua atitude parecia espelhar a minha: era uma sorte incrível ter aquela oportunidade.

Uma coisa que havia nos preocupado naquele retorno era o solo de bateria de Peter. Ele quis tocar um já de cara. Em um mundo perfeito, o solo era parte do nosso show: sempre tivéramos um solo de bateria nos anos do *Alive!* Olhando em retrospecto, não sei ao certo por que sentíamos necessidade disso, mas havia se tornado uma tradição. No meio tempo, a técnica de Peter havia se deteriorado muito. Mas, como ele queria fazer aquilo e era parte da tradição, Gene concordou em ajudá-lo a elaborar um.

Por sorte, nos anos 1990, você podia bater em uma garrafa de Coca com uma baqueta e fazer com que isso soasse explosivo e poderoso: era tudo uma questão de por efeitos suficientes. E foi exatamente o que fizemos. Acoplamos disparadores em cada peça da bateria de forma que, quando Peter batesse em uma delas, fosse ativado um solo pré-gravado de bateria. Embora Peter houvesse tocado de maneira inflamada nos anos 1970, agora era uma sombra de si mesmo. Na turnê de retorno, ele tocava bateria como se estivesse com medo que seus braços fossem arrebentar se ele fizesse algo mais do que um tapinha. Ele dizia que os braços doíam. A ativação dos disparadores era determinada pela força com que cada peça era tocada, mas por sorte eles podiam ser ajustados para qualquer nível de sensibilidade. Costumávamos dizer que ajustávamos os disparadores para que Peter pudesse acionar um solo ao espirrar. Eu escutava solos imensos de bateria e, ao me virar, via que Peter mal estava movendo as baquetas.

Mas queríamos sucesso. E tivemos sucesso.

Por um tempo.

Então, Gigi apareceu. Era uma cristã reconvertida que, pelos relatos, havia sido dançarina antes e não do tipo que dança o *Lago dos Cisnes*. Quando Peter começou a sair com ela, as coisas mudaram bem rápido. Peter me lembrava um animal pequeno: quando está assustado, é tímido, mas quando se sente protegido, mostra os dentes. Ele começou a passar o dia grudado nela e se distanciou de todos os outros.

Surpreendia-me que, enquanto ele e Gigi declaravam um amor profundo por Deus e pela religião, não desejavam nada além de dor e sofrimento para aqueles ao seu redor. De repente, quando eu telefonava para o quarto dele para trocar uma ideia, ela atendia e dizia:

– O que você quer?
– O Peter tá aí?
– Pra que você precisa dele?

*Só passa a merda do telefone pra ele. Você está aqui como convidada.*
Ela se tornou uma espécie de guardiã.

Dessa vez, a turnê foi equivalente a imprimir dinheiro. Todas as datas esgotavam e acrescentávamos cada vez mais shows extras. Estávamos vivendo uma vida maravilhosa, voando em um grande jato particular com aeromoça e ficando em belos hotéis. Estávamos nas nuvens. Peter e Ace ganharam milhões de dólares, sendo que nas quase duas décadas em que ficaram fora da banda mal chegavam ao fim do mês. Eles não tinham nada antes daquele retorno. E ainda assim, no instante em que suas contas bancárias começaram a encher outra vez, eles mudaram.

As exigências de Peter no hotel exigiram que Doc imprimisse um livrinho de várias páginas para ser entregue à equipe do hotel em todos os lugares para onde íamos. Ele continha uma lista de regras complicadas: se Peter colocava um aviso na porta com um símbolo, os funcionários podiam entrar e passar o aspirador de pó, mas não podiam tocar nas janelas; outro sinal significava que podiam arejar o quarto, mas sem tocar nas toalhas; ele precisava ficar a certa distância dos elevadores; não podia ficar num andar muito alto; fazia com que cobrissem determinadas janelas com papel alumínio.

*Tá falando sério? Há um ano você nunca havia entrado em um Starbucks!*

Certa tarde, escutei gritos e barulhos de coisas sendo quebradas no corredor. Abri a porta do meu quarto e vi Doc correndo em direção ao quarto de Peter e Gigi. Havia louça voando para fora do quarto e colidindo com a parede no lado oposto do corredor.

– O que houve? O que houve? – gritou Doc.

– Eles não limparam meu quarto – berrou Peter.

– Mas Peter, você colocou um aviso na porta que significa que eles não podem entrar!

As fissuras na banda *já* estavam começando a aparecer.

Em algumas noites, Ace apagava enquanto estava aplicando a maquiagem – simplesmente desmaiava na cadeira com as tintas praticamente enfiadas no olho. Seu consumo de diversas drogas ilegais estava fora de controle outra vez. Ele se metia em ciladas de todos os tipos (até conseguiu um ferimento superficial por arma de fogo em Dallas), e então pedia prescrições para mais drogas. Doc tinha que se adiantar e alertar os médicos para que não dessem analgésicos a ele. Como Doc costumava dizer, "Ace tem a força de vontade de uma larva".

Era triste. E frustrante. Deveríamos ser quatro caras celebrando algo milagroso. Em vez disso, tínhamos um trabalho excruciante cujo único objetivo era garantir que o esquema rolaria todos os dias: Peter e Ace sairiam de seus quartos, chegaríamos ao local do show e tocaríamos até o fim.

Enquanto eu viajava com uma mala de rodinhas, Ace já estava com dezessete peças de bagagem, incluindo uma com mais de cinquenta quilos. Dentro havia um projetor e cabos para que pudesse exibir uma imagem de seu rosto se fundindo com o rosto de Elvis em *loop* no quarto do hotel.

Ace também aparecia com umas namoradas bem interessantes. Uma gostava de andar no meio da plateia com uma prancheta e fazer anotações – aparentemente, estava checando para garantir que a guitarra de Ace estava alta o suficiente. Outra deve ter sido baleada no avião, porque deixou o assento cheio de sangue. Seu estado era tão ruim que mandamos um médico até o camarim de Ace para dar uma olhada nela.

– Se eu fosse vocês – disse o médico –, não deixaria que viajasse com vocês, porque vai morrer.

Doc cuidou daquela situação e ela nunca mais foi vista durante a turnê.

Nem preciso dizer que Doc estava cada vez mais puto com Peter e Ace.

– Vocês vão ser substituídos – ele disse. – Isso é um negócio. Não sou arqueólogo, não estou aqui para preservar o passado. Estou aqui para fazer com que isso vá adiante e cresça. Se vocês se tornarem obstáculos, vão ser mandados embora. Seria uma pena se vocês perdessem uma oportunidade dessas. O cavalo está passando encilhado uma segunda vez – por que vocês não montam logo?

Eles odiaram Doc depois daquilo, mas ele estava exausto de ter que arrastá-los a todos os lugares e motivá-los a fazer as coisas mais básicas que precisavam fazer para que a banda funcionasse.

Conforme as coisas pioraram, contudo, muitos dos efeitos colaterais respingaram em Tommy Thayer, que precisou assumir o cargo de gerente de turnê após uns seis meses do primeiro ano. Tommy gastava 90 por cento de seu tempo e energia lidando com coisas que ninguém deveria precisar lidar: fazer novos ajustes quando Peter ou Ace perdiam um voo ou não apareciam quando o carro ia buscá-los, garantir que os funcionários do hotel não retirassem o papel alumínio das janelas de Peter ou qualquer coisa que surgisse. Os atrasos de Ace para sair do quarto de hotel quando precisávamos ir a um show ou até o nosso jato eram um problema crônico. Por uns tempos, Tommy mentia sobre os horários de partida, adiantando-os em uma hora para que houvesse a possibilidade de que Ace chegasse a tempo. Mas quando Ace percebeu, ficou fora de controle.

Em algum momento, Tommy me disse algo que eu já esperava fazia tempo. Ele admitiu que a visão que tinha de mim e Gene como os homens negócios pé-no-saco e Ace e Peter como os caras do rock não poderia estar mais errada. Ser inepto, não confiável e quase incapaz de fazer qualquer coisa não torna ninguém um roqueiro. Só faz com que as pessoas sejam ineptas, não confiáveis e quase incapazes de fazer qualquer coisa. Agora, nas palavras de Tommy, Ace era um "fracassado de merda".

No início de 1997, viajamos para o Japão, onde fomos recebidos como heróis outra vez. Havia grandes multidões esperando por nós em todos os lugares para onde fomos. Viajávamos de um show ao outro de trem-bala. Certa tarde, embarcamos em um trem e uma multidão enorme nos saudou outra vez: garotos haviam ido até a estação para nos ver. Caminhamos pela estação cercados de seguranças e quando chegamos à plataforma ela também estava apinhada de fãs.

Era incrível – fiquei estarrecido outra vez.

*Deveríamos acordar todos os dias e agradecer ao Deus em que acreditamos pelo que estamos vivenciando.*

E naquele instante, Peter se virou para mim e disse:

– Não aguento mais essa merda, parece o *A Hard Day's Night*.

Fiquei sem palavras.

## 53.

Em abril de 1997, antes de um show no estado da Geor-gia, Peter começou a se queixar de dor nas mãos.

– Não vou conseguir tocar nesse show – ele disse, telefonando para Doc do quarto de hotel.

– Beleza – disse Doc.

Então ele telefonou para o *roadie* de Peter, Eddie Kanon.

– Faça a barba – disse Doc. – Hoje você vai pro palco.

Peter ouviu isso e ficou puto da cara.

– Os fãs jamais aceitarão! – ele berrou. – Vocês não podem por outra pessoa lá em cima com a minha maquiagem.

– Não concordo – disse Doc, seco.

É, bem, na verdade, Peter, temos um show para fazer.

Eddie fez a barba e aplicou a maquiagem de Peter.

Um, dois, três, quatro, vamos lá – começamos o show. Apresentei Eddie no palco e, que surpresa!, ninguém se importou, ou ninguém teve tempo de se importar. A noite era aquela e o show seria aquele.

Abandonaríamos um show porque as mãos de Peter estavam machucadas? Ih, amigo, acho que não. Porque, como se diz, o show tem que continuar.

Ace começou a ficar paranoico. Ele havia alugado um apartamento próximo a La Cienega Boulevard, em Los Angeles, e passava os dias de folga lá. Mas estava convencido de que o lugar fora grampeado e estava *sendo observado*. Então, arrancou todos os fios elétricos e as linhas telefônicas. Os proprietários ficaram malucos.

Ace também começou a estudar os livros de nossa turnê, com nosso itinerário, especificações dos locais de show e diversas informações pertinentes. Ele levava o livro para o vestiário e perguntava:

– Quantos pagantes havia ontem?

Digamos que a resposta era que, naquela noite, havia 18.700.

– Mentira! – ele gritava – Aqui diz que havia 24.100!

– Ace – eu tentava explicar –, essa é a *capacidade máxima* do lugar, não o número de ingressos vendidos, tampouco a capacidade máxima para um show.

– Mentira!

O contrato de Ace estipulava, dentre outras coisas, que ele não podia ficar chapado. Mas ele carregava uma mochilinha que, a julgar pela maneira como se agarrava a ela, poderia estar cheia de ouro. Ele tinha pílulas escondidas nas mangas do traje de show. O problema era: como poderíamos exigir o que estava no contrato? Encerrar a turnê? Demiti-lo?

Durante a turnê, George, o representante de Peter e Ace, exigiu um encontro com toda a banda para discutir questões financeiras. Sua intenção claramente era mostrar a nós e a seus clientes que ele era uma força que devia ser levada em conta. Apareceu vestindo terno e gravata, um esforço de parecer um homem de negócios, com Ace e Peter a tiracolo. Ele armou um cavalete e começou a apontar para alguns números. Sua percepção dos negócios não era muito melhor que a de Ace. Após meses de exigências sem sentido e sugestões ruins para o orçamento, aquela foi a gota d'água. Desmentimos cada um dos itens. Ele estava totalmente desinformado em relação às finanças da turnê, e Ace e Peter se calaram após perceberem isso.

No fim de nossa turnê, em julho de 1997, Peter e Ace exigiram seu retorno à banda como membros plenos.

– Fizemos as coisas à sua maneira – disse Peter –, e tivemos uma turnê de grande sucesso. Agora, queremos ser tratado como iguais.

Ficar estupefato com um daqueles caras era algo que acontecia quase todo dia, mas dessa vez fiquei de queixo caído.

*Vocês não percebem que o motivo para ter sido um grande sucesso é que vocês não tinham nenhum poder de fala ou influência?*

Havíamos ganhado muito dinheiro. E deixado muita gente feliz. Peter e Ace ficaram tristes porque eram *ricos* outra vez, mas não *tão ricos* quanto Gene e eu. Havia pessoas mais ricas do que eu no mundo, mas isso não tirava meu sono. E de qualquer forma, eu merecia mais do que Peter e Ace – continuei quando eles largaram. A porta só abria em uma direção. Cuidei da banda e a fiz continuar. Só por isso, já merecia uma remuneração melhor. Nem passados um milhão de anos eu traria eles de volta como membros plenos. Sem chances.

Peter e Ace também eram despreparados demais para se envolverem nos processos de tomada de decisão. Eles não tinham ideia de como os ramos da música e dos shows funcionavam. Ainda assim, pareciam achar que tinham conquistado o direito de participar das decisões em um mundo que não conheciam.

Era triste de ver. Por um lado, às vezes eles reconheciam que haviam tomado más decisões na vida. Mas também buscavam consolo na ideia de que os outros haviam se aproveitado deles, haviam sido vítimas e eram vítimas outra vez.

Quando começaram a atuar por conta própria após deixar o KISS, tinham imensas vantagens: notoriedade, dinheiro, contatos na indústria e nomes reconhecidos. Mas estavam a ponto de serem presos antes daquela turnê. Estavam falidos. Haviam sido gratos no início da turnê porque encontraram um caminho para fora das vidas miseráveis e marginais que estavam vivendo. Agora, apenas um ano mais tarde, estavam milionários. Mas também estavam amargos. Estavam defensivos. Tinham uma percepção irreal da própria importância e de suas habilidades. Em suas cabeças, eram vítimas. Era uma loucura.

Ace resmungava o tempo todo que, se tivesse seguido com o nome do KISS, a banda teria feito sucesso sem mim e Gene. Ele também tinha outro argumento brilhante: "Na verdade, sou eu o responsável por esse retorno".

*Então tá...*

"Se eu nunca tivesse caído fora, não haveria uma reunião."

*Uau.*

"Todos deveriam estar me agradecendo," prosseguiu. "Essa turnê só aconteceu porque saí."

Eu não sabia como responder àquele tipo de "lógica".

Doc sugeriu que simplesmente nos livrássemos de Peter e Ace. Ele sempre acreditou que poderíamos nos virar sem os dois e não via vantagem em continuarmos juntos.

– Se você é uma pessoa boa, não há muito que eu possa fazer para torná-lo uma pessoa ruim – disse Doc. – Mas, se você é escroto, não tem muito que eu possa fazer para torná-lo alguém bom.

Era sua maneira de dizer que não conseguiríamos contornar o caos se continuássemos a trabalhar com Ace e Peter.

Tivemos outra ideia: faríamos um disco de retorno. Eu não queria ser assombrado por pensamentos do que poderia ter feito. Não queria arrependimentos por não ter dado uma chance real. Quando retomamos a formação original da banda, eu tivera a esperança de que poderíamos chegar a lugares espetaculares. Esperava que, ao vermos o que todos tínhamos aprendido e reunirmos nossas experiências, teríamos uma fórmula matadora. Na pior das hipóteses, trabalhar juntos aliviaria qualquer sentimento de culpa reminiscente e mostraria se certos erros podiam ser corrigidos. Após a turnê de regresso, eu estava certo de que tinha as respostas para essas dúvidas: as pessoas não mudam e havíamos nos separado por uma série de razões. Mas não queria cometer um erro, não queria perder a chance de varrer tudo aquilo de nosso caminho.

Chamamos Bruce Fairbairn para a produção de *Psycho Circus*, que estivera envolvido com alguns discos bem importantes de Bon Jovi, Aerosmith e Loverboy, dentre outros. Ele acabou se revelando inapto para o trabalho. Em seus grandes discos dos anos 1980, havia trabalhado com uma equipe que incluía Bob Rock e Mike Fraser, ambos profissionais que ainda fariam coisas incríveis. Às vezes, quando uma equipe é separada e diversos membros tentam se virar por conta própria, dá para ter uma ideia melhor de quem fazia o quê a partir do grau de sucesso de cada um.

Bruce escolheu demos de canções horríveis para gravar no álbum. A música que acabou fazendo mais barulho foi a faixa título, *Psycho Circus*. Bruce não queria incluí-la no álbum. Estava tão ocupado torrando o saco de Gene que não conseguia ver – nem escutar – mais nada.

Um dia, eu finalmente disse a Bruce:

– Esse é o seu primeiro álbum do KISS. E o meu décimo-oitavo. Você vai terminar o serviço e partir para outra. Eu não. Terei que responder por esse disco, então vou fazer o que quero.

Entrei no estúdio naquele fim de semana e gravei *Psycho Circus*.

O processo para fazer aquele álbum foi um desastre do começo ao fim. Peter e Ace nunca apareciam. De qualquer forma, não acho que Bruce teria usado Peter, visto que ele não conseguia fazer muito além dos truques de cachorro que Tommy o havia ensinado para a execução da *set list* da turnê.

Em vez de trabalharmos com Ace e Peter, dispendíamos nosso tempo conversando com seus advogados. Eu queria que os advogados pudessem tocar no álbum.

Teria sido mais barato.

## 54.

Um dia, quando a turnê já estava no fim, percebi que eu precisava apoiar o braço em uma mão quando tentava pegar algo em uma prateleira elevada. No final da turnê, não conseguia erguer o braço. Quando voltei para casa, fui ver um médico. Ele disse que eu precisaria de uma operação para corrigir uma torsão grave no manguito rotador. Avisei a Pam que precisaria fazer uma cirurgia. Chegado o dia, ela me disse que tinha um teste de elenco no dia seguinte. Ela já havia enviado Evan para a casa de seus pais, no Texas, onde ficaria por algumas semanas.

– Não quero arriscar o teste – ela disse –, então vou ficar em um hotel hoje à noite e ensaiar minha cena.

Pam me levou do hospital para casa e então partiu.

O médico que realizou a cirurgia me mandou para casa com uma prescrição de Vicodin e um sistema de refrigeração que puxava água congelante de um balde e despejava em meu ombro. Tomei os analgésicos e repus a água do balde por conta própria ao longo da noite em uma casa escura e vazia.

*Não acredito que estou sozinho. Não acredito que ela fez isso.*

Pam gostava de acreditar que desistira de sua carreira por mim ou por Evan, mas a verdade era que a carreira havia desistido dela. Ela simplesmente não arranjava trabalhos. Acho que era mais fácil por a culpa em mim. É claro que eu era culpado, mas por outras coisas. Eu havia decidido baixar a poeira e acalmar a vida e, embora Pam fosse uma boa pessoa, não era a pessoa certa para mim. Era cabeça-dura ao ponto de querer fazer aquilo dar certo, apesar de todas as coisas que, como vi desde o começo, eram o oposto do que eu queria.

– Antes de ser casada, eu podia ir à Europa quando bem entendesse – ela disse um dia.

– Sim – eu disse. – Dez anos atrás eu estava trepando com mulheres que eu nem sabia o nome. Maravilha. Mas isso foi antes.

Era visível que nenhum de nós dois estava feliz.

Pam havia se tornado amiga de uma atriz cuja carreira estourara de uma hora para outra quando ela já tinha mais de quarenta. Ela acabou se tornando um símbolo: o sucesso dela representava uma vitória das mulheres de meia-idade contra todos os estereótipos que muitas delas enfrentavam. Eu não achava que fosse particularmente terna ou brilhante. O marido dela, que me parecia um filhinho de papai rico e malsucedido, não atraía mais simpatia para o casal. A atriz havia sido convidada para o programa de TV da Oprah Winfrey para participar de um quadro sobre diversas mulheres que haviam conseguido equilibrar sua independência com o sucesso profissional e a vida doméstica. Às vésperas de sua participação, ela me disse "Não sei o que falar!" e me pediu ajuda. Então, escrevi para ela algumas baboseiras que pareciam um episódio ruim de *Kung Fu*.

*Se você pensar em si mesma como uma árvore, sua família são suas raízes, e quanto mais profundas forem, mais frutos os galhos serão capazes de suportar.*

Ela acabou usando aquilo na TV. Oprah e a plateia engoliram tudo. Não haveria certa histeria se os espectadores descobrissem que aquela mulher liberta e intelectual havia recebido suas frases de bandeja daquele Bozo chauvinista do KISS?

Em certo momento, Vanna White, outra amiga de Pam, recomendou que fizéssemos terapia de casal com o mesmo profissional que ela e o marido tinham feito. Ele parecia Curly, do Three Stooges, usava gravatas de *Guerra nas Estrelas* e tinha brinquedos de *Jornada nas Estrelas* espalhados pelo consultório. Sentamo-nos com o Capitão Curly na Espaçonave *Enterprise* e não pude deixar de perceber que aquilo era uma loucura. Coincidentemente, Vanna e seu marido acabaram se separando.

Pam e eu consultamos outra terapeuta durante nossa primeira tentativa de separação. Ela mandou que fizéssemos alguns exercícios, como fingir que havíamos recém-começado a namorar ou fazer presentes e desenhos para o outro.

*Beleza, quando faremos pegadores de panelas quentes?*

As consultas com ela duraram um bom tempo, mas me pareciam uma perda de tempo. A terapeuta até tinha boas intenções, mas deveria ter sido mais direta. Não lidamos com o foco do problema: o fato de que estávamos em etapas fundamentalmente diferentes da vida. Se tivéssemos admitido isso, talvez pudéssemos ter rompido de maneira amigável. Talvez, parte da terapia de casal devesse ser auxiliar as pessoas para que se divorciem de maneira amigável em vez de mandá-las rabiscar desenhos uma para a outra.

Durante a separação, Gene me ofereceu generosamente sua casa de visitas. Reconheci o valor daquela oferta e aceitei de bom grado. Quando apareci pela primeira vez, os filhos dele, Nick e Sophie, me cumprimentaram e deram as boas-vindas. Foi um gesto amável. Meu quarto parecia um dormitório universitário e era o lugar perfeito para refletir sobre minha vida.

Alguns meses mais tarde, quando a terapeuta sugeriu que Pam e eu voltássemos a morar juntos, não achei que fosse uma boa ideia e resisti. Nada havia mudado. Nada havia sido resolvido. Qual era a moral? Com relutância, aceitei saltar da panela fervente para o fogo.

Quando *Psycho Circus* estava pronto para ser lançado, Doc agendou um show de Halloween para nós no Dodger Stadium, em 31 de outubro de 1998, para começar a turnê do álbum. Montamos um grande espetáculo, com atos circenses no imenso palco. Os Smashing Pumpkins abriram o show e, no espírito de Halloween, se vestiram como os Beatles de 1964. Enquanto eu me preparava para subir ao palco, Pam me avisou que estava irritada por eu estar distraído e não prestar atenção nela o suficiente. Pedi desculpas sem entender direito e parti para o show. Quando as cortinas abriram e as bombas começaram a explodir, tivemos outra noite de glorioso pandemônio.

*Eu, Gene, Sophie e Evan na praia. Bons tempos.*

Havíamos reservado quartos no Sunset Marquis, em Hollywood, para nos concentrarmos com toda a banda e ter um lugar onde nos limparmos mais tarde. No fim do show, esperávamos entrar todos na van de maquiagem e trajes e retornar ao Sunset Marquis Hotel. Conforme nos aproximávamos do hotel, vimos que as ruas estavam cada vez mais apinhadas de gente. Logo a van estava trancada: havia milhares de pessoas na rua. De algum jeito, havíamos esquecido do desfile de Halloween de Hollywood. Estávamos a sete quadras do hotel e de repente percebi que podíamos sair e ir a pé.

– Vem, vamos lá – eu disse.

*Como assim? Estamos com o traje completo!*

– É Halloween. Todo mundo está fantasiado. Vai dar certo.

De qualquer maneira, não tínhamos escolha. Saímos da van e caminhamos em meio às ruas junto com a multidão de fantasiados. Mas logo algumas pessoas pararam e olharam para nós.

– Nossa, cara, que fantasias ótimas! Vocês estão idênticos a eles!

– Valeu! – eu disse.

Continuamos caminhando. Outras pessoas nos parabenizaram.

– Belas fantasias, cara!

Ninguém tinha ideia de que éramos o verdadeiro KISS voltando de um show para quarenta mil pessoas.

Conforme a turnê de *Psycho Circus* continuou, tornou-se evidente para mim, Doc e Gene que não daria para continuar. Ace queria sair para trabalhar em seu lendário álbum solo, aquele em que estava trabalhando desde os anos 1980. Peter tinha Gigi causando interferência nas comunicações e sussurrando em seu ouvido.

A única maneira de manter a turnê em andamento era conversar sobre um encerramento. Em algum momento, puxei Peter para um lado e disse:

– Você está fazendo a mesma coisa. Você está fazendo o que disse que jamais faria de novo. Já não é o cara contente que apareceu dizendo que nunca mais ferraria com a banda. Está fazendo tudo de novo.

Em termos musicais, estávamos regredindo. Às vezes, Ace tocava as músicas no tom errado e nem sequer percebia.

Ao longo das diversas turnês daquele retorno, insisti em acrescentar dias de folga para visitar o pequeno Evan em casa. Ele continua sendo minha prioridade: eu acreditava que os vínculos iniciais eram de grande importância. De vez em quando Pam também viajava para me encontrar na estrada. Ela iria à Flórida em janeiro de 1999 e eu queria dar de surpresa o seu presente de aniversário. Eu havia comprado um Jaguar sedã para ela alguns anos antes e as prestações estavam quase quitadas. Ela sempre havia sido apaixonada pela Mercedes SL *coupé* de dois lugares, então decidi comprar um. Fiz alguns telefonemas para ajeitar o esquema. Quando ela apareceu na turnê, eu disse:

– Eu queria algo especial para o seu aniversário, mas não queria esperar até a data. Você só vai ganhá-lo quando chegar em casa, mas já quero que saiba: comprei uma Mercedes 320SL branca para você. – Então entreguei para ela o folheto do carro.

– Um 320? – ela disse. – Não quero uma Mercedes *pequena*.

*Ah não.*

Eu queria confirmação. Em vez disso, tive que explicar a ela todos os detalhes do carro, como um 320SL tinha o mesmo corpo e interior de um 500SL, mas com motor de seis cilindros em vez de um V-8, o que não fazia diferença para alguém que, como ela, só usava o carro na cidade. Mas quando comecei a explicar isso, acabei mudando de ideia repentinamente.

Eu poderia explicar. Poderia pedir desculpas. Poderia mudar o pedido. Mas não importava. Aquilo já era.

– Esquece – eu disse.

*Feliz aniversário.*

Quando estávamos voltando para casa após outro trecho da turnê em que Pam havia me encontrado, ela disse que havia perdido a aliança. Eu não conseguia acreditar que tinha perdido um diamante de cinco quilates, mas ela começou a soluçar.

– Não se preocupe – eu disse.

*Eu compro outro.*

No dia em que busquei o anel novo na joalheria, vi Pam e seus pais dirigindo por Beverly Boulevard. Acenei para eles. Não consegui esperar. Peguei o carro e fui atrás dela para mostrar o anel.

Ela olhou e disse:

– Ah, o aro não é bem como eu esperava.

Senti meu corpo esvaziar.

*Nunca ganho o biscoito? Nunca ganho um carinho na cabeça?*

Havia muita tentação sexual nas turnês, amplificada pela maneira como as coisas andavam com Pam. Em se tratando de sexo, eu era um alcoólatra, e a turnê era uma festa de bebida liberada. Mas se meu casamento não ia dar certo, eu queria deixar claro *por que* ele não dera certo. O que valia para a banda, a razão pela qual eu queria tentar fazer um álbum com a formação original, também valia para meu casamento: se eu ia dar no pé, o mais importante era saber que havia feito tudo o que podia para as coisas darem certo. Eu não queria nenhum "e se?" passeando em minha mente. Não queria que meu casamento terminasse e eu ficasse em dúvida se parte do motivo era uma traição. Então, não traí. Eu me odiaria se tivesse feito isso, pois teria confirmado meus piores medos a respeito de quem eu era.

Era um território depressivamente familiar. Problemas na banda, problemas em casa, sentimento de solidão e um ódio constante pela confusão que eu havia criado.

## 55.

No final de 1998, recebi uma ligação de meu agente na CAA, a agência de talentos que nos representava.
– Você está interessado em fazer teatro? – ele me perguntou.
– De repente – eu disse.
– Bem, você teria que fazer um teste para o papel.
– Qual papel?
– *O Fantasma da Ópera.*
Uau! O Fantasma!
– Certamente! Quando e onde?

Percebi na hora que era um caso de "elenco caça-níquel", isto é, a estratégia de trazer alguém de fora da Broadway ou do mundo do teatro para impulsionar a venda de entradas. Foi minha fama que me levou àquele teste. Mas não me senti insultado. Era o *Fantasma*! O músico mascarado que revelava seu rosto deformado. O show que me deixara sem fôlego em Londres dez anos antes. *O Fantasma!*

Mesmo assim, eu não teria topado fazer o teste se houvesse colisão de datas com a banda. Mas teríamos um grande bloco de tempo livre após o término da turnê de *Psycho Circus* e ainda se passaria muito tempo antes que eu pensasse em fazer um novo álbum. Um tempo muito longo mesmo.

O teste era para a produção de Toronto, que estava em seu décimo ano de vida. Se eu fosse aceito, assumiria o papel em maio de 1999. A turnê de *Psycho Circus* ia até o fim de abril e então estaríamos de folga até 2000, quando retornaríamos para a Farewell Tour, que já estava sendo elaborada. Vai saber o que aconteceria após a Farewell Tour! Os musicais eram um mundo que eu queria explorar – um segundo trabalho poderia ser necessário muito em breve.

O KISS teve folga em janeiro de 1999, antes do show no Super Bowl, em 31 de janeiro. O teste estava marcado para ocorrer em Nova York, visto que todos os papéis principais do show precisavam ser aprovados no teste e contratados por Hal Prince e sua equipe, que selecionavam o elenco no mundo todo. Fosse você uma estrela do rock ou não, eles não estavam dispostos a por em riscos a franquia milionária.

Passei semanas praticando as três músicas exigidas para o teste. Atuar em o *Fantasma* era tão importante para mim que eu desejava controlar a situação durante o teste tanto quanto possível, de modo a causar a melhor impressão. Percebi que cantar era apenas um dos fatores determinantes para conseguir aquele papel.

Quando finalmente apareci para fazer o teste, entrei e conversei um pouco com a equipe. Flertei um pouco com a mulher que cantaria no papel de Christine ao meu lado. As pessoas estavam sentadas de frente para escrivaninhas como juízes olímpicos, como se estivessem esperando para erguer números no ar depois que eu cantasse. Conversei com eles, fiz algumas piadas e, ciente de que só teria uma chance, esperei até me sentir pronto e confortável.

*Não perca essa oportunidade.*

Quando terminei o teste completo das músicas e da movimentação de palco, sabia que tinha conseguido o papel. Logo depois, o meu agente telefonou para dizer que haviam me oferecido o trabalho.

Para oficializar, participei de uma conferência de imprensa após a retomada da turnê de *Psycho Circus*. Enquanto eu falava com os repórteres, os pensamentos de sempre passavam por minha mente:

*Tô fodido.* Não dá mais pra cair fora.

Seria uma prova de fogo, porque haveria muito pouco tempo entre o fim da turnê do KISS e minha estreia com o *Fantasma*. Eu havia exercitado minha voz em um teste, mas será que conseguiria fazer isso noite após noite?

Precisei aprender todo o show durante a turnê. Memorizei as melodias e letras nos dias de folga e momentos de descanso e me testei durante os shows do KISS. Eu cantava na lateral do palco sempre que tinha um intervalo – durante os solos de outros membros da banda, por exemplo. Percebi que, se fosse capaz de me concentrar em meio ao caos completo, conheceria muito bem o material.

O KISS encerrou a turnê de *Psycho Circus* na Cidade do México. Logo após o show, cortei o cabelo e parti para Toronto. Os ensaios começaram imediatamente em um estúdio utilizado por teatros e pela companhia de balé local. Quando entrei lá no primeiro dia, não havia ninguém além do diretor musical do show. Ele parecia meio pé-no-saco e era evidente que vínhamos de trajetórias musicais distintas. Tive certeza de que me via como alguém sem *pedigree* que estava lá para profanar o teatro. A primeira coisa que disse foi:

– Onde está seu roteiro?

– Já memorizei – respondi.

Ele olhou para mim como se eu fosse louco. Eu disse a ele:

– Posso ser um vira-lata em um canil de puro-sangue, mas se você me disser o que quer que eu faça, sei que posso fazer.

Ele se sentou ao piano e começamos a trabalhar, apenas nós dois. Era o trabalho mais duro que eu já havia feito. Seis horas por dia. Eu voltava para casa todas as noites estatelado no banco de trás de um táxi, exausto de um ponto de vista emocional e, devido à exigência de cantar de outra maneira e me movimentar pelo palco, também físico. Que o diabo me carregue se foi só entrar lá e transformar o show em um *Rocky Horror Picture Show*. Aquela era uma apresentação grande e legítima com uma história incrível e eu não ia fazer uma versão rock daquilo.

Quase de imediato, tive problemas com certos trechos vocais. Precisei aprender a controlar a respiração para vencer aquelas melodias escritas por outra pessoa. Acho que, de maneira inconsciente, compomos músicas que conseguimos cantar. Agora eu estava cantando linhas que envolviam coisas além de minhas experiências e nada intuitivas.

Com apenas algumas semanas para a data de subir no palco, decidi dar o braço a torcer e buscar ajuda. Eu nunca tivera muita sorte com instrutores vocais antes, pois em geral eles tentavam transformar completamente minha maneira de cantar – usavam uma abordagem pré-fabricada e davam aos cantores de rock uma voz afetada de pseudocantor de ópera, desmerecendo o que haviam desenvolvido de maneira natural. Muitas vezes você escuta essas vozes em bandas que cantam sobre matar dragões e outras besteiras mitológicas. Após me reunir com um desses instrutores típicos, pedi uma recomendação ao diretor do show. Ele sugeriu Jeffrey Huard, o diretor musical anterior do *Fantasma*.

Jeffrey transmitia muito apoio e encorajamento.

– Eles contrataram você *por causa* da maneira como você canta – ele disse. – Sua voz é incrível e não precisamos jogar o motor fora. Só precisamos ajeitá-lo.

Daquele momento em diante, nas manhãs anteriores aos ensaios, eu trabalhava minha técnica e conforto vocal com Jeffrey. Ele repassava exercícios e escalas comigo e me ajudava com a pronúncia e a fonética própria dos musicais.

Todos os dias, eu vestia camiseta, calça jeans e uma capa nas cenas que fazíamos durante os ensaios, e eles me alcançavam coisas para usar de apoio. Aqui está um cabo de vassoura: isso é um remo. Aqui está uma caixa de papelão: toque como se fosse um órgão. Se eu conseguisse transformar aquelas coisas nos objetos que deveriam ser, a realidade seria reforçada quando eu estivesse em cena com os objetos de verdade em mãos.

O Pantages Theatre, onde seria apresentado o show, era um espaço lindamente reformado com espaço para a orquestra e uma marquise na fachada – onde se lia o meu nome. Estava prestes a acontecer! Mas alguns dias antes da abertura, quando começamos a ensaiar cenas cruciais com a orquestra no teatro, comecei a ter problemas porque não conseguia escutar com o ouvido direito. Eu não havia percebido que seria tão difícil lidar com minha surdez. A orquestra ficava a uma boa distância, e eu estava cantando tão alto que era difícil escutar o retorno e segui-la. Mas descobri que eu aprendia rapidinho depois de pagar alguns micos.

Perto do fim dos ensaios no teatro, algumas mulheres da companhia foram assistir à apresentação. Quando terminei o ato final, elas estavam chorando.

É um bom sinal...

*Bem, ou eu sou ruim demais.*

Haviam me dito que o papel do Fantasma era o mais solitário do musical, porque na maior parte do tempo em que o Fantasma estava no palco, o resto do elenco saía. Eu quase nunca me deparava com outra pessoa. Então chegou a noite de estreia, e eu estava esperando na lateral do palco, pronto para a primeira cena, de pé atrás de um espelho.

*Agora, a única maneira de escapar disso é fazer o show. Só irei embora após as cortinas fecharem.*

Não havia edição, segundos *takes* ou cortes para uma câmera diferente. Era aquilo. Usei as técnicas e visualizações com que Jeffrey me auxiliara e embora não fosse tão bom quanto me tornaria após a continuidade das apresentações, não me saí mal. Depois que me acostumei, passei a amar aquilo. Amava dedicar aquele nível de concentração a uma atividade, tentando mergulhar no personagem – apesar de algumas saudações metaleiras que vi na plateia naquela noite.

Então chegou o momento da apresentação que me tirara o fôlego na primeira vez em que a vi, quando Christine arranca a máscara do fantasma. Contraí o corpo quando ela arrancou a máscara, revelando a horrenda maquiagem que havia por baixo. Eu *conhecia* aquela cena. Era a cena que havia temido por toda a minha vida: olhos escrutinadores olhando para Stanley, o monstro de uma orelha só. Traído e exposto.

Mas então...

Christine diz ao Fantasma que seu rosto "não tem nada de horrível" para ela. É em sua *alma* que reside a verdadeira deformidade.

Quando ela finalmente está disponível para ele, é o Fantasma quem recua e se mostra incapaz de segurá-la.

Quando tocava com o KISS, eu interagia constantemente com o público, levando-o a certo nível de excitação, guiando-o, bajulando-o. Agora, eu ignorava o público. As pessoas no teatro tinham que acreditar no que eu estava fazendo e eu não podia conduzi-los com uma piscada de olhos. Para mim, a estratégia foi abandonar o público e qualquer consciência da *performance*, transformando-me no personagem e vivendo aqueles momentos como se fossem reais. Foi por isso que acabei o show daquela noite, e de quase todas as noites seguintes, ensopado de suor. E às lágrimas.

Após aquela primeira noite, o elenco foi muito receptivo comigo. Sei que apreciaram minha dedicação. De repente, eu era o capitão da equipe, e todos se reuniam em meu camarim. Pode ter sido um truque para inflar a bilheteria, mas quando os ingressos esgotavam (oito vezes por semana), eu ajudava a manter o trabalho de centenas de pessoas.

Meus pais foram ver o show logo no início e senti como se fazer algo num teatro validasse minha carreira aos olhos deles. Não importava o quanto meu sentimento em relação aos meus pais era ambivalente, percebi naquele momento que, no fim das contas, eu queria a aprovação deles. E quando me viram receber uma ovação com a plateia de pé, o sentimento foi ótimo.

*Retornando ao palco do Pantages Theater, em Toronto, onde estrelei O Fantasma da Ópera entre 1998 e 1999.*

Gene também foi assistir ao espetáculo. Não era a praia dele, mas ele pareceu impressionado. Quando foi ao meu camarim após o show ele disse: "Onde você aprendeu a cantar assim?".

Peter também apareceu, revelando um lado que eu já quase não via. Fomos comer sushi depois do show, e Peter estava alegre e radiante, dizendo o quanto estava orgulhoso de mim. De vez em quando, ele mostrava lapsos de carinho, tanto no início da banda quanto no início da turnê de retorno, mas geralmente sua insegurança resultava em uma postura defensiva e isolada demais para que se mostrasse carinhoso e aberto aos outros. Naquela noite, em um contexto alheio à banda e que não o ameaçava, a companhia de Peter foi muito prazerosa. Ele parecia um amigo. Uma boa quebra de rotina.

Meu filho, Evan, também assistiu ao musical. Tive medo de que fosse se assustar – ele ainda não tinha cinco anos e o rosto que eu revelava ao tirar a máscara era pavoroso. Então, levei-o ao meu camarim no Pantages Theatre para que me visse aplicando a maquiagem antes da apresentação. Queria que ele soubesse que, por baixo de tudo, ainda era eu. Acho que aquilo o deixou um pouco alarmado.

Em determinado momento, ele olhou para mim e disse:

– Eu te amo, papai.

– Ainda sou eu – respondi. – É só maquiagem. E eu também te amo.

Eu havia feito algo semelhante antes da turnê de *Psycho Circus*. Achei que, aos quatro anos, Evan finalmente tinha idade suficiente para ver um show, mas fiquei receoso que ele me visse de maquiagem e sem avisos prévios. Peguei minha caixa de maquiagem e levei para casa antes da turnê, e juntos brincamos com ela. Mostrei como eu desenhava a estrela e exibi fotos minhas com o traje completo. Eu queria que ele juntasse os pontos antes de me ver daquele jeito no show.

Depois de me ver no *Fantasma*, Evan começou a cantar as músicas. Mandei fazer para ele um traje como o meu em miniatura, com a máscara e a capa, e ele perambulava por aí cantando.

Todas as noites, ao ocupar aquele personagem, eu tocava de leve em coisas escondidas no fundo de meu ser.

A máscara. O desfiguramento facial oculto.

Aquilo me assombrava.

O Fantasma não tinha entendido. Christine recuava de terror não por causa de seu rosto, mas por causa de sua alma.

Era possível que o Fantasma fosse... de certa maneira... *eu*?

A máscara. O desfiguramento facial oculto. Por que eu nunca havia confrontado o defeito de nascença que encobrira durante toda a vida? Por que me acovardava diante dele? Por que deixei isso me impedir de compartilhar meu ser com outras pessoas, de acolher outras pessoas – de acolher, enfim, a vida em sua plenitude?

A máscara. O desfiguramento facial oculto.

O problema também estava em minha alma? E se estava, como poderia exorcizá-lo?

## 56.

Eu deveria ter sido o penúltimo Fantasma antes do encerramento do show após dez anos em cartaz em Toronto. Mas as coisas deram tão certo que o teatro comprou o contrato do autor que me substituiria e pediram que eu fizesse as apresentações até o encerramento, em outubro de 1999.

Curti a pressão de saber que algumas pessoas desejavam o meu fracasso e a sensação de fazer com que algumas das pessoas que me consideravam um bozo arruinando seu musical favorito mudassem de ideia. Claro que nem tudo foi um passeio no parque. Certa noite, durante uma cena em que eu cantava *Point of No Return* encapuzado – um momento calmo, quando apenas o Fantasma e Christine estavam no palco – me deu um branco total. Eu estava caminhando em direção a ela, cantando meu solo, e esqueci a letra. Eu sabia dos concertos de rock que as pessoas percebem sua reação aos erros mais do que os erros em si, então continuei cantando – em língua nenhuma. No fim, minha mente se reorganizou.

Após o show, fui ver Melissa Dye, a mulher de ótima aparência e voz incrível que interpretava Christine. Era uma alegria trabalhar com Melissa e seu apoio e amizade tornaram a experiência muito mais divertida. Além disso, rolava algo entre nós, e em outras circunstâncias eu certamente teria investido nisso.

– Aquilo não foi inacreditável? – eu disse a ela.

– O quê? – perguntou.

– Quando inventei aquelas palavras todas em *Point of No Return*.

Melissa pareceu confusa. Ela não havia percebido.

Outras pessoas do elenco me contaram que já haviam passado por experiências similares e cantado sobre galinhas ou patos – qualquer coisa que viesse à sua mente.

Antes das apresentações, a equipe muitas vezes entregava cartas enviadas para mim no endereço do escritório do teatro. Eu gostava de lê-las. Uma mulher escreveu que havia assistido diversas vezes à apresentação – aquele era o seu musical favorito –, e sua irmã comprou entradas para ela de presente de aniversário. Quando descobriu que eu estava no papel principal, ela ficou decepcionada. Esperava pelo pior, mas foi completamente arrebatada ao ver a apresentação, e queria que eu soubesse disso.

Outra carta – da mulher que trabalhava com a AboutFace – mudou minha vida. Anna Pileggi escreveu que, ao me ver no papel do Fantasma, teve a impressão que eu me identificava com o personagem de tal maneira que não acontecia com outros autores.

*Uau.*

Era verdade. É claro que eu me identificava com o personagem (a máscara, a desfiguração facial oculta), mas como ela percebera? Eu muito raramente mencionava meu problema de nascença e naquela época já tinha uma nova orelha criada através de um procedimento cirúrgico, preenchendo o espaço onde antes havia um toco. Era como se Anna tivesse puxado um véu para o lado e visto o verdadeiro eu. Ela sabia meu segredo.

Sua carta apresentava a AboutFace, organização para a qual trabalhava, que ajudava crianças com diferenças faciais. Será que eu teria interesse em conhecer mais sobre a organização ou quem sabe até mesmo trabalhar com eles?

Telefonei para ela.

A conexão que Anna estabelecia com jovens que precisavam conviver com anomalias faciais me espantou desde o início.

Ela não sabia do meu segredo, embora eu logo tenha contado a ela da minha microtia e das cirurgias que fizera. Ela apenas havia percebido algo graças ao meu trabalho – talvez reconhecesse a dor da realidade na maneira como eu interpretava o papel.

Ela explicou em linhas gerais alguns dos projetos realizados por sua organização. No fim, perguntou se eu gostaria de conversar com crianças e seus pais sobre as minhas experiências.

Ali, talvez, estivesse uma maneira de ajudar a curar minha alma.

Respirei fundo.

– Sim – eu disse.

Falar sobre meu defeito de nascença teria sido impossível quando eu estava em meio à dor ou ao caos. No entanto, minha vida havia evoluído, e eu me encontrava em uma posição melhor para me abrir. Acho que poderia ter falado para as crianças e oferecido apenas alguma animação vinda de uma dita celebridade. Mas sabia que não faria isso. Eu não apenas conversaria com aquelas crianças, mas também revelaria algo sobre mim. Era a oportunidade de ganhar algo ao compartilhar as coisas por que havia passado.

Concordei em ir até o escritório da AboutFace e me encontrar com um grupo de crianças e seus pais. Fiquei inseguro para conduzir aquele primeiro encontro, mas minha compulsão esmagadora e digna de análises para fazer aquilo eclipsou todos os meus medos. Eu não sabia o que encontraria naquelas conversas iniciais, mas sabia que estava inclinado a fazer aquilo.

Por mais perturbadora que minha situação parecesse aos meus olhos, eu soube ao conversar com Anna que muitas daquelas crianças lidavam com diferenças faciais muito mais severas. Não queria que elas achassem que eu me colocava no mesmo plano, mas queria que soubessem dos percalços emocionais por que passei e onde consegui chegar. Uma coisa que percebi cedo na vida foi como as coisas são mais difíceis quando ninguém reconhece a realidade de uma situação. Nada me afastava mais do que ver todos agindo como se minha orelha e minha surdez não fossem um grande problema. Isso não me ajudava a encarar a realidade com que me deparava todos os dias. Então, eu queria explicar que minha vida havia sido dura, solitária e dolorosa; também queria reconhecer que não seria fácil para nenhum deles. Talvez ninguém jamais lhes dissesse isso. Talvez escutar isso fosse um sopro de ar fresco. "Sim, o sucesso é mais difícil para alguém com diferença facial. A felicidade é mais difícil de alcançar. Os empecilhos são maiores."

Eu também esperava encorajar os pais dessas crianças a reconhecer isso. Queria fazê-los entender que não era só uma questão de amor acima de tudo. Não era uma questão de enfiar a cabeça na terra.

Assim que comecei a falar em público sobre minha orelha, senti um grande peso sair de minhas costas. Percebi que não dá para apreciar os outros quando estamos imersos em nossa própria tristeza. Talvez fosse isso que Christine quisesse dizer sobre a deformidade na alma do Fantasma.

De repente, o mundo parecia distinto. Ajudar os outros ajudava a me curar. Eu me sentia livre de algo que fora tão doloroso e presente em toda a minha vida. Revelar a verdade nua e crua na frente daquelas crianças e de seus pais havia me libertado.

Quanto mais eu trabalhava com a AboutFace, melhor eu me sentia.

No fim, elaboramos um programa educacional para tentar auxiliar crianças sem diferenças faciais a mudar sua atitude frente àquelas que tinham. Em uma apresentação em vídeo, eu disse às crianças que imaginassem uma camiseta que achavam especial e então percebessem que todos debochavam daquela camiseta. "Você pode ir para casa e mudar de camiseta," expliquei. "Mas crianças com diferenças faciais não podem mudar de rosto".

Eu nunca havia sido tão calmo e centrado como naqueles meses em Toronto. Boa parte disso foi por finalmente resolver a questão de meu defeito de nascença. Outra parte foi fazer algo que exigia muito pensamento, esforço e disciplina. Fosse qual fosse a causa, isso me levou totalmente para fora de mim e me permitiu pensar sobre minha vida e meus relacionamentos com certo distanciamento crítico, com o tipo de objetividade impossível quando se está em meio às ações.

Parecia um período de autoavaliação e, quem sabe, renovação.

Eu sempre havia pensado em meu casamento como a derrubada de uma parede. Pam e eu resolveríamos tudo e finalmente chegaríamos a um lugar maravilhoso que ficava do outro lado. Então, sentado no hotel após a apresentação do *Fantasma* certa noite, tive um pensamento repentino: a natureza de nosso casamento era dar com a cabeça na parede e não derrubá-la.

*Não existe outro lado.*

Perceber isso me deixou de coração partido.

Outra coisa que notei foi que havia fracassado em quebrar o padrão que observara em casa ao crescer.De algum modo, Pam era muito parecida com minha mãe: distante, fria, não apoiadora e pouco afeita a elogiar os outros. Foi chocante perceber que as dinâmicas do meu próprio casamento refletiam algo que eu desejara evitar.

Quando voltei a Los Angeles de Toronto, também tinha algumas perguntas para os meus pais. Algumas peças do quebra-cabeça pareciam estar faltando e havia sentimentos que eu não era capaz de identificar. Conforme meu pai ficava mais velho, me dei conta de que chegaria um dia quando eu não teria mais a opção de perguntar a ele e preencher as lacunas.

Um dia, quando ele estava me visitando, eu disse que andava pensando muito no passado ao montar planos para o futuro e queria fazer algumas perguntas desagradáveis. Felizmente, ele disse que teria prazer em ajudar.

Então perguntei da vez em que ele chegou tarde e cheirando a álcool em casa quando minha mãe estava fora e me disse que todos faziam coisas de que se arrependiam.

– Do que você estava falando? – perguntei.

Ele fez uma pausa e então disse:

– Eu estava apaixonado por outra mulher.

Fiquei sem chão. Não consegui lembrar de ter ouvido ele dizer em qualquer situação que amava minha mãe. Ele me contou que teve uma namorada por décadas. Queria largar a família para viver com ela, mas não conseguiu.

De repente, algo voltou à minha mente em um lapso: a ocasião em que meu pai me disse coisas ruins por buscar ajuda psiquiátrica. "Você acha que só você tem problemas?". Era porque não queria estar lá e levava uma vida dupla. Uma mentira.

Eu já estava com o estômago embrulhado, mas me esforcei a não denunciar meu choque através de expressões faciais. Eu queria ouvir tudo o que pudesse.

– Ela me ensinou o significado do amor – prosseguiu.

Aquilo estava muito além do espectro de coisas que eu considerava possíveis. O ceticismo inundou minha mente. Amor era algo construído com o tempo, através de experiências compartilhadas com alguém. Meu pai nunca passara uma noite fora de casa, então me pareceu estranho atribuir algo tão fundamental – o amor! – a algo que jamais foi testado ao longo dos anos. Será que meu pai estava contando aquilo para justificar suas ações ou justificar seu desejo por sexo?

Senti que meu pai acreditava que seu caso precisava ser açucarado e ter seu valor redimido, em vez de simplesmente ser aceito pelo que era – sexo, algo que, sob a maioria das circunstâncias, não precisa ser justificado. É claro que, no contexto de um casamento, há pouquíssimas circunstâncias que justificam um caso, embora meu pai parecesse estar se esforçando para fazer isso.

Uma coisa era certa: aquela era uma prova tangível do que eu havia captado em casa quando criança. Quanto mais ele revelava, mais eu confirmava que as correntes subterrâneas, conflitos e tensões tácitos com as quais eu crescera não eram frutos de minha imaginação.

*Comemorando o quatro de julho – "Tio Gene" segurando Evan em 1999, em uma das vezes em que eu estava separado de Pam.*

Não falei com Pam a respeito dessa conversa. Sim, meu pai havia feito revelações grandes e impactantes, mas eu já não sentia que Pam era minha parceira. Contar a ela teria sido uma espécie de quebra de contrato. Eu queria falar sobre o assunto, mas não podia ser com ela. Mais do que qualquer coisa, aquela conversa com meu pai serviu de estímulo para que eu evitasse repetir os erros que testemunhei quando criança.

Eu não queria ficar preso em um casamento sem amor.

Ao voltar de Toronto, eu estava nas nuvens, mas voltei para casa com a esperança de voltar para um lar. Sempre que tentava conversar com Pam, ela colocava em mim ou em alguma questão externa que tivesse enfrentando a culpa por nossa falta de proximidade e enumerava todos os itens em que eu estava abaixo de suas expectativas. A maioria das questões que evocava eram aspectos da vida diária, coisas básicas que surgiam na convivência. Nada que eu acreditasse ser o âmago de nosso problema.

Finalmente, eu disse algo a ela de maneira bastante clara, expressando a verdade da maneira mais clara possível:

– Você tem que decidir entre ser feliz ou ir embora.

É engraçado. Embora já tivéssemos nos separado antes, achei que se eu tornasse a escolha o mais simples e clara possível, a resposta seria óbvia: ela escolheria ser feliz. Fiquei surpreso quando ela percebeu que preferia partir. Pensando agora, Evan à parte, esse foi o maior presente que ela me deu.

No entanto, eu não queria que Evan encarasse um divórcio comigo longe, então, quando concordamos em terminar nosso casamento, também concordamos em esperar um ano, até que eu estivesse em casa após a conclusão da turnê que se aproximava.

Os ponteiros estavam girando. Logo, tanto meu casamento quanto minha banda estariam encerrados. Quando o KISS saiu para a Farewell Tour, em março de 2000, tudo em minha vida estava repentinamente em movimento.

## 57.

Peter pendurava um cartaz todos os dias com a contagem regressiva de dias restantes da Farewell Tour. Ele começou a pintar uma lágrima sob um olho. Achei que isso o deixava parecido com o famoso personagem de Emmett Kelly, Weary Willie, um palhaço trágico que excursionava com os circos Ringling Bros. e Barnum & Bailey. O resto da maquiagem... era como se Peter tivesse esquecido como fazê-la. Ele começou a ficar parecido com um urso panda, com grandes retângulos ao redor dos olhos.

A turnê foi horrível. Trabalho enfadonho e tristeza constante. Dispendíamos toda a nossa energia na tentativa de persuadir Peter e Ace a saírem dos quartos. Ace deu um soco em Tommy em um dos shows. Peter continuava com seu livrinho de costume, detalhando como os funcionários do hotel deveriam tratá-lo, quais janelas deveriam ser cobertas com papel alumínio e etc. Também não havia como argumentar com ele. Jamais sabíamos se chegaríamos ao show no horário e, após subirmos ao palco, jamais sabíamos se chegaríamos ao fim do show. Quero dizer, se um cara tem problema para aplicar a maquiagem, como vai conseguir tocar? Para a surpresa de ninguém, alguns shows eram muito ruins.

Fiquei irritado com Peter e Ace por desrespeitarem tudo o que havíamos conquistado e tudo o que os fãs estavam nos dando.

Aceitei a ideia de que já era. O fim do KISS. Não havia mais para onde ir. Era insuportável.

Também estávamos presos à rotina em termos musicais, tocando basicamente as mesmas quinze músicas que havíamos ensinado a eles para a turnê inicial de retorno. Já era a terceira turnê com a mesma *set list*. Peter e Ace não conseguiam dominar mais nada. A água já estava batendo no joelho. Eu precisava inventar respostas sem sentido nas entrevistas quando perguntavam por que tocávamos as mesmas músicas. Não dava para pegar e dizer: "É que Peter e Ace não conseguem aprender outras".

Certa noite, Doc McGhee tentou chamar a minha atenção durante um show desde a lateral do palco, fazendo gestos para mim e segurando o nariz.

*O quê?*

– Isso tá uma merda! – ele gritou.

Caminhei até ele no intervalo entre duas canções.

– O que você disse?

– Isso tá uma merda! – ele repetiu.

– O maldito Peter tá tocando muito devagar – eu disse.

Doc correu até a parte de trás da elevação da bateria e começou a fazer o mesmo gesto para Peter.

– Peter, você está tocando muito devagar!

– Bem, eles também! – Peter gritou de volta.

– Como assim? – gritou Doc. – Você é a porra do baterista.

Em outra noite, Peter arranjou um novo problema. Parou de tocar no meio de uma canção e ficou segurando as baquetas e olhando para mim feito um veado em frente aos faróis de um carro. Eu gritei "Toca!" e comecei a bater o pé, para que ao menos voltasse a bater na bateria. Isso aconteceu em mais de uma ocasião.

Um músico conhecido, que havia visto a banda diversas vezes, chegou para mim certa noite e disse "Não posso mais vir aos shows. Escutá-los é muito doloroso".

A pior sensação era ler as resenhas detonando o show e pensar É bem isso. Era uma vergonha, porque a banda poderia ter se saído muito bem, mas não rolou. O drama fora do palco e a hostilidade e o ressentimento entre nós estavam cobrando seu preço alto da música. E também havia as drogas. Quando Ace tinha uma noite ruim e errava muito, brincávamos que estava numa *bad trip*.

Teria sido ótimo irromper em uma torrente de glória musical; em vez disso, estávamos nos arrastando. Em certo ponto, tiramos alguns dias para polir as canções e aumentar o entrosamento. Ace não apareceu em um dos ensaios: disse que não estava se sentindo bem porque estava com doença de Lyme – uma doença transmitida por picadas de carrapatos de alce. Peter, com seu grande intelecto, afirmou:

– É mentira! Ele nunca foi mordido por um alce!

*Estou vivendo em um hospício?*

Em 11 de agosto de 2000, fizemos um show em Irvine, na Califórnia, após uma semana de folga. Ace havia passado aquela semana em Nova York. Tínhamos uma regra: se alguém ia atravessar o país em um voo comercial para fazer um show, precisava chegar um dia antes – só por segurança, no caso de surgir uma tempestade, um problema mecânico ou qualquer outra coisa. Não queríamos ter que cancelar um show.

No dia anterior ao show em Irvine, Tommy contratou uma limusine para buscar Ace e levá-lo ao aeroporto. Ele sempre mandava a limusine aparecer com horas de antecedência, porque tirar Ace de casa era a mesma novela que tirá-lo do hotel. Então esperamos sentados por notícias do progresso de Ace. A busca estava programada para o meio dia na Costa Leste. Às 13h30min, Tommy telefonou para a limusine.

– O Sr. Frehley precisa vir.

– Hm, senhor, ele ainda não saiu de casa.

Passou mais meia hora. Tommy e Doc tentaram falar com Ace pelo número de sua casa. Nenhuma resposta. Após telefonarem para a casa dele mais cinco vezes, Ace finalmente atendeu.

– Ace, você precisa entrar no carro, senão vai perder o voo.

– Tô com um problema... hm... e tô doente.

Milhões de desculpas.

Eles agendaram voos sucessivos para Ace em horários cada vez mais tarde. A limusine voltou em cada uma das vezes. Já era 19h e então 20h.

– O passageiro não saiu de casa, senhor – atualizava o motorista.

Tommy conseguiu falar com Ace no telefone outra vez.

– Só tem mais um voo hoje à noite. É o último.

– Tá bom – disse Ace. – Prometo.

Mas, mais uma vez, nada aconteceu no horário marcado.

– O passageiro ainda não saiu de casa, senhor.

Voo perdido.

O show era no dia seguinte. Ace começou o dia no outro lado do país. Por algum milagre, contudo, foi para o aeroporto de manhã, falou com nosso representante e entrou no avião.

O trânsito entre o aeroporto LAX e o local do show seria um grande problema, então arranjamos um helicóptero para esperá-lo no Terminal 4, onde chegaria, e levá-lo até o show por via aérea. Assim ele provavelmente chegaria a tempo.

Então recebemos um telefonema:

– Bem, tenho boas e más notícias.

*Tá bom.*

– A boa notícia é que Ace está mesmo no avião. A má notícia é que o avião está atrasado por problemas mecânicos.

Naquele instante, Doc disse para Tommy largar o que estava fazendo e ir para o local do show. Ele tocaria com a banda.

Excursionávamos com um traje do Spaceman feito sob medida para Tommy. Uma espécie de garantia. Um traje novinho em folha, com botas e tudo e o formato de Tommy, sempre viajava com o resto do guarda-roupa da banda. Sabíamos que Tommy era capaz, mas ele nunca havia feito aquilo.

– Vocês são como super-heróis – disse Doc. – E daí que Tommy Thayer vai ser o Batman de hoje? Continua sendo o Batman.

Tommy preparou a maquiagem e se vestiu. Enquanto isso, recebíamos atualizações da localização de Ace enquanto o horário do show se aproximava. *Ele aterrissou... passageiro no helicóptero... setenta quilômetros de distância...*

Ace entrou no camarim cerca de vinte minutos antes do horário marcado para o show. Olhou para Tommy, que estava com maquiagem e totalmente vestido, de guitarra na mão e pronto para ir, e disse:

– E aí, Tommy, beleza?

O show atrasou uma hora, Ace aplicou a maquiagem e fizemos o concerto.

O fato de viajarmos com um traje para Tommy não parecia deixar Ace inquieto. Ele achava que era um estratagema, um meio termo entre uma piada e uma ameaça vazia. Mas estávamos cem por cento prontos para fazer o show com Tommy. Não pedimos para ele por a roupa para dar uma lição em Ace. Fizemos isso porque tínhamos um show para fazer. O mesmo comportamento imprudente que gerara uma espiral decadente que durou décadas estava ameaçando afundar o barco. E ali estava um colete salva-vidas.

Ainda assim, Ace continuava pensando e agindo como se fosse insubstituível. Continuava demonstrando uma falta de consideração por tudo, agindo como se tê-lo na banda fosse uma bênção. Ele se parabenizou por ter feito o show.

– Assim não vai dar – Doc disse para mim e Gene. – Esses caras são terríveis. Tenho uma agência de gerenciamento, não a Cruz Vermelha. Não me enviam a países destruídos para reconstruir as coisas. Não sei salvar pessoas. Vocês precisam de uma mudança.

Mas Gene e eu ainda insistimos na ideia de que deveríamos ficar juntos.

– Vocês já investiram três anos a mais do que eu teria dedicado – disse Doc.

Decidimos levar a Farewell Tour à Ásia no início de 2001. Ace estava a bordo. Ofereci pessoalmente a Peter um milhão de dólares para tocar em oito shows no Japão, em março de 2001. Ele tomou a brilhante decisão de dizer não.

– Peter – eu disse –, quero que você entenda: ou você ganha um milhão de dólares ou não ganha nada e o trem segue sem você.

Ainda assim ele não quis. Mais uma vez, o que eu estava ganhando era mais importante para ele do que os sete dígitos que poderia embolsar. Eu disse que telefonaria para Eric Singer.

– Os fãs jamais aceitarão – disse Gigi, que a essa altura já havia se casado com Peter. – Peter é o mais talentoso da banda.

Eu só disse:

– Tá bom.

No início, o papo de Doc sobre se livrar de Peter (e Ace, por sinal) não passava de um desejo expresso em voz alta. Não mais. Dessa vez, estávamos cheios. Uma coisa é tolerar alguém que é virtuoso e imbecil. Outra é tolerar alguém que mal consegue tocar seu instrumento e é um imbecil.

Telefonei para Eric Singer, como havia dito a Peter que faria. Para espanto de Peter, a turnê prosseguiria. E Eric usaria a maquiagem do Catman. Àquela altura, estava claro que comprometer os quatro personagens icônicos da banda havia sido um erro já na primeira vez – um erro que não repetiríamos. Catman, Demon, Spaceman e Starchild eram muito mais importantes do que Peter, Gene, Ace e Paul. Ninguém no KISS era insubstituível – e pode ter certeza que eu me incluía nisso. Ao redor do mundo todo, as pessoas eram capazes de identificar uma foto da banda KISS sem nem saber o nome dos integrantes. Então era isso.

Gene, Ace e eu nos reunimos com Eric para ensaiar em Los Angeles antes de partirmos para o Japão. Foi uma brisa de ar fresco. A realidade de tocar sem Peter era libertadora. Peter era muito limitado quando nos reunimos e sua habilidade tinha descido ladeira abaixo. Seus solos de bateria eram constrangedores. Eric odiava solos de bateria, o que já diz tudo o que você precisa saber sobre Eric.

Sem Peter, o padrão musical aumentou rapidamente. Até Ace dava conta do recado tendo Eric por trás. Ainda assim, eu não tinha certeza de qual seria a reação dos fãs, como não tivera certeza de qual seria a reação quando tiramos a maquiagem alguns anos antes. Mas, de modo geral, os fãs não pareceram se importar. Não fizemos maiores alardes quanto à mudança. Apresentamos Eric pelo nome em cada show e ele foi aplaudido como merecia por sua técnica. Ninguém pôs uma arma na cabeça dos fãs para forçá-los a comprar ingressos e ainda assim os shows continuavam tão cheios quanto antes.

Havíamos trabalhado sob um conceito autoimposto que era dispensável. Descobrimos que não havia necessidade. Poucos sentiam a falta de Peter e Ace não era um deles.

– Não quero que isso chegue aos ouvidos dele, mas estou feliz por Peter não estar aqui – ele disse certa noite. – Ele me dava nos nervos. Estou me divertindo muito mais agora.

Com Eric de volta à banda, Ace começou a socializar conosco outra vez. Ele gostou de Eric em todos os sentidos e curtiu tocar com ele. Os jantares da banda voltaram e saímos algumas vezes no Japão e na Austrália, onde fizemos concertos extras em abril de 2001. Todos estavam se dando melhor do que nunca. No palco, Ace tocava melhor do que havia tocado desde 1996. O clima estava ótimo – até o último show na Austrália, em 13 de abril. Ace se saiu muito mal naquele show e em alguns sentidos nunca mais voltou a ser o mesmo.

O plano era nos despedirmos na Europa depois daquilo, mas tivemos dificuldade para trazer Ace junto. Ele dizia que sim, mas depois mudava de ideia. No fim, acabou sumindo do mapa. Ninguém conseguia entrar em contato com ele, nem mesmo seu advogado. Finalmente, apareceu em uma reunião para discutir outra despedida na Europa, e sua magreza era assustadora. Ao longo dos anos ele tivera uma tendência a engordar e depois ficar magro de novo, um efeito sanfona determinado pelo que ingeria. Mas agora ele parecia prestes a morrer. E dava para perceber que não estava batendo bem.

– Meu Deus, Ace, como você ficou tão magro?

– Yoga – tartamudeou.

Os shows jamais foram agendados.

58.

Como a turnê de despedida pela Europa foi cancelada, tive o tempo que achava essencial para auxiliar Evan com a traumática reviravolta que estava por vir. Depois de ver a situação se avultando à minha frente durante um ano, finalmente chegou o momento de me divorciar de Pam.

Do meu ponto de vista, tínhamos responsabilidade equivalente por tudo o que havia acontecido. Escolhemos um ao outro e desde o início raramente atingíamos as expectativas ou supríamos as necessidades um do outro. Escolhemos mal. Pam era uma linda mulher que, de um ponto de vista emocional, não estava ao meu alcance – uma dinâmica um tanto familiar. Mais uma vez, eu havia sido atraído por um desafio e procurei me afirmar em uma situação onde isso pouco ou nada importava. Quanto a Pam, eu sabia que se sentia diminuída por minha fama e meu sucesso, embora tenha certeza de que tivera a esperança de que eu causasse um efeito oposto nela. Tudo era fútil e sem sentido; aprendêramos a lição. Juntos, ganháramos a missão de criar e trazer ao mundo um filho extraordinário para mais tarde ajudá-lo a crescer sem comprometer seu desenvolvimento com nosso divórcio ou nossas vidas separadas. Conseguimos fazer isso de maneira admirável e serei sempre grato a Pam por seu comprometimento em tornar isso nossa prioridade.

Ainda assim, eu não fazia ideia de como seria doloroso.

Pam e eu nos sentamos à mesa de jantar com Evan, que tinha seis anos, e explicamos que mamãe e papai não ficariam mais juntos. "Ainda seremos sua mamãe e seu papai e ainda vamos amá-lo e estar sempre aqui para você, mas não vamos mais morar juntos".

Ele irrompeu em lágrimas.

Eu disse a ele que sim, era horrível, e sim, o papai também chorou. Nunca tentei minimizar o que estava acontecendo. Tentei entender e compartilhar de sua dor.

Curiosamente, Pam e eu estávamos construindo uma casa durante nossa separação. Eu havia encontrado uma propriedade espetacular em Beverly Hills, com vista para o mar. No momento em que toda a papelada já havia sido providenciada, a planta já havia sido feita e aprovada pela prefeitura e os detalhes da construção já estavam acertados e até em andamento, nosso casamento afundava em uma crise. Mas o trabalho estava a pleno vapor e era melhor seguir em frente. Quando nos divorciamos, a casa parecia terminada se vista de fora, mas era apenas uma estrutura vazia, tão incompleta quanto nosso relacionamento.

Quando eu e Pam começamos o processo de divórcio, foi muito incômodo ver que a pessoa que eu sempre vira como minha parceira agora me via como um inimigo. Eu tinha fé em Pam por causa do que havia me dito anos antes, sobre não querer nada se as coisas dessem errado entre nós, e como na minha cabeça aquilo não se tornaria uma situação tipicamente hollywoodiana, contratei um advogado bem amigável e pé no chão. Mas de repente me vi sentado em uma sala de reuniões em um escritório, de frente para ela, seus advogados e seu assessor contábil forense, e a sensação era a mesma de passar por uma cirurgia sem anestesia.

Por fim eu disse:

– Acho que está havendo um mal entendido, porque Pam disse que jamais exigiria o que vocês estão me propondo.

Pam olhou para mim e disse:

– Sei exatamente o que eles estão dizendo. Isso são negócios.

Fiquei de queixo caído.

Meus pensamentos voltaram ao nosso acordo pré-nupcial não assinado e à declaração de Pam de que, lá de onde ela vinha, palavra era compromisso. Ao que tudo indicava, *agora* ela era de Beverly Hills, um lugar onde palavras e compromissos são rapidamente esquecidos. Evan nunca foi tema de discussão. Ele era cem por cento meu filho e eu cobriria todos os custos e gastos sem hesitar até que ele chegasse à vida adulta. Além disso, ofereci a Pam uma casa de dois milhões de dólares e disse que pagaria suas contas por cinco anos e patrocinaria quaisquer aulas que ela quisesse fazer para se preparar para o futuro. É claro que não esperava que ela não quisesse nada. Mas fiquei chocado quando o juiz perguntou o que ela queria e a resposta foi "Quero o mesmo que ficar com ele".

*O quê?!*

Eu havia arriscado meu futuro por causa de um sonho no qual acreditava e ela queria ter o mesmo que eu? Como podia fazer um raciocínio desses? Mais tarde, um advogado astuto me disse: "Nunca conheci uma mulher que achasse que ficou com grana demais".

Mas a lei estava do lado dela. Estar em uma sala sem qualquer controle sobre o meu destino era uma situação inédita para mim. Eu era obrigado a ficar ali sentado enquanto as pessoas tiravam fatias de mim.

A certa altura, meu advogado disse:

– Talvez você tenha que vender a casa.

– De maneira alguma – eu disse.

Eu era inflexível nesse ponto. A casa significava mais para mim do que seu valor monetário: era o ápice de todas as minhas décadas de trabalho duro e dos danos corporais que exigiram cirurgias para serem reparados (além da questão no ombro, meus joelhos e meu quadril também sofreram lesões). Representava a liberdade pela qual eu trabalhara a vida toda.

– Vou fazer o que for preciso – eu disse –, mas aquela casa é minha.

Acabei comprando uma casa de 6.800 metros quadrados que ela escolheu em um condomínio fechado e eu nem sequer vi. Para mim, era importante ter Evan por perto para que fosse fácil para ele transitar entre nossas casas. Quase me senti culpado por aquela casa, que ela disse que era "bem ok", até que a vi. O lugar tinha uma quadra de tênis e uma piscina e era lindo.

Certa noite, depois de tudo ter sido acertado, em casa sozinho e sem Evan, deixei-me cair no chão de minha casa vazia. Eu estava arrasado. Havia uma voz na dor que vinha de dentro de mim, um som gutural de algum lugar impossível de acessar em outras situações. Aconteceu diversas vezes; eu simplesmente desmoronava no chão e começava a soluçar e então o som vinha para fora.

Eu era tomado por um sentimento de fracasso, embora soubesse (ao menos em retrospecto) que aquele casamento estivera condenado desde o início. Havíamos falhado em ver que um casamento deveria ser a confirmação de um ótimo relacionamento e não uma maneira de resolver os problemas de um relacionamento que nunca havia sido grande coisa. Ele nunca deveria ter existido – embora eu não fosse capaz de abrir mão de um único segundo dele, pois Evan se tornou parte de minha vida por meio daquele relacionamento.

Pensei em algo que minha mãe costumava dizer quando eu era criança: "Nada de ruim jamais acontece". Eu odiava escutar isso naquela época. Mas agora, entendia o que ela queria dizer. *Tudo leva a outra coisa.* Evan era um presente de Deus e ter ele em minha vida compensava toda a dor – e os dólares – que aquilo havia me custado.

Na verdade, o que mais machucava era o medo de ter traído meu filho. Eu havia jurado que jamais faria mal a ele. Ainda assim, não tinha como protegê-lo daquilo. A coisa mais terrível que percebi foi que não poderia vê-lo todos os dias. Não poderia estar com ele sempre que quisesse. Nem sempre que *ele* quisesse.

Logo após o divórcio, pessoas em situações análogas me diziam que eu precisava sair de casa e começar a sair com outras mulheres. Aquele lance de "você também precisa ter uma vida".

*Não, não preciso.*

Eu via as outras pessoas seguirem por esse caminho a partir de um raciocínio qualquer, mas no fim das contas eu via isso como um ato egoísta, que não levava em conta o que era melhor para seus filhos. Meu filho estava passando por um trauma incrível e minha única preocupação era fazê-lo se sentir seguro. Colocar outras pessoas na equação porque desejava companhia ou ir para a cama seria insano. O quão egoísta podemos ser? A única coisa que importava naquele momento era Evan. Minhas decisões teriam um impacto enorme sobre ele. Queria passar meu tempo com ele, falar sobre o que estivesse em sua cabeça. Comprei um livro chamado *When Chieldren Grieve [Quando as Crianças Sofrem]*, que ajudou a explicar como as crianças assimilam e lidam com a perda e o sofrimento. Estudei seu conteúdo.

Certa tarde, eu estava sentado do lado de fora da minha casa e pensando nisso tudo quando um dos caras que trabalhava na casa apareceu do nada para consertar alguma coisa. Eu só o conhecia de um ou outro "olá". Mas ele devia saber o que tinha acontecido e ter visto como eu estava distraído, porque se aproximou de mim e disse:

– Espero que você não ache que estou passando dos limites, mas posso ver a sua situação. Sei que você vai achar que sou louco e que isso não parecerá verdade, mas me divorciei e me senti como se o mundo tivesse acabado. Eu não sabia o que fazer. Só quero que você saiba que hoje tenho um casamento feliz com a mulher mais incrível que já conheci e minha vida é fantástica. A sua também será.

Como ele havia previsto, o primeiro pensamento que passou por minha cabeça foi *Você é louco*. Eu não tinha mais banda. Estava divorciado. Havia traído meu filho.

*Que diabos farei agora?*

Ao longo daquele período de dor intensa, eu ainda tinha poucas pessoas com quem falar ou confidenciar. O divórcio foi muito solitário para mim. Gene estava em sua própria jornada, criando uma armadura de proteção à sua maneira. A terapia continuava sendo o meu paraíso, um local onde podia falar com honestidade e expressar meus pensamentos mais loucos e estúpidos. Uma das coisas que a terapia sempre fez por mim foi permitir que eu visse que não era tão louco quanto temia: que minhas reações eram normais ou, melhor dizendo, que não existia nada "normal", apesar das aparências.

Talvez a pessoa que mais me ajudou tenha sido Michael James Jackson, o produtor que trabalhou em *Creatures*, *Lick It Up* e *Animalize*. Ele é muito intelectual, tem muita carga de leitura e parece ver a vida de maneira mais complexa e multifacetada do que a maioria das pessoas. Ele sabia que eu tinha estudado artes e percebeu que eu rabiscava o tempo todo nos momentos de folga dentro do estúdio. Um dia ele disse: "Você precisa pintar". Fui pego de surpresa. "Você precisa botar um pouco disso para fora e explorar através da pintura", completou.

A ideia me pareceu atraente. Logo depois, em uma tentativa de me inspirar, Michael me deu alguns livros de arte, inclusive um livro de mesa com pinturas de Mark Rothko.

Finalmente comprei algum material: telas, pincéis e uma espátula. Eu não tinha ideia do que faria, mas estava determinado a tentar. Na primeira vez em que preparei as coisas e comecei a pintar, foi como uma experiência extracorpórea. Assisti às minhas mãos se movendo sem pensar e quando terminei vi que havia pintado um autorretrato.

Senti alívio e satisfação. Então comecei outro e mais outro. De uma hora para outra, pintar tornou-se necessário.

O ato de pintar era como um fluxo de consciência em cores. Um expurgo. Ele me permitia explorar as emoções sem palavras. E assim, de certa maneira, eu conseguia dar um passo atrás e me olhar no espelho, vendo o que estava acontecendo em minha vida ou como eu me sentia. Era quase um exorcismo. Eu soltava o ar e suspirava ao concluir uma tela, com a sensação de ter colocado algo para fora.

Mais tarde, percebi que há dias não escutava aquele som gutural, e, então, em algumas semanas, lambi meus ferimentos e segui adiante.

Também comecei a cozinhar muito. Era importante para mim que Evan visse que nós dois podíamos ser autossuficientes. Sem contar que eu queria alimentá-lo com refeições saudáveis e garantir a calma e a estabilidade de comermos juntos. Aprendi a fazer rocamboles de frango e panquecas e a preparar diversos tipos de peixe e vegetais e dominei a técnica para fazer *waffles* e *muffins*. Minhas almôndegas se tornaram objetos de admiração.

Uma das coisas que eu mais gostava de preparar era um prato com couve-de-bruxelas que inventei sozinho. Até as pessoas que não gostavam de couve-de-bruxelas, como Evan quando criança, amavam aquele prato. Eu cortava as couves ao meio e fritava na frigideira com aceto balsâmico, cerejas secas e *prosciutto*, e então completava com queijo parmesão e raspas de limão.

Eu tinha muito prazer em cozinhar e servir a comida – em oferecer.

Evan gostava de ajudar na cozinha. Na maior parte do tempo, só nós dois estávamos em casa, mas cozinhar juntos me ajudou a transformar aquele lugar em um lar. Um lar de família. Uma vez, quando meu pai estava em casa e Evan e eu estávamos cozinhando e brincando, ele disse:

– Você não dá amor demais para ele?

– Não há como dar amor demais para uma criança – eu disse. – Só amor de menos. O amor não torna as crianças mais fracas e sim mais fortes.

Para meu pai, ouvir aquilo foi estranho.

Se alguma vez eu escutava alguém dizendo a Evan que não chorasse, não fosse um bebê ou qualquer coisa do tipo, eu fazia questão de dizer a Evan uma verdade que eu havia descoberto: as pessoas que escondem suas emoções são fracas.

*Você encontra força e paz ao se abrir.*

## 59.

Após o meu divórcio, eu bem que poderia ter usado um chapéu com a frase SEM DRAMA. Aquele se tornou o meu mantra. Eu não queria atrizes e modelos, não queria ninguém cujo humor ou autoestima dependesse de conseguir um papel ou se sair bem em um teste. Agora eu sabia que o drama que antes confundia com diversão, empolgação e algo normal, como um componente normal de um relacionamento, na verdade era tumultuoso, contraproducente e desnecessário. Emoções sim, drama não.

Eu não estava disposto a perder tempo, me comprometer ou me mostrar como algo que não era. Não tentaria mais adivinhar o que as pessoas queriam e me adequar àquela ideia.

*Sem drama.*

Agora eu sabia que deveria esperar que alguém me amasse pelo que eu era.

Em uma noite no final de 2001, me encontrei com Michael James Jackson para jantar no restaurante Ago, na Melrose. Havia um grupo de mulheres sentadas à mesa ao lado que incluía Tracy (irmã de Shannon, a namorada de Gene), que já havia saído comigo. Cumprimentamo-nos e retomei minha conversa com Michael. Então, outra amiga delas chegou ao restaurante e foi direto à mesa de Tracy. Fui absolutamente cativado por ela. Decidi falar com a mulher. Fui conduzido como que por uma força invisível.

Se houve algum momento em minha vida que prova a existência de Deus (e acredito em Deus), foi aquele. Claro, algumas pessoas preferem chamar isso de sorte. Para mim, sorte é aproveitar uma situação que Deus põe diante de nós. O nome da mulher era Erin. Tinha a minha altura, uma risada ótima e trabalhava como advogada.

Telefonei para ela no dia seguinte e perguntei se gostaria de jantar – poderíamos sair ou eu cozinharia em uma noite que Evan estivesse na casa da mãe.

– Se você gosta de frutos do mar, posso fazer peixe-espada com mostarda Dijon e alcaparras, talvez servir com massa e, ah, sei lá, de repente brócolis com alho, limão e azeite de oliva?

Ela topou. Aparentemente, as amigas dela já haviam dado luz verde e dito que era seguro sair comigo. Ela optou pelo peixe-espada e foi até minha casa, onde bebemos vinho, comemos... e conversamos por seis horas seguidas. Meu novo amor por cozinhar estava rendendo frutos.

Desde o instante em que nos conhecemos, Erin e eu fomos totalmente honestos um com o outro. Ela sabia de minha situação e fui bem claro sobre os meus parâmetros para um relacionamento. Deixei que notasse tudo a meu respeito. Mas ela era compreensiva e provedora e não se sentiu ameaçada por quem eu era ou pelo que havia feito. Ela era extremamente brilhante e confiava em si mesma. Quando se incomodava com algo, me dizia na hora; não havia nada de drama. Não partimos correndo para uma relação monogâmica, mas havia muita atração entre nós em todos os níveis.

Na mesma época, certa atividade emergiu no KISS. Em fevereiro de 2002, fomos convidados para tocar *Rock and Roll All Nite* na cerimônia de encerramento das Olimpíadas de Inverno em Salt Lake City. A transmissão de domingo deveria atrair algo como um bilhão de telespectadores, portanto, embora fosse uma apresentação com *playback*, queríamos ensaiar de antemão na sexta-feira e no sábado. Gene, Eric e eu chegamos na sexta-feira, como planejado, e ensaiamos naquele dia e mais duas vezes no sábado. Ace continuava desaparecido, então tivemos que ligar para Tommy, que estava de férias com a família no Havaí. O pobre Tommy precisou pegar um avião e ficar de prontidão para entrar em cena, já que não havia como saber se Ace apareceria a tempo ou não. No fim, Ace apareceu domingo no último minuto e se apresentou conosco.

Ele estava testando os limites da minha baixa tolerância ao drama.

Também havíamos sido convidados para fazer uma apresentação particular na Jamaica cerca de duas semanas após o desastre das Olimpíadas. Um oligarca russo ofereceu um milhão de dólares para tocarmos para umas trezentas pessoas em seu aniversário de trinta anos. Ace não topou. A essa altura, estava tão paranoico que achou que era um complô vil com o objetivo de tirá-lo do país para que Gene, Doc e eu pudéssemos assassiná-lo. Assim, pudemos substituí-lo e evitar qualquer problema.

Substituí-lo foi a coisa mais fácil do mundo. Se Ace não queria ir, Tommy estava à altura. Fim de papo. Mais uma vez, não houve mistério. Tommy já tinha seu próprio traje, o que Ace bem sabia, e conhecia todas as canções que a banda havia gravado. Eu não tinha dúvidas quanto a Tommy. Não teríamos feito ele vestir a roupa tantas vezes se não tivéssemos total confiança em seu trabalho.

Sem fazer pouco caso do papel de estar na banda de fato, Tommy simplesmente mudou de posição. Já fazia parte da família e então ele deu um passo ao lado, deixando de ser próximo da banda e entrando para a banda. Estava mais preparado para a tarefa do que Ace jamais estivera.

O show em si foi estranho. Afora os convidados, todos estavam armados.

Eric e Tommy abriram as portas da espontaneidade. Com eles, podíamos tocar músicas que não tocávamos havia dez anos. Ambos tinham conhecimento e habilidade para tocar canções de qualquer fase da banda.

Após aqueles shows, no rastro da Farewell Tour, aceitei de fato a ideia de que a banda chegara ao fim. Era uma pena. Porque, apesar de ter sido um pensamento impulsivo, com Eric e Tommy a banda tocava a pleno vapor. Em diversos sentidos, aquela era a banda que eu havia idealizado quando começamos a turnê de retorno – uma versão idealizada, com os personagens icônicos e talento à altura.

*Droga.*

Eu não tinha ideia do que fazer em seguida. Pensei em continuar no ramo da música por conta própria. Pensei em trabalhar mais no teatro. Perder o KISS era como perder um membro da família. Aquilo havia sido uma parte imensa da minha vida. Senti um grande vácuo.

Certa tarde, ainda em 2002, peguei meu carro na lavagem e um dos funcionários me disse:

– Paul, a Farewell Tour foi ótima. Quando vai rolar a turnê de trinta anos?

*O quê? Isso seria legal? Quer dizer que vocês ainda querem ver a gente?*

O cara da lavagem realmente abriu meus olhos. Ele ainda amava a banda e queria saber o que rolaria depois.

*Sou eu que estou fechando a porta. Sou eu quem está apressando as coisas.*

*Mas por quê?*

De repente, perguntei-me para quem era a nossa despedida. Talvez a Farewell Tour fosse melhor interpretada como uma despedida daqueles caras. Uma despedida das nossas relações musicais. Uma despedida do *drama*.

A ideia de jogar tudo fora por causa de dois otários que nunca valorizaram a banda parecia louca. Já havíamos existido sem eles antes. Agora, só porque haviam voltado para o jogo, eu deixaria que as coisas rolassem à maneira deles e causassem o fim do KISS?

*Por que parar agora?*

Havíamos reconstruído a banda e as pessoas nos acolheram. Porra, era só fazermos bons shows que o KISS poderia continuar por mais duzentos anos. E sem as fraquezas, a banda poderia fazer shows *excelentes*.

Eu não queria desistir de algo em que investira trinta anos do meu suor.

*Ainda não terminei.*

# Parte VI

**Forever**
*Para sempre*

## 60.

O quanto a equação do KISS poderia ser alterada? Essa foi a questão que o pessoal do Aerosmith trouxe à tona quando a ideia de uma turnê dupla foi posta na mesa. Doc tinha certeza de que sabia. Gene e eu também.

Sob outras circunstâncias, Ace e Peter não teriam participado da turnê de 2003. Mas, por algum motivo, o pessoal do Aerosmith queria ao menos três membros originais envolvidos. E já fazia um tempo que Ace deixara claro que estava fora. Assim, só restava Peter para terceiro membro. *Ai.*

Havia contratos a serem assinados por Peter, Gene, Tommy e eu. É claro que nós quatro discutimos tudo e os membros da banda foram especificados. Depois do show na Jamaica, ficou certo que Tommy ficaria na banda. Era a decorrência lógica, tanto é que nunca falamos a respeito. Depois da Jamaica, não precisávamos de testes para achar um novo guitarrista. Tommy era a resposta.

Tommy havia sido um ótimo gerente de turnê – não porque estava destinado a ser um grande gerente, mas porque se entregava totalmente a tudo o que fazia. Quando entrou oficialmente para a banda como novo guitarra solo, não era como se tivéssemos pegado nosso gerente de turnê e vestido ele com o traje do Spaceman. Tommy não era um *doppelganger* ou substituto; era o passo seguinte, e havia provado que merecia estar na banda e que era capaz de aprimorá-la em termos musicais.

Quando começamos nossa turnê em parceria com o Aerosmith, contudo, devo dizer que Tommy e Peter não me pareceram a grande fórmula secreta. Aquilo parecia uma transição. Eu sentia como se a ferida só tivesse sido parcialmente curada. Sem dúvida, tínhamos alguém que queríamos que estivesse lá, conhecia as músicas e podia tocá-las bem noite após noite. Eu não acordava mais me perguntando como seria o dia e como nos sairíamos no show. Cinquenta por cento da incerteza e do caos haviam sido eliminados.

Peter, por sua vez, continuava com seus velhos truques. Ele tinha Gigi para por algumas gotas a mais de veneno na roda todos os dias, reclamava o tempo todo de ter sido mal tratado pelos funcionários do hotel e tinha ataques por causa da fumaça e da pirotecnia. O livrinho do hotel também estava de volta, junto com as reclamações de que seu quarto era muito escuro ou estava muito próximo do fim do corredor, os shows eram muito longos e suas mãos doíam. O tempo todo.

Mas a resposta do público era encorajadora. Havia gritos para Tommy e todos curtiam o show de pé, como sempre havia sido. Se ele soava como o KISS, tinha aparência do KISS e o domínio de público do KISS, então *era* do KISS.

Enquanto isso, Peter e seu advogado tentavam negociar uma extensão de contrato em meio à turnê. Como de praxe, suas demandas eram absurdas. Acho que pensaram que aceitaríamos tudo porque Ace não estava mais por perto. Vai saber no que estavam pensando. Na época, eu já sabia que o KISS era maior que qualquer um dos indivíduos. E não digo "exceto eu". Tenho muita estima pelo que faço, mas não me engano achando que sou o único capaz de fazer aquilo. Estranhamente, quanto mais a negociação se alongava, mais Peter e o advogado achavam que tinham a faca e o queijo. E nós demos corda.

Quando a turnê acabou e o contrato de Peter venceu, comuniquei a ele que havíamos decidido não renovar o contrato.

– Você não está satisfeito, diz que os shows são longos demais e suas mãos doem. Quer tocar outro tipo de música. Nós queremos continuar. Acho que é melhor para todos se acabarmos com isso, Peter. É hora de seguirmos adiante, cada um por seu caminho.

Eu não tinha muito mais para dizer. Não era como se fossemos nos tornar um KISS diferente ou um novo KISS; só iríamos nos tornar um KISS melhor.

Eu não poderia mudar Peter mais do que poderia ter mudado Ace, Bill Aucoin, Donna ou Pam. O que podia fazer, no entanto, era parar de lutar com alguém cuja postura perante a vida era decididamente negativa, alguém que parecia tentar sabotar tudo e todos ao seu redor, para então culpar qualquer pessoa que não ele mesmo. Foda-se.

A ideia de que pararíamos de usar as quatro imagens icônicas era tão ridícula quanto a ideia de deixar de tocar qualquer uma das músicas. Curiosamente, quando decidimos tentar comprar os direitos de imagem de Catman e de Spaceman anos antes, Peter e Ace deram seus personagens de bandeja como se não tivessem valor. Para eles, era apenas moeda de troca. O fato de abrirem mão deles com tanta prontidão mostrou o quão pouco eles se importavam com os personagens. Fiquei feliz porque eles não começariam a aparecer em festas de Halloween assinando autógrafos com roupas esfarrapadas do KISS e maquiagem. Eu valorizava aquelas imagens e queria protegê-las.

Eric Singer havia sido fenomenal quando preencheu espaços no Farewell Tour e mais uma vez era um caso de não precisar ir atrás. Tínhamos nosso homem para o futuro.

Era um grande alívio.

Turnês eram uma parte da minha vida sobre a qual Erin não sabia nada. Quando estava na estrada, eu sentia saudades dela e queria que estivesse junto comigo, vivenciando tudo em primeira mão. Parecia estranho vê-la entrar nesse âmbito até então desconhecido de minha vida. Era uma grande alegria. Quando Erin foi ao seu primeiro show do KISS, lembro de vê-la dançando na plateia. Ela não estava se exibindo, mas refletindo o júbilo que eu sentia no palco.

Durante uma pausa daquela turnê, levei Erin a um jantar de caridade como minha acompanhante. Quando a anfitriã do jantar me chamou pelo nome, Erin foi a primeira a se levantar e bater palmas. Eu nunca havia passado por uma situação como aquela. Ela tinha tanta autoconfiança que era capaz de se expor alegremente sem achar que isso colocava sua personalidade em risco.

A primeira viagem que fizemos juntos foi a Las Vegas. Fomos ao meu restaurante preferido no Bellagio, chamado Picasso, e fiquei animado porque ela adorou a experiência do ótimo jantar e de conhecer *chef* do lugar, Julian Serrano, que havia se tornado meu amigo. Mais tarde naquela noite, quando estávamos deitados na cama vendo TV, eu disse que estava com sede. Erin disse:

– Ah, vou pegar uma bebida para você.

Achei que era só maneira de dizer e respondi "Jura, não precisa", mas ela se levantou e foi até o frigobar. Não havia nada.

– Vou lá no saguão pegar alguma coisa – ela disse, colocando um blusão.

– Você vai até o saguão só para me trazer uma bebida?

Não quero parecer um gato escaldado, mas ninguém jamais havia feito algo assim por mim antes.

Erin nunca fazia algo que ferisse seu orgulho, mas tampouco se prendia a bobagens. Ser querida e generosa não eram coisas negativas para ela, nem nada que colocasse sua integridade em risco. De tempos em tempos, falávamos sobre o estado de nosso relacionamento – o que ela pensava, o que eu pensava, como a minha situação doméstica estava se desenrolando. Sempre pensávamos o mesmo.

Um relacionamento saudável torna você mais saudável. Acho que só depois percebi que um relacionamento caótico é um ótimo indicativo do estado em que você se encontra. Só alguém que já está imerso em caos permanece em uma relação tumultuosa. Erin não era nem um pouco assim. Eu nunca havia conhecido alguém como ela.

No primeiro ano em que namoramos, nunca levei ela para casa quando Evan estava lá. Ele havia passado por um evento calamitoso em sua vida e precisava saber que estava seguro, não me ver levando mulheres lá. Evan estava em uma situação que não desejara e a ideia de "seguir com minha vida" sem prestar atenção em suas carências me parecia claramente egoísta.

Eu queria que Evan soubesse que nossa casa era para nós dois – era o nosso mundo. Uma das maneiras que tentei afirmar isso foi pendurar um afresco de nós dois em meu quarto, ocupando o espaço do chão ao teto. A casa não era um lar quando Pam e eu nos divorciamos, então decidi tornar aquele afresco a peça central. Era ao mesmo tempo uma maneira de reivindicar o espaço e de ilustrar o mundo que eu desejava criar para Evan. A pintura foi feita tendo como base uma pintura a óleo do século dezenove: um grupo de caça, deuses gregos, donzelas nuas, querubins e todo o esperado. Mas pedi que o artista posicionasse Evan e eu no centro, em primeiro plano, vestindo togas e usando coroas de louros em nossas cabeças. Na paisagem ao nosso redor havia cavalos, cães e dúzias de atraentes donzelas com os seios à mostra.

Um exemplo extremo de mau gosto de solteirão? De jeito nenhum. Não, não, não. Por algum motivo, eu achava aquele afresco portentoso absolutamente espetacular, algo a ser ostentado com orgulho. Erin, como eu descobriria mais tarde, não compartilhava dessa opinião.

Depois que Erin e eu já estávamos saindo havia mais de um ano, achei que era hora de apresentá-la a Evan. Mas novamente eu não queria que ele se sentisse ameaçado. Então, decidi organizar o encontro em território neutro. Eu disse a Evan que tinha uma amiga que, assim como ele, amava doces. Por isso, visitaríamos uma loja de doces em um *shopping*, onde ela se encontraria conosco. Ela foi até lá e conheceu Evan, mas não segurei a mão dela e não nos beijamos. Foi apenas ao curso de diversos meses, conforme Evan se acostumou com sua companhia e começou a gostar dela, que começamos a revelar mais o nosso afeto. Quando ele se tornou mais próximo de Erin, permiti que também nos visse com crescente proximidade. Eram estradas paralelas – eu esperava que, aos seus olhos, ele estivesse acompanhando o desabrochar de nosso relacionamento.

Pam e eu nunca falamos mal um do outro para Evan e sou muito agradecido a ela por isso. Nenhum dos dois queria que ele se tornasse um peão em nossos conflitos. Vejo as coisas de maneira muito simples. Se levarmos as coisas ao extremo da racionalidade, tudo se resume a uma questão trivial: você odeia seu ex mais do que ama seu filho? Se ama mais seu filho, não há argumentos para dizer palavras ruins, negar o contato com o ex-cônjuge nem nada do tipo. O que também significa que Erin nunca foi uma substituta ou uma ameaça.

Mais adiante, Erin, Evan e eu viajamos juntos. Eu queria que ele notasse que às vezes Erin ficava para dormir, mas novamente queria que isso acontecesse em território neutro. Hospedamo-nos em um resort em Santa Bárbara e quando entramos no quarto Evan perguntou:

– Onde Erin vai dormir?

– Comigo – eu disse.

– Ah – ele disse, sem qualquer sinal de surpresa ou desconforto. E concluímos essa etapa.

Àquela altura da vida, eu acreditava firmemente que nos curamos ao ajudar os outros. Tornar Evan o centro de minha vida beneficiou a todos. Era uma grande alegria ver uma criança feliz.

Quando Erin e eu finalmente passamos a morar juntos, ela me disse que não curtia tanto o afresco no quarto.

– Não precisamos nos desfazer dele – eu disse. – Tipo, podemos pintar você. Você pode ser uma das donzelas. Agora você mora aqui e também pode aparecer na pintura.

– Odeio o afresco – ela finalmente admitiu. – Sempre odiei.

Fiquei chocado. Então, de repente, comecei a rir. Quando dei um passo atrás, vi que ele parecia *mesmo* algo saído do filme *This Is Spinal Tap*.

– Por que não me disse antes? – perguntei.

Então fui até o depósito, peguei alguns rolos de pintar e cobrimos o afresco juntos.

## 61.

Um tempo depois de Erin se mudar, Evan, que estava com cerca de dez anos, trancou-se acidentalmente na sacada do quarto. Erin e eu estávamos no andar de baixo e não percebemos. Então escutei um barulho, mas não entendi direito.

*Espera aí, isso foi um grito?*

De repente, percebi que Evan poderia ter se trancado. Erin e eu subimos correndo. Evan estava supernervoso na sacada. Abrimos a porta. Ele entrou correndo… passou por mim e foi direto para os braços de Erin.

Alguns pais poderiam se sentir insultados por aquilo, mas achei a melhor coisa do mundo que ele gostasse tanto dela. Aquilo me assegurou de que a relação entre os dois também era forte e amorosa.

Quando estava de férias com Erin no Havaí em 2003, o proprietário de uma galeria me abordou e perguntou se eu não queria fazer algo para expor lá, como guitarras autografadas. Eu disse que pintava e ele pediu para ver algumas das minhas obras. Depois que mostrei algumas fotos, ele ficou interessado em montar uma exposição.

*Eu? Uma exposição de arte?*

Parecia estranho. Claro que não era uma galeria pomposa de Nova York. Mas ainda assim.

Organizamos uma exposição e voltei ao Havaí para a abertura. Arrecadamos 35 mil dólares, o que certamente superou todas as minhas expectativas, visto que eu não esperava vender nada. Logo percebi que se apenas artistas famintos ganhavam credibilidade, eu precisaria me contentar sem ela.

Depois daquilo, fiquei com a pulga atrás da orelha. Eu queria fazer a mesma coisa na parte continental dos Estados Unidos. Logo fiz um acordo com uma rede de galerias pelo país inteiro. Montamos uma série de exposições e senti que apresentei algumas pessoas a uma faceta potencialmente enriquecedora da cultura (as artes visuais) que talvez não fossem conhecer de outra maneira. O mesmo havia ocorrido quando fiz *O Fantasma da Ópera* que, tenho certeza, foi o primeiro musical de muitos fãs do KISS. Senti que estava rompendo parte do esnobismo, que acredito ser um desserviço para o mundo das artes. Às vezes, as pessoas me diziam:

– Não sei nada sobre arte, mas gosto disso.

– O que você precisa saber? – eu perguntava. – Algumas coisas nos tocam, outras não, simples assim.

Eu achava gratificante quando as pessoas diziam que uma obra as fazia pensar em algo de suas próprias vidas ou as estimulava a me contar uma história de suas famílias. Ver as pessoas tocadas por minhas pinturas validava meu trabalho de tal forma que eu provavelmente não teria vivenciado de outra maneira.

Bill Aucoin apareceu em uma de minhas exposições. Ele havia se estabilizado e foi ótimo vê-lo. Bill foi carinhoso e encorajador. Conforme nossa amizade foi retomada e o KISS saiu em turnê outra vez (com Eric e Tommy), ele apareceu em alguns concertos e mais algumas exposições. Com o tempo, conversamos muito sobre o passado. Bill contou que me achava defensivo e infeliz no início da banda – insatisfeito e reservado. Ele amou ver a minha transformação, que chamou de crescimento. Também adorou Erin e fez muita questão de dizer como ficava feliz de ver que eu havia evoluído para uma vida melhor. Fiquei emocionado.

Mais tarde, acabei dando um tempo para as exposições, embora nessa época minhas vendas somadas já ultrapassassem a marca dos dois milhões de dólares. Eu havia começado a pintar como estratégia para aliviar a pressão. Era algo que fazia sem cronogramas e sem responder a perguntas de ninguém. Como não tinha formação técnica, pintar era uma atividade muito árdua – exigia tempo, esforço e pensamento. Não havia por que transformar aquilo em um negócio. Eu não queria torná-la uma obrigação, sobretudo depois que a banda voltasse a fazer turnês com regularidade.

Um dia, em Los Angeles, Erin e eu estávamos conversando sobre a situação de nosso relacionamento. Começamos a falar sobre a mãe

*Amo essa foto. Ela me diz tudo.*

dela, que havia trabalhado por décadas como professora de ensino fundamental.

– Mas então, o que sua mãe acha que vai rolar entre a gente? – perguntei. – O que ela acha disso tudo?

– Ah – disse Erin –, minha mãe acha que daremos um passo à frente em algum momento ou que vamos acabar nos separando.

Aquilo me atingiu no mesmo instante: *Não vamos acabar nos separando.*

Eu não conseguia imaginar a vida sem Erin. Soube naquele lugar e instante que queria ficar com ela para sempre.

Estávamos juntos já havia alguns anos. Não era uma paixonite efêmera. Nossa relação não era um caso de amor à primeira vista. A profundidade de meus sentimentos por ela crescera a partir de nossas experiências conjuntas. Ela surgira com o tempo.

Telefonei para um joalheiro de Nova York e pedi que ele me mandasse um catálogo. Um dos anéis saltou imediatamente aos meus olhos. Depois, escolhi a pedra.

Quando o anel já estava pronto, andei com ele no bolso à espera do momento certo para pedir Erin em casamento. Mas o momento nunca aparecia.

Fizemos outra viagem a Las Vegas em 2005 e retornamos ao Picasso, onde tivemos uma ótima refeição. Nós dois amávamos aquele lugar e estávamos nos divertindo e bebendo vinho. Para ser honesto, fiquei um tanto animado. Percebi que aquele seria o lugar para fazer a pergunta, mas queria fazer isso pensando com clareza.

No dia seguinte, me dei um puxão de orelhas.

*Porra, quando é que vou fazer isso?*

Um amigo havia me emprestado seu jato particular para voltar para casa – uma frase que nunca achei que fosse dizer. Pensei que talvez aquele fosse o lugar perfeito: a luz do sol a dez quilômetros de altura daria um brilho especial para o anel. Mas quando entrei no avião, todas as minhas neuroses vieram à tona: *Droga, essas janelas são polarizadas, não haverá raios incidindo sobre o anel.*

Aterrissamos em Los Angeles e fomos para casa.

*Preciso fazer isso!*

Chegamos em casa. Em nosso quarto, há uma sacada que dá para a piscina e a casa de hóspedes – outras coisas que jamais havia vislumbrado para a minha vida. Era um belo dia ensolarado.

– Vem aqui – chamei Erin desde a sacada. – Vamos nadar um pouco.

Ela foi até a sacada. Havíamos recém-pisado em casa, literalmente, mas eu não podia mais esperar. Ela estava debruçada sobre a grade e olhando para a piscina, comigo atrás dela. Envolvi-a em meus braços e segurei o anel diante de seus olhos.

Sua reação foi um misto de pânico e grito. Ela deixou escapar um "Ai, meu Deus!". Não parecia saber o que fazer.

– Quer casar comigo? – perguntei.

– Sim! – ela disse.

Então ligamos para a mãe dela e contamos a novidade: estávamos dando um passo à frente e não nos separando.

Planejamos todo o casamento em uma única tarde. Todos disseram que nunca haviam visto as coisas rolarem tão rápido. Mas pensei, poxa, se quisermos flores cor de pêssego, que diferença faz o tipo? As pessoas têm uma tendência de se ater a minúcias, quando o foco deve ser a celebração. *Ah, precisamos ter certas flores da África...* Dane-se. Mas perdi algum tempo selecionando as músicas que a banda deveria tocar e como queria explorar o catálogo da Motown, contratamos instrumentos de sopro, diversos cantores e percussionistas. O som era incrível, gloriosamente alto e inabalável.

O casamento ao ar livre foi realizado no Ritz-Carlton de Pasadena em novembro de 2005, com um grupo relativamente pequeno de amigos e familiares.

Magra e linda como é, Erin ama doces. Então, montamos uma mesa na festa com todos os tipos de doce imagináveis, incluindo várias coisas que eu jamais havia visto e mais pareciam projetos de feira de ciências. Ela se sentia no paraíso.

E eu também.

Dançamos e dançamos e dançamos.

## 62.

Tommy e Eric compareceram ao casamento, mas Gene não foi convidado. Eu não queria ser obrigado a convidá-lo só porque éramos parceiros musicais. Aquele não era o ambiente certo para ele. Todos conheciam sua visão em relação ao casamento, que considerava uma "instituição" da qual não queria participar.

– Sua visão do casamento é problema seu – eu disse. – Mas se você insulta ou menospreza as pessoas que se casam e ridiculariza ou desdenha a ideia de casamento, não tem por que você ir.

O modo como alguém vota nas eleições presidenciais é uma coisa. Mas por que ridicularizar as pessoas ou a validade de suas crenças? Teria sido insultante ter um oponente tão ativo do casamento, que aproveitava todas as oportunidades para falar sobre a racionalidade e a importância do casamento que eu considerava ofensivas, na minha própria cerimônia.

Ele entendeu.

Mas suas opiniões em relação ao casamento também começaram a mudar. No ano seguinte, quando Tommy se casou, Gene deu muito apoio. E Gene acabou se casando com Shannon Tweed, sua namorada havia mais de vinte e cinco anos, em 2011.

Dois meses depois de Erin e eu nos casarmos, descobrimos que ela estava grávida. Ficamos extasiados. Sempre planejáramos ter filhos e mal podíamos esperar para começar – eu tinha cinquenta e três anos, e Erin, trinta e três. Durante a gravidez, a função de ler livros, fazer ecografias e levantar nomes possíveis nos deixou ainda mais próximos. Erin estava com uma aparência ótima durante a gravidez e amou cada segundo do processo, o que deixou tudo ainda mais alegre. Evan também ficou empolgado com a notícia, aliviando o meu receio de que pudesse ficar irritado ou ressentido. Sua única exigência foi ser o primeiro a entrar na sala de parto para cumprimentar seu irmãozinho ou irmãzinha.

Quando descobrimos que seria um garoto, testamos centenas de nomes e combinações antes de nos decidirmos por Colin Michael. É engraçado que, depois do nascimento, todas as outras possibilidades que havíamos cogitado pareceram grandes equívocos.

O nascimento de Colin foi uma experiência totalmente diferente do de Evan. Erin começou a ter contrações no meio da noite e fiquei com uma agendinha contando o intervalo entre as contrações e anotando tudo. Quando por fim seguimos para o hospital, armei mais uma vez o tripé e a câmera de vídeo. Eu disse ao médico que conduziria o parto que eu não tinha nojinho e queria me envolver tanto quanto possível. Quando Erin estava nos últimos minutos do trabalho de parto, o médico se virou para mim e disse: "ponha suas luvas". Após alguns breves instantes de pânico, vesti as luvas, e quando aquele pequeno milagre começou a emergir o médico pediu que eu puxasse. Foi surreal tirar aquela pequena vida do único mundo que conhecia até então e trazê-la para o nosso. O nascimento de Colin foi outro momento de grande conexão com Deus e todas as gerações anteriores a mim. Ele também seria meu legado e minha conexão com as gerações passadas e futuras.

Algumas vezes durante a gestação de Erin, fiquei preocupado se seria capaz de amar outra criança com a mesma profundidade e o mesmo comprometimento natural em dar o meu melhor, como havia ocorrido com Evan. Esse medo evaporou quando segurei Colin em meus braços e percebi que temos uma capacidade ilimitada para criar e dar amor. Eu me dedicaria mais uma vez a outro garotinho incrível e juntos descobriríamos tudo o que poderíamos aprender um do outro.

Fora de minha família crescente, Gene e eu ainda brigávamos de vez em quando. A utilização que ele fazia do logo do KISS e da maquiagem e sua autopromoção na imprensa cresceram a partir do fim dos anos 1990. Muitas vezes, eu via o termo "gênio do *marketing*" ser usado para se referir a Gene após as turnês subsequentes. Aquilo me deixava de estômago revirado. Ao contrário da ideia que Gene encabeçou ou maximizou nosso império do *marketing*, a verdade é que, ao longo dos anos, a grande maioria dos licenciados havia vindo atrás de nós, e todas as solicitações passaram por nossa equipe de desenvolvimento de produtos. Nem Gene, nem eu tivemos um papel muito ativo em qualquer detalhe relevante. Ele não era um gênio do *marketing*. Apenas assumia crédito pelas coisas. Isso era injustificado, egoísta e nocivo – uma atitude imperdoável. Estrategista e calculista? Certamente. Gênio? Não.

Após a Farewell Tour, vi os rascunhos conceituais para uma série de desenhos que Gene havia vendido. O personagem do desenho era basicamente Gene com a maquiagem do KISS. Era sobre um cara que tinha uma banda. "Ei, cara, isso é a identidade do KISS", eu disse.

– Ah, não, não é a imagem do KISS – ele disse. – É totalmente outra coisa.

Esse tipo de coisa ainda me enervava. Ele sentava do outro lado da mesa e mentia a respeito de algo que obviamente contradizia nosso acordo de parceria, o que ele sabia muito bem.

– Você acha que está falando com um dos idiotas que fazem negócios com você? – perguntei. – Tá brincando comigo?

O justo prevaleceu, mas não a vontade de Gene.

Além da raiva que eu sentia a cada vez que ele demonstrava um desprezo tão nítido por nossa parceria, eu também ficava magoado porque o cara com quem eu havia construído tudo aquilo me tratava, quando lhe convinha, com a mesma indiferença que muitas vezes exibia ao negociar com pessoas com quem não se importava.

Ainda assim, apesar dos contratempos, Gene e eu nunca nos demos melhor do que durante a última década. Temos muito poucos motivos de discórdia hoje em dia. Somos amigos há mais de quarenta anos e construímos vidas excelentes para nós. Acho que, com o tempo, passei a reconhecer a diferença fundamental entre nossas personalidades. Eu queria me aprimorar e remediar as questões que me atormentavam. Mas ele optou por ignorar o que se passava por debaixo da camada mais superficial e, em vez disso, dedicou-se a criar uma fachada e um personagem que, infelizmente, fizeram com que se sentisse obrigado a acabar com qualquer um que ameaçasse sua exclusividade sob os holofotes. Antigamente, eu jamais entendia por que ele não queria resolver os problemas que tinha. Não entendia por que alguém tão inteligente não queria tornar sua vida mais fácil para si mesmo – e provavelmente também para mim e para as outras pessoas ao seu redor. Afinal de contas, conheço bem o esforço interminável necessário para manter um personagem e uma fachada para usar de escudo.

Em algum momento, entendi que sua atitude era do tipo "Por que me preocupar?". Depois que aceitei a ideia de que éramos diferentes nisso, a relação ficou mais fácil. Gene e eu somos muito diferentes e a química desse contraste continua sendo a chave de nosso sucesso.

Hoje em dia, rimos de nossas idiossincrasias.

Outra coisa que mudou foram minhas expectativas em relação a Gene. Agora, espero menos: sou mais realista. Tenho bem definido o que considero e o que não considero aceitável. Descobri que o segredo para uma boa parceria é conhecer as limitações. Se você não se pergunta o que uma relação é incapaz de trazer, acabará se decepcionando. Após quarenta anos de uma parceria imensamente produtiva e bem-sucedida, expresso meus pensamentos em relação a Gene com aceitação em vez de animosidade. Ele continua fazendo suas reuniões em frente a uma grande escrivaninha, em um escritório com vitrines cheias de *merchandise* do KISS que ocupam toda a parede, sem jamais deixar claro que, mais do que ser a força criativa por trás da banda, ele é apenas um dos quatro rostos estampado nas caixas. Isso continua rolando, mas aceito bem.

Ainda quero crédito pelas coisas que faço e conquisto. Mas, diante de tantas mudanças positivas em minha vida pessoal, parei de me importar tanto. Agora, considero minha vida tão rica que muitas das preocupações que antes eram tão importantes parecem um desperdício de meu precioso tempo. O que ganhei – interna e externamente – com um casamento feliz e uma família é muito mais importante do que qualquer outra coisa que poderia me interessar como, por exemplo, a maneira como as pessoas veem a dinâmica interna do KISS. Essas percepções eram – e são – muito mais importantes para Gene e talvez lhe tragam mais realização. Na vida, é importante pesar o que ganhamos e o que precisamos dar em troca e não vale a pena abrir mão das coisas que hoje são importantes para mim só para aparecer mais na mídia. Se nos definimos pelos negócios e pela cobertura da mídia, sempre estaremos em busca de mais. É a vida de um hamster em uma roda. Se não somos capazes de correr, não somos livres de verdade. Permanecemos escravos se não descobrimos algo dentro de nós que nos faça feliz.

A mesma coisa vale para as turnês. Não precisamos fazer isso o tempo todo. Somos nossos próprios chefes.

O KISS é meu trabalho e é um trabalho espetacular e recompensador em diversos sentidos. Mas também sobra espaço para uma vida fora da banda. Cada semana que passo na estrada é uma semana que deixo de passar com as pessoas mais importantes para mim em todo o mundo. Os dias recentes são mais preciosos para mim do que jamais foram. Depois de casar com Erin, comecei a estabelecer parâmetros para as coisas com que estava disposto a gastar meu tempo. Chega de fazer concessões. A vida é curta demais para isso.

*O KISS não é a vida.* É uma face da vida.

Às vezes, quando Doc nos propõe algumas coisas, eu digo: "Prefiro ficar em casa". Gene sempre fica intrigado com isso.

– Você vai recusar dinheiro? – pergunta, incrédulo.

– Sim – eu disse. – A questão é: o que mais dinheiro pode me comprar? E do que precisarei abrir mão para consegui-lo?

Para ele, era simples. Como Doc costuma brincar: quando Gene tiver noventa e cinco anos, estará na frente de casa com seu andador e lançando olhares ameaçadores para os carros que passam. Todos merecemos encontrar a felicidade e espero que isso aconteça com Gene, agora e no futuro.

Mas, para mim, a vida é mais do que isso. O dinheiro que perco por não fazer um show não mudará meu mundo, mas ficar longe de minha família vai. Peso as duas coisas. De quanto preciso? É claro que gostaria de ter mais. Quem não gostaria? Mas não *preciso* de mais se o sacrifício é muito grande não apenas para minha mulher e meus filhos, mas também para mim. Às vezes, o que eu perderia vale mais do que o dinheiro.

Meus filhos acabaram se revelando a solução final para as questões que me assombraram por toda a vida. Não podemos mudar o passado, mas *podemos* mudar nossa vida e a vida daqueles ao nosso redor. Fiz as pazes com aspectos de minha identidade com os quais sempre estive em conflito, e como resultado hoje tenho mais para oferecer, pois me conheço melhor. Ter filhos me deu uma segunda chance para viver a infância que jamais vivi. Criar meus filhos com o amor e o carinho que jamais recebi é catártico. Fui capaz de dar aos meus filhos a vida que não tive, tratando-os da maneira como gostaria de ter sido tratado e ajudando-os a se sentirem da maneira que eu queria ter me sentido.

Talvez nem todos sejam afetados da mesma maneira pelas coisas que uma família e um relacionamento profundo podem oferecer. Mas como foram as coisas de que mais senti falta até bem tarde em minha vida, elas são as mais importantes para mim. Compartilhar de verdade com alguém, revelar sua alma e ter uma pessoa que conheça seus medos, fraquezas e vulnerabilidades – e fazer o mesmo por essa pessoa – propicia uma calma e um tipo de refúgio com o qual nenhum hotel, por mais luxuoso que seja, é capaz de rivalizar.

## 63.

Todos os meus sentimentos de amor e orgulho pelo KISS foram amplificados pelo início da turnê com Tommy e Eric no posto de membros permanentes. Logo percebi que preferia não tocar mais do que ter que lidar com pessoas que não queria por perto. Eu jamais poderia voltar ao drama, aos padrões rebaixados e ao desrespeito pela atividade. Isso seria me prostituir.

Era incrível ter pessoas na banda cuja mentalidade era *O que posso fazer para tornar a banda maior?*, em vez de *O que posso fazer para me tornar maior?*. Você consegue esta segunda coisa através da primeira, afinal, mas se faz dela a sua prioridade, as coisas não dão certo. Com Ace e Peter, era assim que as coisas funcionavam. Com Tommy e Eric, havia uma ética de trabalho que envolvia orgulho pelo que faziam e pelo que fazíamos como equipe.

É claro que uma parcela do público não queria que o retorno da banda fosse encerrado. Às vezes, as pessoas menosprezavam Eric e Tommy como se fossem imitadores. Mas quando eu subia no palco com eles, tinha a impressão oposta: se alguém foi um imitador nessa história, seria Peter e Ace durante aquela derradeira turnê. Quaisquer habilidades que tivessem no passado desapareceram – ou melhor, foram descartadas. Eles eram uma distorção do que haviam sido. Peço desculpas a quem não quer ouvir isso, mas perto do fim, Ace e Peter simplesmente não eram mais capazes de tocar seus instrumentos. E nem se importavam com isso, o que em minha cabeça é um pecado talvez até mais grave. Se as pessoas querem falar sobre uma visão da banda como mero ganha-pão, não podem apontar para mim ou Gene. Já estávamos nos alimentando bem. Apenas Peter e Ace trataram o KISS como um ganha-pão e nem assim foram capazes de reconhecer sua sorte o suficiente para agarrá-la.

A nova formação da banda era muito mais parecida com minha idealização – e com o que as pessoas escutavam em suas cabeças. Sempre quis que o público sentisse que superávamos as expectativas e fazia muito tempo que não éramos mais capazes disso. Mas com Tommy e Eric, voltamos a ser. Na verdade, a banda conseguia cantar tão bem que as pessoas perguntavam o tempo todo se utilizávamos vocais pré-gravados. Não. Era só que finalmente tínhamos quatro membros de peso.

Ao longo de todo esse processo, o KISS não havia apenas sobrevivido – havia prosperado.

Depois que reavivei minha amizade com Bill Aucoin, ele continuou aparecendo em alguns concertos. Eu amava o fato de ambos termos acalmado nossos demônios pessoais. Eu amava a situação a que chegáramos – ambos em relacionamentos estáveis e com estados mentaisapaziguados. De certa maneira, encontrei em Bill o que não consegui encontrar no retorno da banda. Fomos capazes de encerrar um ciclo, virar a página e curtirmos o que havíamos criados juntos.

Então, certo dia, em um almoço na Flórida, ele me disse que tinha um câncer na próstata em estado avançado. Perguntei o que poderia fazer para ajudá-lo e Bill disse que estava preocupado com seu cônjuge, Roman, e o que aconteceria com ele caso Bill perdesse a batalha. Conversei com Gene e decidimos comprar o apartamento onde os dois moravam e dá-lo a Roman.

No fim da turnê europeia em 2008, aluguei uma casa linda na Toscana. O lugar parecia um museu de três andares em pleno interior do país. Ajeitei as coisas para que Erin, Evan e Colin fossem me encontrar por lá, junto com meus pais, a mãe de Erin, o marido de sua mãe e meu bom amigo e segurança Danny Francis. Erin e eu esperamos até que todos estivessem ao redor da mesa de jantar para darmos a grande notícia. Começamos a refeição com algumas garrafas de lambrusco, um vinho tinto e borbulhante sem pretensões de ser chique ou sofisticado. Então contamos a eles: Erin e eu estávamos esperando uma filha!

Uma coisa engraçada sobre a escolha de nomes: não éramos descolados o suficiente para darmos à nossa filha um nome como Pineapple [Abacaxi] ou Astro Girl [Garota Astro]. Amávamos nomes à moda antiga e escolhemos Sarah Brianna para a nossa primeira garota. O parto de Colin havia sido um processo fácil de vinte e cinco minutos de esforço para Erin e presumimos que o de Sarah seria parecido. Não houve tanta sorte. Sarah não estava na posição correta no canal de parto e acabou sendo necessária uma cesariana. Assistir aquilo sendo feito foi chocante, pois certamente não havia nenhuma semelhança com um parto normal, mas, ao fim do processo, lá estava Sarah – que era lindíssima. Todos comentaram que seu rosto era angelical e mencionaram seu perfeito nariz arrebitado.

Ao concluir o procedimento, o médico acabou suturando o ureter de Erin de maneira a obstruí-lo, o que causou dores inenarráveis que duraram muitos dias e expuseram Erin a grandes riscos, inclusive o de perder um rim. O mais ultrajante foi que, embora o médico desconfiasse disso o tempo todo, fez vista grossa e tratou aquilo apenas com analgésicos. Ele até marcou a alta de Erin. Sempre acreditei que, quando você não entende o que alguém está dizendo, geralmente é porque não *querem* que você entenda. Após escutar as ladainhas do médico por vários dias, enchi o saco e chamei alguns profissionais de "alto calibre" que por sorte eu conhecia. Um grupo de especialistas irrompeu no quarto de Erin como uma equipe da SWAT e uma série de testes rápidos determinou a raiz do problema.

Erin enfrentou semanas de cirurgias de risco para corrigir as coisas e reparar os problemas. Mas, graças à equipe de estrelas que incluía o Dr. Stephen Sachs e o Dr. Ed Phillips, do Cedars-Sinai Hospital, Erin teve uma recuperação lenta, mas completa. Quando ela e Sarah finalmente chegaram em casa, vivenciei o laço que sempre me disseram ser único – o laço entre pai e filha. Sarah derretia o meu coração e despertava uma parte dele que pertencia apenas a ela.

Em 2009, o KISS voltou à América do Sul e fomos tratados como dignitários em visita. Quando chegamos a São Paulo, uma das cidades mais populosas do mundo, era hora do *rush* e as vias estavam engarrafadas. De repente, umas três dúzias de policiais partiram em motocicletas à frente de nossa van, limpando todo o trajeto entre o aeroporto e nosso hotel. Os viadutos, as vias secundárias e as rotas de saída foram bloqueadas pela polícia para que os quatro idiotas pudessem chegar no hotel. Foi inacreditável. Certamente, o comboio do presidente dos Estados Unidos não teria feito um serviço melhor. No fim do trajeto, tiramos fotos com os policiais. Eles eram fãs da banda.

Apesar da nova formação do KISS ter se provado um sucesso imediato e durável também a longo prazo, não tínhamos certeza se devíamos voltar ao estúdio. Era certo que não precisávamos fazer isso pela grana. Além disso, a experiência de *Psycho Circus* havia deixado um gosto amargo em minha boca e me brochou totalmente para novas gravações. Eu não sabia dizer exatamente o que seria necessário para mudar de ideia, mas com o tempo comecei a sacar uma série de pré-requisitos que poderiam tornar possível para mim fazer outro álbum do KISS.

Para começo de conversa, eu precisava ter a palavra final. Não trabalharia em algo de que não pudesse me orgulhar. Não aguentava mais tentar adivinhar o que os outros queriam, nem que os outros tentassem adivinhar o que eu queria. Se fizéssemos algo que eu amasse, ao menos haveria um grande fã do trabalho, independentemente do que acontecesse.

Além disso, eu não trabalharia em um álbum a não ser que todos dedicassem a ele o mesmo esforço. Não haveria nenhum jogo de poder e nenhum tratamento especial. Todos precisariam conquistar seu espaço e eu não toleraria canções medíocres apenas para manter estável o ambiente de trabalho.

Finalmente, queria produzir qualquer novo disco. A ideia de precisar de um intermediário entre mim e Gene ou qualquer outra pessoa era ridícula. Eu era velho demais para essa bobagem. Se houvesse um novo álbum do KISS, ele seria feito da maneira correta, sem politicagem ou motivações ocultas. O material seria ótimo e a execução também, todos reunidos a partir de uma visão.

Eu acreditava que aquela equipe (Gene, Tommy, Eric e eu) poderia fazer um ótimo disco do KISS. Com as mudanças da indústria, também tínhamos a chance de obter controle total, da escolha de músicas e do processo de gravação até o *marketing* e a distribuição. E achei que seria uma pena deixar *Psycho Circus* ser nossa mensagem final. Eu sabia que os tempos haviam mudado, então não tinha expectativas de vender os números de antigamente. Aos meus olhos, o sucesso seria medido pela qualidade, pela realização e pelo cumprimento de meus próprios padrões e expectativas.

*A banda atual é muito impressionante e coesa.*

*Encarar a responsabilidade é uma obrigação que temos com nós mesmos.*

Então, 2009 foi o ano para fazemos um novo álbum do KISS. Todos nos reunimos para começar a compor – outra estipulação foi que fizéssemos tudo juntos, em equipe, sem nenhum compositor de fora. Quando terminamos *Sonic Boom*, fizemos um acordo diretamente com o Walmart para ter não apenas o novo álbum à venda na rede, mas uma loja dentro da loja, com toda a sorte de *merchandise* e itens antigos de nosso catálogo junto com *Sonic Boom*. Quando foi lançado, entramos nas paradas já na segunda posição.

Bill Aucoin foi a Nova York para assistir nosso show no Madison Square Garden em outubro de 2009, logo após o lançamento de *Sonic Boom*. Ele disse que levaria a melhor sobre o câncer, mas dava para ver que estava muito doente. Ele planejava ir ao nosso show no Estádio de Wembley, em Londres, em maio de 2010, mas precisou cancelar. Algumas semanas mais tarde, Roman me disse que as condições de Bill haviam piorado e ele estava no hospital. Telefonei para Bill enquanto terminávamos nossa turnê pela Europa e Gene e eu fizemos planos para vê-lo em Miami assim que a turnê acabasse.

Quando cheguei a situação com Roman uns dias depois, ele disse que Bill estava inconsciente, pois estava com uma sepsia. Roman pôs o telefone no ouvido de Bill para mim e agradeci por tudo o que ele havia feito pelo KISS. Independentemente do que aconteceu depois, nenhuma das coisas boas dos anos de formação do KISS teriam rolado sem ele, eu disse.

– Te amo, Bill – eu disse.

O último concerto da turnê de *Sonic Boom* foi na Bélgica, em junho, e Gene e eu viramos a noite à espera do primeiro voo para retornarmos aos Estados Unidos na manhã seguinte. Telefonamos para Roman para dizer que estaríamos ao lado do leito de Bill à tarde.

Quando nosso voo aterrissou e liguei meu telefone, vi que havia uma chamada perdida de Roman. Chequei a caixa de mensagens. Bill havia falecido enquanto Gene e eu estávamos a caminho para nos despedirmos dele.

*Adeus.*

## 64.

Com Erin e meus filhos, minha vida atingiu uma plenitude que eu jamais esperara. Além da ligação de pai e filho, Evan e eu compartilhávamos um laço musical crescente. Colin, meu pequeno dínamo, era uma combinação perfeita de afago e intempestividade, que me nocauteava com risadas e sua determinação em vencer. Sarah havia desenvolvido uma beleza intimidadora, uma pequena rainha do drama que dançava, cantava e tinha a ousadia e a coragem de sua mãe. O que mais eu poderia querer ou precisar?

Erin expressava muito seu desejo de ter outro. Eu não conseguia imaginar a ideia de ter mais um, mas a julgar pela velocidade com que ela engravidou novamente, Deus não tinha o mesmo problema. E depois que nossa filha Emily Grace chegou, eu não conseguia mais imaginar a vida sem ela. Claramente, ela fazia parte de um plano que eu não entendia. Embora se pareça muito comigo, teve a bênção de ser uma beldade como a irmã. Teimosa, segura de si e sempre risonha, Emmie é o meu anjo. Meus quatro filhos me deixaram mais rico do que jamais poderia imaginar. E *saber* disso é uma dádiva.

Conforme fiquei mais velho, minha mãe disse em muitas ocasiões que eu poderia ligar para ela a qualquer momento e a qualquer hora se precisasse conversar. Isso sempre me reconfortou, e quando senti a necessidade, telefonei sem hesitar. O desejo de meus pais de estarem disponíveis em minha vida adulta foram muitas vezes sabotados, infelizmente, pela falta de conexão em suas próprias vidas décadas antes, mas nunca questionei o amor que sentem por mim. Quanto eu poderia esperar, sabendo que suas próprias experiências na juventude fizeram com que fossem incapazes de ajudar a si mesmos ou um ao outro? Minha mãe e meu pai eram boas pessoas que, ao longo de suas vidas, tentaram jogar da melhor maneira possível com as cartas que tinham em mãos. Por mais que muitas tentativas tenham sido frustrantes e malsucedidas, eles, assim como eu, nunca pararam de tentar: é isso que levo em meu coração.

*Minha mãe e meu pai. Apesar de tudo, juntos até o fim. Minha mãe faleceu aos oitenta e nove anos de idade em 29 de setembro de 2012. Sempre terei saudades dela.*

Quando o KISS decidiu começar a fazer outro álbum, *Monster*, em 2011, as regras foram as mesmas de *Sonic Boom*. Gene disse em algumas entrevistas que não tinha tempo para o trabalho de produção por causa de todas as coisas por que estava passando, o que obviamente me pareceu um esquema desenvolvido para dar a entender que eu estava fazendo a produção por acaso. A verdade é que nenhum daqueles álbuns teria saído se eu não tivesse produzido. Eu não almejava ser um ditador; apenas exigia ser um diretor.

Entramos no estúdio por orgulho, não por obrigação. Também queríamos o desafio de aprimorar o que já havia sido feito. A longa jornada através de diferentes músicos, formações, turnês e álbuns havia nos levado ao verdadeiro KISS.

Essa é *a* banda.

Nós quatro curtimos muito fazer o disco. Colaboramos como uma banda. Uma canção como *Wall of Sound* surgiu de uma ideia que Gene apresentou. Então Tommy achou um *riff* e eu fiz as letras. Eric disse "Vamos fazer uma canção com uma pegada parecida com a do MC5" e inventou uma linha de bateria que se tornou a base de *Back to the Stone Age*. O álbum surgiu a partir de nosso trabalho conjunto, pura e simplesmente.

*Monster* não é apenas um disco do KISS clássico, é um disco de rock clássico. Ele me lembra de por que amo o rock e o que faz as bandas que me inspiram tão boas. Entre a autoridade de Eric, o fogo de Tommy e a inegável fúria de Gene (tanto no baixo quanto nos vocais), *Monster* tem uma rara vitalidade. Soa como o trabalho de uma nova banda. Na verdade, o álbum provavelmente teria um impacto comercial maior se tivesse sido lançado por uma banda desconhecida.

Entendo.

Não há como desviar do fato de que nada que o KISS fizer no futuro terá o mesmo impacto do que fizemos no passado. Aquelas coisas foram feitas em uma era distinta: o mundo era diferente, o mundo da música era diferente, a natureza monolítica da cultura pop era diferente. Além disso, é claro que a magnitude de algo é aumentada pela mera passagem do tempo. Por melhor que seja, *Hell or Hallelujah* jamais poderá ser *Love Gun*. As canções clássicas já têm sido a trilha sonora da vida das pessoas por até quarenta anos. Não há como competir com isso. Nada do material mais novo tem o tempo ao seu lado. Mas quando tocamos *Lick It Up*, vemos que é mais que um sucesso – o que uma vez era considerado uma das nossas "novas" músicas há muito adquiriu o *status* de clássico entre as pessoas que chegaram à festa um pouco mais tarde. A canção *Psycho Circus* é hoje uma abertura para os shows que se sai muito melhor do que quando foi lançada. O tempo dá a sentença definitiva.

Quando fomos para a estrada celebrar *Monster*, uma de minhas partes favoritas da turnê passou a ser os encontros com fãs antes de cada show, quando tocávamos algumas músicas acústicas à tarde e sem maquiagem apenas para um pequeno grupo de fãs que havia comprado pacotes VIP. Não poderíamos ter feito isso com Ace e Peter. Em primeiro lugar, porque não apareciam na hora marcada. Mas também porque não conheciam músicas suficientes para fazer a parte mais divertida daqueles encontros: deixar que os fãs fizessem pedidos e tocar na hora, às vezes sem termos tocado a canção em público por décadas. Era emocionante ver a reação dos fãs e era explosivo tocar com eles como se estivéssemos em uma sala de estar. Hoje, a banda é muito confortável e competente. Admito que os pacotes VIP não são baratos, mas as pessoas até nos agradecem após esses encontros. Para mim, esse é o testemunho final do que fazemos: se alguém paga e depois agradece, o trabalho foi bem-feito.

A formação atual do KISS desenvolveu um sentimento comunitário que não teria sido possível quando estávamos sobrecarregados com os conflitos internos da antiga formação. Médicos chegam para mim em alguns shows e dizem "Vocês me fizeram sobreviver à faculdade". Ex-presidiários dizem "Vocês me fizeram sobreviver à cadeia". As pessoas me dizem que o KISS lhes ajudou a enfrentar a morte de pessoas amadas ou batalhas contra o câncer.

Em um concerto em St. Louis em 2012, descolei ingressos de cortesia para um jovem incapacitado pela esclerose lateral amiotrófica. Ele não conseguia falar ou se mexer, mas acho que detectei a ponta de um sorriso em seus olhos quando tiramos fotos juntos. Também naquela tarde, na tenda VIP, havia um casal que comprara a guitarra elétrica que eu usaria no palco aquela noite. Após nossa apresentação acústica, conversei com a mulher e o homem por um tempo para decidirmos como eles queriam que a guitarra fosse assinada. Depois que o cara com esclerose saiu da tenda em sua cadeira de rodas, o marido do casal se virou para mim e disse:

– Compramos uma segunda guitarra para aquele jovem.

Aquilo me tirou de eixo. As guitarras que vendo são destinadas a colecionadores e custam milhares de dólares. O cara não conhecia o homem na cadeira de rodas. Eles não sabiam qual era a doença dele, nem nada mais a seu respeito. Apenas o viram do outro lado da sala.

Eu disse a eles que fiquei tocado por seu gesto.

– Somos pessoas de muita sorte – explicou o marido. – Gostamos de passar isso adiante.

A recompensa deles era o ato de doar. A minha foi reembolsá-los pelo custo da guitarra.

Naquele mesmo ano, conheci uma mulher em San Antonio que foi ao show comemorar o primeiro aniversário da remissão de seu câncer. Noutra noite, saindo dos bastidores do palco em Las Vegas, um policial caminhou até mim com um grande sorriso no rosto.

– *Destroyer* foi o meu primeiro álbum – ele disse. – O show foi excelente... ah, meu Deus... posso morrer agora e terá valido a pena.

– Por favor, não morra – eu disse.

E então nos abraçamos.

Sei que não sou Florence Nightingale. E é óbvio que o KISS não era e continua não sendo um movimento filantrópico ou de ajuda humanitária. Somos quatro caras que tocam seus instrumentos. Somos uma banda de rock. Ainda assim, perceber que nossa banda pode servir de inspiração, atrair atenção e contribuir com somas significantes para causas dignas como o Wounder Warrior Project e diversas entidades de caridade ligadas ao câncer é, ao mesmo tempo, uma lição de humildade e algo profundamente recompensador.

No início da carreira do KISS, eu achava legal ver as pessoas se divertindo nos shows. Agora, vejo meu papel em deixá-las felizes e acho isso muito gratificante. O tempo e a consideração que posso dedicar às pessoas (pessoas que, por exemplo, estão voltando do serviço militar ou passaram por tempos difíceis) significam muito para mim. Era bom quando eu era jovem, mas em meu âmago eu não era atingido como hoje em dia. Quanto mais oportunidades tenho para tratar as pessoas da maneira que gostaria de ser tratado, melhor eu me sinto. Também é incrível como é preciso pouco para ter um grande efeito sobre a vida das pessoas. É tentador dizer que seria um pecado não aproveitar oportunidades como essas, mas há algo de egoísta nisso – sinto que ganho tanto quanto os outros.

Dei alguns grandes saltos em minha vida e os maiores foram nos últimos quinze anos. Aprender o valor da bondade foi uma dádiva tardia, mas que mudou tudo. Hoje em dia, fazer pelos outros é o que traz mais satisfação à minha vida, a dádiva que eu não conhecia. Fico realizado de um jeito que nunca imaginei quando jovem.

Naquela época, eu achava que sabia tudo. Algumas das coisas que achava que sabia são incríveis. Era pura audácia. Julgar os outros era um mecanismo de defesa e uma maneira de não ter que olhar para mim mesmo, que tinha suas origens no medo e na insegurança. Eu não gostava de mim.

Sou judeu e acredito em Deus, mas não o vejo como um homem velho de barba e roupão sentado no paraíso e nos julgando. O que amo no judaísmo é que você não deve ser bom por medo das consequências de ser mau; você deve ser bom porque é como *se espera* que sejamos. Ser bom é a própria recompensa. Gosto de viver de acordo com isso. Quando Evan nasceu, li um livro sobre casamentos inter-religiosos que dizia que o problema dessas famílias é que os filhos muitas vezes não se sentem parte de nenhuma das duas religiões devido às tensões entre os pais. Quando eles têm medo de irritar ou trair um dos pais, ficam paralisados. Em nossa família, os filhos não são cinquenta por cento católicos e cinquenta por cento judeus. São cem por cento as duas coisas. Cresci em meio a pessoas que tinham números tatuados no braço por causa dos campos de concentração e sinto que tenho uma responsabilidade junto a elas e aos seis milhões que foram assassinados de manter suas histórias vivas e garantir que meus filhos conheçam a história dos judeus e do judaísmo. Mas, acima de tudo, deixarei que tirem suas próprias conclusões acerca daquilo de que querem fazer parte ou das coisas em que desejam acreditar e sei que serão pessoas profundas e maravilhosas independentemente de suas escolhas.

Fiz um discurso na cerimônia de formatura de Evan no ensino médio, em junho de 2012, e enfatizei a necessidade de demonstrar compaixão. Falei sobre minha deformidade na orelha, a surdez e a maneira como me fechei para os outros por consequência disso. E então veio a parte mais importante, que falava sobre quando percebi que podia me ajudar ao ajudar os outros; como, deixando de julgar os outros, eu podia me livrar dos julgamentos cruéis. Quando alguém pede esmola, respondo que sim; é fácil olhar para aquela pessoa e dizer "Arrume um trabalho". Sim, os Estados Unidos são uma terra de oportunidades, mas nem todos recebem as mesmas chances. Nunca se sabe o que levou alguém a uma determinada situação. Pode ser que você não resolva nada ao ajudar aquela pessoa, mas mesmo se apenas propiciar um momento de trégua para suas dores e dificuldades, já terá valido a pena. Além disso, você se sentirá bem. Aquela alma perdida é um dos filhos de Deus e ao ter bondade e compaixão você se abrirá para um sentimento de paz e contentamento.

*Quem sou eu para olhar de nariz empinado para alguém?*

Julgar os outros e estar sempre pronto para criticar são coisas que poluem a vida. Uma das melhores coisas que podemos aprender é a estender a mão.

Essa lição também foi levada à nossa casa. Desde muito jovem, os aniversários de Evan eram festas sem presentes. Que criança precisa de trinta presentes? Que tal, em vez disso, aprender o que significa dar para os outros. Em todos os anos, escolhíamos uma entidade de caridade em seu aniversário e coletávamos dinheiro em sua festa para doar a uma causa escolhida. Eu seria capaz de matar para aprender a tocar guitarra da maneira que Evan toca hoje em dia, mas sinto muito mais orgulho de seu trabalho duro e do ser humano compassivo que se tornou. Ao criar nossos três filhos, Erin e eu tentamos deixá-los cientes de seu papel no mundo e das responsabilidades que vêm com isso.

Parafraseando Bob Dylan: você pode saber o que quer e não saber do que precisa. Todos perambulamos por aí atrás de alguns desejos, mas vivenciamos uma epifania quando atingimos o ponto em que somos capazes de distinguir as coisas que achamos que queremos daquelas que precisamos de fato.

No meu caso, foi necessário conseguir o que eu queria para descobrir do que precisava. Ao conquistar tudo o que achava que me faria feliz – fama, riqueza, ser desejado –, eu me deparei a cada conquista com o fato de que a solução não estava nas coisas que perseguia. Em cada caso, podia até não saber do que precisava, mas era capaz de riscar outra solução hipotética da lista. Fama *não*. Riqueza *não*. Ser desejado *não*. Tive que conseguir tudo isso para descobrir a verdade. Por sorte, se um caminho em sua vida acaba se revelando errado, isso não impede que você tenha se divertido ao percorrê-lo.

Acredito firmemente que tudo em minha vida me trouxe ao lugar onde estou hoje. Tenho poucos arrependimentos ou nenhum. Afinal, se tivesse feito as coisas de outra maneira, talvez nem tivesse chegado até aqui. Houve momentos em que era difícil chegar ao fim do dia, mas mesmo nesses dias eu sabia que, se lutasse para encontrar meu caminho, acabaria encontrando algo melhor à frente. Quando nos deparamos com o azar, podemos sentar na merda ou sacudir a roupa e seguir em frente. Eu não sabia como seria difícil encontrar o meu caminho, mas saberia que não pararia antes de chegar lá.

Era só questão de trabalhar.

Minha busca por um eu perfeito, ou seja lá como queiram chamar, acabou me ensinando que essa era uma meta impossível. O importante não é ser perfeito, ser normal ou buscar aceitação, mas perdoar as imperfeições, ser generoso com todo o tipo de gente e distribuir aceitação. E isso também dá trabalho.

Não sou o que chamo de otimista passivo. Não acredito que tudo vai dar certo se eu desejar com força suficiente. Sou um otimista realista: sei que, se for realista quanto às minhas capacidades, posso fazer as coisas darem certo, ou ao menos encaminhá-las na direção certa. Por um lado, não importa o quão duro você seja consigo mesmo, continuará não sendo capaz de voar, por exemplo. Se não tiver nenhuma aptidão, pode fazer algo dez mil vezes e continuar ruim. Até onde sei, se for atrás de algo que está além do seu alcance, você é um tolo; não é possível repor o tempo e você é a única pessoa que viverá o impacto de suas más decisões. Por outro lado, metas realistas podem ser conquistadas através do trabalho duro. Não há nada de errado com as limitações. A questão é que muitas limitações são autoimpostas ou advindas da opinião de outras pessoas. Você precisa conhecer suas próprias limitações para então trabalhar para ampliar seus limites.

Evan me telefonou de seu dormitório no primeiro semestre na faculdade, no outono de 2012. Acabara de tomar café da manhã com Jimmy Page. Sim, *aquele* Jimmy Page. Pensei em como era na idade de Evan: eu havia sido um jovem perdido com o sonho e o compromisso de torná-lo realidade e o Led Zeppelin era minha maior influência. Agora, Jimmy tinha uma de minhas pinturas na parede de sua casa de campo e meu filho, que tinha a mesma idade que eu tinha quando era um fã esquisitão do Led, saía com ele. É engraçado como o mundo dá voltas. Sua vida e seu destino são determinados em grande parte por sua participação nesse desfecho. Pense alto e trabalhe duro...

*Jantar em Londres com Jimmy Page.*

– Pai?

Voltei de meus devaneios. Não era para me contar que havia tomado café da manhã com uma lenda que Evan telefonara. O verdadeiro motivo era porque queria cozinhar couve-de-bruxelas em seu dormitório. A couve-de-bruxelas *do pai*, do jeito que eu fazia em casa. Precisava da receita.

*Que beleza.*

Expliquei como fritá-las e disse a ele quanto aceto balsâmico, cerejas secas e *prosciutto* eu usava.

– E não se esqueça de cobrir com parmesão gratinado e um pouco de raspas de limão.

Meus filhos mais novos já gostam de me ajudar a cozinhar. Nos últimos tempos, desenvolveram um interesse pela jardinagem. Decidimos plantar uma horta familiar. Erin e eu compramos sementes para plantarmos tomates, vagem, morangos, cenouras e brócolis com as crianças. Assisti maravilhado quando aquelas coisas que pareciam bolinhas de roupa desenvolveram ramos verdes enquanto meus filhos regavam todos os dias. Quando as plantas começaram a crescer, notei que também tinha um desejo de nutri-las para que crescessem e ficassem grandes e fortes. Era um sentimento que nunca imaginei que fosse ter.

Certa tarde, Colin, que está no ensino fundamental, me disse:
– Tenho um trabalho importante para fazer.

Então saiu apressado pela porta dos fundos. Alguns minutos mais tarde, saí para dar uma olhadinha. O que ele podia estar fazendo de tão importante? Estava ajoelhado na horta, arrancando as ervas daninhas.

Logo depois, tivemos uma colheita de tomates e as crianças e eu preparamos grandes tonéis de molho caseiro. Congelamos uma parte, mas usamos bastante em lasanhas e pizzas que aprendemos a preparar juntos. Encontrei uma receita para massa de pizza fina; começamos a mexer e enrolar e depois cobrimos as pizzas com nosso molho de tomates cultivados em casa e assamos em um forno a lenha de pizza que havíamos construído no quintal dos fundos.

É maravilhoso e quase terapêutico fazer sua própria comida, desde a semente até a mesa. Se alguém dissesse quinze anos atrás que eu teria fotos em meu celular da lasanha que preparei com meus filhos, chamaria a pessoa de louca. Mas as fotos estão lá.

Temos uma casa simpática à família, à comida e ao vinho. Sentamo-nos juntos como uma família e todos os dias espero ansioso por esse momento. Às vezes, me lembro de uma tarde ensolarada nos anos 1980 em que, de dentro da piscina do Sunset Marquis, assisti à banda Mike + The Mechanics fazer o *check in* com seus filhos, babás e carrinhos de bebê. Lembro de balançar a cabeça e pensar que era a coisa mais careta que já tinha visto. Hoje em dia, não há nada que eu considere mais descolado do que estar em nosso jato com as crianças correndo para cima e para baixo no corredor. Ou ficar no palco em frente a cem mil pessoas no Download Festival enquanto meus filhos assistem e acenam da lateral do palco. Ou entrar nos camarins e ver Emily, Sarah e Colin de pijama. É incrível.

E ter isso em minha idade é ainda mais incrível. Talvez porque seja uma sensação única ter sessenta e dois anos e uma filha de dois. Não posso negar que é uma bênção. As pessoas associam o envelhecimento a uma espécie de encerramento, em que a alegria desaparece de sua vida. E quanto a mim? Estou apaixonado pela minha esposa. Amo meus filhos. Há uma parte de minha vida que já acabou, mas o que tomou o seu lugar me deixa muito mais realizado. É claro que, de vez em quando, olho para uma jovem sexy e penso, por um instante passageiro, no que jamais terei outra vez. Mas quando penso no que tenho no lugar disso, não há como competir.

Também foi por isso que finalmente decidi escrever este livro. Porque, apesar de tudo, consegui ir de uma situação muito infeliz a outra, pacífica e harmoniosa. Se *eu* encontrei um caminho, por mais longo e árduo que tenha sido, acredito firmemente que os outros também sejam capazes. Pode não ser uma estrada fácil, mas insistir nela e seguir em frente é a melhor coisa que pode haver em sua vida.

Tendemos a ceder ao longo da vida e reduzir as exigências. Acomodamo-nos em relacionamentos ou trabalhos porque não temos certeza se dá para fazer melhor – ou mesmo se merecemos algo melhor. Mas *sim*, podemos fazer melhor, e *sim*, merecemos.

*O objetivo da vida não é se entregar.*

## 65.

Por causa da maquiagem, hoje o KISS tem mais ou menos a mesma aparência de quarenta anos atrás. Mas quanto mais tempo passo no ramo, mais percebo que não sou invencível. Subir no palco, cantar, tocar guitarra, dançar e dar a impressão de que nada disso exige esforço é cada vez mais desafiador. Ninguém quer ver um cara se matando no palco. Curto cada minuto das *performances*, mas elas sempre foram fisicamente extenuantes e sem dúvida são mais ainda hoje em dia.

Quando eu era mais novo, as pessoas me perguntavam:

– Não dói quando você pula no ar e cai de joelhos desse jeito?

– Não – eu dizia.

Bem, queria ter o número de telefone daquelas pessoas. Porque todos aqueles anos pulando sem dor me deixaram uma lembrancinha: agora, tenho dores nos joelhos.

Não sei se as pessoas na plateia conseguem imaginar como é difícil fazer o que fazemos ou o quanto é a presença delas que torna isso possível. Eu jamais poderia pular daquele jeito em um ensaio. Dependo dessas pessoas. Dependo da injeção de adrenalina que vem delas. Todas as noites, vejo-me lá em cima com um sorriso enorme na cara, rindo e me divertindo.

É uma dádiva e é formidável que eu ame tudo e me divirta fazendo isso. E é duplamente formidável olhar para a plateia e ver que as pessoas também estão amando.

Nunca entendi as bandas que dizem estar cansadas de tocar seus *hits*. Tocar nossas grandes canções é algo que me emociona. Tenho orgulho delas. E as pessoas em nossos shows merecem escutar as músicas que amam. Só Deus sabe quantas vezes toquei *Firehouse* ao longo dos últimos quarenta anos, mas ainda amo essa música. Quando Gene, Tommy e eu começamos a balançar tudo em *Deuce*, aquilo nada mais é do que um grande foda-se para quem não gosta da gente e uma grande saudação para quem gosta. Toda a noite é a única noite que interessa para as pessoas que estão no show. Elas não estavam no show da noite anterior e não estarão no de amanhã. Não vou decepcioná-las.

Na maior parte do tempo, o consumidor de rock tem idade e demografia específicas – sua banda favorita não pode ser a mesma de seu irmão mais velho e Deus proíbe que seja a mesma de seus pais. Mas um show do KISS é diferente: é um encontro de uma grande sociedade secreta que transcende qualquer característica demográfica.

Não há nada melhor que ver as pessoas erguendo suas crianças durante um show. Elas querem compartilhar esse culto de milhões de pessoas com seus filhos, pois significa muito para elas. Essas pessoas estão felizes. Estão tirando uma folga de seja lá o que estiver acontecendo em suas vidas. Mesmo como cidadãos do mundo, com uma moral e um propósito, todos merecem um dia de folga. Todos os problemas do mundo ainda estarão lá amanhã.

O que o KISS faz é atemporal. Nossas músicas são sobre autoempoderamento, celebração da vida, autoconfiança... e sexo.

*Ser bom consigo mesmo não é um crime.*

Há algo mais verdadeiro do que isso?

Estamos todos aqui apenas uma vez, então por que deixar alguém que não você decidir o que você ama e como usa seu tempo?

Cantamos sobre as alegrias de estar vivo.

Na turnê de *Sonic Boom*, Gene, Tommy e eu entrávamos em uma plataforma com grades atrás da bateria de Eric antes de começar a primeira música. Enquanto tocávamos a primeira canção, a plataforma planava por cima da bateria e nos deixava na parte frontal do palco. Era um efeito espetacular. Não sei dizer quantas vezes, ao chegar lá em cima e ver o público fiquei emocionado e de olhos úmidos.

Eu olhava para a multidão e ficava pasmo.

*Que bênção.*

*Meu Deus.*

Se alguém tivesse me dito que o KISS duraria quarenta anos e o fim ainda não estaria à vista, que eu continuaria vestindo o mesmo traje no palco e ninguém riria de mim – pelo contrário, estaríamos lotando arenas e estádios –, jamais teria acreditado. Acho que quanto mais tempo sobrevivemos, mais potentes nos tornamos. Deve haver algo inspirador na longevidade. Há algo inspirador no ato de prosperar mesmo indo contra as adversidades.

Há vinte ou trinta anos, eu não conseguia imaginar o *mundo* sem mim, muito menos a *banda*. Mas a partir de certo momento não há mais como ignorar a realidade de nosso caráter mortal. Não serei fisicamente capaz de me apresentar com o KISS para sempre. Mas passei a entender que não sou imortal, ao contrário da banda.

Hoje em dia, não me engano quanto a meu papel no mundo ou na banda. Percebo que o KISS pode – e deve – continuar sem mim. O KISS não é como as outras bandas. Nunca aceitamos as limitações que as outras bandas impunham a si mesmas. As pessoas vêm assistir aos personagens que criamos e o que eles representam. Não vêm para me ver, mas para ver quem personifico.

Houve um tempo em que as pessoas diziam que nada na banda poderia ser substituído. Tinha que ser nós quatro. Bem, elas já estão cinquenta por cento erradas. E, em algum momento, descobrirão que estavam setenta e cinco ou cem por cento erradas.

Sou honesto o suficiente comigo mesmo para perceber que, independentemente do quão bom eu seja – e acho que sou muito bom –, há mais alguém que pode fazer algo igualmente válido. Acho que ser substituído seria um grande reconhecimento e não um desrespeito. Faz parte do que espero que tenhamos construído: um ideal que vai além de mim.

As causas seguem em frente. Partidos políticos seguem sem os fundadores. Acho possível que apareça alguém capaz de carregar a bandeira tão bem quanto eu ou até melhor. Alguém capaz de construir sobre nossas fundações. Aguardo ansioso pelo dia de minha substituição no KISS. Não porque queira sair, mas porque saberei que estava certo: *O KISS é maior que qualquer um de seus membros.*

Eu sempre disse que não sou apenas um membro do KISS: sou um membro do KISS Army, o Exército do KISS. Aguardo ansiosamente para ver a banda continuar tocando *rock and roll all night* depois que o meu corpo estiver ferrado demais *to make it to the party every day*.

## Sobre o Autor

Paul Stanley é o líder e guitarrista do KISS, uma das maiores bandas de rock do mundo em atividade, que ele ajudou a fundar em 1973, em Nova York. Com mais de 100 milhões de discos vendidos, o KISS é uma das bandas americanas de maior sucesso e tem o maior número de discos de ouro da história. Com seus colegas de banda, Stanley entrou para o Rock and Roll Hall of Fame em 2014. Também é pintor, com dois milhões de dólares arrecadados com a venda de suas obras; músico-solo; performer, designer e empresário. É apoiador e membro de várias organizações do Wounded Warrior Project, criado para dar suporte a ex-combatentes de guerra e suas famílias. Mora em Los Angeles com a mulher, Erin, e quatro filhos.

## *Sobre o Colaborador*

Tim Mohr é um tradutor premiado de romances de autores como Alina Bronsky, Charlotte Roche e Wolfgang Herrndof. Também colaborou no livro de memórias de Gil Scott-Heron e do baixista original do Guns N' Roses, Duff McKagan – ambos *bestsellers*. Foi editor por muitos anos da revista *Playboy*, onde trabalhou com Hunter S. Thompson, Matt Taibbi, John Dean, George McGovern e outros escritores. Já teve textos publicados no *New York Times*, *The Daily Beast* e na revista *New York*, dentre outros. Antes de começar a carreira de escritor, ganhava a vida como DJ em Berlim, na Alemanha.

Sobre o Colaborador

# *Agradecimentos*

Contar a minha história foi outro marco em minha vida. Foi incrivelmente gratificante, pois me conectou com uma reflexão sobre minha vida, seus desafios e o caminho a um lugar que jamais achei possível atingir.

Ao longo dos anos, não me interessei em por meu nome em uma lista crescente de celebridades cujas autobiografias parecem ser pouco mais do que um veículo para se gabar e se exibir por supostas realizações.

Com o tempo, passei a contemplar a ideia de contar minha própria história em um livro que pudesse empoderar e inspirar outras pessoas a identificar e superar seus obstáculos de cabeça erguida e com trabalho duro, como acredito ter feito.

Descobri que a vida é um esporte de equipe e eu precisaria de uma equipe pequena, mas dedicada e talentosa, para vencer.

Quero agradecer cada um deles:

Em um ato instintivo, contatei Tim Mohr para ser um possível colaborador. Uma hora após nos encontrarmos, arregaçamos as mangas. Ele se dedicou totalmente a relatar minha história com minhas palavras e minha voz e ajudou a organizá-la da melhor e mais eficiente maneira possível. As opiniões e pontos de vista de Tim foram indispensáveis. Como se isso tudo já não fosse suficiente, diversas vezes ele me deixou a um só tempo enojado e admirado diante de sua capacidade de provar comida de rua de origem questionável o tempo todo durante nossas viagens para o exterior. Obrigado, Tim.

Depois que assinei contrato com uma editora, as novas relações que construí precisavam se basear, em um primeiro momento, em dizer coisas que agradassem a ambos e, mais tarde, na confiança. Roger Freet, editor executivo da Harper One, se tornou um aliado que torcia por mim, dando apoio e incrementando minhas ideias em todas as fases e aspectos de *Uma Vida sem Máscaras*. Quando as coisas se complicavam, ele sempre estava lá. Obrigado, Roger.

Obrigado, Bill Randolph, por sua orientação e pelo trabalho dedicado a mim para dar início e fim a esse projeto.

Obrigado, Michael Levine, por acreditar desde o início que eu tinha uma história que merecia ser contada e por me ajudar a encontrar um meio para isso.

Obrigado a todos os membros do KISS ao longo dos anos, mas, especialmente e de todo o coração ao meu irmão até hoje, Gene.

Obrigado aos meus pais, William e Eva Eisen. Tudo o que eles fizeram na vida sempre foi feito com as melhores intenções. Eles me deram muitos presentes e o fato de eu estar aqui e a pessoa que sou são consequências diretas e indiretas de sua existência.

Parece quase redundante agradecer minha incrível esposa, Erin, e meus maravilhosos filhos, Evan, Colin, Sarah e Emily, que estão no coração deste livro, mas nunca é demais agradecer a eles. Mais uma vez, obrigado por seu apoio, inspiração e amor infinitos.

E por último, mas não menos importante, aos meus fãs. Vocês tornaram essa viagem possível, e cada quilômetro que viajei nesses últimos quarenta anos só foi possível por causa de minha relação com vocês. Vocês estão sempre em meus pensamentos e em meu coração. Sempre fiquei lisonjeado ao saber que, de alguma forma, ajudei alguns de vocês em suas próprias jornadas. Talvez, agora que vocês me conhecem melhor, possamos ir ainda mais longe juntos. Espero que sim.

**COMPRE UM
·LIVRO·**
*doe um livro*

*Sua compra tem
um propósito.*

**Saiba mais em**
www.belasletras.com.br/compre-um-doe-um

Este livro foi composto em Minion Pro e impresso em pólen soft 90 g pela gráfica BMF em outubro de 2021.